Collection créée par

« langues étr
Série dirigée pa

Henry Gil
Maître de conférences à Lille III

Yves Macchi
Maître de conférences à Lille III

Le thème littéraire espagnol

48 textes traduits et commentés

NATHAN

© Éditions Nathan, 1993. ISBN : 2.09.190291-8

Nous tenons à remercier vivement pour ses conseils et son patient travail de relecture Claude Richard, agrégée d'espagnol.

Nous remercions également pour leur contribution et leur soutien Carole Macchi et Marie-Pia Gil.

Avant-propos

Ce manuel, destiné aux étudiants hispanistes des classes préparatoires et de l'enseignement supérieur, est unique en son genre. Nous l'avons voulu **complet et pratique** avant tout.

Il réunit 48 textes, **tous traduits** et abondamment **commentés** (au total, près de 1 300 notes). Les principaux genres (roman, théâtre, essai) sont représentés dans des textes dont l'écriture s'étend sur plus de trois siècles, de la *Logique* de Port-Royal au roman des dernières années.

Par leur **qualité littéraire**, ces textes correspondent aux *Instructions officielles* et leur traduction est le **fruit de notre enseignement**, depuis le thème de premier cycle jusqu'à celui des concours (CAPES et Agrégation).

Chaque texte pose des **problèmes** stylistiques et grammaticaux **particuliers**, et l'ensemble constitue un **panorama** aussi **complet** que possible des difficultés de la traduction en espagnol.

Chaque texte a été **testé avec nos étudiants** : les notes, tant lexicales que grammaticales, répondent ainsi aux questions que les étudiants se sont effectivement posées au moment de traduire. Tous les **choix** importants **de traduction** y sont **justifiés** et raisonnés et les considérations morphologiques et syntaxiques y tiennent une place centrale : nul ne peut espérer produire une traduction élégante s'il ne maîtrise pas préalablement les mécanismes, rigoureux et souvent subtils, de la construction de la phrase espagnole. L'étudiant **visualise** ainsi, à la lecture des notes, **le cheminement** qui conduit de la connaissance de la **règle**, abstraite et générale, à son **application** à un contexte particulier de signification. Le commentaire offre également un **large éventail de variantes** lexicales et stylistiques.

Un **index** très fourni (plus de 500 entrées), renvoyant **avec précision** aux notes, permet une **utilisation ponctuelle et thématique** de l'ouvrage : y sont recensés toutes les grandes structures grammaticales et de nombreux éléments de lexique posant des problèmes d'équivalence.

Les textes sont répartis en trois niveaux de difficulté, et classés dans chaque section par ordre de complexité croissante. Ce classement est nécessairement subjectif : un même texte pourra sembler simple à tel étudiant et insurmontable à tel autre. Il appartient à chacun de composer son propre menu à partir de la carte que nous lui offrons.

On trouvera en fin de volume une **bibliographie détaillée** regroupant les dictionnaires, grammaires et travaux linguistiques indispensables à la pratique du thème.

Loin d'être un art réservé à une élite et fondé sur le génie et l'intuition individuels, le thème est une **technique de réécriture formatrice**, accessible à quiconque se livre à un travail rigoureux de réflexion et de confrontation entre les particularités des deux langues. Puisse cet ouvrage contribuer à le démystifier et conduire ses lecteurs au plaisir d'écrire en espagnol.

Les auteurs

Conventions typographiques et abréviations

1) Par convention, dans les notes et dans l'index, les mots, locutions, structures du **français** sont écrits en caractères **gras**, et ceux de l'*espagnol* en caractères *italiques*.

2) Seule exception, les mots grammaticaux espagnols courts employés isolément, dont beaucoup pourraient être confondus avec les mots français, sont écrits en majuscules : A/DE/EN/ENTRE/CON/POR/PARA/SIN, etc. désignent donc les prépositions espagnoles, SE le pronom espagnol, QUE le relatif ou la conjonction espagnole, SI la conjonction espagnole. Les caractères **gras** notent leurs homographes français : **à, de, en, entre, se, que, si.**

3) Dans les notes, l'astérisque (*) précède un tour agrammatical ou sémantiquement inacceptable.

4) Principales abréviations utilisées dans les notes et l'index :
    adj. (adjectif)
    adv. (adverbe)
    clas. (classique)
    conj. (conjonction)
    esp. (espagnol)
    fr. (français)
    i. e. (*id est*, « c'est-à-dire », devant une paraphrase, une reformulation)
    loc. adv. (locution adverbiale)
    loc. prép. (locution prépositionnelle)
    prép. (préposition)
    qq'un (quelqu'un), **qque ch.** (quelque chose)
    subst. (substantif)
    s.v. (*sub voce*, précédant l'entrée d'un dictionnaire cité en référence)
    var. (variante)

5) Renvois en note aux ouvrages cités dans la bibliographie :
    Aut. = Diccionario de Autoridades (n° 4)
    Beinhauer, *op. cit.* = El español coloquial (n° 35)
    Bouzet, *op. cit.* = Grammaire espagnole (n° 21)

Casares = Diccionario ideológico de la lengua española (n° 2)
D.R.A.E. = Diccionario de la Real Academia Española (n° 3)
Gerboin-Leroy, *op. cit.* = Grammaire d'usage de l'espagnol contemporain (n° 20)
Gili Gaya, *op. cit.* = Curso superior de sintaxis española (n° 23)
Littré = Dictionnaire de la langue française (n° 8)
Mol., Moliner = Diccionario de uso del español de María Moliner (n° 1)
Molho, *op. cit.* = Sistemática del verbo español (n° 32)
Robert = Petit Robert (n° 7)
Schmidely, *op. cit.* = la personne grammaticale et la langue espagnole (n° 34)
S.E.M., Coste et Redondo = Syntaxe de l'espagnol moderne de Coste et Redondo (n° 22)
Vigara Tauste, *op. cit.* = Morfosintaxis del español coloquial (n° 37)

6) Renvois aux notes : chaque note est repérée en fonction du numéro du texte (premier chiffre) et de sa place dans le commentaire dudit texte (second chiffre) : ex. : **cf. 9/21 signifie** *confer* **note 21 du texte 9.**

Première partie

DEUG
et classes préparatoires

1. Les découvertes du bibliophile

Un jour d'avril [1] 1896, un ouvrier italien nommé Longhi [2] qu'il avait fait engager [3] quinze jours auparavant pour repeindre [4] les grilles [5] de son parc, s'approcha du pharmacien [6] au moment où [7] il faisait faire [8] à ses trois lévriers leur promenade quotidienne [9] et lui expliqua, dans un anglais plutôt approximatif [10], qu'il avait, trois mois auparavant, loué [11] une chambre à un compatriote, un certain [12] Guido Mandetta qui se disait étudiant [13] en histoire ; ce Guido [14] était parti à l'improviste [15], évidemment sans le payer, laissant seulement une vieille malle pleine de livres et de papiers. Longhi aurait bien aimé [16] rentrer un peu dans ses frais [17] en vendant les livres, mais il avait peur de se faire rouler [18] et il demandait à Sherwood de l'aider [19]. Sherwood, qui [20] n'attendait rien d'intéressant [21] de manuels d'histoire et de notes de cours, s'apprêtait à refuser [22] ou à envoyer un de ses domestiques [23] lorsque Longhi précisa qu'il y avait surtout des vieux livres en latin. Sa curiosité fut mise en éveil et elle ne fut pas déçue [24]. Longhi l'emmena chez lui, une grande bâtisse en bois, pleine de mammas et de marmaille et le fit entrer [25] dans la petite pièce mansardée que Mandetta avait occupée ; à peine [26] eut-il ouvert la malle que Sherwood tressaillit de joie et de surprise : au milieu d'un amoncellement de cahiers, de feuilles volantes, de carnets, de coupures de presse et de livres défraîchis, il découvrit un vieux Quarli, un de ces prestigieux livres [27] à reliure de bois [28] et aux tranches peintes que les Quarli imprimèrent à Venise entre 1530 et 1570 et qui sont, pour la plupart [29], devenus introuvables [30].

Sherwood examina le livre avec soin [31] : il était en très mauvais état, mais son authenticité ne faisait aucun doute [32]. Le pharmacien n'hésita pas : sortant [33] deux billets de cent dollars de son portefeuille, il les tendit à Longhi et, coupant court aux remerciements confus de l'Italien [34], fit porter la malle chez lui et se mit à explorer systématiquement ce qu'elle contenait, se sentant envahi, au fur et à mesure que les heures tournaient et que ses découvertes se précisaient, par une excitation de plus en plus intense.

Georges PEREC
La Vie mode d'emploi
© Hachette, 1978

1. Los hallazgos del bibliófilo

Un día de abril de mil ochocientos noventa y seis, un obrero italiano llamado Longhi a quien había mandado contratar quince días antes para que pintara de nuevo las verjas de su parque, se acercó al boticario en el momento en que éste sacaba a pasear a sus tres galgos como todos los días y le explicó, en un inglés algo aproximado, que tres meses antes le había alquilado una habitación a un compatriota, un tal Guido Mandetta que pretendía ser estudiante en historia; dicho Guido se había ido sin avisar, por supuesto sin pagarle, no dejando sino un viejo baúl lleno de libros y papeles. Claro que a Longhi le hubiera gustado resarcirse algo vendiendo los libros, pero tenía miedo de que le timaran y le pedía a Sherwood que le ayudara. Sherwood, que no contaba con sacar nada interesante de manuales de historia y de apuntes de clase, estaba a punto de negarse o mandar a algún criado suyo cuando Longhi especificó que había sobre todo libros antiguos en latín. Se le despertó la curiosidad y ésta no se vio defraudada. Longhi le llevó a su casa, un gran caserón de madera lleno de *mammas* y de chiquillería y le hizo pasar a la pequeña habitación abuhardillada en la que había vivido Mandetta; apenas hubo abierto el baúl, Sherwood se estremeció de alegría y de sorpresa: en medio de un montón de cuadernos, hojas sueltas, libretas, recortes de periódicos y libros usados, descubrió un viejo Quarli, uno de aquellos libros prestigiosos con encuadernación de madera y cantos pintados que los Quarli imprimieron en Venecia entre mil quinientos treinta y mil quinientos setenta, la mayor parte de los cuales ya son imposibles de encontrar.

Sherwood examinó detalladamente el libro: estaba muy estropeado pero su autenticidad no dejaba lugar a dudas. El boticario no vaciló: sacó dos billetes de cien dólares de su cartera, se los ofreció a Longhi y, poniendo término a las confusas manifestaciones de agradecimiento del italiano, mandó que llevaran el baúl a su casa y se puso a registrar metódicamente lo que contenía, sintiéndose invadido por una excitación cada vez más intensa a medida que pasaban las horas y se confirmaban sus hallazgos.

1. COMMENTAIRES

1. L'indication temporelle, l'article indéfini (un ouvrier) montrent qu'il s'agit de l'ouverture d'un récit : le narrateur doit donc mettre en place les relations entre les divers personnages tout en signifiant leur identité. Cela l'oblige à une structure de phrase un peu complexe où interviennent quatre actants : Longhi, le pharmacien (alias Sherwood), les lévriers, Guido Mandetta. De façon générale, devant ce type de phrase, on veillera à vérifier, une fois la phrase traduite, l'absence de toute ambiguïté sur l'identité des acteurs de l'événement. En effet, le verbe espagnol à la troisième personne du singulier ou du pluriel et dépourvu de pronom sujet ne permet pas de distinguer entre plusieurs acteurs de même rang. Lorsque le risque de confusion est possible (entre un il et un elle, ou entre deux il de référent différent) il faudra faire usage du pronom sujet (él/ella) et lorsque ce n'est pas suffisant des démonstratifs (éste: celui-ci, renvoyant au dernier nommé, aquél: celui-là renvoyant au premier nommé), ou encore d'autres éléments de fonction voisine (tel dicho: ledit = celui dont j'ai parlé).

Ainsi dans cette première phrase, on a affaire à deux il : le premier, (qu'il avait fait engager) est volontairement dépourvu d'identité ; il faut conserver cette indétermination, résolue à retardement (« s'approcha du pharmacien »). Seul le contexte permet de comprendre que le premier il et le pharmacien désignent le même être. C'est là question de style, volonté d'introduire une attente (on parle alors de fonction cataphorique, de fonction d'appel du pronom) qu'il faut conserver en espagnol. La phrase, sans ce dispositif d'attente, se fût écrite : « un ouvrier (...) que le pharmacien (...), s'approcha de lui ». On veillera toujours à conserver l'originalité stylistique du texte de départ lorsqu'elle n'interdit pas la compréhension.

Le second il est d'une interprétation beaucoup plus facile : le pronom est ici anaphorique, il a une fonction de rappel et renvoie au substantif pharmacien. Ici encore c'est le contexte (notamment le fait qu'il est plus naturel à un pharmacien qu'à un ouvrier italien de promener ses lévriers) qui éclaire l'identité référentielle du pronom. On peut néanmoins expliciter la référence de ce il par l'emploi d'un pronom démonstratif de rappel, éste, qui renvoie au dernier substantif énoncé.

2. Devant une phrase complexe, contenant de multiples subordonnées insérées à divers niveaux de subordination, il convient de dégager la proposition principale : un jour d'avril 1896, un ouvrier italien nommé Longhi [...] s'approcha du pharmacien [...] et lui expliqua [...] qu'il avait loué une chambre à un compatriote. Cette méthode permet non seulement de livrer l'essentiel du sens, mais aussi de mettre en évidence les subordonnées qui posent l'essentiel des problèmes syntaxiques de traduction. Ainsi la première, une relative, pose le problème de la fonction du pronom relatif vis-à-vis du verbe de la relative : ce relatif est objet « direct » du verbe en français. Mais son antécédent étant un être animé (il s'agit de l'ouvrier Longhi) la construction transitive sans préposition A est ici impossible en espagnol : *l'objet direct animé d'un verbe, qu'il prenne la forme d'un groupe nominal ou d'un pronom doit toujours être précédé de la préposition A* : *Paco ve al obrero, el obrero a quien (al que) ve, lo ve a él*. Rappelons que le relatif *quien* est variable en nombre : *los obreros a quienes ve*. On notera cependant que, lorsque l'antécédent animé du relatif objet et le sujet du verbe de la relative sont de *rang personnel différent*, QUE se substitue fréquemment à *a quien,* sans produire d'ambiguïté fonctionnelle : *el obrero* (3ᵉ personne) *que veo* (1ʳᵉ per-

10

1. COMMENTAIRES

sonne) [le relatif ne peut être tenu pour le sujet de *ver*]. * *El obrero que ve Paco* est au contraire agrammatical, ne permettant pas de distinguer le sujet de l'objet. Le rôle de la prép. A est justement d'indiquer que l'élément qu'elle introduit *n'est pas sujet du verbe : el obrero a quien ve Paco, el obrero que ve a Paco.*

3. faire engager : la traduction de **faire + infinitif** ne peut être systématisée *a priori*. Le verbe **faire** entre en effet dans une multitude de tournures où sa signification est très variable (cf. *infra*, note 8). J'ai fait tomber le livre : renvoie, paradoxalement, à un acte involontaire et ne peut guère se traduire que par : *se me cayó el libro.* **J'ai fait rire ma voisine,** se traduira : *hice reír a mi vecina* (*i.e.* : j'ai déclenché en elle le processus du rire) ; de même : *hice llorar a mi hermana.* Dans ces derniers cas un être agit directement sur un autre et provoque en lui une certaine réaction. Deux êtres seulement sont impliqués. Dans notre texte, c'est à l'existence de trois actants que renvoie l'expression **faire engager** : le donneur d'ordre (ici le pharmacien), l'exécutant (celui qui engage, un tiers qui reste implicite), et la personne engagée (l'ouvrier). Au lieu d'agir directement sur ce dernier, le premier donne l'ordre à un exécutant d'agir sur lui (c'est du moins ce que l'on peut supposer s'agissant d'un notable). Dans ce cas c'est **mandar** (littéralement : ordonner) qui régit l'infinitif. L'expression **faire faire** (= faire fabriquer) qui implique également trois actants (le donneur d'ordre, l'exécutant et l'objet fabriqué) se traduit donc : *mandar hacer* (ou *encargar*).

4. pour repeindre : le français se contente ici d'un infinitif qui laisse indéterminé l'agent de l'opération, le contexte suffisant à comprendre qu'il s'agit de l'ouvrier ; l'espagnol emploiera volontiers une subordonnée au subjonctif qui implique que l'agent de l'opération subordonnée est différent de celui de la proposition principale.

5. les grilles : *verjas*, comme *rejas*, désigne les grilles de taille variable servant à protéger fenêtres et portes ou à enclore un terrain.

6. s'approcher de : *acercarse a*. Tout verbe de mouvement impliquant un déplacement en direction d'un point ou d'une limite (ceux-ci étant atteints ou non) impose l'usage de la préposition A : voir p. ex. *infra* : **le fit entrer dans** : *lo hizo pasar a.* **Pharmacien** : *boticario*, désuet, convient à l'époque (fin XIXᵉ siècle) et connote mieux le statut de notable du personnage que ne le ferait *farmacéutico*.

7. au moment où : le pronom relatif français *où* ne peut se traduire par *donde* que lorsqu'il a pour antécédent une expression signifiant l'espace. Si l'antécédent exprime le temps ou toute autre notion, on doit faire usage du relatif *que* combiné à la préposition adéquate : il s'agit ici de situer un événement *à l'intérieur* d'un fragment de temps, c'est donc la préposition EN qui intervient deux fois : *EN el momento EN que.* L'article défini, exprimé une première fois, n'a pas à être repris. S'il ne l'était pas, il conviendrait de l'exprimer : *una mañana en la que...* On notera néanmoins que certaines locutions courantes font l'économie de la préposition et de l'article : *un día que, una mañana que, una noche que, hay veces que.* Ces tours sont tout à fait corrects mais on prendra garde à ne pas les étendre abusivement.

8. il faisait faire : deux problèmes se posent ici : la traduction du pronom et celle de la tournure auxiliée. On a vu que le pronom contient une très légère ambiguïté que lève aussitôt le contexte (le lévrier est un chien de bourgeois non pas

1. COMMENTAIRES

d'ouvrier). On peut conserver cette ambiguïté sans expliciter. **Faire faire une promenade** : l'expression est synonyme de : promener, mener promener, sortir son chien. **Promener son chien** : *pasear al perro*; **sortir son chien** : *sacar al perro*. On peut combiner les deux représentations : **mener promener son chien** : *sacar a pasear al perro*. La combinaison des deux verbes permet ici de dissocier l'action faite par le maître (*sacar*) et celle accomplie par les chiens (*pasear*), et, rendant ainsi une certaine autonomie aux animaux, d'obtenir un équivalent du possessif **leur** (promenade). L'emploi de la préposition A est obligatoire : le chien est un membre de la maisonnée et à ce titre ne peut être conçu que comme un animé, non pas comme un objet inerte.

9. quotidienne : le substantif **promenade** étant devenu verbe dans la traduction, l'adjectif qui le qualifie doit changer de catégorie et devenir adverbe (l'adverbe n'étant rien d'autre qu'un adjectif de verbe). En l'absence d'adverbe lexicalisé on doit recourir à une locution adverbiale *ad hoc*.

10. var. : *no muy seguro*. [algo aproximado]

11. il avait... loué : dans la langue actuelle, l'auxiliaire *haber* ne peut être séparé du participe passé que par un pronom, soit par un pronom sujet : *había yo comprado el coche con mi dinero* ; soit par un pronom enclitique : *habíase puesto a cantar, habíale dicho que se fuera* (ce type d'enclise est d'ailleurs littéraire et un peu archaïque). Aucun autre élément ne peut s'intercaler entre l'auxiliaire et le participe.

12. un certain + nom propre : *un tal*. Il s'agit ici de signifier que le personnage n'était pas connu de l'interlocuteur (le pharmacien) (= un dénommé). *Cierto* ne peut traduire **un certain** que devant un nom commun : il implique alors une évaluation quantitative ou qualitative imprécise de la part du locuteur : **il a une certaine ressemblance avec son père** : *tiene cierto parecido con su padre*; **seuls certains élèves avaient appris** : *sólo ciertos alumnos habían aprendido*... Rappelons que l'article indéfini est proscrit devant la plupart des indéfinis : *cierto, cualquiera, distinto, otro, igual, parecido, semejante, doble, medio, tal, tamaño, tan, tanto*, etc. *Un cierto* est considéré comme un gallicisme, quoiqu'il soit fréquemment employé aujourd'hui et n'ait pas le même sens, signifiant à peu près : non négligeable, remarquable, particulier. Son emploi est sanctionné dans les examens.

13. se disait étudiant : prétendait être. On ne se prononce pas sur le fait qu'il le soit ou non, on veut simplement signifier que l'on a des doutes. Traduire par : *se hacía pasar por estudiante* serait donc inexact, la tournure présupposant qu'il ne l'est pas.

14. ce Guido: lorsque le démonstratif français détermine un nom propre, on rejettera *este* (démonstratif de rappel à proximité : *había comprado un coche en Madrid; este coche*...) au profit de *dicho*. *Dicho* peut par ailleurs, comme c'est le cas ici, être porteur d'une distance ironique. Var. : *el tal Guido*, qui conviendrait tout à fait ici si l'on n'avait pas employé *un tal* à la ligne précédente.

15. var. : *de improviso*. [a l'improviste / sin avisar]

16. var. : *si que le hubiera gustado*. [il aurait bien aimé / claro que le hubiera gustado]

17. rentrer un peu dans ses frais : en principe = récupérer l'argent investi dans une opération ; mais, ici, il s'agit plutôt d'un manque à gagner (profit qu'on aurait dû faire et qu'on n'a pas fait). *Cubrir gastos* ne convient donc pas. *Resarcirse* [*de una pérdida*] (se dédommager d'une perte) est plus exact.

1. COMMENTAIRES

18. de se faire rouler : il faut ici une complétive au subjonctif dont le sujet est indéterminé (3ᵉ personne du pluriel).
*Hacerse timar impliquerait une participation volontaire du sujet, ce qui est absurde. La tournure française **se faire + infinitif** est ici un équivalent familier de la voix passive : être roulé. Cette passive implicite, dont l'agent n'est pas exprimé, doit être retournée en **voix active en espagnol**, l'indétermination de l'agent étant rendue par la 3ᵉ personne du pluriel (équivalent de ON).

19. il demandait... de l'aider : il faut distinguer entre *pedir* qui signifie demander dans le sens de solliciter, réclamer [qque ch.] : *pidieron café*, et *preguntar* qui signifie poser une question : *pregunté la hora; pregunté por él*: je demandai de ses nouvelles, ou : je le demandai (= je demandai s'il était là). Lorsque l'agent du verbe de la principale (demandait) est distinct de celui de la subordonnée (aider), il n'est pas d'autre solution que de transposer le complément infinitif en complétive au subjonctif. Cette transposition est en particulier nécessaire à chaque fois que le verbe principal exprime un ordre ou une prière, lesquels supposent la distinction du demandeur et de l'exécutant.

20. On énoncera sur le ton de la règle que le pronom relatif sujet du verbe de la relative est invariablement **QUE**, que son antécédent soit un animé ou un inanimé : *el libro que está en la mesa* ; *el hombre que está sentado a la mesa* ; *Paco, que trabaja mucho, está cansado*. *Quien* ne peut apparaître que dans trois cas : lorsqu'il est sujet de la relative et que l'antécédent n'est pas exprimé : *quien mucho abarca, poco aprieta* (qui trop embrasse...) ; il a alors une valeur indéfinie et il est invariable ; lorsqu'il est sujet de la relative dans une structure emphatique : *c'est... qui* : *soy yo quien te lo digo*; lorsqu'il est objet précédé d'une préposition : *el hombre a quien veo y a quien vendí el coche* (cf. *supra*, note 2) ; lorsqu'il est sujet d'une relative explicative et précédé d'une pause ; il équivaut alors à **lequel** : cf. 5/4.

21. n'attendait rien d'intéressant : c'est en espagnol le même verbe qui signifie **attendre** et **espérer**. Le verbe français **attendre** a ici plutôt le sens de **prévoir, d'espérer**. Cette idée de projection dans le futur peut être dite par *contar con* + infinitif, ou *esperar* + infinitif. Attention : *pensar* + infinitif = envisager de, avoir l'intention de.

Rien d'intéressant : *algo* et *nada* peuvent recevoir un complément adjectif précédé ou non de la préposition DE.
Il semble que l'emploi de la préposition soit régi par une mécanique mentale assez complexe.
Algo déclare l'existence de quelque chose. *Nada* déclare une inexistence. Mais il y a deux moyens de parvenir à l'affirmation de l'existence ou de l'inexistence de quelque chose. Le premier moyen consiste à se représenter un objet et, l'examinant en chacune de ses parties successivement, de chercher à savoir si elles possèdent telle propriété. Si l'une d'entre elles possède cette propriété, c'est *algo de* qui sera employé ; si au contraire aucune ne la possède, c'est *nada de* qui sera énoncé.
Exemples : on me parle d'un sujet et j'essaie de voir s'il contient un élément original ; je n'en trouve aucun qui soit original : *este asunto no tiene nada de particular*, je trouve au contraire que certains de ses aspects, il s'avère original : *este asunto tiene algo de particular*. Le second moyen d'affirmer l'existence ou l'inexistence de quelque chose est beaucoup plus expéditif : je ne prends plus la peine d'examiner un objet en détail, partie par partie, afin d'y chercher une propriété, et je joue au jeu du tout ou rien : prenant la totalité, l'ensemble

13

1. COMMENTAIRES

de l'objet en gros et en vrac, je lui prête ou lui refuse globalement une propriété : c'est alors *algo* et *nada* qui surviennent. Exemples : mon interlocuteur me raconte qu'il a fait telle chose qu'il considère comme un exploit ; c'est l'ensemble de son action que je vais juger sur une échelle où j'oppose le tout au rien ; si mon jugement est négatif je dirai : *no hiciste nada extraordinario*. Il est clair que s'il a pris la peine de me relater un ensemble de faits dont il se juge le héros et m'en a imposé la lourde énumération, je dirai : *en todo esto que me cuentas no hay nada de extraordinario*. C'est qu'il m'aura forcé à faire l'inventaire de tous les éléments de son récit.

Autre exemple : je rencontre quelqu'un et m'enquiers de ce qu'il y a de neuf. Ne pouvant par définition avoir fait l'inventaire du nouveau et de l'ancien (puisque ma question manifeste mon désir de savoir et mon ignorance), c'est à nouveau au jeu du tout ou rien que je me livre : il y a du neuf ou il n'y en a pas : *¿hay algo nuevo?*

Dans notre texte, l'inventaire de l'objet (inconnu du pharmacien) ne peut être fait, c'est donc un jugement d'ordre général sur les manuels d'histoire et les notes de cours qui est émis. C'est donc l'ensemble qui est évalué : c'est tout bon ou tout mauvais. On traduira donc : *sacar nada bueno (interesante)*, sans préposition.

22. La forme pronominale s'impose, *negar* employé sans objet ne pouvant signifier que : nier. Var. : *estaba para negarse o mandar*. *estaba a punto de...*

23. un de ses domestiques : complément d'objet animé, singularisé et déterminé : prép. A. On ne peut cumuler deux déterminants (par exemple article + possessif) devant un substantif ; obligation est faite à l'un d'eux de se postposer : le possessif postposé adopte alors une forme pleine et tonique : *su* devient *suyo*.

24. fut mise en éveil : le tour passif avec SER est d'un emploi fort rare en castillan. En l'absence d'agent, on a théoriquement la solution de la transformation en phrase active impersonnelle (cf. *supra*, note 19). Mais ici l'agent, quoique laissé dans l'implicite, est connu du lecteur : l'anonymat de la 3ᵉ personne du pluriel ne convient donc pas. La solution consiste à utiliser une tournure personnelle à datif : *le picó la curiosidad.* (*se despertó*)
Elle ne fut pas déçue : ici se posent deux problèmes : d'une part la traduction de décevoir (une attente, un espoir) : *defraudar*, plutôt que *decepcionar* qui s'applique à une personne ; d'autre part, le choix de l'auxiliaire qui conserve une structure passive : l'espagnol distingue entre une passive opérative construite avec SER qui livre la représentation de l'opération : *su hermano fue herido por el enemigo*, et une passive résultative qui déclare le résultat d'une opération antérieure et au-delà de laquelle on se situe : *su hermano estaba herido (porque había sido herido)*. Ici, nous n'avons pas une représentation de résultat, mais bien la saisie de l'événement lui-même, on utilisera donc *ser*. Si, parlant d'une personne qui s'attendait à quelque chose et ne le trouva pas, on voulait dire l'état d'esprit dans lequel elle se trouvait à la suite de cette déconvenue, on dirait au contraire : *(Paco no había venido) María estaba decepcionada* (état psychologique résultant d'un événement antérieur). On a choisi ici l'auxiliaire *verse* suivi du participe passé : *verse* se dit ordinairement d'êtres animés humains (qui peuvent se voir ! *me vi obligado a*) et il y a ici « animation » de la curiosité traitée allégoriquement comme un être. Si l'on ne retient pas cette allégorie : var. : *no quedó defraudada*.

1. COMMENTAIRES

25. le fit entrer : cf. *supra*, note 2.

26. à peine... que : c'est une corrélation temporelle signifiant l'immédiate successivité de deux événements : *apenas... (cuando), no bien... (cuando), tan pronto como abrió el baúl...*, etc. S'agissant des deux premières corrélations, on remarquera que *cuando* est souvent effacé et remplacé par une virgule, en particulier lorsque le sujet des deux verbes est identique, ce qui est le cas ici : «*Apenas el telón se levanta, comienza el coro de las toses*» (E. d'Ors); «*Apenas supo andar por Madrid, salía sola o con su hermana muy temprano*» (A. Ganivet); *cuando* apparaît lorsqu'il s'agit d'opposer nettement deux sujets différents : *apenas entró el niño cuando la madre se puso a despotricar contra él*. Ne pas confondre *apenas* avec les locutions du type : *a duras penas*.

27. ces prestigieux livres : le démonstratif *aquellos* porte en contexte une valeur laudative, explicitement présente dans l'adjectif prestigieux.

28. à reliure de bois : CON est un signe d'addition ; il introduit donc le plus souvent un complément de nom renvoyant à un accessoire, à un élément ajouté : la reliure et les tranches dorées sont ici perçues comme un plus valorisant le livre.

29. qui sont pour la plupart : *la mayor parte de los cuales son ya imposibles...*: noter l'accord pluriel *ad sensum* du verbe.

30. sont devenus introuvables : il est fréquent qu'un adjectif français en -**able**, -**ible** (le plus souvent préfixé en in-, im-) n'existe pas dans le lexique espagnol. On recourt alors à une périphrase : **difficilement trouvable** : *difícil de encontrar,* **introuvable** (= impossible à trouver) : *imposible de encontrar.* On distinguera ces structures de celle-ci : *es difícil encontrar libros*: il est difficile de trouver, où l'infinitif espagnol en fonction de substantif sujet ne peut être précédé de la préposition.

31. avec soin : var. : *examinó el libro con cuidado, cuidadosamente. detalladamente*

32. ne faisait aucun doute : var. : *no era nada dudosa. no dejaba lugar a dudas*

33. sortant : décrit ici une opération immédiatement antérieure à celle dite par le verbe conjugué. Le gérondif espagnol fournirait une image de coïncidence temporelle partielle entre les deux actions, c'est pourquoi on a préféré un verbe conjugué, qui implique une successivité rigoureuse entre les deux actions.

34. l'Italien : contrairement au français, les noms de nationalité s'écrivent en espagnol avec une minuscule : *los españoles*.

2. Les joies du couple

C'était vrai d'ailleurs. Le document que [1] ses frères et elle appelaient l'ultimatum de leur mère avait été trouvé par eux [2] dans le coffre-fort de leur père quand ils l'avaient ouvert [3] à sa mort.

C'était un document terrifiant, dont les frères avaient ri [4], mais qui en effet [5] avait fait de Nelly cette personne soigneuse vis-à-vis de l'humanité, méticuleuse vis-à-vis des riches aussi bien que des pauvres [6]. Après une séparation que le père ne pouvait supporter, car il aimait sa femme, et qu'il [7] ne comprenait pas, parce qu'il n'avait aucun tort et qu'elle-même [8] ne l'avait pas quitté pour un autre [9], il avait enfin obtenu [10] un ultimatum. Sa femme consentait à revenir à la maison [11], mais à trente et une conditions, dont chacune [12] faisait l'objet d'un paragraphe.

C'étaient les trente et un [13] commandements, effrayants, de la vie en commun. — Quand tu feras [14] ta cravate devant ma glace, tu n'agiteras pas ta pomme d'Adam avec un petit grognement. — Quand nous nous mettrons à table [15], tu ne plongeras pas la main dans ta poche de pantalon [16] et n'en [17] retireras pas des vieux cure-dents et des mies de pain. — Quand nous passerons ensemble devant le Trocadéro, tu ne diras jamais : « Après tout il a pris [18] son style. » — Tu éviteras de mettre sous ma vue l'ongle de ton médius [19], il est cannelé et me porte sur les nerfs. — Tu ne porteras plus de souliers ressemelés, car tu glisses chaque fois sur le dallage de l'entrée. — Tu ne raconteras jamais en ma présence ton histoire [20] du monsieur enroué qui va se faire soigner [21] et auquel ouvre [22] la femme du docteur. — En prenant ton bain, tu ne chanteras sous aucun prétexte. — Quand tu auras décidé de passer la nuit dans ma chambre, tu ne demanderas jamais : « Veux-tu que je dorme avec toi, chérie. » Tu sais que je ne le veux pas, et que c'est par force et à cause du sacrement [23]. Alors tais-toi. — Pour ces jours-là [24], tu n'auras jamais dans ta poche de pyjama une pochette de même couleur. — Tu changeras ta signature en supprimant ce paraphe idiot dont tu l'accompagnes. — Tu ne me feras sous aucun prétexte admirer ton chien [25], et ne lui diras sous aucun prétexte de m'admirer [26] moi-même. — Tu diminueras de moitié [27] le temps que tu prends pour te brosser les dents, et supprimeras ton dentifrice [28] mousseux. La pensée que [29] tu es à côté de moi dans la maison avec cette bouche mousseuse est absolument intolérable... — Tu ne citeras aucun mot latin, aucun proverbe. — Tu ne diras plus jamais : « *Chi lo sà* », seuls mots italiens que tu saches [30] d'ailleurs.

2. Los placeres del matrimonio

Por lo demás era cierto. El documento al que ella y sus hermanos llamaban el ultimátum de su madre, lo encontraron en la caja fuerte de su padre cuando la abrieron al morir éste.
    Era aquél un documento aterrador que a los hermanos les había hecho gracia, pero que de hecho había convertido a Nelly en esa persona cuidadosa con la humanidad, meticulosa tanto con los ricos como con los pobres. Tras una separación que el padre no podía soportar, pues amaba a su mujer, y tampoco comprendía, porque no tenía la culpa de nada, y porque ella por su parte no lo había dejado por otro, acabó por obtener un ultimátum. Consentía su mujer en volver a casa, pero sólo con treinta y una condiciones, cada una de las cuales quedaba estipulada en un apartado.
    Eran aquéllos los treinta y un mandamientos, espantosos, de la vida en común. —Cuando anudes tu corbata delante de mi espejo, no agitarás la nuez con un leve gruñido; —Cuando nos sentemos a la mesa, no hurgarás en el bolsillo de tus pantalones ni sacarás de él palillos usados ni migas de pan; —Cuando pasemos juntos delante del Trocadero nunca dirás: «Finalmente acabó por tener su estilo»; —Procurarás no poner ante mis ojos la uña de tu dedo medio, pues es estriada y me pone los nervios de punta; —Ya no llevarás zapatos remontados, porque cada vez resbalas en el enlosado de la entrada; —Nunca contarás en mi presencia el chiste ese del señor ronco que va a curarse y a quien abre la puerta la mujer del doctor; —Al bañarte no cantarás en ningún caso; —Cuando hayas decidido pasarte la noche en mi habitación, nunca preguntarás: «¿Quieres que duerma contigo, cielo?» Ya sabes que no lo quiero y sólo lo hago a la fuerza y a causa, del sacramento. Pues cállate. —Para esos días, nunca llevarás en el bolsillo del pijama un pañuelo del mismo color. —Cambiarás tu firma suprimiendo esa rúbrica estúpida con la que la acompañas. —Bajo ningún concepto pretenderás que admire a tu perro, ni le dirás a él bajo ningún concepto que me admire a mí misma. —Disminuirás en la mitad el tiempo que te tomas para cepillarte los dientes, y suprimirás ese dentífrico espumoso. El sólo pensar que estás a mi lado en casa con la boca espumosa me resulta absolutamente insoportable... —Nunca citarás ningún latinajo, ningún refrán. No dirás nunca más: «*Chi lo sá*», que por cierto son las únicas palabras italianas que te sepas.

— Tu n'emploieras plus le mot cubique [31] au lieu du mot cubiste. D'ailleurs une fois pour toutes tu ne parleras plus peinture... Et cela continuait. Et il n'y avait que trente et un commandements parce que, par son antipathie, ses absences, elle avait limité à trente et un les contacts visuels et spirituels avec son mari.

Et le père d'ailleurs avait accepté [32].

Jean GIRAUDOUX
La Menteuse
© Éditions Bernard Grasset, 1968

2. COMMENTAIRES

1. le document que : on se trouve ici devant l'un des cas d'emploi de la préposition A devant complément d'objet direct non-conditionnés par l'opposition entre êtres « animés » et objets inanimés. Le verbe **appeler** et le verbe *llamar* présentent la particularité d'avoir un double complément lorsqu'ils signifient « nommer, donner un nom ». Le premier complément désigne la chose que l'on nomme (ici le document), le second constitue la dénomination (ici l'ultimatum). Pour lever toute ambiguïté syntaxique et sémantique l'espagnol fait précéder la chose nommée de la préposition. Un exemple de cela : *«A las casas de lenocinio se les llama casas discretas autorizadas»* (cité par Cano Aguilar) : les maisons closes on les appelle maisons discrètes autorisées. Dans ce cas et comme souvent, la préposition joue le rôle de discriminant fonctionnel.

2. avait été trouvé par eux : la voix passive est étrange en français et le serait encore davantage en espagnol ; on la transforme en active d'autant plus aisément que l'agent de la passive est connu et exprimé : il devient le sujet grammatical du verbe actif. On remarquera que le plus-que-parfait a été traduit par un simple prétérit. Sur ce changement de temps, cf. note suivante.

3. ils l'avaient ouvert : les deux plus-que-parfaits de cette phrase marquent une antériorité chronologique par rapport à l'imparfait qui ouvre le second paragraphe : **c'était un document...** et par rapport à l'imparfait **appelaient** dans la même phrase. Alors que le français exprime naturellement le passé de passé par le plus-que-parfait, il apparaît que l'espagnol, lorsque le contexte éclaire suffisamment la chronologie des événements, se contente souvent d'un simple prétérit. On aurait pu traduire le plus-que-parfait par un subjonctif en -RA dans la subordonnée : *como la abrieran*: c'est là le résidu d'un état de langue ancien où la forme en -RA était apte à signifier un passé de passé en dehors de toute hypothèse. Une telle valeur ne se rencontre plus guère que dans les subordonnées relatives ou temporelles, spécialement celles introduites par *como* (avec une valeur de simultanéité ou d'antériorité immédiate). La forme en -RA marque ici

—Ya no emplearás la palabra cubisto en vez de la palabra cubista. De todos modos y de una vez para siempre ya no hablarás de pintura. Y así sucesivamente. Y si no había más que treinta y un mandamientos, era porque, por su antipatía y sus ausencias, ella había reducido a treinta y uno los contactos visuales y espirituales con su marido.

Y el padre además lo había aceptado.

2. COMMENTAIRES

l'antériorité immédiate par rapport à l'événement déclaré au prétérit. Samuel Gili Gaya note l'aspect vieilli et artificiel de l'emploi de la forme en -RA avec cette valeur de passé : «Al restaurarse en el siglo XIX el antiguo pluscuamperfecto en -ra, toma a menudo el carácter descolorido de simple acción pasada; p. ej.: *el acuerdo que ayer se tomara en la reunión ha sido ratificado* (en vez de *tomó*). Se trata hoy de un mero artificio literario que algunos escritores emplean, ya por afectar arcaísmo, ya con el afán de distinguirse del lenguaje corriente.» Gili Gaya croit percevoir une diminution de cet emploi de -RA réservé aux subordonnées non hypothétiques ; on peut cependant constater son emploi assez fréquent dans le style journalistique et aussi sa fréquence dans la littérature sud-américaine (argentine en particulier).

4. dont les frères avaient ri : **dont** relie un substantif et un verbe et résulte de la transformation de la préposition **de** (rire de) ; il n'implique aucun rapport de « possession » et ne peut donc être traduit par *cuyo*, lequel ne peut relier que deux substantifs. Il s'agit donc d'une relative ordinaire. *Del que se habían reído los hermanos*: signifierait plutôt : **dont les frères s'étaient moqués.** *Hacerle gracia a uno algo*: amuser : ¡Ma'dita la gracia que me hace!, ça ne m'amuse pas du tout, je ne trouve pas ça drôle du tout.

5. en effet : ne sert pas ici à introduire un argument et signifie à peu près : **en réalité, effectivement.** On pourrait aller jusqu'à comprendre **pourtant** (*sin embargo*).

6. vis-à-vis des riches aussi bien que des pauvres = autant envers les riches qu'envers les pauvres : il s'agit d'une comparative d'égalité, et le second membre de la corrélation doit être introduit par *como*. Rappelons que *tanto* ne s'apocope que lorsqu'il modifie un adjectif qu'il précède. La variante que voici contient donc la forme apocopée : *tan meticulosa para con los ricos como para con los pobres.*

7. et qu'il ne comprenait pas : la ponctuation et la coordination (**et**) interdisent de concevoir *sa femme* comme antécédent de cette relative. **Comprendre :** *comprender* a une signification plus

2. COMMENTAIRES

abstraite que *entender*, qui sert généralement à dire la compréhension de messages ou d'idées. Suivi de la préposition DE, *entender* signifie « s'y connaître, être compétent en une matière, en un domaine » : *entiende mucho de historia, no entiendes nada de vinos.*

8. et qu'elle-même : ce **que** reprend **parce que** : il faut en espagnol reprendre l'intégralité de la conjonction : *y porque*. De même, lorsque **que** reprend un **quand** ou un **lorsque** précédemment énoncé : **quand elle venait et qu'elle s'asseyait** : *cuando venía y (cuando) se sentaba.*

9. pour un autre : la préposition POR a la même valeur d'« échange » que le **pour** français ; on omet l'article indéfini devant *otro* et les indéfinis de sens voisin (cf. 1/12). Cette omission est logique : les indéfinis, comme l'article, assignent une extension au substantif, définissent son champ d'application ; combiner un article indéfini avec un autre indéfini serait donc d'une certaine façon redondant.

10. il avait enfin obtenu : sur le changement de temps, cf. *supra*, note 3.

11. à la maison : la plupart des locutions prépositionnelles imposent l'absence de l'article : *ir a casa, estar en casa, volver a casa, ir de pesca, ir de compras, ir de tascas.*

12. dont chacune... : *dont* résulte ici de la transformation d'une proposition indépendante contenant la préposition **de** : à trente et une conditions ; chacune d'entre elles... Nul lien de possession ici, mais simplement l'image d'une partition, d'une sériation, d'une décomposition en éléments. *Cuyo* est donc exclu. Il faudra veiller d'autre part à antéposer l'indication numérique au relatif : ex. : **cinq fenêtres dont deux n'étaient pas peintes :** *cinco ventanas, dos de las cuales estaban sin pintar.* À distinguer de : **une maison dont les deux fenêtres :** *una casa cuyas dos ventanas. Cuyo*, équivalent de **dont** + article défini (**le, la, les**), suppose l'intégrité de l'élément qu'il introduit et s'oppose donc à toute idée de partition. **Faisait l'objet :** var. : *era objeto de.*

13. trente et un : le numéral masculin *uno* s'apocope lorsqu'il précède le substantif qu'il quantifie, isolé ou en combinaison avec les dizaines. Rappelons que les cardinaux qui s'apocopent sont : *uno* et *ciento* (devant les substantifs des deux genres) ; les ordinaux : *primero, tercero, postrero* s'apocopent devant un substantif masculin, plus rarement féminin.

14. quand tu feras : la subordonnée temporelle au futur de l'indicatif en français a pour correspondant une subordonnée au présent du subjonctif : *cuando llegues, llámame y cenaremos juntos.* L'utilisation du subjonctif est logique : un fait futur appartient au domaine du non encore réalisé (le non-révolu) ; de plus, ce fait, lorsqu'il s'énonce dans la subordonnée, est dans la dépendance syntaxique d'un autre fait futur énoncé dans la principale (soit sous la forme d'un impératif, soit sous la forme d'un futur). L'espagnol marque cette relation de dépendance par l'emploi d'une forme plus hypothétique que le futur de l'indicatif : principale : fait non encore réalisé = petite quantité d'hypothèse = futur *(cenaremos)*; fait non encore réalisé dépendant d'un autre fait non encore réalisé = grosse quantité d'hypothèse = présent du subjonctif. Le même mécanisme peut être observé dans la relative, au futur en français, au présent du subjonctif en espagnol : *el último que salga cerrará la puerta; haremos lo que quieras, como quieras, cuando quieras.* On notera par ailleurs l'indétermination portant

2. COMMENTAIRES

sur le moment (on ne se prononce pas sur la date), ou l'antécédent de la relative (on ne se prononce pas sur ce qu'on fera). Le même mécanisme s'applique aux phrases dont le repère n'est pas présent mais passé : une temporelle ou une relative marquant une ultériorité par rapport à un instant du passé est au « conditionnel présent » en français (ce « conditionnel » n'est en fait rien d'autre qu'un futur descendu dans le passé) ; elle sera au subjonctif imparfait en espagnol : *(aquel día te dije que) haríamos lo que quisieras, como quisieras, cuando quisieras*: **ce jour-là je t'ai dit que nous ferions ce que tu voudrais, comme tu voudrais, quand tu voudrais.** Ce mécanisme de concordance des temps s'applique bien entendu aux formes composées : *habríamos hecho lo que hubieras querido, como hubieras querido...*
On notera enfin que le futur espagnol peut fort bien apparaître après une conjonction signifiant le temps, mais uniquement dans une subordonnée interrogative indirecte : *me pregunta cuándo iremos a Madrid, no sé cuándo volveremos. Me pregunta cuándo le voy a pagar; le pagaré cuando tenga dinero.*

15. var. : *nos sentaremos*: on pourrait, par jeu et par imitation d'un système de langue aujourd'hui archaïque, utiliser les formes du subjonctif futur dans toutes ces subordonnées temporelles ; ce subjonctif futur, à désinence *-RE (amare, amares, amare, amáremos, amareis, amaren)*, servait autrefois à déclarer un fait futur antérieur à un autre fait futur (relatives, temporelles introduites par *si, cuando, después de que*). Il ne subsiste plus aujourd'hui que dans quelques locutions figées : *sea lo que fuere, venga lo que viniere* (équivalents de : *sea lo que sea, venga lo que venga*), et dans le style archaïque des textes de loi. L'aspect juri-

nos sentemos

dique de cet « ultimatum », qui constitue en fait un véritable contrat réglant la vie en commun, peut justifier l'emploi ironique du subjonctif futur. Dans le même esprit parodique, on pourrait également faire précéder chaque alinéa du mot *ítem*, qui, dans le style juridique, sert à introduire chaque clause d'un testament ou d'un contrat.

À table : *sentarse A la mesa*. On trouve parfois la préposition EN, mais un tel emploi, d'ailleurs générateur d'ambiguïté, n'est pas à imiter.

16. **pantalon :** autrefois pluriel, aujourd'hui aussi fréquemment singulier : *el pantalón*.

17. Une négative coordonnée est introduite par NI en espagnol. **Pas des... et des :** le coordonnant est inclus dans la négation, c'est donc encore NI qu'il faut employer ici.

18. Cet emploi du verbe **prendre** est évidemment étrange en français. La phrase signifie sans doute que l'édifice en question, d'abord choquant d'un point de vue architectural, apparaît maintenant esthétiquement acceptable au personnage.

19. var. : *el medio, el dedo cordial, el dedo corazón.*   *el dedo medio*

20. **ton histoire :** ce possessif a valeur de mise à distance et de dépréciation ; le démonstratif distributif : *el...ese* produit un effet comparable (*ese* est le démonstratif de la deuxième personne et peut donc contextuellement servir à désigner ce que, par mépris, je rejette hors de mon champ dans le tien).

21. **se faire soigner :** ce type de structure est en fait sémantiquement équivalente à une voix passive sans agent exprimé (ni même conçu). On a souvent recours à une active impersonnelle (cf. 1/19). Cependant un certain nombre

2. COMMENTAIRES

de verbes espagnols, allant encore plus loin dans l'effacement de l'agent réel, traitent le patient de l'opération comme un agent et utilisent la voix pronominale : «*me bauticé en Sevilla*» (je me fis baptiser, je fus baptisé à Séville) ; «*él se fotografiaba en medio de ellos*» (il se faisait photographier au milieu d'eux) ; «*yo estuve en Madrid el año que acabó la guerra; fui a operarme unas cataratas*» (je suis allé me faire opérer de la cataracte) [exemples cités par Schmidely, *op. cit.* pp. 213-214]. La plupart des verbes susceptibles de ce traitement pseudo-réfléchi impliquent deux états successifs d'un même être (*curar*: être malade/être guéri). Il convient de n'employer un tel tour que lorsque le contexte marque suffisamment que l'agent réel de l'opération n'est pas le sujet du verbe pronominal, écartant ainsi une interprétation réfléchie du verbe pronominal.

22. **auquel ouvre** : *a quien abre*, sans utiliser le pronom de rappel LE. Même s'il n'est pas rare de voir le relatif doublé par un pronom de rappel (anomalie syntaxique semble-t-il fort répandue, cf. Lope-Blanch, n° 51) : **un hermano... al cual le han quedado cuatro asignaturas; un señor al que el recuerdo con verdadero gusto; don José María Benedito, que todo el mundo le conoce como especialista en aves.* Ces tours où le relatif perd son contenu pronominal en ne conservant plus que son rôle conjonctif sont à proscrire absolument dans la traduction scolaire.

23. **et que c'est par force et à cause du sacrement** : s.e. que je le fais. L'ellipse a ici en français la valeur d'un euphémisme. *Hacerlo*, avec le pronom de contenu indéfini et allusif, est un euphémisme courant dans la désignation de l'acte sexuel. **Par force** : var. : *por fuerza*. *a la fuerza*

24. **ces jours-là** : le déictique est à l'évidence dépréciatif, on choisit donc *ese* de même valeur.

25. **feras admirer ton chien** : la préposition A s'impose, le canidé en question semblant avoir le statut d'un dieu vivant aux yeux de son maître.

26. **de m'admirer** : cf. 1/20.

27. **de moitié** : il s'agit ici d'indiquer la quantité dont on diminue : préposition EN : *las enfermedades han crecido en un veinte por ciento estos últimos años*: les maladies ont augmenté de 20 % ces dernières années. **À moitié** : *a medias: dormido a medias, siempre haces las cosas a medias; medio: medio muerto de frío; a medio* + infinitif : *un trabajo a medio hacer*, un travail à moitié fait.

28. **ton dentifrice** : cf. *supra*, note 20.

29. **la pensée que** = le seul fait de penser que : on pensera à utiliser l'infinitif substantivé, les substantifs *pensamiento* ou *idea* ne convenant pas parce que trop abstraits.

30. Au contraire du français, l'espagnol accepte l'indicatif dans les relatives dont l'antécédent est l'objet d'une restriction : *las únicas palabras que sabes*. Le choix du mode relève d'une évaluation subtile des chances d'être ou de ne pas être de l'antécédent. On pourra distinguer ainsi entre : *es el único hombre que me ha / que me haya querido por mí misma*. Le subjonctif semble renforcer le caractère unique et exceptionnel de l'être dont on parle (on a le sentiment qu'il aurait fort bien pu ne pas exister). On retrouve le même mécanisme dans les propositions compléments de superlatifs où, si le mode indicatif est majoritaire, le subjonctif n'est pas interdit. Cf. Molho, *op. cit.*, pp. 456-459.

2. COMMENTAIRES

31. La confusion entre **cubique** et **cubiste**, possible en français, s'avère totalement invraisemblable en espagnol, les deux signifiants étant par trop différents : *cúbico* et *cubista* (accent tonique différent, voyelle finale différente). La langue colloquiale invente des masculins pour des formes uniques originellement valables pour les deux genres, mais où l'on aimerait marquer physiquement l'opposition des deux genres : ainsi *modista*, d'abord masculin, le métier étant exercé par des hommes, s'est appliqué au féminin : *una modista*. Par réaction on a créé : *un modisto*. *Cubisto* relèverait du même type de masculin, agrammatical au regard de la norme savante.

32. Il semble que le verbe transitif espagnol ait plus de mal à s'employer intransitivement. On rétablira donc un pronom objet.

3. Une petite vieille morbide

Agathe aime se lever le matin [1]. Le plaisir ne s'est pas affaibli [2] depuis soixante-dix ans. Elle descend lestement l'escalier, ouvre sa fenêtre. L'air frisquet [3] ravigote [4] sa tête de souris. Sa maison se dresse devant la route. Quelques voitures passent avant de s'enfoncer dans les Corbières [5]. Agathe les regarde, surprend couples et familles [6], parfois des voyageurs solitaires. Plusieurs accidents se sont déjà produits près de chez elle. On [7] frappe à sa porte en pleine nuit [8]. Elle s'approche postée derrière le volet, elle se méfie puis ouvre avec avidité [9]. Les heures tragiques, c'est son fort [10]. Les gens blessés [11], le sang qui coule au milieu des vacances. Elle a un faible pour les visages traumatisés [12] et toutes sortes d'horreurs. Ce matin [13], l'air est pur, le vent frétile. Agathe se sent bien. Ses nerfs gigotent [14]. Le facteur apporte [15] le journal. Elle lui tire les vers du nez [16] sur deux ou trois affaires. Puis son copain part pour sa tournée. Elle l'accompagnerait sans se lasser. Il va faire bon dans les collines. Il va se passer mille choses... des aventures qu'elle pressent. Elle a du flair, Agathe, de l'espoir. Elle pose le journal sur la table de la salle à manger. Elle ouvre la radio [17] pour les nouvelles. Fait chauffer son café. Écoute les prévisions de la météo, les derniers événements politiques. Le chômage c'est ce qu'elle préfère, la courbe qui grimpe. Bientôt trois millions. La France à la retraite, une nation impotente, la révolution ou la psychose [18]. La casserole chantonne. Elle se verse le café, boit une gorgée, croque des biscottes et déplie le journal. Moment de volupté parfaite. La vie commence. Aiguë, prometteuse. C'est avril toute l'année dans le cœur d'Agathe. On sent poindre les fleurs [19]. Elle déteste les roses, n'adore que les crocus. Leurs becs curieux [20] perçant le sol, vrais canifs de verdure. Le café brûle, fouette son maigre thorax. Ses artères battent. Un court frisson lui pince les reins. C'est bon signe [21]. Elle lit les gros titres. Assassinats. Grèves de la faim en Irlande du Nord. Les membres de l'IRA trépassent comme des mouches. Agathe est très impressionnée par ces suicides libertaires [22]. Et puis une tuerie de la mafia, la leucémie de la reine d'Angleterre, un fric-frac à Honolulu, une transplantation cardiaque ou la naissance de deux gorilles jumeaux au zoo de Bâle, le scandale des ballets bleus [23] à Pont-L'Évêque sont des prétextes tout trouvés pour pousser une porte, amorcer un dialogue et coudre là-dessus des questions indiscrètes. Agathe n'ignore rien des possibilités infinies de la conversation. On [24] part de l'assassinat raté du pape pour arriver à la hausse du rognon.

3. Una ancianita con morbo

A Agathe le gusta levantarse por la mañana. El placer no se ha debilitado en setenta años. Ella baja, ligera y ágil, las escaleras, abre su ventana. El aire fresquete aviva su cara de ratón. Se alza su casa frente a la carretera. Pasan algunos coches antes de internarse en los Corbières. Agathe los mira, sorprende parejas y familias, a veces viajeros solitarios. Ya se produjeron varios accidentes cerca de su casa. Llaman a la puerta en plena noche. Ella se acerca al acecho detrás del postigo, no se fía y luego abre, ansiosa. Los momentos trágicos son lo suyo. Gente lesionada, sangre que corre en medio de las vacaciones. Tiene debilidad por los semblantes contusos y toda clase de horrores. Esta mañana, el aire es puro y vivaracho el viento. Agathe se siente a gusto. Sus nervios se estremecen. El cartero trae el periódico. Ella le tira de la lengua sobre dos o tres escándalos. Luego su amiguete se va para su ronda. Ella le acompañaría sin cansarse. Va a hacer bueno en las colinas. Van a suceder miles de cosas...aventuras que ella presiente. Tiene buen olfato, Agathe, y esperanzas. Deja el periódico en la mesa del comedor. Enciende la radio para oír las noticias. Se calienta el café. Escucha el parte meteorológico, los últimos sucesos políticos. El paro es lo que prefiere, con su curva ascendente. Dentro de poco serán tres millones. Francia jubilada, una nación minusválida, revolución o psicosis. Canturrea el cazo. Ella se sirve el café, bebe un sorbo, comisquea tostadas y abre el periódico. Momento de voluptuosidad perfecta. Empieza la vida. Aguda, llena de promesas. Es el mes de abril todo el año en el corazón de Agathe. Una siente brotar las flores. Ella aborrece las rosas, sólo la entusiasman los crocos con sus picos curiosos que atraviesan el suelo, verdaderos cortaplumas vegetales. El café quema, azota su tórax flaco. Laten sus arterias. Un breve escalofrío le pellizca los riñones. Es buena señal. Lee los titulares. Asesinatos. Huelgas del hambre en Irlanda del Norte. Los miembros del IRA fenecen como moscas. A Agathe la impresionan mucho esos suicidios libertarios. Y además una matanza de la mafia, la leucemia de la reina de Inglaterra, un robo con fractura en Honolulú, un trasplante cardíaco o el nacimiento de dos gorilas gemelos en el zoológico de Basilea, el escándalo de los pederastas en Pont-L'Evêque son pretextos idóneos para empujar una puerta, entablar un diálogo y ensartar en él unas preguntas indiscretas. Agathe no ignora nada de las posibilidades infinitas de la conversación. Se empieza con el asesinato fallido del Papa y se acaba con la subida del precio del riñón.

Quelle aventure ! Et le vaste univers fournit sa matière intarissable, multicolore [25], sur fond de génocides, d'exodes, de dérive des continents, de chevauchées fantastiques, de quête du Graal, de lutte des peuples, d'électronique, de symphonie de Berlioz et de rayon de la mort.

Patrick GRAINVILLE
La Caverne céleste
© Éditions du Seuil, 1984

3. COMMENTAIRES

TITRE : *morbo*: le mot est employé ici avec son sens populaire : «gusto y placer por conocer detalles tétricos y vergonzantes» (Juan Manuel Oliver, *Diccionario de argot*, Madrid, Sena, 1987).

1. le matin : *por la mañana* situe un événement dans l'espace de temps compris avant midi ; *de mañana*: tôt le matin, de bon matin, au petit matin. *De madrugada*: tôt le matin, au petit jour.

2. ne s'est pas affaibli : var. : *no decreció, no ha disminuído*. no se ha debilitado

3. frisquet : var. : *fresquito*. fresquete

4. ravigoter : pris étroitement, **redonner de la vigueur** : *avivar, entonar*. Pris contextuellement (le personnage vient de se lever), **achever de réveiller, rendre conscient**, à quoi correspond le verbe espagnol *espabilar* pris au sens propre.

5. les Corbières : *los Corbières*: les noms de montagnes (*montes*) sont masculins, comme les noms de fleuves (*río*): la Loire, *el Loira* ; de mers (*un mar*) ou d'océans (*un océano*): *el Adriático, el Atlántico*.

6. Construction directe ou prépositionnée de l'objet direct : la préposition A introduit l'objet direct d'un verbe lorsque le locuteur se donne de ce dernier une représentation d'agent en puissance, agent capable d'action et de réaction ; la préposition A assujettit en quelque sorte un être agent par nature, non inerte, au statut de patient. Pour qu'elle apparaisse deux conditions doivent donc être réunies : 1) que le verbe suppose une puissance exercée par un être A (au poste de sujet), sur un être B (au poste de complément) ; 2) que B soit conçu par le locuteur comme capable de réaction à la puissance exercée sur lui. Ainsi, on opposera : *sorprendió su mirada* (inertie de B), à : *sorprendió a Mario con su amante* (réaction possible de B). On notera d'autre part que le degré de réactivité de B est étroitement lié à son degré de singularité ou de généralité. Plus un être B non inerte est conçu comme unique par le locuteur (nom propre, nom commun précédé de l'article défini singulier *el/la*), plus on a de chances de voir apparaître la préposition A. Inversement, plus cet être est conçu comme élément

¡Menuda aventura! Y el vasto universo proporciona su materia inagotable, abigarrada, sobre un trasfondo de genocidios, éxodos, deriva de los continentes, cabalgadas fantásticas, búsqueda del Santo Grial, lucha de los pueblos, electrónica, sinfonía de Berlioz y rayo mortal.

3. COMMENTAIRES

d'un ensemble amorphe (pluriel, ou singulier précédé de l'article indéfini *un/una*), et plus la construction immédiate a de chances d'apparaître. Ainsi : *los soldados mataron obreros y campesinos*, mais : *los soldados mataron al campesino*. La frontière entre singularité-réactivité et généralité-inertie est souvent ténue : *mataron un campesino* et *mataron a un campesino*. Le texte de Grainville, par l'emploi de l'article zéro et de l'énumération, indique un refus de singularisation. D'autre part, le sémantisme de surprendre (« découvrir par surprise ») implique une non-réaction du patient. Deux raisons suffisantes pour employer la construction de l'objet sans préposition. La construction avec préposition n'est toutefois pas impossible avec un autre verbe : *descubre a parejas y familias*.

7. on : ici nécessairement la 3ᵉ personne du pluriel, puisqu'il s'agit d'un sujet dont on ignore l'identité et qui exclut le moi du locuteur.

8. var. : *en medio de la noche; era pleno día*: **c'était en plein jour** ; *en pleno mes de enero*: **en plein mois de janvier**. *en plena noche*

9. avec avidité : *ansiosa*: «con el deseo acuciante de alguna cosa» (Mol.)

10. var. : *son su fuerte.* *son lo suyo*

11. blessé : *lesionado*, var. : *herido*. *Lesionado*, plus artificiel, est courant dans la presse, et donc doté de connotations adaptées au contexte.

12. traumatisés : pas d'équivalent exact (sauf néologisme).

13. Choix du déictique : *este* convient ici dans la mesure où le moment est rapporté à l'ici-maintenant du personnage (le narrateur-observateur se plaçant dans le présent du personnage) ; on choisira donc le déictique de proximité : *este*, apte à référer à tout élément proche du moi-locuteur dans le temps ou l'espace.

14. ses nerfs gigotent : la métaphore, à la limite de l'acceptable en français, est à peine traduisible ; on a choisi une traduction moins imagée, et moins risquée.

15. L'opposition *traer/llevar* est parallèle à l'opposition *ir/venir* ; tout déplacement d'objet en direction de l'endroit où se trouve le sujet-repère : *traer*, et de même

3. COMMENTAIRES

tout déplacement d'un être en direction du sujet-repère : *venir* ; inversement tout déplacement d'objet à partir du sujet-repère : *llevar*, et tout déplacement d'un être à partir du sujet-repère : *ir*. La focalisation interne du récit (le narrateur occupe le point de vue du personnage), fait de ce dernier le repère du déplacement : donc *traer*.

16. var. : *le sonsaca informaciones sobre dos o tres escándalos*.

17. **elle ouvre la radio** : var. : *pone la radio*. **Pour les nouvelles** : par un paradoxe apparent : écouter la radio : *oír la radio;* regarder la télé : *ver la tele*. Cf. note 22/9.

18. **la France...une nation...la révolution** : cette phrase est apparemment un assemblage de titres d'un journal ; il en résulte un emploi particulier des articles dans le contexte d'une phrase nominale (dépourvue de verbe). *Francia* sans article : les noms de pays sont dépourvus d'article pour la plupart. La tendance actuelle est d'omettre l'article même lorsqu'il est possible de l'utiliser : à *los Estados Unidos*, on préfère : *Estados Unidos*. Le nom de pays ne sera précédé de l'article défini que lorsque l'on sous-catégorise : *la España de Franco, la Francia de Luis XIV*. Ce n'est pas le cas ici, où le syntagme **à la retraite** est attribut de **la France** (ellipse du verbe **être**). **La révolution ou la psychose** : dans le cadre d'une phrase nominale, et en particulier des titres, l'omission de l'article est fréquente : le substantif livré nu, sans article, a plus d'impact.

3. COMMENTAIRES

19. on sent poindre les fleurs : quelle est la référence de ce **on** : le personnage ou le narrateur ? S'il s'agit du personnage focal : *una*. S'il s'agit d'une intervention du narrateur : *uno*.

20. becs curieux : il faut maintenir la dilogie, donc *curiosos* ; **canifs de verdure** : l'espagnol *verdura* signifie soit la couleur verte, soit les légumes, il ne convient donc pas ici.

21. c'est bon signe : var. : *¡Buen augurio!* *Es buena señal*

22. Comme très souvent on a reversé ici la phrase passive en phrase active, le complément d'agent devenant le sujet de la phrase active.

23. ballets bleus : cette expression est moins connue que celle de **ballets roses** qui lui est antérieure (1958) ; par allusion à un scandale de mœurs de la IVe République les **ballets roses** désignent : « une réunion de petites filles, qui sous un prétexte convenable inventé par des hommes âgés, satisfont leurs perversions. On a formé l'expression **ballet bleu** s'agissant de jeunes garçons » (Robert historique). Cette expression typiquement journalistique ne semble pas avoir d'équivalent en espagnol.

24. Ce **on** est ici inséré dans un contexte de généralisation (les méthodes du bavardage) ; le présent est un présent gnomique ; SE est apte à dire un fait d'ordre général, en livrant une image hautement indéfinie de l'agent de l'opération verbale.

25. multicolore : var. : *variopinta*. *multicolor*

4. Le salon de Jupiter

Le salon de Jupiter, où se réunissaient les bourgeois de l'endroit, était tapissé de papier bleu et agrémenté [1] d'un grand dessin représentant [2] Léda [3] étendue sous un cygne. On parvenait [4] dans ce lieu [5] au moyen d'un escalier tournant terminé par une porte étroite, humble d'apparence [6], donnant sur la rue [7], et au-dessus de [8] laquelle brillait toute la nuit, derrière [9] un treillage, une petite lanterne [10] comme celles qu'on allume [11] encore en certaines villes aux pieds des madones encastrées dans les murs.

Le bâtiment, humide et vieux, sentait légèrement le moisi [12]. Par moments, un souffle d'eau de Cologne passait dans les couloirs [13], ou bien une porte entrouverte en bas faisait éclater dans toute la demeure, comme une explosion de tonnerre [14], les cris populaciers des hommes attablés [15] au rez-de-chaussée, et mettait [16] sur la figure des messieurs du premier une moue inquiète et dégoûtée.

Madame, familière avec les clients ses amis [17], ne quittait point le salon, et s'intéressait [18] aux rumeurs de la ville qui lui parvenaient par eux [19]. Sa conversation grave faisait diversion aux propos sans suite [20] des trois femmes ; elle était comme un repos dans le badinage polisson [21] des particuliers ventrus qui se livraient chaque soir à cette débauche honnête et médiocre de boire un verre de liqueur en compagnie de filles publiques [22].

Les trois dames du premier s'appelaient Fernande, Raphaële et Rosa la Rosse [23].

Le personnel étant restreint [24], on avait tâché que chacune d'elles fût comme un échantillon, un résumé [25] de type féminin, afin que tout consommateur pût trouver là, à peu près du moins [26], la réalisation de son idéal.

Fernande représentait la *belle blonde*, [27] très grande, presque obèse, molle, fille des champs [28] dont les taches de rousseur se refusaient à disparaître, et dont la [29] chevelure filasse [30], écourtée, claire [31] et sans couleur, pareille à du chanvre peigné, lui couvrait insuffisamment le crâne.

Raphaële, une Marseillaise, roulure [32] des ports de mer, jouait le rôle indispensable de la *belle Juive*, maigre, avec des pommettes saillantes plâtrées [33] de rouge. Ses cheveux noirs, lustrés [34] à la moelle de bœuf, formaient des crochets sur ses tempes. Ses yeux eussent paru beaux si le droit n'avait été [35] marqué [36] d'une taie.

4. El salón de Júpiter

El salón de Júpiter, en el que se reunían los burgueses del lugar, estaba tapizado de papel azul y lo adornaba un gran dibujo que representaba a Leda tendida bajo un cisne. Se llegaba a aquel sitio por una escalera de caracol que terminaba en una puerta angosta, de aspecto humilde, que daba a la calle, y sobre la cual brillaba toda la noche, tras un enrejado, un farolillo como los que todavía se encienden en ciertas ciudades a los pies de las vírgenes empotradas en los muros.

El edificio, húmedo y viejo, desprendía un leve olor a moho. A veces, una tufarada de agua de Colonia pasaba por los pasillos, o bien una puerta entornada abajo dejaba estallar por toda la casa, como la explosión de un trueno, los gritos populacheros de los hombres sentados a las mesas de la planta baja, provocando en la cara de los señores del primero una mueca de inquietud y asco.

Madame, familiar con los clientes amigos suyos, nunca abandonaba el salón, y se interesaba por los rumores de la ciudad que le llegaban por su conducto. Su conversación seria los distraía de las charlas deshilvanadas de las tres mujeres; era como un descanso en medio de los chistes picantes de los panzudos individuos que cada noche se entregaban al vicio honesto y mediocre de tomar una copa de licor en compañía de mujeres de la vida.

Las tres damas del primero se llamaban Fernande, Raphaële y Rosa la Marraja.

Como era reducido el personal, habían procurado que cada una de ellas fuese una especie de muestra, el compendio de un tipo femenino con el fin de que cualquier consumidor pudiera encontrar allí, al menos, la realización aproximada de su ideal.

Fernande representaba la *hermosa rubia*: muy alta, casi obesa, fofa, era una hija del campo, cuyas pecas se negaban a desaparecer y cuya cabellera de estopa, que tenía corta, rala y descolorida, semejante a cáñamo peinado, apenas le cubría el cráneo.

Raphaële, una marsellesa, furcia de puertos de mar, hacía el papel indispensable de la *bella judía*, flaca, con pómulos salientes pintarrajeados de rojo. Su pelo negro, abrillantado con médula de buey, formaba caracoles en sus sienes. Sus ojos hubieran parecido bonitos, de no estar el derecho marcado por una nube.

Son nez arqué tombait sur une mâchoire accentuée où deux dents neuves, en haut, faisaient tache [37] à côté de celles du bas qui avaient pris en vieillissant une teinte foncée comme les bois anciens.

Rosa la Rosse, une petite boule de chair tout en ventre [38] avec des jambes minuscules, chantait du matin au soir, d'une voix éraillée, des couplets alternativement [39] grivois ou sentimentaux, racontait des histoires interminables et insignifiantes, ne cessait de parler que pour manger et de manger que pour parler, remuait toujours, souple comme un écureuil malgré sa graisse et l'exiguïté de ses pattes ; et son rire, une cascade de cris aigus, éclatait sans cesse, de-ci, de-là, dans une chambre, au grenier, dans le café, partout, à propos de rien.

Guy de MAUPASSANT
La Maison Tellier, 1881

4. COMMENTAIRES

1. était tapissé... et agrémenté : dans les deux cas, il s'agit d'une représentation résultative (cf. 1/25) et l'on doit user de *estar*. On aurait donc pu traduire identiquement : *estaba tapizado de / estaba adornado de*. Dans les deux cas, la préposition introduisant le complément du participe ne peut être que DE ou CON. La préposition POR ne peut en effet introduire que l'agent pleinement actif d'une opération, que la passive soit opérative : *el país fue ocupado por el enemigo*, ou résultative (lorsque la nature de l'opération permet de concilier la représentation d'un résultat et celle d'un agent) : *el país estaba ocupado por el enemigo*. Ici, le papier n'est que « l'instrument » du tapissage ; quant au dessin, il constitue « l'instrument » de la décoration. On aurait donc pu écrire : *y adornado con un dibujo*. Mais, paradoxalement, le verbe *adornar* admet deux types de sujets : un être actif (un humain) qui décore effectivement, un objet inerte qui décore, au sens où il constitue une décoration. D'où le possible retournement actif de la proposition, que l'on a choisi ici.

2. dessin représentant : le participe présent, à fonction adjective et variable en genre et en nombre, existe dans le système de la langue française, mais n'existe qu'à l'état de traces dans la langue espagnole (*errante, hirviente*). Face à ce participe présent, l'espagnol connaît en revanche une forme verbale qu'ignore le français sous une forme grammaticalisée : le gérondif (équivalent du français : *en* + forme en *-ant*). Cette forme du

Su nariz arqueada caía sobre una mandíbula acentuada, donde dos dientes nuevos, arriba, desentonaban al lado de los de abajo, que habían adquirido al envejecer un tinte oscuro como las maderas viejas.

Rosa la Marraja, una bolita de carne toda vientre, con piernas diminutas, cantaba desde la mañana hasta la noche, con voz cascada, coplas alternativamente verdes y sentimentales; contaba historias interminables e insignificantes y sólo dejaba de hablar para comer, y de comer para hablar; estaba siempre moviéndose, ágil como una ardilla, pese a sus grasas y a la exigüidad de sus patitas; y su risa, una cascada de gritos agudos, estallaba sin cesar, por aquí, por allá, en una habitación, en el desván, en el café, en todas partes, por cualquier motivo.

4. COMMENTAIRES

verbe ressemble par bien des aspects à l'infinitif et au participe passé avec lesquels on la regroupe habituellement à l'intérieur du mode quasi nominal. Cette désignation signifie que ces trois formes verbales, par leur morphologie particulière (elles n'indiquent en effet ni le rang personnel ni l'époque passée, présente ou future), se rapprochent fortement du nom substantif ou adjectif. Il est par exemple possible de substantiver l'infinitif, voire dans certains cas de pluraliser le substantif obtenu ; le participe passé des verbes transitifs entre sans difficulté dans la catégorie de l'adjectif et se montre capable d'assumer toutes ses fonctions (épithète, attribut, etc.). Quant au gérondif, sa fonction essentielle est d'être adjectif d'un verbe, d'être adverbe, ainsi : *Paco come antando; leía entonces libros inglés imaginando el sentido de las palabras que no conocía*. On comprend qu'une telle forme, dépourvue d'indication de personne et d'époque, ait besoin, lorsqu'elle entre en phrase, de trouver l'appui d'un verbe conjugué dont le rôle est de compenser les indications manquantes. Cette lacune propre au gérondif le rend en particulier apte à former des périphrases en association avec des verbes auxiliaires : *estar, ir, venir, llevar, seguir ...comiendo*. Une fonction lui est en revanche presque totalement interdite : c'est celle d'adjectif d'un substantif. Le seul cas où il accepte cette fonction est celui où il se dit d'un substantif complément d'objet d'un verbe de représentation ou de perception et à condition d'être porteur d'une représentation dynamique d'opération. Ainsi : *veo una

4. COMMENTAIRES

caja conteniendo libros est agrammatical parce que *contener* signifie un processus statique. En revanche : *veo a tu hermana pintando la pared* est tout à fait acceptable. Dans notre phrase : **dessin** n'est pas complément d'objet d'un verbe de représentation et **représentant** signifie ici un processus statique. Deux raisons qui interdisent l'emploi du gérondif et obligent à recourir à une relative : *dibujo que representaba*. Le recours à la relative s'explique aisément ; une proposition relative n'est rien d'autre qu'un adjectif complexe contenant un verbe et elle entretient le même rapport avec son antécédent que l'adjectif ordinaire avec le substantif qu'il détermine : que l'on compare : *vi a dos hombres raros/ vi a dos hombres que se acercaban a mí*. Aussi parle-t-on indifféremment de proposition relative ou adjective.

3. **représentant Léda** : on voit sur ce type de phrase combien la distinction entre « animé » et « inanimé » est maladroite s'agissant de l'utilisation de la préposition A. Il s'agit plutôt d'une classification des êtres en deux catégories (d'ailleurs en partie perméables au gré des représentations personnelles du locuteur) : ceux que l'on conçoit comme animés, et ceux que l'on s'interdit de concevoir comme animés. Léda, créature mythologique, en un sens ne fut jamais « animée », et l'est sans doute encore moins en tant que représentation picturale. Le nom propre, qui désigne un être singulier, suffit pourtant à rendre obligatoire la préposition. Plus qu'une opposition entre animé et inanimé, c'est la frontière fluctuante entre le monde des êtres (dynamiques) et celui des choses (inertes) qui est en jeu dans le choix de la préposition.

4. **on parvenait** : de tous les équivalents de **on**, le plus indéterminé, le plus abstrait, le plus général en un sens, est assurément la forme pseudo-pronominale du verbe : SE + verbe à la 3ᵉ personne du singulier ou du pluriel. D'où en particulier son aptitude à dire des constantes de comportement, des actes réitérés, voire des vérités d'ordre général : *aquí no se fuma ni se bebe alcohol*. Cela ne signifie pas qu'il ne sache dire que cela. Il peut au contraire fort bien déclarer un événement très particulier, en dehors de toute visée théorique ou généralisante : «*se había instado a los propietarios de edificios a que restaurasen las fachadas*» (cf. Leroy et Gerboin, *op. cit.*, § 141). Ce qui est général ce n'est donc pas nécessairement l'événement lui-même, mais bien plutôt l'agent de l'opération qui est laissé à sa plus totale indétermination. En enfermant l'opération verbale sur elle-même, le pronom réfléchi SE atteint à un niveau d'indétermination de l'agent comparable au **on** français. Sur les différences entre **on** et SE, cf. Chevalier, *op. cit.*, p. 227 sq (**on** accepte d'être sujet d'une passive, pas SE ; **on** accepte d'être sujet d'un verbe pronominal, pas SE ; la cause en est, démontre Chevalier, que SE ne peut être qu'agent, gène de l'opération, mais jamais patient, site de l'opération).

5. **dans ce lieu** : là où le français voit un mouvement d'intériorisation (dans), l'espagnol déclarera un mouvement « vers », ce qui impose la préposition A.

6. **humble d'apparence** : c'est-à-dire d'apparence humble, et non pas apparemment humble.

7. **donnant sur la rue** : sur la traduction du participe présent, cf. *supra*, note 2.

8. **au-dessus de** : peut être traduit par *sobre* ou *encima de; encima de* suppose l'existence d'un objet-repère situé au-dessus du champ de vision de l'observateur et impose donc une visée spatiale de bas en haut. *Sobre* est au contraire indifférent à la position relative du locuteur et

4. COMMENTAIRES

dit seulement qu'un objet est situé plus haut qu'un autre, avec ou sans contact avec ce dernier. *Una nube sobre nuestras cabezas; dejó el libro sobre la mesa.* *Por encima de:* idée de net dépassement d'un élément par rapport à d'autres, ou par rapport à une surface. Dans le domaine notionnel, *por encima de* signifie l'excellence, la supériorité morale, sociale, etc.

9. derrière : dans le domaine spatial, se traduit indifféremment par *tras* ou *detrás de*; en revanche la postériorité temporelle ou notionnelle (notion de conséquence) ne peut se dire que par *tras*. C'est, comme souvent, la forme non composée de la préposition qui a une affinité avec l'abstrait (cf. *bajo* dans : *bajo el imperio de Carlos V*).

10. lanterne : *farol* et non pas *linterna*, qui désigne une lanterne que l'on porte à la main.

11. on allume : cf. *supra*, note 4.

12. sentait le moisi : les verbes *oler* et *saber* construisent leur objet direct avec A lorsque le sujet du verbe, exprimé ou contenu dans la troisième personne du verbe sous forme impersonnelle (*huele* = ça sent), désigne l'objet d'où émane l'odeur ou la saveur : *este perfume huele a violeta; este huevo sabe a pescado.* Lorsqu'en revanche le sujet de *oler* désigne celui qui perçoit l'odeur, la construction du verbe est habituellement transitive (sans A) : *Juan está oliendo* (fr. sent, hume) *las flores del jardín; ¿no hueles algo raro?* tu ne sens pas une odeur bizarre ? Le verbe a alors un sens plutôt actif : le sujet applique intentionnellement ses sens à la perception d'une odeur. Lorsque l'odeur s'impose au sujet de la perception, la construction intransitive peut réapparaître : «*la cena está ya, pues huelo a sardinas*» (exemple de Cano Aguilar): le repas est prêt, je sens une odeur de sardine (et non pas : je sens la sardine...). Il s'agit en fait d'une réduction de : *huelo un olor a sardinas*. *Saber*, quant à lui, ne peut s'appliquer au sujet de la perception (on utilise d'autres verbes : *probar, catar, paladear*). Il convient bien sûr de distinguer entre *saber*, **avoir le goût de**, uniquement à la 3e personne, et son homophone signifiant **savoir**, conjugable à toutes les personnes de tous les temps. Notons enfin que *olor a* n'est pas exclusif de *olor de*: *olor a* semble s'utiliser lorsque l'on cherche à déterminer la nature d'une odeur : *en la casa había un olor a rosa; olor de* implique au contraire que l'objet odorant est connu et que l'odeur qui en émane n'a pas à être identifiée : *me gusta este olor de rosa.* Cette distinction tient à l'opposition entre la préposition A, préposition tensive (qui vise un au-delà à atteindre), et la préposition DE, préposition détensive (qui présuppose l'existence d'un en deçà d'ellemême dont elle marque l'éloignement).

13. Le transit à travers un lieu ne peut être signifié que par la préposition POR.

14. comme une explosion de tonnerre : *como la explosión de un trueno*; le transfert des articles permet d'éviter le court-circuit avec la locution adjective : *de trueno* (*una voz de trueno*).

15. attablés : recours obligatoire à une périphrase en l'absence de terme lexicalisé ; préposition : cf. 2/16.

16. var. : *dibujando, produciendo.*

17. avec les clients ses amis : l'intercalation du possessif semble délicate ; on peut soit le supprimer, adjectivant ainsi *amigos*: *los clientes amigos*; soit le postposer : *los clientes amigos suyos.* Le possessif adopte alors une forme tonique : *estaba hablando con un alumno mío.* On trouve une différence de syntaxe comparable entre : **monsieur votre père** et

4. COMMENTAIRES

su señor padre (où le possessif, au lieu de s'intercaler, est antéposé).

18. *interesarse* connaît trois constructions prépositionnelles avec EN, POR et CON. EN s'emploie lorsqu'il s'agit d'intérêt pour une activité, une discipline ; POR, lorsqu'il s'agit d'intérêt pour autrui ; CON indifféremment pour dire l'intérêt pour quelque chose ou quelqu'un.

19. par eux : signifie ici « par leur entremise, par leur parole » : *por su conducto*; noter l'absence d'article dans : *por conducto de:* par l'intermédiaire de.

20. sans suite : var. : *descosidas.*

21. var. : *gracejo picarón.*

22. débauche : var. : *desenfreno*; **filles publiques :** var. : *mujeres públicas.*

23. On a pris le parti de ne pas traduire les noms propres sauf lorsqu'ils sont motivés ; c'est évidemment le cas des surnoms (*apodos*). **Rosse :** *malvado, marrojo* (mauvais et têtu), *cazurro* (têtu et roublard). Il importe surtout de conserver dans la traduction le niveau familier du lexique. Les deux derniers termes par leur suffixe expressif conviennent donc mieux.

24. étant restreint : il l'était en dehors de toute considération circonstancielle : *ser reducido.* Mais on dira : *hoy el personal está reducido,* **por estar enfermas** *dos secretarias* (vision circonstanciée du phénomène conçu comme le résultat de causes antérieures).

25. résumé : var. : *extracto, quintaesencia. compendio*

26. à peu près du moins : une traduction littérale : *más o menos al menos* (ou l'inverse) ne serait guère heureuse. On a donc transformé l'adverbe **à peu près** en adjectif : *realización aproximada.* Le transfert catégoriel d'une notion permet souvent de résoudre élégamment et sans perte de signification un problème de traduction.

27. *Fernande représentait la belle blonde :* l'agent de l'opération est un « animé » humain, le patient de l'opération est une abstraction générique (il ne s'agit pas d'un personnage précis, mais d'un type) ; la préposition A est donc inutile. Cette préposition réapparaîtrait si l'objet était lui-même une entité assimilable aux animés : *Fernande representó a Agnès en la obra de Molière.* Cf. *supra*, note 3.

28. fille des champs = fille de la campagne. *Hijo de* [*un lugar*] signifie, comme en fr., originaire d'un endroit.

29. dont les...dont la : le relatif est suivi dans les deux cas d'un article défini et signifie un lien de « possession ». *Cuyo* convient donc. Rappelons que *cuyo* s'accorde en genre et en nombre avec le substantif qu'il introduit, au contraire des autres relatifs qui, lorsqu'ils sont variables, s'accordent en genre et en nombre avec un antécédent qui les précède nécessairement : *el vecino del que (de quien) te hablé/ las vecinas de las que (de quienes) te hablé.*

30. chevelure filasse : *filasse* est en position d'adjectif et évoque à la fois la texture et la couleur (blond passé) du cheveu. *Pelo (rubio) de estopa*: la préposition est nécessaire, *estopa* ne pouvant fonctionner comme adjectif.

31. claire : ici clairsemée, ou bien l'on ne pourrait comprendre que Maupassant ajoute : « et sans couleur ».

32. roulure : citons quelques-unes des multiples désignations de la prostituée : *fulana, ramera, pingo, buscona, golfa, pendón, guarra, marrana, zorra...* Dans

4. COMMENTAIRES

ce domaine la créativité lexicale du locuteur masculin est sans bornes…

33. plâtrées = trop et mal fardées ; var. : *repintados, embadurnados*.

34. lustrés : var. : *al que daba brillo con.*

35. si le droit n'avait été : A ou DE + infinitif ou A NO, DE NO + infinitif pour la négative, servent à construire des subordonnées hypothétiques parfois potentielles (équivalant à SI + présent d'indicatif : *si vienes, estaré contento*) mais le plus souvent irréelles (condition non réalisée dans le présent ou le passé, équivalant à SI + subjonctif imparfait ou plus-que-parfait : *si vinieras (hubieras venido), estaría (hubiera estado) contento*. Ces tournures permettent d'alléger la phrase (remarquer à ce propos que c'est l'infinitif à la forme simple qui est employé : *estar* et non pas *haber estado*).

36. été marqué : il s'agit ici d'une vision résultative accompagnée d'une représentation d'agent. *Marcar* est un verbe du même type que *ocupar* (cf. *supra*, note 1) ; l'opération à laquelle il fait renvoi est de type imperfectif, n'implique pas de limite de fin (la taie continue indéfiniment à marquer après avoir commencé à marquer, d'où le maintien d'instant en instant de l'agent combiné à une représentation de résultat). Une opération du type *abrir* au contraire implique une limite de fin, de sorte que l'agent de l'opération s'évanouit une fois cette limite atteinte, dès que l'on représente le résultat : *la puerta fue abierta por el portero, la puerta estaba abierta *por el portero*.

37. faisaient tache : var. : *desdecían de los de abajo.*

38. tout en ventre : *toda vientre* (accord de *todo* avec le sujet). *La Pili es toda huesos, la pobrecita*. Avec un sujet pluriel, il n'y a généralement pas accord : *los pobres chicos eran todo oídos* (cf. les exemples dans Leroy et Gerboin, *op. cit.* § 128). Le tour : **ce n'étaient que…** a également pour équivalent *todo* (inv.) suivi du verbe au pluriel accordé avec l'élément attribut en français, sujet en espagnol : *todo eran gritos de alegría, abrazos y lloriqueos*.

39. alternativement : var. : *ora…ora* (tantôt…tantôt).

5. Madame et sa servante

Pendant un demi-siècle [1], les bourgeoises de Pont-l'Évêque envièrent à Mme Aubain sa servante Félicité [2].
　　Pour cent francs par an [3], elle faisait la cuisine et le ménage, cousait, lavait, repassait, savait brider un cheval, engraisser les volailles, battre le beurre, et resta fidèle à sa maîtresse, — qui cependant [4] n'était pas une personne agréable.
　　Elle [5] avait épousé un beau garçon sans fortune [6], mort au commencement de 1809, en lui laissant [7] deux enfants très jeunes avec une quantité de dettes [8]. Alors elle vendit ses immeubles, sauf la ferme de Toucques et la ferme de Geffosses, dont les rentes montaient à 5 000 francs tout au plus, et elle quitta sa maison de Saint-Melaine pour en habiter une autre [9] moins dispendieuse, ayant appartenu [10] à ses ancêtres et placée [11] derrière les halles.
　　Cette maison, revêtue d'ardoises, se trouvait entre un passage et une ruelle aboutissant à la rivière [12]. Elle avait intérieurement des différences de niveau qui faisaient trébucher. Un vestibule étroit séparait la cuisine de la *salle* où Mme Aubain se tenait tout le long du jour, assise près de la croisée dans un fauteuil de paille. Contre le lambris, peint en blanc, s'alignaient huit chaises [13] d'acajou. Un vieux piano supportait, sous un baromètre, un tas pyramidal de boîtes et de cartons [14]. Deux bergères de tapisserie flanquaient la cheminée en marbre [15] jaune et de style Louis XV. La pendule, au milieu, représentait un temple de Vesta, — et tout l'appartement sentait [16] un peu le moisi, car le plancher était plus bas [17] que le jardin.
　　Au premier étage, il y avait d'abord la chambre de « Madame » [18], très grande, tendue d'un papier à fleurs [19] pâles, et contenant le portrait de « Monsieur » en costume de muscadin [20]. Elle communiquait [21] avec une chambre plus petite, où l'on voyait deux couchettes [22] d'enfants, sans matelas. Puis venait le salon, toujours fermé, et rempli de meubles recouverts d'un drap. Ensuite un corridor menait à un cabinet d'étude ; des livres et des paperasses garnissaient les rayons d'une bibliothèque entourant de ses trois côtés [23] un large bureau de bois noir. Les deux panneaux en retour disparaissaient sous des dessins à la plume, des paysages à la gouache [24] et des gravures d'Audran, souvenirs d'un temps meilleur et d'un luxe évanoui. Une lucarne au second étage éclairait la chambre de Félicité, ayant vue sur les prairies.

5. La señora y su criada

Durante medio siglo, las burguesas de Pont-Lévêque le envidiaron a la señora de Aubain su criada Félicité.
    Por cien francos al año, guisaba, hacía la limpieza, cosía, lavaba, planchaba, sabía embridar un caballo, cebar las aves de corral, batir la mantequilla, y permaneció fiel a su ama, —quien sin embargo no era una persona agradable.
    La señora de Aubain se había casado con un mozo guapo y pobre que murió a principios de mil ochocientos nueve, dejándole dos niños muy pequeños y un montón de deudas. Entonces vendió sus inmuebles, excepto la finca de Toucques y la de Geffosses cuyas rentas ascendían como mucho a cinco mil francos, y dejó la casa de Saint-Melaine para vivir en otra menos gravosa, que había pertenecido a sus antepasados y estaba situada detrás del mercado.
    Esta casa, revestida de pizarra, se encontraba entre una travesía y una callejuela que iba a parar al río. En el interior había desniveles que hacían tropezar. Un estrecho vestíbulo separaba la cocina de la *sala* donde la señora de Aubain se pasaba el día entero, sentada cerca de la ventana en un sillón de paja. Contra el entablado, pintado de blanco, estaban alineadas ocho sillas de caoba. Debajo de un barómetro un viejo piano soportaba una pirámide de cajas y cartones. Dos poltronas de tapicería flanqueaban la chimenea de mármol amarillo y de estilo Luis XV. El reloj, en medio, representaba un templo de Vesta, —y todo el piso olía a moho pues el suelo estaba más bajo que el jardín.
    En el primer piso, estaba en primer lugar el cuarto de la señora, muy grande, tapizado con un papel de flores pálidas, y en el que se hallaba el retrato del señor vestido de petimetre. Esta habitación comunicaba con un cuarto más pequeño donde había dos camitas de niño sin colchón. A continuación estaba el salón, siempre cerrado, y abarrotado de muebles cubiertos con sábanas. Seguía un pasillo que llevaba a un gabinete de estudio; libros y papelotes guarnecían los estantes de una librería cuyos tres cuerpos circundaban una ancha mesa escritorio de madera negra. Ambos paneles en ángulo desaparecían, tapados por dibujos a pluma, paisajes a la aguada y grabados de Audran, recuerdos de un tiempo mejor y de un lujo desvanecido. En el segundo piso un tragaluz iluminaba el cuarto de Félicité que daba a las praderas.

Elle se levait dès l'aube, pour ne pas manquer la messe [25], et travaillait jusqu'au soir sans interruption ; puis, le dîner étant fini, la vaisselle en ordre et la porte bien close [26], elle enfouissait la bûche sous les cendres et s'endormait devant l'âtre [27], son rosaire à la main [28]. Personne [29], dans les marchandages, ne montrait plus d'entêtement. Quant à la propreté, le poli de ses casseroles [30] faisait le désespoir des autres servantes. Économe, elle mangeait avec lenteur, et recueillait du doigt [31] sur la table les miettes de son pain, — un pain de douze livres, cuit exprès pour elle, et qui durait [32] vingt jours.

En toute [33] saison elle portait un mouchoir d'indienne fixé [34] dans le dos par une épingle, un bonnet lui cachant les cheveux, des bas gris, un jupon rouge, et par-dessus sa camisole un tablier à bavette, comme les infirmières d'hôpital.

Son visage était maigre et sa voix aiguë. À vingt-cinq ans, on lui en donnait quarante [35]. Dès la cinquantaine, elle ne marqua plus aucun âge [36] ; — et, toujours silencieuse, la taille droite et les gestes mesurés [37], semblait une femme en bois, fonctionnant [38] d'une manière automatique.

Gustave FLAUBERT
Un cœur simple, 1876

5. COMMENTAIRES

1. un demi-siècle : *medio siglo. Antonio dio media vuelta y siguió paseándose durante media hora.* L'ordinaire est donc que *medio* « adjectif » antéposé, ne soit pas précédé de l'article indéfini UN, étant déjà lui-même un quantificateur. *Medio* fonctionne alors en fait comme un véritable article, comparable à UN (cf. 2/9). *Una hora, media hora.* Lorsqu'en revanche *medio* est véritablement adjectif, c'est-à-dire lorsque, uni au substantif qu'il précède, il désigne un entier correspondant à la moitié d'un autre entier (comme lorsque l'on dit en français : **un demi de bière**), il forme avec l'adjectif une lexie préfabriquée qui peut donc recevoir les deux articles comme n'importe quel substantif : *compré una media barra de pan* (le locuteur possède dans son lexique le terme tout fait : *media barra*, opposable à *barra*); *tráeme una media botella de Rioja blanco* (Coste et Redondo remarquent qu'il ne s'agit pas d'une moitié de bouteille, d'une bouteille que l'on aurait coupée en deux, mais d'une demi-bouteille, réalité opposable à la bouteille de contenance double). L'existence de ces lexies n'est pas toujours évidente à apercevoir. Ici, **un demi-siècle** constitue la moitié d'un siècle et

Ésta se levantaba al amanecer, para no perder la misa, y trabajaba hasta la noche sin interrupción; luego, terminada la cena, recogida la vajilla y bien cerrada la puerta, cubría la leña con la ceniza y se dormía al amor de la lumbre, con el rosario en la mano. No había quien demostrara mayor terquedad que ella a la hora de regatear. En cuanto a la limpieza, lo pulidas que estaban sus cacerolas desesperaba a las demás criadas. Ahorrativa, comía despacio y recogía con el dedo las migas de pan caídas sobre la mesa, —un pan de doce libras, cocido especialmente para ella, y que le duraba veinte días.

En cualquier estación del año llevaba un pañuelo de indiana sujeto en la espalda con un imperdible, un gorro que le cubría el pelo, medias grises, un refajo rojo y por encima de su blusa un delantal con peto, como suelen llevarlo las enfermeras de los hospitales.

Su cara era enjuta y su voz chillona. A los veinticinco años ya le echaban cuarenta. Desde los cincuenta ya dejó de aparentar edad alguna; —y, siempre silenciosa, con el talle erguido y con los gestos acompasados, parecía una mujer de madera que funcionara de modo automático.

5. COMMENTAIRES

ne constitue pas une unité de mesure du temps a priori. On omettra donc l'article.

2. envièrent à Mme Aubain sa servante Félicité : deux problèmes se posent ici : celui du pronom d'appel de l'objet indirect et celui de la neutralisation de la préposition. On a affaire à un verbe de type trivalent, i.e. impliquant la participation de trois actants : quelqu'un (1), envie quelque chose (2), à quelqu'un (3). Il est normal — c'est là davantage affaire de norme que de règle — d'annoncer l'actant (3) au moyen d'un pronom d'appel : LE envidiaron a la señora de Aubain. Lorsque (3) est antéposé, le pronom apparaît également avec une fonction de rappel : a la señora de Aubain LE envidiaron. On doublera donc systématiquement le substantif objet indirect d'un verbe trivalent par un pronom « datif » LE d'appel ou de rappel. Par ailleurs, lorsque (2), actant objet direct, appartient à la catégorie de l'« animé » comme c'est le cas ici, il est nécessairement précédé de la préposition dans le cas d'un verbe bivalent : la semana pasada he visto A su criada Félicité. Dans le cas d'un verbe trivalent, (2) perd la préposition au profit de (3). Le double usage de la préposition,

41

5. COMMENTAIRES

en effet, ne ferait que produire une ambiguïté sur le statut syntaxique des deux éléments et ne permettrait pas de distinguer l'objet direct de l'objet indirect : *le envidiaron a la señora de Aubain a Félicité.

3. **pour cent francs par an :** l'une des valeurs de POR est celle d'échange : *compré el coche por diez mil francos; hice el trabajo por muy poco dinero; me vendieron el coche por diez mil francos.* Mais : *se lo vendo a Vd en quinientas pesetas:* je vous le fais à cinq cents pesetas. La fréquence d'un événement (réitéré) ou la périodicité d'un événement s'exprime au moyen de A + expression de temps : *íbamos al cine dos veces a la semana; el tío se gana dos mil pelas al día sin hacer nada*: ce type se fait cent balles par jour à ne rien faire. L'usage de POR dans ce type de structure (*una vez por año*) est attesté mais ne semble guère courant.

4. **— qui cependant :** lorsque le relatif sujet qui/lequel est situé après une pause forte (rupture syntaxique) on le traduit par quien. On se trouve alors dans un cas comparable à celui où le relatif n'a pas d'antécédent exprimé : l'absence de support substantif entraîne l'utilisation de la forme lourde *quien*, à l'exclusion de la forme légère *que*. Cf. 1/21.

5. **elle :** comme la suite le prouve, il s'agit de la maîtresse, non de la servante. Le démonstratif de rappel immédiat, qui renvoie à l'être dont on vient de parler, plus précis que le **elle** français, ambigu, convient ici.

6. **un beau garçon sans fortune :** *un mozo guapo y pobre*. La question de la collocation de l'adjectif dans les deux langues est très délicate à théoriser. Pourquoi le français dit-il **beau garçon** et jamais : *un garçon beau ? Sans doute parce que **beau garçon** constitue une lexie (cf. *supra*, note 1), une catégorie en soi. Lorsque l'adjectif espagnol catégorise, crée une sous-catégorie notionnelle, on constate la même antéposition : *un simple soldado* s'oppose ainsi par le sens à : *un soldado simple*. La lexie équivalente à **beau garçon** est *buen mozo (ser un buen mozo)*, ou *guapo mozo* (joli garçon). Ce qui entraîne la postposition de l'adjectif dans la traduction, c'est le second adjectif coordonné (comme dans : **un garçon beau et intelligent**). Le choix d'une locution prépositionnée produit le même résultat : *un mozo guapo y sin fortuna*, et c'est en quoi semblent différer les deux langues.

7. **mort au commencement de 1809, en lui laissant :** on a pris le parti de traduire les deux formes quasi nominales (cf. 4/2) par des verbes conjugués. Sous le participe passé se loge ici la représentation active du passage de vie à trépas ; il ne s'agit donc pas d'une représentation de résultat. Or, le participe espagnol employé seul ne peut en toutes circonstances livrer que l'image d'un résultat : *muerto a principios de...* ne pourrait être compris que comme : *estaba muerto...* Il faut donc recourir à la forme conjuguée du verbe. Sur le choix du prétérit plutôt que du plus-que-parfait, cf. 2/3. **En lui laissant :** le gérondif, par sa composition interne (il décrit le déroulement interne d'une opération en dehors de tout repère d'époque, on dit qu'il livre une représentation imperfective de l'opération, qui est vue partiellement accomplie, partiellement inaccomplie), se destine en priorité à la déclaration de la simultanéité et, par élargissement, de l'antériorité ou de la postériorité immédiates. Il serait donc tout à fait acceptable ici : *murió dejándole...* Une valeur lui est en revanche tout à fait interdite (à cause de la part rétrospective d'accompli qu'il contient en lui), c'est la valeur purement prospective de

5. COMMENTAIRES

but (contrairement à ce qu'affirment Coste et Redondo, *op. cit.*, p. 463).

8. lui laissant deux enfants... avec une quantité de dettes : les enfants et les dettes sont identiquement conçus comme des objets inertes (objets de possession) dans cette phrase ; la préposition A est donc inconcevable ici ; de même : *tengo dos hijos*.

9. en habiter une autre : le pronom en, lorsqu'il est en corrélation avec un indéfini ou un numéral ne reçoit aucune traduction. Sur l'absence d'article devant *otro*, cf. 1/12.

10. ayant appartenu (et *infra* : aboutissant à la rivière, contenant le portrait, ayant vue sur les prairies, lui cachant les cheveux, fonctionnant d'une manière automatique) : sur l'impossibilité d'employer le gérondif en position d'adjectif d'un nom substantif, cf. 4/2.

11. placée : le précédent auxiliaire employé étant *haber*, il est impossible de coordonner directement avec le participe qu'on fera précéder de l'auxiliaire *estar* (vision circonstancielle).

12. aboutissant à la rivière : *ir*, verbe de mouvement, implique l'emploi de la préposition A, même lorsqu'il régit un verbe de régime prépositionnel différent. Traduire par : *que desembocaba en el río* peut être gênant à cause de *río*, avec lequel il produit un court-circuit sémantique.

13. s'alignaient huit chaises : tout ce passage, décrivant l'intérieur de Mme Aubain, propose une sorte de « comédie d'objets » : les objets y sont comme anthropomorphisés, comme si la description s'efforçait de ressembler à une narration. Chaque objet est sujet d'un verbe qui, quoiqu'il évoque un état, pourrait aussi se dire dynamiquement d'un sujet animé ou humain. On n'a aucun mal à conserver ce point de vue dans le cas des verbes **supporter** ou **flanquer** qui acceptent en espagnol une traduction littérale. Quant à **s'aligner**, sa traduction littérale est plus délicate ; le dictionnaire Robert illustre par cette phrase de Flaubert le sens passif du verbe **s'aligner**. Traduire par *se alineaban* serait pour le moins ambigu, le pronom SE pouvant s'interpréter comme la marque d'un support impersonnel du verbe (**on alignait**), ou comme un réfléchi (le verbe signifiant alors : **se mettaient en rang**). *Estaban alineadas*, qui marque le résultat de l'opération, lève l'ambiguïté et suggère une certaine forme d'immobilisme propre à la vie solitaire de Mme Aubain. La focalisation sur les objets est ici le signe d'une déshumanisation du décor, une métaphore de la solitude.

14. boîtes et cartons : *cajas y cartones*: carton se dit *caja de cartón* ou *cartón*.

15. de tapisserie, en marbre : les deux prépositions introduisent la matière dont sont faits ces objets : préposition DE.

16. sur les constructions de *oler*, cf. 4/12.

17. était plus bas : il ne s'agit pas de la taille d'un objet — il faudrait alors employer *ser* —, mais de la position relative dans l'espace : on emploie donc *estar*, *bajo* fonctionnant non comme adjectif mais comme adverbe de lieu.

18. « Madame », « Monsieur » : c'est ainsi que traditionnellement le personnel de maison désigne son employeur : *el señor, la señora*. S'adressant avec respect à un interlocuteur que l'on ne connaît pas : *señora, señorita, caballero* (sans nom propre). Si le nom de famille suit, on emploie la préposition s'il s'agit de la femme (cf. *supra* : Mme Aubain) : *el señor Aubain, la señora de Aubain* ;

5. COMMENTAIRES

l'usage veut en effet que l'épouse ne perde jamais son nom de jeune fille : Luisa Fernández épousant Juan Pardo s'appellera : *Luisa Fernández (esposa) de Pardo*, donc *señora de Pardo*. C'est *Don, Doña* qui introduisent le prénom lorsque celui-ci précède le nom : *Señor Don Octavio Gómez*. *Don/Doña* suivis du prénom seul s'emploient dans un registre familier ou affectueux, pour s'adresser à des personnes généralement plus âgées que soi, à des notables auxquels on veut témoigner du respect : *¡Buenos días, don Mauricio!*.

19. **papier à fleurs** : *papel de flores*. La préposition DE sert à construire un complément constituant le signe distinctif ou caractéristique d'un être ou d'un objet. Elle sert aussi à construire de nombreux modismes où elle a une valeur voisine : *camisa de rayas, vestido de lunares* (robe à pois). La préposition A la concurrence parfois dans cet emploi : *camisa a rayas, camiseta a cuadros*.

20. **en costume de muscadin** : *vestido de petimetre*; noter la préposition : ainsi cette phrase de Maupassant (*La Maison Tellier*) : « **les deux femmes du rez-de-chaussée** [...] l'une toujours EN liberté avec une ceinture tricolore, l'autre EN espagnole de fantaisie... » : se traduira : *las dos mujeres de la planta baja (...) la una siempre DE Libertad con un cinturón tricolor, la otra DE española de fantasía...*

21. **communiquait** : var. pronominale : *se comunicaba*. *comunicabse*

22. **couchette** = petit lit. *Camita, cama pequeña* (attention : *camilla*: lit de repos ou brancard).

23. **côtés** : *cuerpo*: corps, partie d'un meuble.

24. **dessins à la plume, paysages à la gouache** : *a pluma, a la aguada*: la présence ou l'absence d'article est difficile à déterminer (dans le second cas, sa suppression produirait un hiatus gênant). Ce sont là des idiotismes qu'il faut mémoriser.

25. **manquer la messe, le train**, etc. : *perder*. L'article LA est ici nécessaire : rappelons que l'ellipse de l'article se produit parfois devant *misa*, non pas parce qu'il s'agit de ce mot, mais lorsqu'il est pris dans une locution prépositionnelle préfabriquée : *voy a misa, vuelvo de misa*. C'est la grammaticalisation de la locution qui provoque l'effacement de l'article, qui marque que le substantif assume une fonction adverbiale.

26. **le dîner étant fini... bien close** : il s'agit d'une proposition participiale marquant une antériorité par rapport à l'évènement de la principale ; la participiale espagnole implique l'antéposition du participe toujours employé sans auxiliaire et s'accordant en genre et en nombre avec son support nominal.

27. **devant l'âtre, au coin du feu** : *al amor de la lumbre*, modisme.

28. **son rosaire à la main** : le syntagme adverbial français dénotant une attitude n'est généralement pas introduit par une préposition. L'espagnol construit toujours ce type de syntagme avec la préposition CON.

29. **personne ne...** : avec une visée généralisante : *no hay quien* + subjonctif dû à la négation de l'antécédent. Attention à la concordance du verbe au subjonctif : *no hay quien venga, no había quien viniera*. Var. : *no había persona que demostrara* (où *persona* est substantif) ; ou encore plus simplement : *nadie demostraba*.

idiotisme, academisme, syntagme, dilogie

5. COMMENTAIRES

30. le poli de ses casseroles : le français a recours ici à un participe passé substantivé lexicalisé, qui dit le résultat d'une action antérieure. L'espagnol substantive le participe au moyen de LO et le syntagme obtenu peut assumer toutes les fonctions syntaxiques d'un substantif (ici sujet de *desesperaba*). Il convient par ailleurs de remarquer que si l'adjectif substantivé accepte un complément introduit par DE : *lo extraño del caso*, le participe ne peut admettre d'être déterminé que par une relative : *lo pulidas que estaban las cacerolas* et non **lo pulido de las cacerolas*. Le participe en position d'attribut s'accorde avec le sujet de l'auxiliaire. **Les autres servantes**, devenu objet dans la traduction, doit en outre être précédé de la préposition. Une telle phrase où c'est un objet qui produit une réaction sur un humain est typique de l'écriture flaubertienne : il faut conserver ce parti pris des choses et ne pas chercher par exemple à mettre au poste de sujet le personnage de Félicité.

31. recueillait du doigt : le complément circonstanciel de moyen doit être introduit par CON.

32. durait : *le duraba*. Le verbe espagnol, intransitif ou transitif, semble plus attaché à son pronom objet que le verbe français.

33. toute : *cualquier*. rappelons que *cualquiera* s'apocope devant un substantif (nécessairement singulier) quel que soit son genre : *cualquier libro, cualquier estación*. *Cualquiera* résulte en effet de la fusion de *cual* et de *quiera* (subjonctif de *querer*) : littéralement : celui/celle qu'on voudra). La voyelle A apocopée n'est donc pas la marque du féminin, mais la voyelle thématique modale, de sorte que l'apocope se produit ici indifféremment devant les substantifs des deux genres.

34. fixé : *sujeto*. Certains verbes possèdent deux formes de participe : une forme suffixée en *-ado/-ido*, d'origine populaire, et une forme savante, directement dérivée du latin et dont la morphologie est variable. Leroy et Gerboin (*op. cit.*, § 210) donnent une liste de ces formes. La signification des deux formes n'est pas strictement identique : la forme en *-ado/-ido* implique une adjectivation moins grande du participe (d'où son emploi exclusif avec *haber*). La forme savante, déliée morphologiquement du verbe, ne peut guère s'employer avec l'auxiliaire d'aspect et fonctionne comme adjectif.

35. on lui en donnait quarante : sur *en*, cf. *supra*, note 9. **On** = une ou plusieurs personnes que l'on ne juge pas utile d'identifier : 3ᵉ personne du pluriel. Donner : *echar* : «(atribuir, suponer) calcular por las apariencias de una cosa la cantidad de otra, particularmente de años que tiene…¿qué edad le echas a esa chica?» (Moliner).

36. elle ne marqua plus aucun âge : **marquer** a le sens de **montrer**, révéler par un signe, laisser apparaître : *aparentar*.

37. la taille droite et les gestes mesurés : il s'agit ici d'un sens un peu vieilli de **taille** : *buste*, qui peut être traduit par *talle*. Quant à **mesurés**, il est peut-être porteur d'une **dilogie** signifiant à la fois **retenu** (*mesurado, comedido*) et **rythmé, exécuté en mesure** : *acompasado* (« fonctionnant d'une manière automatique »). Var. : *erguido el talle y mesurados los gestos*. *con el talle erguido y con los gestos acompasados*

38. fonctionnant : le point de vue (exprimé par **semblait**) est irréalisant (irréalise l'antécédent) et entraîne le choix du mode subjonctif dans la relative. Concordance des temps.

lo extraño del caso (de après adj substantivé).
lo pulidas que estaban las cacerolas (relative après participe)
s'accorde

6. La rencontre

Un instant [1], dans le jardin, Meaulnes se pencha sur [2] la branlante barrière de bois qui entourait le vivier ; vers les bords il restait un peu de glace mince et plissée comme une écume. Il s'aperçut lui-même [3] reflété dans l'eau, comme incliné sur le ciel, dans son costume [4] d'étudiant romantique. Et il crut voir un autre Meaulnes [5] ; non plus l'écolier qui s'était évadé dans une carriole de paysan, mais un être charmant et romanesque, au milieu d' [6]un beau livre de prix...

Il se hâta vers le bâtiment principal, car il avait faim. Dans la grande salle où il avait dîné la veille, une paysanne mettait le couvert. Dès que Meaulnes se fut assis devant un des bols alignés sur la nappe, elle lui versa le café en disant :

— Vous êtes le premier, monsieur.

Il ne voulut rien répondre, tant il craignait d'être soudain reconnu comme un étranger [7]. Il demanda seulement à quelle heure partirait le bateau pour la promenade matinale qu'on avait annoncée.

— Pas avant une demi-heure, monsieur : personne n'est descendu encore, fut la réponse [8].

Il continua donc d'errer [9] en cherchant le lieu de l'embarcadère, autour de la longue maison châtelaine aux ailes inégales [10], comme une église. Lorsqu'il eut contourné l'aile sud [11], il aperçut soudain les roseaux, à perte de vue, qui formaient tout le paysage. L'eau des étangs venait de ce côté mouiller [12] le pied des murs, et il voyait, devant plusieurs portes, de petits balcons [13] de bois qui surplombaient les vagues clapotantes.

Désœuvré, le promeneur erra un long moment sur la rive sablée comme un chemin de halage. Il examinait curieusement les grandes portes aux vitres poussiéreuses [14] qui donnaient sur des pièces délabrées ou abandonnées, sur des débarras encombrés de brouettes, d'outils rouillés et de pots de fleurs brisés, lorsque soudain, à l'autre bout des bâtiments, il entendit des pas grincer [15] sur le sable.

C'étaient deux femmes, l'une très vieille et courbée, l'autre, une jeune fille, blonde, élancée, dont le charmant costume [16], après tous les déguisements de la veille, parut d'abord à Meaulnes extraordinaire.

Elles s'arrêtèrent un instant pour regarder le paysage, tandis que Meaulnes se disait, avec un étonnement qui lui parut plus tard bien grossier :

6. El encuentro

Durante un momento, en el jardín, Meaulnes se asomó por encima de la bamboleante barandilla de madera que cercaba el vivero; hacia la orilla quedaba una pequeña y fina capa de hielo rizada como espuma de mar. De pronto se vio a sí mismo reflejado en el agua, como inclinado sobre el cielo, con su traje de estudiante romántico, y creyó ver a otro Meaulnes; ya no al colegial que se había escapado en una carreta de campesino, sino a un ser encantador y novelesco, sacado de un precioso libro de premio...

Anduvo apresuradamente hacia el edificio principal porque tenía hambre. En el gran comedor donde había cenado la víspera, una campesina ponía la mesa. En cuanto se hubo sentado Meaulnes delante de uno de los tazones alineados sobre el mantel, ella le sirvió café diciéndole:

—Es usted el primero, señor.

No quiso contestar nada, de tanto como temía que de repente le identificaran como a un extraño. Se limitó a preguntar a qué hora zarparía el barco para la excursión matutina que habían anunciado.

—No antes de media hora, señor: todavía no ha bajado nadie, se le contestó.

Entonces siguió vagando en busca del embarcadero, alrededor de la casa solariega de alas desiguales, como una iglesia. Tras contornear el ala sur, de repente divisó las cañas que, hasta perderse de vista, formaban todo el paisaje. Por aquel lado, el agua de los estanques bañaba la parte inferior de los muros, y él veía, delante de varias puertas, balconcitos de madera que dominaban el chapoteo de las olas.

Desocupado, el paseante anduvo sin rumbo durante un largo rato por la orilla enarenada como un camino de sirga. Observaba con curiosidad las grandes puertas de cristales polvorientos que daban a habitaciones ruinosas o abandonadas, a trasteros atestados de carretillas, herramientas oxidadas y macetas rotas, cuando de pronto, en el otro extremo de los edificios, oyó el crujir de unos pasos sobre la arena.

Eran dos mujeres, una muy vieja y encorvada, la otra, una joven, rubia, espigada, cuyo vestido encantador, después de todos los disfraces de la víspera, a primera vista le pareció a Meaulnes extraordinario.

Se detuvieron un rato para mirar el paisaje, mientras Meaulnes se decía a sí mismo con un asombro que más tarde le pareció muy grosero:

— Voilà sans doute ce qu'on appelle [17] une jeune fille excentrique — peut-être une actrice qu'on a mandée [18] pour la fête.

Cependant [19], les deux femmes passaient près de lui et Meaulnes, immobile, regarda la jeune fille. Souvent, plus tard, lorsqu'il s'endormait après avoir désespérément essayé [20] de se rappeler le beau visage effacé, il voyait en rêve passer des rangées de jeunes femmes [21] qui ressemblaient à celle-ci. L'une avait un chapeau comme elle et l'autre son air un peu penché ; l'autre son regard si pur ; l'autre encore sa taille fine, et l'autre avait aussi ses yeux bleus : mais aucune de ces femmes n'était jamais la grande jeune fille.

Meaulnes eut le temps d' [22] apercevoir, sous une lourde chevelure blonde, un visage aux traits un peu courts, mais dessinés avec une finesse presque douloureuse. Et comme déjà elle était passée devant lui, il regarda sa toilette, qui était bien la plus simple et la plus sage des toilettes [23]...

ALAIN-FOURNIER
Le Grand Meaulnes, 1913

6. COMMENTAIRES

1. un instant : il s'agit d'un syntagme adverbial autonome ; en tête de phrase, l'espagnol doit recourir à la préposition pour indiquer la fonction circonstancielle du syntagme ; lorsque le syntagme adverbial suit le verbe, il arrive que la préposition, devenue inutile parce que pléonastique, soit supprimée : «*sólo estuvimos un rato; lo justo para tomar el café*» (Coste Redondo, p. 494).

2. se pencha sur : *se asomó por encima de*; Moliner, *s.v. asomar*: «*aparecer el principio o una pequeña parte de una cosa quedando oculto el resto: ''su cabeza asoma por encima de la tapia''*». Var. : *se inclinó*.

3. il s'aperçut lui-même : *se vio a sí mismo*. Forme réfléchie du verbe. Il eut la perception soudaine de sa propre image. Distinguer : *él mismo se vio* (lui-même en fonction sujet) de *se vio a sí mismo* (lui-même en fonction objet précédé de A et prenant la forme de la série tonique réfléchie).

4. dans son costume : (*vestido*) *de* ou *con*: l'idée d'accessoire ajouté domine ici : c'est la préposition CON qui traduit cette idée, variante de l'instrumental.

5. il crut voir un autre Meaulnes : *a otro Meaulnes*: préposition A et effacement de l'article devant l'indéfini. Cf. 1/12. **Non plus l'écolier... mais un être** : ces syntagmes nominaux sont objet direct du verbe et appartiennent à la catégorie des êtres « animés » : préposition A obligatoire.

—Eso es sin duda lo que se llama una joven extravagante— quizás una actriz a la que contrataron para la fiesta.

Entretanto, ambas mujeres pasaban cerca de él y Meaulnes, inmóvil, miró a la joven. Muchas veces, más tarde, cuando se dormía después de haber tratado desesperadamente de recordar el hermoso rostro desvanecido, veía pasar en sueños a filas de jovencitas que se parecían a aquella. Una iba tocada de un sombrero como el suyo y otra tenía su silueta algo inclinada; otra su mirada tan pura, luego otra su delgada cintura, y otra también tenía sus ojos azules: pero ninguna de estas mujeres era nunca la alta joven.

A Meaulnes le dio tiempo a ver de pronto, bajo una larga cabellera rubia, un rostro de facciones algo breves pero dibujadas con una delicadeza casi dolorosa. Y como ella ya había pasado delante de él, se fijó en su atuendo que desde luego era el más sencillo y discreto de todos...

6. COMMENTAIRES

6. **au milieu de** : *i.e.* comparable aux héros des livres pour enfants offerts à l'occasion de la remise des prix.

7. **tant il craignait... comme un étranger** : il s'agit là d'une proposition subordonnée de cause ; la causale française prend cette forme (quasi consécutive) lorsque la conjonction est entièrement postposée à la proposition principale (avec distribution de la corrélation sur les deux propositions, on aurait eu : **il craignait tant d'être... qu'il ne voulut**). La traduction de cette structure est extrêmement variable : on se reportera à Gerboin-Leroy, §§ 566 à 568. Var. : *de puro miedo que tenía*. **Être soudain reconnu** : passive sans agent exprimé, reversée en active impersonnelle (*identificaran*). **Comme un étranger** : dans la traduction le pronom *le* est objet direct du verbe et renvoie à un animé (Meaulnes). Le terme introduit par *como* est donc de même fonction et de même statut animé : la préposition A s'impose. Si l'on faisait l'économie de l'article, *extraño* deviendrait adjectif et la préposition disparaîtrait : *le identificaran como extraño* (**en tant qu'étranger**). *Forastero* désigne la personne qui n'est pas de la région ou de la commune ; *extranjero*, l'étranger au pays ; *extraño* est neutre par rapport à cette distinction.

8. **fut la réponse** : la tournure efface volontairement l'agent (dont l'identité est par ailleurs connue). Le pronom SE produit un effet similaire : *se le contestó*. Le *contestaron*, qui implique l'anonymat du support, ne convient donc pas.

6. COMMENTAIRES

9. il continua donc d'errer : comme dans le cas de la structure *haber* + participe passé, il est difficile de séparer l'auxiliaire ou le semi-auxiliaire du gérondif dans les périphrases à gérondif. *Entonces* doit donc s'antéposer ou se postposer.

10. maison châtelaine... aux ailes inégales : complément porteur d'un élément caractéristique de l'objet : préposition DE. Il s'agit ici d'une demeure s'apparentant à un château plutôt que d'un véritable château. *Castillo* ne peut désigner qu'un château fort médiéval et guerrier et il est donc exclu. *Palacio* désigne un bâtiment d'une taille et d'un luxe sans doute excessifs ici. On peut retenir *mansión*, qui évoque l'idée d'aisance, ou *casa solariega*, l'adjectif renvoyant à la noblesse des habitants (*solar*: la terre des ancêtres, le lignage noble).

11. l'aile sud : *el ala sur*: devant un substantif commençant par la voyelle [a] tonique, l'article féminin *la* prend la forme pseudo-masculine *el* pour éviter l'hiatus entre deux [a]. Cette règle ne s'applique pas à l'hiatus produit par un adjectif intercalé : *la alta casa* (cf. 35/12). Elle ne s'applique pas non plus lorsque suit l'article un prénom, un nom propre, un nom de lettre de l'alphabet : *la Ana, la Álvarez, la hache muda*. Dans le cas de l'article *una* + substantif commençant par [a] tonique, on peut écrire : *un ave, una ave*, le résultat phonétique (fusion des deux voyelles) étant de toute façon identique. On notera enfin que de nombreux locuteurs tendent à appliquer la dissimilation au démonstratif dans le même contexte : *este agua. Cette articulation n'est pas à imiter.

12. venait de ce côté mouiller : aucune des périphrases infinitives suivantes ne convient : *ir a* (**aller** + inf. : idée d'imminence principalement), *llegar a* (**en arriver à** + inf., **finir par** + inf.), *venir a* (nuance d'approximation, ou idée d'utilité = *servir para*, ou encore idée de conséquence), *pasar a* (inchoatif comme *ir a* : **se mettre à, commencer à**). Sur les valeurs de ces périphrases, cf. Fente, Fernández y Feijoó.

13. petits balcons : *balconcitos*: le diminutif d'un substantif *agudo*, terminé par une consonne, se forme au moyen du suffixe *-cito* (var. : *-cillo*) : *mujercita, calorcito*, ou du suffixe *-ecito* (var. : *-ecillo*) : *trenecito* (lequel sert aussi à former le diminutif des substantifs à diphtongue : *huevecito*). Cf. Coste et Redondo, pp. 1-44.

14. portes aux vitres poussiéreuses : cf. *supra*, note 9.

15. entendit des pas grincer : on a choisi de substantiver l'infinitif ; var. : proposition infinitive : *oyó crujir pasos por la arena*.

16. dont le charmant costume : *cuyo hermoso vestido*. Rappelons que *cuyo* est intimement lié avec le substantif qu'il introduit — un peu comme l'article avec le substantif — et les éléments que l'on peut intercaler entre eux sont en nombre limité : l'adjectif (dans la langue littéraire, avec l'effet emphatique propre à l'antéposition de l'adjectif : cf. Coste et Redondo, pp. 287-288) ; le numéral : *una casa cuyas dos puertas eran verdes, la casa cuyo segundo piso estaba sin pintar*. En aucun cas un verbe ne peut séparer ces deux éléments : **la maison dont tu vois la porte :** *la casa cuya puerta ves*. Ici l'antéposition de l'adjectif tient surtout à des raisons rythmiques et accentuelles. Par exemple il eût été très maladroit d'antéposer *encantador*: **cuyo encantador vestido*.

6. COMMENTAIRES

17. voilà sans doute ce qu'on appelle : ce **voilà** ne peut être traduit par *ahí está*, ni par *ahí viene*, car il n'a pas une fonction véritablement démonstrative de repérage dans l'espace. Il sert à emphatiser l'affirmation : c'est bien cela que l'on appelle. **sans doute** signifiant ici **sans aucun doute.**

18. qu'on a mandée : *a la que contrataron*: **que l'on a fait venir, à qui l'on a demandé de venir** ; var. : *a la que llamaron, a la que hicieron venir.*

19. cependant : a ici une valeur strictement temporelle : **pendant ce temps.** Var. : *ya estaban pasando cerca de él ambas mujeres, y Meaulnes...*

20. après avoir désespérément essayé : sauf le pronom, aucun élément ne peut s'intercaler entre l'auxiliaire *haber* et le participe passé. L'adverbe doit donc être rejeté au-delà du participe.

21. voyait... passer des rangées de jeunes femmes : *veía pasar a filas de jovencitas*. Il s'agit de rangées, non d'objets inertes, mais d'êtres animés (des jeunes filles) par ailleurs impliqués dans un processus dynamique : préposition A.

22. avoir le temps de : au sens de réagir assez promptement pour faire qque ch., de disposer d'assez de temps pour le faire : *darle tiempo a uno a/para* + infinitif ; *tener tiempo suficiente para* + infinitif.

23. qui était bien la plus simple... des toilettes : ce **bien** ne peut s'entendre correctement qu'en faisant retour à la première impression de Meaulnes : « le charmant costume parut *d'abord* à Meaulnes extraordinaire ». Le personnage a d'abord fantasmé l'élégance de la jeune femme ; l'observation lui révèle ensuite son erreur d'appréciation. À l'étonnement fait suite la lucidité. Ce **bien** implique donc une certaine distance ironique (du narrateur ?) sur la propension du personnage à s'illusionner. *Desde luego* (évidemment), marque le même retour ironique à la réalité. **Sage :** var. : *decoroso, decente.*

7. Commérages

— Il va falloir que je parte [1] bientôt, dit-elle, au bout de quelques secondes. Voilà qu'il fait [2] déjà sombre.

Mme Londe n'aimait pas la solitude.

— Vous pouvez bien rester [3] encore un moment, dit-elle, sur le ton dont on donne un ordre [4].

— C'est que [5] j'ai mon dîner qui m'attend, madame Londe. Et puis je n'aime plus à sortir seule maintenant.

— Ah, bah ! Vous avez donc peur, comme les autres. Qu'est-ce que vous craignez ?

— Une femme seule a toujours à craindre [6], sur la route.

— Une femme jeune, peut-être. Vous, vous êtes assez vieille [7] pour qu'on vous laisse tranquille.

— On pourrait tout aussi bien me couper la gorge [8] pour me voler mon porte-monnaie ou me défoncer le crâne à coups de trique, comme à ce pauvre monsieur...

— Allons, madame Couze, ne vous faites pas de ces idées. Pour un malheureux vieillard assassiné au coin d'une rue, voilà [9] tout le pays en émoi depuis [10] six semaines. Comme si les assassinats ne se commettaient pas partout. Que diriez-vous si vous habitiez Paris où l'on égorge au moins dix personnes [11] toutes les nuits ?

— Taisez-vous, madame Londe. Vous me faites peur. Vous parlez de ça avec un calme [12]...

— Je ne vois pas pourquoi je me ferais du mauvais sang pour si peu de chose.

— M. Grosgeorge a dit l'autre jour à Madame que l'envie de commettre un crime, ça s'attrapait comme la grippe et que c'est pour ça que les crimes allaient toujours par séries.

— Et qu'est-ce qu'elle a dit, Madame ?

— Elle n'a rien dit, elle ne dit jamais rien.

— Vous voyez bien qu'elle n'y croit pas.

— Je n'en suis pas sûre. Elle avait un drôle d'air. C'est comme pour le journal [13], depuis quelque temps...

— Pour le journal ?

— Oui, elle se jette dessus.

— Parbleu ! Moi aussi, vous aussi. Elle veut savoir les nouvelles [14].

— Vous ne l'avez pas vue comme moi, madame Londe. Est-ce que vos mains tremblent lorsque vous dépliez votre journal ? Non, n'est-ce pas ? Eh bien, les mains lui tremblent, à elle [15]. Et c'est seulement depuis cette histoire de Mlle Angèle [16].

7. Chismorreos

—He de irme dentro de poco, dijo, a los pocos segundos. Ya se me está haciendo de noche.

A la señora de Londe no le gustaba la soledad.

—Bien puede quedarse un momentito más, dijo, con el tono de quien da una orden.

—El caso es que me espera la cena, señora de Londe. Y además ya no gusto de salir sola ahora.

—¡Vaya, vaya! Conque a usted le da miedo, como a los demás. ¿Qué es lo que teme?

—Una mujer sola siempre tiene algo que temer por el camino.

—Una joven quizá. Pero usted es bastante vieja para que la dejen tranquila.

—Igual podrían cortarme el cuello para robarme el monedero o machacarme el cráneo a garrotazo limpio, como a ese pobre señor...

—Vamos, señora de Couze, deseche esas ideas. Por un desdichado anciano asesinado en un esquinazo, queda alarmada toda la comarca desde hace seis semanas. ¡Anda! Como si no cometieran asesinatos por todas partes. ¿Qué diría usted si viviese en París donde se degüella por lo menos a diez personas cada noche?

—Cállese, señora de Londe, que me da usted miedo. Habla de eso con tanta tranquilidad...

—Yo no veo por qué me quemaría la sangre por tan poca cosa.

—El señor Grosgeorge le dijo el otro día a su señora que las ganas de cometer un crimen se cogían como la gripe y que por eso siempre iban en serie los crímenes.

—Y ¿qué dijo la señora?

—No dijo nada, nunca dice nada.

—Ya ve usted que ella no se lo cree.

—No estoy yo tan segura. Ponía una cara rara. Es como lo del periódico... desde hace algún tiempo...

—¿Lo del periódico?

—Sí, ella se arroja sobre él.

—¡Ya lo creo! Yo también, y usted. Querrá enterarse de las noticias.

—Usted no la ha visto como yo, señora de Londe. ¿Acaso le tiemblan a usted las manos cuando abre el periódico? ¿A que no, verdad? Pues a ella sí que le tiemblan las manos. Y sólo desde el lance aquel de la señorita Angèle.

— Qu'est-ce que cela prouve ?
— Dame [17] ! qu'elle a peur.
— Si elle avait peur, elle ne sortirait pas la nuit [18].
— Au fait, elle a été chercher un paquet à la gare avant-hier, après dîner...
— Je sais. Un paquet venant de Paris.
— Comment savez-vous ça ?
— Vous êtes curieuse.
— Pas du tout, mais c'est justement ce qu'elle a dit à Monsieur en rentrant. Un paquet venant de Paris et contenant des bottines...
— Vous voyez bien...
— Si ce n'est pas à croire que vous devinez [19] ! Autrefois j'aurais bien compris que Monsieur l'avait dit à Mlle Angèle et que Mlle Angèle vous l'avait raconté [20] ensuite, mais puisque Monsieur ne la voit plus...
— Laissez Mlle Angèle tranquille [21].
— Oh ! pardon, madame Londe. Je sais bien que je n'aurais pas dû vous parler de ça. Je comprends que vous ayez de la peine. Une si jolie fille... Avec une blessure pareille au visage... Quel homme, quel monstre, madame, que ce Guéret ! On peut bien dire qu'il porte malheur à ses connaissances, et à sa femme tout d'abord. Savez-vous ce qu'elle est devenue ?

Mme Londe accueillit ces derniers mots par une grimace [22] : elle n'aimait pas à répondre *non* à une question de ce genre.

— J'en sais autant que vous, fit-elle enfin. Ce qui est certain, c'est qu'elle n'est plus là.
— On m'a raconté qu'elle était retournée chez elle, en Bretagne. L'autre jour, la femme de chambre a entendu Monsieur qui disait à Madame que Guéret n'aurait jamais dû épouser une femme comme Mme Guéret, et que c'était la cause de tout.
— Ah ! Qu'est-ce que Madame a répondu ?
— Rien. Puisque je vous dis qu'elle ne dit jamais rien. Si elle ne parlait pas pour donner des ordres, on la croirait muette [23]. Mon Dieu, je suis là à bavarder et voilà que la nuit tombe. Cette fois-ci, je m'en vais [24], vous savez.
— Comme vous voudrez [25].
— Au revoir, madame Londe. Je vais marcher vite en me tenant au milieu de la chaussée. Si vous entendez des cris vous saurez que c'est moi qu'on assassine [26].
— Ne craignez rien [27], madame Couze.
— Vous dites toujours ça. Vous avez de la chance de rester chez vous. Allons, je me sauve. Au revoir, madame Londe, ne vous levez pas.
— Au revoir.

Julien GREEN
Léviathan
© Librairie Arthème Fayard, 1993

—Y eso, ¿qué demuestra?
—¡Pues eso! que tiene miedo.
—Si tuviera miedo, no saldría de noche.
—Por cierto, fue a por un paquete a la estación anteayer, después de cenar.
—Ya lo sé. Un paquete procedente de París.
—¿Y usted cómo lo sabe?
—Es usted curiosa.
—En absoluto, pero es precisamente lo que ella le dijo al señor al volver. Un paquete procedente de París y que contenía botines...
—Ya ve usted...
—¡Parece mentira como usted adivina! Antaño hubiera entendido muy bien que el señor se lo dijera a la señorita Angèle y que la señorita Angèle se lo contara a usted luego, pero como el señor ya no la ve a ella...
—¡Deje a la señorita Angèle fuera de todo eso!
—¡Oh! perdone, señora de Londe. Ya sé que no debiera hablarle de eso. Entiendo que le dé pena. Una moza tan bonita... Con tamaña herida en la cara... ¡Vaya un hombre! ¡Vaya un monstruo, señora, el Guéret ese! Cabe decir que trae mala suerte a sus conocidos, y a su mujer en primer lugar. Por cierto ¿Qué ha sido de ella?

La señora de Londe acogió estas últimas palabras con un gesto de disgusto: no le gustaba contestar que *no* a una pregunta de este género.

—Yo sé lo que usted, dijo por fin. Lo cierto es que aquí ya no está.
—Me han contado que había vuelto a su tierra, en Bretaña. El otro día, la camarera ha oído al señor que le decía a la señora que Guéret nunca hubiera debido casarse con una mujer como la señora de Guéret, y que aquello era la causa de todo.
—¡Ah! y ¿qué contestó la señora?
—Nada. Si le digo a usted que nunca dice nada. Si no hablase para dar órdenes, una la creería muda. Dios mío, estoy aquí charlando y ya está anocheciendo. Esta vez sí que me voy, sabe usted.
—Como quiera.
—Adiós, señora de Londe. Voy a andar rápido yendo por el medio de la calzada. Si oye gritos sabrá que soy yo a quien están asesinando.
—Tranquilícese, señora de Couze.
—Siempre dice eso. Usted tiene suerte de quedarse en casa. Hala, me voy enseguida. Adiós, señora de Londe, no se levante.
—Adiós.

7. COMMENTAIRES

1. il va falloir que je parte : rappelons que la tournure d'obligation impersonnelle *hay que* ne peut admettre qu'un infinitif, jamais une complétive au subjonctif, au contraire de **il faut,** qui sert aussi à dire une obligation rapportée à la personne. Pour traduire : **il faut que** + complétive au subjonctif, il faut donc recourir à un verbe d'obligation conjugable : *tener que, haber de, deber*, selon le type d'obligation signifié. *Haber de* + infinitif est en fait, du point de vue sémantique, un amalgame de l'idée de futur (en ce sens c'est une sorte de futur composé, comparable au passé composé : *el pobre había de morir al día siguiente en un accidente*) et de l'idée d'obligation. D'où l'impression d'une obligation atténuée, nuance qui rend assez bien **il va falloir,** moins catégorique, plus hésitant que : **il faut.**

2. voilà qu'il fait : var. : *es que ya oscurece*: le personnage cherche à justifier sa décision de partir. *Es que*, cheville de valeur causale, s'emploie souvent pour s'auto-justifier, défendre un point de vue.

3. vous pouvez bien rester : var. : *¡Mujer!, puede quedarse..., ¡Por favor!, quédese un ratito más.*

4. sur le ton dont on donne un ordre : *quien*, par son indéfinition, rend ici le **on** de façon plus légère et élégante que si l'on traduisait littéralement et lourdement : *con el tono con el que se da una orden*. Rappelons que *orden* est masculin lorsqu'il est en opposition sémantique avec *desorden*, féminin dans les autres acceptions.

5. c'est que : il s'agit encore de trouver une justification : *el caso es que* est une modalité marquant parfois un conflit intérieur au sujet, une hésitation, un doute.

6. a toujours (s.e. qque ch.) **à craindre :** *tener algo que temer.*

7. vous, vous êtes assez vieille : il y a là une opposition sous-jacente (jeune/vieille), qu'on explicite par la corrélation adversative : *Pero usted es bastante...*

8. me couper la gorge : var. : *pasarme a cuchillo*; **ce pauvre monsieur :** le démonstratif a une fonction allusive : *ese*.

9. pour un malheureux vieillard... voilà : la corrélation **pour/voilà** exprime la cause suffisante à produire tel effet. Var. : *basta que se haya asesinado a un desdichado... para que quede sobresaltada...*

10. depuis : suivi d'une indication de durée : *desde hace* (*hacía* dans un contexte temporel passé).

11. on égorge dix personnes : l'objet « animé » (avant d'être égorgé !) implique une construction intransitive. Il ne peut donc être traité comme sujet du verbe pronominal impersonnel, lequel se conjugue à la troisième personne du singulier (sujet = SE). Une construction transitive ferait de l'objet le sujet grammatical du verbe pronominal : *en el matadero se degüellan mil bueyes al día*.

12. avec un calme... : avec un calme surprenant. Il faut donc un quantificateur ou un exclamatif dans la phrase espagnole. L'article espagnol *un a* parfois une valeur emphatique comparable : *tus palabras son una esperanza, aquello fue un engaño* (un vrai espoir, une réelle tromperie). Cf. Abad Nebot.

13. c'est comme pour le journal : *lo de* + substantif, de fonction allusive, permet de faire renvoi à un événement, à un objet, sans avoir à le nommer ou à le développer. Ici, plus subtilement, le locuteur masque une partie de ce qu'il sait, pour provoquer une réaction de curiosité chez l'interlocuteur, qui demande aussitôt un complément d'information.

14. elle veut savoir les nouvelles : il s'agit en fait d'une hypothèse, d'une conjecture que l'on veut présenter comme vraisemblable ou évidente : on emploie donc le futur catégorique, apte à marquer la conjecture dans un contexte présent. Dans un contexte passé, le « conditionnel » (en fait futur du passé) joue le même rôle.

7. COMMENTAIRES

15. eh bien, les mains lui tremblent, à elle : les ruptures syntaxiques et prosodiques visent à la mise en valeur du thème (ce dont on parle : **elle**) en le détachant du propos (ce qu'on en dit : **les mains lui tremblent**). Il faut conserver cette mise en relief du thème, mise en relief qui implique une relation adversative : **pas vous, mais en revanche, elle, si** : *a ella, sí que.*

16. cette histoire de Mlle Angèle : *lance* : «episodio: algo que ocurre en la vida real o en una obra literaria, que constituye una acción completa: nos ocurrió un lance divertido» (Moliner).

17. dame ! : interjection qui exprime un sentiment d'évidence. Plus populaire peut-être que : **parbleu** !

18. la nuit : de façon répétée dans un espace de temps envisagé de façon générale par opposition au jour : *de noche* vs *de día. Por la noche* implique au contraire une visée temporelle singulière.

19. si ce n'est pas à croire que vous devinez ! : la formule exprime la surprise de l'interlocutrice ; var. : *si parece que lo está usted adivinando, eso es para creer que Vd adivina.*

20. l'avait dit... vous l'avait raconté : il y a ici en français, si l'on s'en tient à la norme savante, une faute dans le choix du mode indicatif ; la phrase correcte aurait dû être : **j'aurais bien compris que Monsieur l'eût dit (l'ait dit)... vous l'eût (l'ait) raconté.** Cette anomalie modale est sans doute volontaire et sert à caractériser le personnage par un niveau de langue familier. Une telle discordance modale est en revanche impossible en espagnol, où, même dans des niveaux de langue familiers, la mécanique qui gouverne le choix du mode est très stricte.

21. laissez Mlle Angèle tranquille : var. : *con la señorita Angèle no se meta, no me toque usted a la señorita Angèle.*

Sur cette dernière tournure, on peut citer ce passage de Clarín :
«—Es que no sólo Obdulia es la que tolera... lo que yo no quiero tolerar. Las mismas Emma, Pilar y Lola consienten confianzas...
—¡No me toques a las hijas del marqués!
— gritó la tía, poniéndose en pie y dejando caer el Werther sobre la raída alfombra.» (*La Regenta*, I.5).

22. par une grimace : var : *torciendo el gesto, haciendo una mueca de disgusto.*

23. on la croirait muette : ce *on* masque le « je » du locuteur, ici féminin, donc : *una.*

24. cette fois-ci, je m'en vais : ...vraiment, pour de bon : une tournure emphatique marquant l'énergie de l'affirmation est utile ici.

25. comme vous voudrez : cette subordonnée, porteuse d'une idée de manière, et dont la principale est sous-entendue (**faites comme...**), connaît la même mécanique modale que la temporelle ou la relative : la visée future s'y dit au moyen du subjonctif présent (cf. 2/14).

26. c'est moi qu'on assassine : dans une structure emphatique du type **c'est... qui, c'est ...que,** le verbe *ser* doit s'accorder avec le rang personnel du pronom support : *soy yo, eres tú.* En général, il doit aussi être en concordance temporelle avec l'autre verbe de la corrélation : *era yo quien lo hacía.* Le relatif est par ailleurs objet du second verbe (**assassine**), et parce qu'il fait renvoi à un animé, il doit donc se construire intransitivement : *soy yo A quien están asesinando.*

27. ne craignez rien : le personnage qui reste demande à celui qui part de se calmer ; si l'on traduisait par : *no se preocupe* (= ne vous inquiétez pas pour moi, soyez tranquille), on serait à la limite du contresens, Mme Couze craignant pour elle-même et non pour Mme Londe qui n'a pas à sortir de chez elle.

8. Les temps sont durs

Chemin faisant [1], l'un des voyageurs tire d'une poche qu'on avait oublié de fouiller sa boîte de cigares, en prend un, bat le briquet et l'allume. « Voulez-vous un cigare ? dit-il au bandit avec toute la politesse castillane, ils sont de La Havane. — *Con mucho gusto* », répond le bandit flatté de cette attention ; et voilà le voyageur et le brigand [2], cigare contre cigare [3], aspirant et poussant des bouffées pour s'allumer plus vite. La conversation s'engagea, et, de fil en aiguille [4], le voleur en vint, comme tous les négociants, à se plaindre [5] de son commerce : les temps étaient durs, les affaires n'allaient pas, beaucoup d'honnêtes gens s'en mêlaient et gâtaient le métier ; on faisait queue pour détrousser ces pauvres diligences, et souvent trois ou quatre bandes étaient obligées de se disputer les dépouilles de la même galère et du même convoi de mules [6] ; ensuite les voyageurs, certains d'être pillés, n'emportaient que le strict nécessaire et mettaient leurs plus mauvais habits. « Tenez, dit-il avec un geste de mélancolie et de découragement, en montrant son manteau [7] tout usé et tout rapiécé, qui aurait [8] mérité d'envelopper la Probité même [9], n'est-il pas honteux d'être forcé de voler de pareilles guenilles [10] ? Ma veste n'est-elle pas des plus vertueuses [11] ? Le plus honnête homme de la terre serait-il plus mal habillé ? Nous emmenons bien les voyageurs en otage, mais [12] les parents d'aujourd'hui ont le cœur si dur qu'ils ne peuvent se résoudre à délier les cordons de la bourse ; nous en sommes pour nos frais de nourriture [13], et au bout d'un ou deux mois il nous en coûte encore une charge de poudre et de plomb pour casser la tête à nos prisonniers, ce qui est toujours désagréable quand on est habitué aux personnes [14]. Pour cela, il faut dormir par terre, manger des glands qui ne sont pas toujours doux, boire de la neige fondue [15], faire des trajets immenses dans des chemins abominables, et risquer sa peau à chaque instant. » Ainsi parlait ce brave bandit, plus dégoûté de son métier qu'un journaliste parisien quand arrive son tour de feuilleton. « Eh ! pourquoi, dit le voyageur, si votre métier vous déplaît et vous rapporte si peu, n'en faites-vous pas un autre ? — J'y ai bien songé [16], et mes camarades pensent comme moi ; mais comment voulez-vous faire [17] ? Nous sommes traqués, poursuivis [18] ; on nous fusillerait comme des chiens [19], si nous approchions de quelque village ; il faut bien continuer le même train de vie [20]. » Le voyageur, qui était un homme d'une certaine influence, resta un moment pensif.

8. Los tiempos son duros

Mientras caminan, uno de los viajeros saca de un bolsillo que habían olvidado registrar su caja de puros, coge uno, y sacando chispa al mechero lo enciende: «¿Quiere usted un puro?» le dice al bandido con toda la cortesía castellana, «que son habanos». —*Con mucho gusto*, contesta el bandido halagado del detalle; y hete aquí que el viajero y el salteador, juntando los puros, aspiran y echan bocanadas para encenderlos más rápido. Entablaron la conversación, y hablando de esto y de lo otro, el ladrón, como suelen hacer los negociantes, acabó por quejarse de su comercio; los tiempos eran duros, no andaba bien el negocio, mucha gente honrada se metía en el oficio y lo echaba a perder; hacían cola para saltear aquellas pobres diligencias, y a menudo tres o cuatro bandas se veían obligadas a disputarse los despojos de la misma galera y de la misma reata de mulas; encima, los viajeros, seguros de que se les iba a despojar, sólo se llevaban lo estrictamente necesario, y vestían su peor ropa. «Mire, dijo con un ademán de melancolía y desánimo, enseñando su abrigo todo raído y lleno de remiendos, el cual hubiese merecido envolver a la misma Probidad, ¿No es acaso una vergüenza el verse reducido a robar tales andrajos? ¿No es mi chaqueta de lo más austero? ¿Iría peor vestido el hombre más honesto del mundo? Nosotros, nos llevamos a los viajeros como rehenes, pero las familias de hoy tienen el corazón tan empedernido que no pueden avenirse a echar la mano a la bolsa; tenemos que correr con los gastos de comida, y al cabo de uno o dos meses aún tenemos que gastar una carga de pólvora y de plomo para romperles la cabeza a nuestros prisioneros, lo cual siempre resulta desagradable cuando uno se ha acostumbrado a las personas. Y para eso, hay que dormir en el suelo, comer bellotas que no siempre son dulces, beber nieve derretida, recorrer inmensos trayectos por abominables caminos, y arriesgar el pellejo a cada instante.» Así hablaba aquel buen bandido, más harto del oficio que un periodista parisiense cuando llega su turno de escribir el folletín. «¡Pues! entonces, dice el viajero, ya que el oficio le desagrada y produce tan pocos beneficios, ¿por qué no busca usted otro? —Ya he pensado hacerlo, y mis compañeros son del mismo parecer; pero ¿qué quiere que le hagamos? Nos acosan, nos persiguen y nos matarían a tiros como perros si nos acercáramos a un pueblo; no tenemos más remedio que seguir con el mismo modo de vivir.» El viajero, hombre de cierta influencia, se quedó pensativo un rato.

« De sorte que vous quitteriez volontiers votre état, si l'on vous recevait à *indulto* (si l'on vous amnistiait)? — Certainement, répondit toute la bande ; croyez-vous que cela soit si amusant [21] d'être voleur ? il faut travailler comme des nègres et avoir un mal de chien [22]. Nous aimons tout autant être honnêtes. — Eh bien ! reprit le voyageur, je me charge d'obtenir votre grâce, à la condition que vous nous rendrez la liberté.

Théophile GAUTIER
Voyage en Espagne, 1845

8. COMMENTAIRES

1. chemin faisant : cette locution participiale marque la coïncidence dans la durée de deux opérations, dont l'une, le déplacement, sert de toile de fond à l'autre (l'échange de politesses entre le voyageur et le bandit). La première opération, le déplacement, se dit de tout le groupe de voleurs et d'otages et non pas seulement du voyageur impliqué dans la seconde opération : c'est ce qui interdit que l'on fasse ici usage du gérondif *caminando* qui ne pourrait se dire que de l'agent du verbe principal : *uno de los viajeros*.

2. et voilà le voyageur et le brigand... : *voici, voilà* peuvent recevoir de nombreuses traductions : *éste es, ahí tiene, ahí viene, ahí está, aquí llega* etc; aucune ne convient ici ; il s'agit ici de signifier la surprise devant une situation peu banale où brigand et otage se comportent comme s'ils étaient dans un salon : « On emploie parfois la forme *hete* avec le pronom explétif de la deuxième personne pour prendre l'interlocuteur à témoin de ce que l'on dit ou pour donner plus de vivacité à la phrase. *Hete aquí que empieza a llover*, voilà qu'il commence à pleuvoir » (Bouzet, § 646). Cette tournure, aujourd'hui désuète, est encore d'un usage courant à l'époque de Gautier.

3. cigare contre cigare : la traduction de la préposition est délicate ; *contra* est peut-être porteur d'une notion d'antagonisme gênante ici ; *con*, capable de dire le contact (antagonique ou non) convient mieux en ce sens (*puro con puro*); on peut aussi traduire l'idée de mise en contact par un verbe : *juntar*.

4. de fil en aiguille : « petit à petit, insensiblement » (Robert). La locution : *de una cosa a otra* implique une opération mentale de déduction (de déduction en déduction on en vient à élucider, à comprendre) ; *atando cabos* est de sens voisin (en procédant par recoupements). On pourrait bien sûr se contenter d'une expression peu imagée du type : *poco a poco, paulatinamente*, mais on perdrait alors l'image dilogique du fil de la conversation. L'expression *pegar la hebra*

«Así pues ¿ustedes abandonarían de buen grado su estado si les concedieran el *indulto* (si les amnistiaran)? —Por supuesto, contestó toda la banda, ¿cree usted que sea tan divertido ser ladrón? Hay que trabajar como un condenado y sudar la gota gorda. En fin casi mejor ser honestos. —Pues en ese caso, prosiguió el viajero, me comprometo a obtener su indulto, con tal que nos pongan en libertad.»

8. COMMENTAIRES

(tailler une bavette) pourrait convenir dans la mesure où elle emporte cette métaphore du fil, mais elle ne contient aucune idée de progrès dans la conversation. L'expression : *hablar de esto y de lo otro* (**parler de tout et de rien**) marque bien que la conversation glisse d'un sujet à l'autre avant de s'arrêter à ce qui en constituera le thème essentiel.

5. en vint à se plaindre : *llegar a* + inf., *venir a* + inf., ou simplement *acabar por* + inf. Ces trois tournures sont dans ce contexte sensiblement équivalentes. On ne peut guère désolidariser le semi-auxiliaire de son complément infinitif, ce qui oblige à déplacer l'incise (**comme tous les négociants**).

6. galère : « en Espagne, espèce de chariot dans lequel on voyage. Aller en galère » (Littré). **Convoi de mules** : «*reata*: 2. fila de caballerías que van sujetas con la reata (sens 1: cuerda o correa con que se sujeta a dos o más caballerías para que marchen en fila)» (Moliner).

7. tenez... en montrant son manteau : l'objet n'est pas tendu pour que l'autre s'en saisisse, auquel cas on aurait traduit : *tome Vd*, mais pour qu'il l'observe (on attire son attention et son regard). *¡Fíjese!* sert aussi à attirer l'attention mais employé sans complément signifie plutôt : *dése cuenta*.

8. et tout rapiécé, qui aurait... : la rupture prosodique incite à faire usage du relatif renforcé *el cual* plutôt que du simple *que*. Si l'antécédent avait été un animé, on aurait pu avoir recours à *quien*.

9. envelopper la Probité même : la majuscule ne laisse aucun doute subsister : il y a ici allégorie — transfert d'une entité abstraite dans la catégorie des êtres animés. La construction prépositionnée s'impose donc. **La Probité même** = la Probité elle-même ; on insiste sur l'identité d'une personne ou d'une chose (valeur du *ipse* latin) : *mismo* peut indifféremment s'antéposer ou se postposer. Lorsque **même** se dit d'une abstraction quantifiable prise à son plus haut degré, *mismo se* postpose fréquemment : *este chico es la probidad misma* (ce garçon

8. COMMENTAIRES

est un exemple de probité) ; *tu hermana es la paciencia misma* (cf. Gerboin et Leroy, § 119). Enfin, se disant d'un pronom, *mismo* se postpose nécessairement : *yo mismo, a sí mismo*. Var. : *el cual bien pudiera haber arropado a la mismísima Probidad.*

10. d'être forcé de voler de pareilles guenilles : tout ce syntagme, introduit en français par la préposition **de**, est sujet de la proposition en espagnol (d'où l'absence de préposition devant l'infinitif *verse*). L'infinitif espagnol, capable de se substantiver, peut aussi constituer le noyau verbal d'un syntagme substantif sujet ; l'agent de l'opération du verbe infinitif, lorsqu'il est déclaré, prend alors la forme d'un pronom sujet postposé à l'infinitif : *el decir tú eso indica que hay gato encerrado* (cf. Alarcos Llorach, *op. cit.*, p. 172). Le syntagme infinitif sujet est équivalent à une proposition substantive au subjonctif : var. : *que yo tenga que robar.*

11. des plus vertueuses = tout ce qu'il y a de plus vertueux : par cette équivalence on voit que ce qui est visé, c'est la qualité de l'objet, non pas une collection d'objets. On recourt donc à la substantivation de l'adjectif au moyen de *lo.*

12. nous emmenons bien... mais : var. : *bien podemos secuestrar a los viajeros pero los deudos...*

13. nous en sommes pour nos frais de nourriture : var. : *tenemos que pagar de nuestro bolsillo los gastos de comida.*

14. quand on est habitué aux personnes : l'emploi d'un verbe pronominal (*acostumbrarse*) oblige à exprimer le support impersonnel du verbe par *uno*, quelle que soit la référence du **on** français. Var. : *cuando uno ha tratado con las personas.*

15. neige fondue : il ne s'agit pas bien entendu de *aguanieve* (on imagine l'incommodité qu'il y aurait à se désaltérer avec de la neige fondue tombant du ciel !), mais de neige que l'on fait fondre en la chauffant.

16. j'y ai bien songé : *pensar* se construit avec EN lorsqu'il signifie **réfléchir à**. Lorsque, comme ici, il signifie **projeter, avoir l'intention de faire qque ch.**, il se construit transitivement : *pensamos marcharnos mañana.*

17. comment voulez-vous faire ? : la tournure traduit le sentiment d'impuissance ou le fatalisme du locuteur devant un problème jugé impossible à résoudre. Var. : *¿Qué le vamos a hacer?*

18. nous sommes traqués, poursuivis : var. : *vivimos acosados, perseguidos.*

19. on nous fusillerait comme des chiens : le chien est ici le symbole d'un être dégradé que l'on traite de façon inhumaine. Ce déclassement en fait un être assimilable à la catégorie des « inanimés », des objets inertes non humains. Le pluriel indéfini (article zéro) impliquant une visée générale, s'ajoutant à l'effet sémantique de ce déclassement, interdit absolument l'emploi de la préposition A.

20. il faut bien continuer le même train de vie = nous n'avons pas d'autre solution que de... Noter que *seguir*, au sens de **conserver, continuer à avoir**, + subst., se construit avec la préposition CON : *sigue con las mismas preocupaciones.*

21. croyez-vous que cela soit si amusant ? : Maurice Molho explique la raison pour laquelle le subjonctif s'impose ici : «el subjuntivo surgirá en la idea mirada en cuanto la creencia sea objeto

8. COMMENTAIRES

de discusión, esto es: cuando a la previsión positiva que la engendra se opone una previsión negativa que la lleva al borde de la duda: *pero, ¿cree usted también que el Magistral haga el amor a la niña?»* (Clarin, *La Regenta*). Molho, Sistemática II, p. 433.

22. **travailler comme des nègres** : var. : *trabajar como un negro, más que Dios, más que un burro*; **avoir un mal de chien** : var. : *partirse el lomo*.

9. Léonie

« Léonie, dit mon grand-père en rentrant [1], j'aurais voulu t'avoir avec nous [2] tantôt. Tu ne reconnaîtrais pas Tansonville [3]. Si j'avais osé, je t'aurais coupé une branche de ces épines roses [4] que tu aimais tant. » Mon grand-père racontait ainsi notre promenade à ma tante Léonie, soit pour la distraire [5], soit qu' [6] on n'eût pas perdu tout espoir d'arriver à la faire sortir [7]. Or [8] elle aimait beaucoup autrefois cette propriété [9], et d'ailleurs les visites de Swann avaient été les dernières qu'elle avait reçues, alors qu'elle fermait déjà sa porte [10] à tout le monde. Et de même que [11], quand il venait maintenant prendre de ses nouvelles [12] (elle était la seule personne de chez nous [13] qu'il demandât encore à voir [14]), elle lui faisait répondre [15] qu'elle était fatiguée, mais qu'elle le laisserait entrer la prochaine fois, de même elle dit ce soir-là : « Oui, un jour qu'il fera beau [16], j'irai en voiture jusqu'à la porte du parc. » C'est sincèrement qu'elle le disait [17]. Elle eût aimé revoir Swann et Tansonville ; mais le désir qu'elle en avait suffisait à ce qui lui restait de forces ; sa réalisation [18] les eût excédées. Quelquefois le beau temps lui rendait un peu de vigueur [19], elle se levait, s'habillait ; la fatigue commençait avant qu' [20] elle fût passée dans l'autre chambre [21] et elle réclamait son lit. Ce qui avait commencé pour elle — plus tôt seulement que [22] cela n'arrive d'habitude — c'est ce grand renoncement [23] de la vieillesse qui se prépare à la mort, s'enveloppe dans sa chrysalide, et qu'on peut observer à la fin des vies qui se prolongent tard, même entre les anciens amants qui se sont le plus aimés, entre les amis unis par les liens les plus spirituels [24], et qui à partir d'une certaine année cessent de faire le voyage ou la sortie nécessaire [25] pour se voir, cessent de s'écrire et savent qu'ils ne communiqueront plus en ce monde.

Marcel Proust
Du côté de chez Swann, 1913

9. COMMENTAIRES

TITRE : **Léonie :** on évitera de traduire les prénoms, dont les connotations sont rarement équivalentes d'une langue à l'autre. Parmi les noms propres, seuls seront traduits les noms géographiques ayant un équivalent lexicalisé en espagnol : noms de villes (*Burdeos, Marsella*, etc.), noms de fleuves, montagnes, etc. Les patronymes, sauf dans les cas de motivation onomastique intentionnelle (ou surnoms), ne seront pas davantage traduits.

9. Léonie

«Léonie, dijo mi abuelo al volver, hubiera querido que estuvieras con nosotros esta tarde. No reconocerías Tansonville. Si me hubiera atrevido, te hubiera cortado una rama de esos espinos rosa que tanto te gustaban». Así le contaba mi abuelo nuestro paseo a mi tía Léonie, bien fuera para distraerla, bien fuera porque no se había perdido toda esperanza de conseguir que saliera algún día. El caso es que antes le gustaba mucho esa finca, y por lo demás las visitas de Swann habían sido las últimas que había recibido, cuando ya le cerraba la puerta a todo el mundo. Y así como, cuando él venía ahora a preguntar por ella (porque ella era la única persona de casa a quien aún deseara ver), ella mandaba contestarle que estaba cansada, pero que le dejaría entrar la próxima vez, así ella dijo aquella tarde: «Sí, un día que haga bueno, iré en coche hasta la puerta del parque». Lo decía con total sinceridad. Le hubiera agradado volver a ver a Swann y Tansonville pero el solo desearlo ya era suficiente para las fuerzas que le quedaban, y el cumplirlo las hubiese agotado. A veces, el buen tiempo le devolvía algo de vigor, se levantaba, se vestía; empezaba el cansancio antes de que hubiera pasado a la otra habitación y ella pedía la cama. Lo que había empezado para ella —sólo que más temprano de lo que suele ocurrir— era ese gran abandono de la vejez que se prepara para la muerte, que se envuelve en su crisálida, y que se puede observar al final de las vidas que se prolongan tarde, incluso entre los antiguos amantes que más se amaron, entre los amigos unidos por los vínculos más espirituales, y que a partir de cierto año dejan de hacer el viaje o la salida necesarios para verse, dejan de escribirse y saben que ya no comunicarán en este mundo.

9. COMMENTAIRES

1. **en rentrant** : il s'agit ici simplement de marquer l'immédiate successivité de deux actions : var. : *al regresar; cuando volvió; como volvía* (l'imparfait donne toujours une vision sécante, pour partie accomplie, pour partie à accomplir, de l'opération ; ici la partie à accomplir tend vers zéro, est réduite au minimum, ce qui permet de raccorder, d'embrayer l'action de dire sur le dernier instant du retour ; l'imparfait n'implique ici aucune représentation de durée, seulement la simple

9. COMMENTAIRES

intersection du dernier instant du retour avec le premier instant de la parole). *Volviendo*, en revanche, ne permet pas le même effet stylistique, et obligerait à loger le moment de la déclaration au milieu du processus de retour : on ne comprendrait plus que la parole se produit au terme du retour, mais pendant le retour (= *mientras volvía*).

2. t'avoir avec nous : var. : *tenerte con nosotros*, moins fréquent, et où *tener* localise le complément d'objet dans l'espace : Moliner: «*tiene a sus hijos en el campo*»; autre var. : *que nos acompañaras*.

3. Tansonville : nom propre géographique : l'usage ancien de faire précéder de la préposition A ces noms en fonction objet tend à disparaître.

4. roses : var. de *color de rosa*: les désignations de couleurs dérivées de substantifs refusent l'accord avec le substantif déterminé : *compraré dos coches ágata y una moto naranja*. L'invariabilité (due en grande partie à des contraintes morphologiques) sert à marquer la fonction adjective. Lorsque, au contraire, le substantif est devenu pleinement adjectif, il varie en genre et en nombre : *pelo castaño/cabellera castaña*.

5. pour la distraire : var. : *por distraerla*, où la préposition indique le mobile, *i.e.* la finalité conçue comme l'élément moteur de l'action du sujet. Cf. 22/5 et 22/6.

6. soit ... soit que : var. : *bien ... o bien porque; sea ... o sea porque* (au passé : *fuese ... o fuese porque*); **soit que** a ici un sens causal : soit parce que.

7. d'arriver à la faire sortir : signifie à peu près : parvenir à la faire sortir : var. : *de lograr de ella que saliera* (cf. Mol.: «*he logrado de él que tome la medicina*»). Var. : *de procurar que saliera*.

8. or : ne peut être traduit par *ahora bien* que lorsqu'il introduit le second élément d'un syllogisme, en corrélation avec **donc, c'est pourquoi** ; ici, il est en corrélation avec **et** (début de la phrase suivante). On perçoit donc moins un élément de démonstration, qu'un élément d'information porté à la connaissance du lecteur. **Or** signifie donc plutôt **en fait, en réalité**.

9. propriété : var. : *propiedad; casa de campo*: **maison de campagne, villégiature**.

10. alors qu'elle fermait déjà sa porte : **alors que** + imparfait cumule ici ses deux valeurs possibles : valeur logique d'opposition (= **tandis que** ; esp.: *mientras que*) et valeur temporelle de conjonction (= **au moment où** ; esp.: *mientras*). Traduire par *mientras* reviendrait à ignorer l'aspect logique, et par *mientras que* à annuler, au moins en partie, la valeur temporelle. *Cuando* présente l'avantage de pouvoir cumuler les deux notions : «*no sé cómo se atreve a censurarte, cuando él hace lo mismo*». Dans cet exemple, cité par Moliner, *cuando* prend une coloration nettement adversative, cumulée dans notre traduction avec sa valeur ordinaire de localisation temporelle.

11. de même que ... de même : var. : *e igual que ... igual: y del mismo modo que ... del mismo modo*.

12. prendre de ses nouvelles : *preguntar por*, qui peut aussi avoir le sens de **demander qqu'un, demander à voir qqu'un** : *Julián, ven, que preguntan por ti en la tienda*.

13. de chez nous : *de casa*; le mot *casa* ne peut être précédé d'article dès lors qu'il fait partie d'une locution prépositionnelle équivalente à **chez** ou préposition + **chez**.

9. COMMENTAIRES

14. la seule ... qu'il demandât à voir : ici, on pourrait avoir l'indicatif ; le choix du subjonctif, mode irréalisant, souligne le caractère exceptionnel de l'antécédent (que l'on conçoit à la limite de l'inexistence). Cf. 27/29.

15. faisait répondre : var. : *mandaba que le contestaran*; attention à l'ambiguïté de la structure : **faire + infinitif** ; **elle lui fit dire non** peut signifier : 1) elle l'obligea à dire non : *le hizo decir que no*; 2) elle ordonna à un tiers (implicite) de lui dire non : *mandó decirle (que le dijesen) que no*. Dans le premier cas, le pronom **lui** est complément de **faire dire**, dans le second cas il est complément indirect de **dire**. Traduire ici par : *le hacía contestar* serait donc un contresens.

16. un jour qu'il fera beau : var. : *un día en que;* les propositions à valeur temporelle au futur de l'indicatif en français sont obligatoirement au subjonctif présent en espagnol.

17. c'est sincèrement qu'elle le disait : var. : *era con sinceridad como lo decía.*

18. le désir ... sa réalisation : *el solo desearlo ... el cumplirlo*: la substantivation de l'infinitif, qui fonctionne dès lors comme sujet de la proposition, permet une saisie plus concrète de ces processus mentaux intérieurs.

19. lui rendait un peu de vigueur : var. : *la entonaba algo el buen tiempo.*

20. avant que : *antes de que*; on ne peut omettre la préposition, *antes que* signifiant : **plutôt que**. *Antes de que* postériorise l'opération qu'il introduit (la situe dans un moment ultérieur à celui de l'opération principale) : cette postériorisation revient à l'irréaliser, d'où l'emploi en espagnol comme en français du mode subjonctif.

21. passée dans l'autre chambre : il s'agit d'un verbe de mouvement nécessairement suivi de la préposition A.

22. plus tôt que + verbe conjugué : la proposition complément d'un comparatif de supériorité ou d'infériorité est introduite par *de lo que* (cf. Bouzet, § 900). Lorsque la comparaison porte sur un substantif et non pas sur un verbe, la corrélation est variable en genre et en nombre (article variable) : *él tiene más pena de la que tengo yo*, **il a plus de peine que je n'en ai**. **Seulement** a ici un sens adversatif ou concessif et non pas restrictif : *pero,* ou *aunque.* Cf. 27/2

23. ce grand renoncement : le démonstratif a une fonction allusive : *ese.*

24. les liens les plus spirituels : var.: *lazos*; dans une construction superlative portant sur un adjectif, l'espagnol n'exprime qu'une fois l'article défini : *la mujer más guapa, la mujer que es más guapa.* **Se sont le plus aimés :** *más se amaron.* Le superlatif porte ici sur le verbe (quantification adverbiale) et on note la même absence d'article devant *más.*

25. le voyage ou la sortie nécessaire : *necesarios.* L'adjectif postposé à plusieurs substantifs qu'il détermine s'accorde ordinairement avec les deux. En cas de mixité des substantifs, c'est « le masculin qui l'emporte »,(en fait, le genre non marqué), comme en français. Lorsqu'en revanche les substantifs sont postposés à l'adjectif, celui-ci s'accorde fréquemment avec le premier d'entre eux. Cet accord par proximité vaut également pour les autres déterminants antéposés au nom : démonstratif, relatif *cuyo*: «*estas rosas y claveles, un hombre cuya postura y movimiento, tantas lágrimas y suspiros*» (cf. Bouzet, § 390).

10. Le commerce américain

N'ayant plus [1] que trois dollars en poche, j'allai les regarder frétiller [2] au creux de ma main mes dollars à la lueur des annonces de Times Square, cette petite place étonnante où la publicité gicle [3] par-dessus la foule occupée à se choisir un cinéma. Je me cherchai un restaurant bien économique [4] et j'abordai [5] à l'un de ces réfectoires publics [6] rationalisés où le service est réduit au minimum et le rite alimentaire simplifié à l'exacte mesure du besoin naturel.

Dès l'entrée, un plateau vous est remis [7] entre les mains et vous allez prendre votre tour à la file. Attente. Voisines, de fort agréables candidates au dîner comme moi ne me disaient mie... Ça doit faire un drôle d'effet [8], pensais-je, quand on peut se permettre d'aborder ainsi une de ces demoiselles au nez précis et coquet. « Mademoiselle, lui dirait-on, je suis riche, bien riche... dites-moi ce qui vous ferait plaisir d'accepter... »

Alors tout devient simple à l'instant [9], divinement, sans doute, tout ce qui était si compliqué un moment auparavant... Tout se transforme et le monde formidablement hostile s'en vient à l'instant rouler à vos pieds [10] en boule sournoise, docile et veloutée [11]. On la perd alors peut-être du même coup, l'habitude épuisante de rêvasser aux êtres réussis [12], aux fortunes heureuses puisqu'on peut toucher avec ses doigts à tout cela. La vie des gens sans moyens n'est qu'un long refus dans un long délire et on ne connaît vraiment bien, on ne se délivre aussi que de ce qu'on possède [13]. J'en avais pour mon compte [14], à force d'en prendre et d'en laisser des rêves, la conscience en courants d'air, toute fissurée de mille lézards et détraquée de façon répugnante.

En attendant, je n'osais entamer avec ces jeunesses [15] du restaurant la plus anodine conversation. Je tenais mon plateau bien sagement, silencieux. Quand ce fut à mon tour de passer devant les creux de faïence remplis de boudins et de haricots [16], je pris tout ce qu'on me donnait. Ce réfectoire était si net [17], si bien éclairé, qu'on se sentait comme porté à la surface de sa mosaïque tel qu'une mouche sur du lait. [...]

Mais si on nous arrosait ainsi clients [18] de tant de lumière profuse, si on nous extirpait pendant un moment de la nuit habituelle à notre condition, cela faisait partie d'un plan. Il avait son idée le propriétaire [19]. Je me méfiais.

10. El comercio americano

Como no me quedaban más que tres dólares en el bolsillo, fui a mirarlos centellear cual morralla en el hueco de mi mano, mis dólares, a la luz tenue de los anuncios luminosos de Times Square, esa extraña plazuela donde la publicidad chorrea por encima de la muchedumbre ocupada en elegirse un cine. Me busqué un restaurante baratito y abordé en uno de esos refectorios públicos racionalizados en los que el servicio queda reducido al mínimo y el rito alimentario queda resumido en la mera satisfacción de la necesidad natural.

Nada más entrar, le entregan a uno una bandeja en las manos y va a coger la vez en la fila. Y a esperar. Muy cerca unas muy agradables candidatas a la cena como yo no me decían ni pío. A uno le resultará raro, pensaba yo, cuando puede permitirse abordar así a una de esas señoritas de nariz bien delineada y mona. «Señorita, le diría uno, yo soy rico, riquísimo... dígame lo que le gustaría aceptar...»

Entonces al instante todo se vuelve sencillo, divinamente sencillo, sin duda, todo lo que era tan complicado un momento antes... Todo se transforma y el mundo terriblemente enemigo al instante acude rodando a humillarse a tus pies cual bola solapada, dócil y suavísima. Quizás la pierdas entonces al mismo tiempo, esa costumbre agotadora de fantasear con los seres que han medrado, con las buenas fortunas, ya que se puede tocar todo aquello con los dedos. La vida de la gente sin recursos no es más que una larga negativa en un largo delirio y uno sólo conoce de veras lo que posee y también sólo de eso se libra. Estaba más que harto, de tanto tomar y dejar sueños, con agujeros en la conciencia, toda hendida por miles de grietas y trastornada de modo repugnante.

De momento no me atrevía a entablar con aquellas jovencitas del restaurante ni siquiera la más anodina conversación. Sujetaba mi bandeja con las manos, tan quieto y callado. Cuando llegó mi turno de pasar por delante de los huecos de loza llenos de morcillas y frijoles, tomé todo lo que me daban. Aquel refectorio estaba tan limpio, tan bien alumbrado, que uno sentía que se deslizaba por la superficie de su mosaico cual mosca sobre leche. [...]

Pero si nos rociaban así a nosotros los clientes con tanta luz profusa, si nos extirpaban por un momento de la noche propia de nuestra condición, todo eso formaba parte de un plan. Iba a lo suyo, el propietario.

Ça vous fait un drôle d'effet après tant de jours d'ombre d'être baigné [20] d'un seul coup dans des torrents d'allumage. Moi, ça me procurait une sorte de petit délire supplémentaire. Il ne m'en fallait pas beaucoup, c'est vrai.

Sous la petite table qui m'était échue, en lave immaculée, je n'arrivais pas à cacher mes pieds ; ils me débordaient de partout. J'aurais bien voulu qu'ils fussent ailleurs mes pieds pour le moment, parce que de l'autre côté de la devanture, nous étions observés par les gens en file que nous venions de quitter [21] dans la rue. Ils attendaient que [22] nous eussions fini [23], nous, de bouffer, pour venir s'attabler à leur tour. C'est même à cet effet et pour les tenir en appétit que nous nous trouvions nous si bien éclairés et mis en valeur, à titre de publicité vivante. Mes fraises sur mon gâteau étaient accaparées par tant d'étincelants reflets que je ne pouvais me résoudre à les avaler.

On n'échappe pas [24] au commerce américain.

Louis-Ferdinand CÉLINE
Voyage au bout de la nuit
© Éditions Gallimard, 1932

10. COMMENTAIRES

1. **n'ayant plus...** : il s'agit d'une proposition de type causal. L'emploi de *quedar* fait de *dólares* le sujet du verbe, et il serait alors peu naturel de traduire par une proposition gérondive dont le support serait *dólares*. On a donc recours à une subordonnée causale introduite par *como*.

2. **frétiller** : la traduction de ce verbe pose presque à chaque fois un problème sémantique. « Remuer, s'agiter par petits mouvements rapides. Poisson qui frétille ». « Le chien, en frétillant de la queue » (Robert). Le verbe est associé ici à l'idée de scintillement (scintillement des pièces dans le creux de la main), et n'importe quel locuteur francophone associera spontanément **frétiller** et **fre-**

tin (petits poissons sans valeur que l'on rejette à l'eau) par le lien analogique sémantique du poisson et sémiotique de la forme du signifiant. Il faut donc traduire l'idée de mouvement visible et rapide, de scintillement et si possible l'idée de faible valeur. «*Morralla*: conjunto de cosas sin valor. Por ejemplo lo que queda de cualquier cosa o mercancía después de haber elegido lo mejor de ella. También, boliche: pescado menudo en el que hay distintas clases revueltas» (Moliner). *Morralla* traduit donc l'idée de menus objets sans valeur ; *centellear* traduira l'idée de mouvement pour l'œil.

3. **la publicité gicle** : la métaphore se poursuit plus loin dans le texte : « on nous arrosait de tant de lumière

Yo no me fiaba. A uno le da una sensación rara después de tantos días de sombra el quedar sumido de golpe en torrentes de alumbrado. A mí me proporcionaba una especie de leve delirio suplementario. La verdad es que a mí con poco me bastaba.

Por debajo de la mesita que me había tocado en suerte, y que era de lava inmaculada, no conseguía ocultar los pies, que me rebasaban por todos lados. De momento, mucho me hubiera gustado que estuvieran en otra parte mis pies porque al otro lado del escaparate, nos observaba la gente en fila a la que acabábamos de dejar en la calle. Estaban aguardando a que termináramos, nosotros, de jamar, para que a ellos les tocara sentarse. Era incluso con este fin y para que se les hiciera la boca agua para lo cual nosotros estábamos tan bien alumbrados y puestos de realce, a modo de anuncio vivo. Mis fresas en mi pastel, las acaparaban tantos visos centelleantes que no podía decidirme a comérmelas.

Uno no puede librarse del comercio americano.

10. COMMENTAIRES

profuse... être baigné dans des torrents d'allumage ». Le verbe **gicler** doit donc être pris dans son sens littéral : la figure choque en français, il ne faut pas l'éroder lors de la traduction.

4. bien económico : très économique + nuance de subjectivité et aussi de familiarité. Le suffixe diminutif peut porter de telles valeurs en contexte.

5. j'abordai : ce verbe peut s'entendre en deux sens. On peut d'abord comprendre : je finis par entrer (je cessai de déambuler pour entrer, mes pas me conduisirent). *Ir a parar* rend assez bien cette idée de hasard. Mais on a vu que tout le texte est sous-tendu par une métaphore des liquides : le personnage semble naviguer sur une mer de lumières. On sait par ailleurs qu'il sort d'un périple maritime qui l'a conduit aux États-Unis. Il faut alors entendre littéralement, comme terme maritime, le verbe **aborder** (= accoster).

6. l'un de ces réfectoires publics : le déictique est allusif (renvoi à une catégorie d'objets censés connus du lecteur) : *ese*.

7. un plateau vous est remis : la passive, qui permet une focalisation sur l'objet, vise à l'élimination de l'agent. On reversera la passive en active, en signifiant l'effacement de l'agent par une troisième personne du pluriel anonyme. **Vous** est la variante de **on** en position d'objet direct ou indirect (**on** ne pouvant

10. COMMENTAIRES

assumer que la fonction sujet). La référence de ce **vous** est le narrateur lui-même : *uno* ou bien *tú*, équivalent de *uno* dans un contexte familier.

8. ça doit faire un drôle d'effet : la conjecture peut s'exprimer en espagnol par la locution *deber de* ou plus simplement par un futur de conjecture. Var. : *debe de causarle a uno una extraña impresión*.

9. tout devient simple à l'instant : transformation brutale, radicale et irréversible : *volverse* + adjectif.

10. s'en vient à l'instant rouler à vos pieds : on comprend « en attitude de soumission et d'humilité », ce que rend l'ajout de *humillarse*. *Acudir*, étant un verbe de mouvement, construit l'infinitif complément avec A.

11. en boule sournoise, docile et veloutée ; sournoise : var. : *taimada*; **veloutée :** var. *mimosa, cariñosa*.

12. aux êtres réussis : *i.e.* qui ont réussi. La tournure est surprenante en français et ne peut guère être conservée dans la traduction.

13. on ne connaît ... que de ce qu'on possède : la différence de construction de l'objet (*conocer algo, librarse de algo*) nous a incités à supprimer l'anacoluthe en déplaçant la relative objet.

14. j'en avais pour mon compte : j'avais mon compte (de malheurs) : je ne pouvais en supporter davantage, j'étais au bout du rouleau. Var. : *no podía aguantar más*.

15. ces jeunesses : « fam. (vieilli ou régional) : fille ou femme très jeune » (Robert).

16. haricots : *judía*: haricot gousse (de diverses couleurs) ; synonymes : *habichuela, alubia*. *Fríjol*, ou *frijol*, est plus connoté « américain » et convient donc mieux dans ce contexte.

17. était si net : il s'agit bien sûr ici de propreté, non pas de netteté visuelle (*nítido*).

18. si on nous arrosait ainsi clients : la rupture syntaxique doit être effacée dans la traduction : *a nosotros los clientes*. Non qu'une telle rupture ne soit pas possible dans la langue colloquiale (cf. Ana M.ª Vigara Tauste, *Morfosintaxis del español coloquial*, cap II), mais elle serait gravement fautive, et sanctionnée lors d'un examen.

19. il avait son idée le propriétaire : il savait ce qu'il faisait, il avait une idée derrière la tête. Var. : *sabía detrás de lo que iba*.

20. d'être baigné : l'infinitif espagnol est en fonction sujet et substantivé : préposition zéro et article.

21. les gens en file que nous venions de quitter : l'antécédent est animé, le relatif objet doit donc être précédé de la préposition A.

22. ils attendaient que : *esperar a que* + subjonctif. Attention ! distinguer : *esperamos su llegada*: nous attendons (ou nous souhaitons) son arrivée ; de : *esperamos a su llegada*: nous attendons jusqu'à son arrivée, jusqu'à ce qu'il arrive. **Bouffer :** var. : *jalar*.

23. Les gens en file... ils attendaient : *la gente en fila... esperaban*: accord *ad sensum*: quoique *gente* soit formellement

10. COMMENTAIRES

singulier, on se représente une pluralité d'êtres et c'est cette représentation qui induit l'emploi du pluriel. Cf. Ana María Vigara Tauste, *op. cit.*, pp. 224-230, qui montre que ce type d'accord par le sens est extrêmement fréquent dans la langue colloquiale : «Huy por Dios, si es que son peligrosísima esa gente». On l'admettra plus facilement lorsque, comme dans le texte de Céline, le sujet logique et le verbe appartiennent à deux phrases différentes.

24. on n'échappe pas : var. : *uno no puede escapar al...*

11. De Julie à Claire

Tout ce que tu avais prévu, ma chère [1], est arrivé. Hier, une heure après notre retour [2], mon père entra dans la chambre de ma mère, les yeux étincelants [3], le visage enflammé, dans un état, en un mot, où [4] je ne l'avais jamais vu. Je compris d'abord [5] qu'il venait d'avoir querelle [6], ou qu'il allait la chercher ; et ma conscience agitée me fit trembler d'avance [7].

Il commença par apostropher [8] vivement, mais en général [9], les mères de famille qui appellent indiscrètement [10] chez elles des jeunes gens sans état [11] et sans nom, dont le commerce [12] n'attire que honte et déshonneur [13] à celles qui les écoutent [14]. Ensuite, voyant que cela ne suffisait pas pour arracher quelque réponse d'une femme intimidée [15], il cita sans ménagement en exemple [16] ce qui s'était passé [17] dans notre maison, depuis qu'on y avait introduit un prétendu bel esprit [18], un diseur de riens [19], plus propre à corrompre une fille sage [20] qu'à lui donner aucune bonne instruction [21]. Ma mère, qui vit qu'elle gagnerait peu de chose à se taire [22], l'arrêta sur ce mot de corruption, et lui demanda ce qu'il trouvait dans la conduite ou dans la réputation de l'honnête homme [23] dont il parlait [24], qui pût autoriser [25] de pareils soupçons. « Je n'ai pas cru [26], ajouta-t-elle, que l'esprit et le mérite fussent des titres d'exclusion dans la société. À qui donc faudra-t-il ouvrir votre maison [27], si les talents et les mœurs [28] n'en obtiennent pas l'entrée ? — À des gens sortables [29], madame, reprit-il en colère, qui puissent réparer l'honneur d'une fille quand ils l'ont offensé. — Non, dit-elle, mais à des gens de bien [30] qui ne l'offensent point [31]. — Apprenez, dit-il, que c'est offenser l'honneur d'une maison que d'oser [32] en solliciter l'alliance sans titres pour l'obtenir. — Loin de voir en cela, dit ma mère, une offense, je n'y vois, au contraire, qu'un témoignage d'estime. D'ailleurs, je ne sache point que [33] celui contre qui vous vous emportez ait rien fait de semblable [34] à votre égard. — Il l'a fait, madame, et fera pis encore si je n'y mets ordre ; mais je veillerai, n'en doutez pas, aux soins que vous remplissez si mal. »

Alors commença une dangereuse altercation qui m'apprit que les bruits de ville dont tu parles étaient ignorés de mes parents, mais durant laquelle ton indigne cousine eût voulu être à cent pieds sous terre [35].

Jean-Jacques Rousseau
La Nouvelle Héloïse, 1760

11. De Julie à Claire

Ha sucedido cuanto habías previsto, querida. Ayer, una hora después de que regresáramos, entró mi padre en el cuarto de mi madre, con los ojos centelleantes, con la cara encendida, en un estado, por no decir más, en el que yo nunca le había visto. En seguida comprendí que acababa de tener alguna riña o que andaba buscándola; y mi conciencia agitada me hizo temblar con anticipación.

Empezó por increpar con vehemencia, pero en general, a las madres de familia que sin discreción llaman a su casa a unos jóvenes sin fortuna y sin nombre, cuyo trato sólo trae deshonra y deshonor a quienes les hacen caso. Después, viendo que eso no bastaba para sonsacar una respuesta a una mujer asustada, sin miramientos puso como ejemplo lo sucedido en nuestra casa desde que habían dejado entrar en ella a un supuesto hombre culto, a un hombre de mucha labia, que valía más para corromper a una doncella honesta que no para darle alguna buena instrucción. Viendo mi madre que poco ganaría con quedarse callada le interrumpió al oír esta palabra de corrupción y le preguntó lo que encontraba en el comportamiento o en la fama de aquel hombre de bien de quien él hablaba, que pudiera autorizar semejantes sospechas. «No crea, añadió ella, que el espíritu y el mérito fueran títulos de exclusión en la sociedad. ¿A quién entonces abriremos vuestra casa si los talentos y las buenas costumbres no consiguen entrar? —A personas decentes señora, prosiguió airado, que puedan reparar el honor de una doncella cuando lo han ofendido. —No, dijo ella, sino a gente de bien que no lo ofenda. —Sabed, dijo él, que es ofender el honor de una casa el atreverse a solicitar su alianza sin títulos para obtenerla. —Lejos de ver en esto una ofensa, dijo mi madre, sólo veo, al contrario, muestras de aprecio. Además, que yo sepa, esta persona contra quien os estáis enfureciendo no hizo nada semejante con respecto a vos. —Sí que lo hizo, señora, y hará peor aún si yo no pongo orden en ello; pero yo, no lo dudéis, procuraré cumplir con los deberes que vos observáis tan mal.»

Entonces empezó un peligroso altercado que me reveló que mis padres ignoraban los rumores de la ciudad de los que tú hablas, pero durante el cual tu indigna prima hubiera deseado que la tierra se la tragara.

11. COMMENTAIRES

1. ma chère : dans le style épistolaire, *querida*, en en-tête ou dans le corps de la lettre comme ici. **Cher ami,** *Querido amigo*; **Mon cher Jean :** *Querido Juan*.

2. après notre retour : *después de que*, qui implique une visée réalisante (cette conjonction postériorise le fait réel de la principale au fait également réel énoncé dans la subordonnée), est ordinairement suivie de l'indicatif, lorsqu'elle introduit un événement révolu. Dans un contexte passé, elle peut cependant être suivie du subjonctif en — *RA*. Selon Coste et Redondo, il s'agirait ici de l'ancienne valeur de la forme en — *RA*, celle de plus-que-parfait de l'indicatif. Var. : *después de nuestro regreso*.

3. les yeux étincelants : les syntagmes circonstanciels exprimant une attitude physique ou morale du sujet sont introduits par CON. Var. : *centelleantes los ojos, encendida la cara*. *Centelleantes* est le seul adjectif qui convienne pour signifier la colère. *Resplandeciente, relumbrante* évoquent un regard lumineux ou la joie. *Chispeante,* **pétillant**, peut faire renvoi à l'intelligence, à l'esprit ou à la joie.

4. dans un état... où : lorsque l'antécédent d'un relatif précédé d'une préposition (*con que, en que,* etc.) est déterminé par un article indéfini, il convient de le rappeler sous la forme de l'article défini dans le relatif : *un estado en el que*. Ce rappel est inutile et pléonastique lorsque l'antécédent est précédé d'un article défini : *el estado en que*.

5. d'abord : dès le premier contact, immédiatement : *enseguida* ou *luego* (au sens ancien de ce mot).

6. avoir querelle : il s'agit d'une altercation pouvant conduire les interlocuteurs à en venir aux mains. *Riña* ou *pendencia* signifient une discussion violente, ou les violences qui en découlent. On écartera *disputa*, pas assez violent, *contienda* qui l'est trop, et surtout *querella*, faux-ami, terme de droit désignant une plainte.

7. d'avance : plusieurs locutions ont un sens voisin : *con anticipación, por anticipado, de antemano, con antelación, por adelantado*. *Por adelantado* est exclu ici, ne pouvant se dire que d'un mode de paiement : *pagar por adelantado*. *De antemano, con anticipación, por anticipado* servent souvent à dire la prévision d'un fait qui ne s'est pas encore produit. *Con antelación (de x días)* a une connotation administrative qui ne convient guère ici.

8. apostropher : *apostrofar* (adresser brusquement la parole à quelqu'un, l'interpeller) serait un contresens. Domine ici l'idée de réprimande : *vituperar, increpar*.

9. vivement, mais en général : *vehemente(mente) aunque generalmente*. L'apocope d'un adverbe en -*mente* est possible (mais non obligée) lorsque celui-ci est suivi d'un autre adverbe du même type qui lui est coordonné ou relié par une conjonction quelconque : *iba vestido pobre pero decentemente*. On a cependant écarté cette structure, lourde et maladroite malgré l'apocope, au profit de deux locutions adverbiales prépositionnées et coordonnées.

10. indiscrètement : imprudemment : *sin discreción, sin prudencia, por inconsideración* (langue classique).

11. de jeunes gens sans état : dans la langue classique et la langue moderne châtiée, le français **de** est la variante de l'article **des** lorsque l'adjectif s'antépose

11. COMMENTAIRES

au substantif : il possédait de beaux livres. Ce **des** recouvre la vision d'une série limitée d'êtres (quelques unités) ; on le traduit donc par *unos* à l'exclusion de l'article zéro, qui implique la représentation d'une série ouverte numériquement indéterminée (**llaman a jóvenes*). **Sans état :** sans position sociale, sans condition : *estado, condición* (langue classique).

12. le commerce : la fréquentation : *trato, comercio* (langue classique).

13. n'attire que honte et déshonneur : La *deshonra* est la perte de la *honra*, c'est-à-dire l'honneur d'une personne tel que conçu par autrui (sa réputation, sa dignité). *Deshonra* s'applique aussi spécifiquement à une femme perdue de réputation. Le *deshonor* est littéralement la perte de l'*honor*, c'est-à-dire l'honneur pour soi, la moralité, l'intégrité. Au résultat son sens est très voisin de celui de *deshonra*, si ce n'est que celui-ci implique plus nettement le jugement négatif d'autrui. *Vergüenza* désigne essentiellement le sentiment de honte, sentiment bas et vil, que ne sauraient éprouver des personnes de qualité.

14. qui les écoutent : qui leur prêtent attention ; var. : *les prestan oído*.

15. une femme intimidée : Littré : « intimider : donner de la timidité, de la crainte à quelqu'un ». Le sens de l'adjectif s'est aujourd'hui usé, prenant une coloration psychologique qu'il n'avait pas à l'époque de Rousseau.

16. il cita en exemple : var. : *puso por ejemplo*.

17. ce qui s'était passé : *lo sucedido* = contraction de : *lo que había sucedido*, rendue possible par la capacité de *lo* à substantiver adjectifs et participes passés.

18. un prétendu bel esprit : Littré : « un bel esprit, celui qui se distingue par l'élégance et la délicatesse parfois affectées ». **Une femme bel esprit :** une femme qui a des prétentions aux connaissances qui constituent le bel esprit (= la culture des belles-lettres, de la littérature). « Une femme bel esprit est le fléau de son mari, de ses enfants, de ses amis, de ses valets, de tout le monde » (Rousseau, *Émile*).

19. un diseur de riens : Littré : « parleur qui ne dit que des choses futiles ». Var. : *bachiller*. Autoridades, *s.v.*: «por vilipendio se da este nombre al que habla mucho fuera de propósito y sin fundamento». Moins exacts : *charlatán*: «el hablador que gasta multitud de palabras sin substancia ni discreción, fiado en la apariencia y sonido de las voces» (= **beau parleur**, synonyme : *decidor*); *hablador*: «el que habla mucho, sin tiempo y con impertinencia».

20. une fille sage : *una doncella honesta* (chaste et pudique), *una doncella decorosa*. Var. plus moderne : *una joven formal:* une jeune fille sérieuse.

21. qu'à lui donner aucune bonne instruction : *que valía más para corromper* [...] *que no para darle buena instrucción alguna*; «Las gramáticas hablan de este *no* redundante que desde antiguo suele acompañar a las oraciones comparativas y a verbos de temor, preferencia, etc.; p.ej.: *Temía que no lo denunciasen los vecinos; Prefiero una renta segura que no meterme en negocios; Era mejor la fruta de ayer que no la de hoy.* [...] En los textos medievales y clásicos aparece con frecuencia mucho mayor que en la lengua moderna. Los escritores actuales lo evitan, por lo general, y sólo se mantiene más o menos en el habla corriente» (Gili

77

11. COMMENTAIRES

Gaya, § 220). L'emploi de la négation oblige à la postposition de *alguno* (négation distributive).

22. gagnerait peu de chose à se taire : var. : *poco ganaría al quedarse callada, callándose.*

23. honnête homme : concept-clé de la morale classique : « homme du monde, agréable et distingué, tant par les manières que par l'esprit » (Robert) : *hombre de bien* ou *hombre discreto. Hombre de bien* est préférable, dans la mesure où il cumule la double idée d'une éducation exquise et d'une intégrité morale exemplaire.

24. dont il parlait : le relatif **dont** est ici le résultat de la transformation de la postposition **de**, dans la locution **parler de**. Il ne peut donc être rendu par *cuyo*.

25. autoriser : ici, ne signifie pas permettre, mais **fonder** (*fundar, fundamentar, autorizar, alimentar*).

26. je n'ai pas cru : l'emploi du passé composé surprend ici où l'on s'attendrait à trouver un imparfait, que l'on restituera dans la traduction. Var. : *Ignoraba que* + subjonctif.

27. votre maison : *vuestra casa*: c'est l'ancien *vos* de courtoisie qui est utilisé ici, le *tú* étant alors employé avec des personnes de rang inférieur, et le *vuestra merced* et ses variantes destinés à des personnes de rang plus élevé que soi. Cf. 25/12.

28. les talents et les mœurs : *i.e.* les bonnes mœurs, le respect et la pratique des vertus civiles : *buenas costumbres*; *buenos modales*, plus moderne.

29. gens sortables : *i.e.* convenables dans le cadre d'une alliance, du même monde social que celui du père, de la même sorte, que l'on peut assortir (on dit par exemple : un parti sortable) ; *acomodado* (= socialement convenable), qui implique la représentation étroitement sociale de la valeur morale de l'individu, exprime bien la morale superficielle du père (opposée par Rousseau à la morale profonde de la mère). *Decente*, qui peut aussi signifier « de morale scrupuleuse », pourrait faire contresens ici.

30. des gens de bien : *i.e.* des hommes respectueux de l'intégrité morale et sexuelle de leur fille : *gente honrada, gente de bien.* À la morale archaïque du père (morale de la position sociale), la mère oppose la morale bourgeoise profonde de la qualité de l'individu. On est à la fin du XVIIIe siècle et s'annonce déjà le nouveau système de valeurs qui est encore le nôtre aujourd'hui, où la valeur individuelle l'emporte sur l'extraction sociale.

31. qui ne l'offensent point : bien qu'aucune différence physique ne permette de le distinguer en français, ici, il s'agit sans aucun doute d'un subjonctif : le personnage définit une catégorie virtuelle de personnes projetées dans son imaginaire. Cette projection suffit à irréaliser en quelque façon l'antécédent et à faire surgir le subjonctif dans la relative (dans les deux langues).

32. c'est offenser... que d'oser : oser est en position de sujet du verbe **être** : l'infinitif espagnol est donc précédé d'article (substantivation) et dépourvu de préposition.

33. je ne sache point que = que je sache : formule archaïque servant à mettre en doute la réalité de la proposition qu'elle introduit. Tout le doute étant dans la phrase espagnole exprimé par le subjonctif en incise, la proposition au

11. COMMENTAIRES

subjonctif en français (**ait rien fait**), est à l'indicatif en espagnol.

34. ait rien fait de semblable : *no hizo tal*: cet emploi de *tal* appartient à la langue classique.

35. eût voulu être à cent pieds sous terre : métaphore exprimant le comble de la honte. *¡Tierra, trágame!* s'emploie au style direct pour signifier ce même sentiment. On l'a adapté à la narration.

12. Une amante incomparable

Nous marchâmes aussi longtemps que [1] le courage de Manon put la soutenir, c'est-à-dire, environ deux lieues [2] ; car cette amante [3] incomparable refusa absolument [4] de s'arrêter plus tôt [5]. Accablée enfin de lassitude [6], elle me confessa qu'il lui était impossible d'avancer davantage. Il était déjà nuit [7]. Nous nous assîmes au milieu d'une vaste plaine, sans avoir pu trouver un arbre pour nous mettre à couvert [8]. Son premier soin fut [9] de changer le linge de ma blessure, qu'elle avait pansée elle-même avant notre départ. Je m'opposai en vain à ses volontés [10]. J'aurais achevé de [11] l'accabler mortellement si je lui eusse refusé [12] la satisfaction de me croire à mon aise, et sans danger [13], avant que de penser à sa propre conservation [14]. Je me soumis durant quelques moments à ses désirs. Je reçus ses soins en silence et avec honte [15] ; mais lorsqu'elle eut satisfait sa tendresse, avec quelle ardeur la mienne ne prit-elle pas son tour [16] ! je me dépouillai de tous mes habits pour lui faire trouver la terre moins dure, en les mettant sous elle. Je la fis consentir [17] malgré elle à me voir employer à son usage tout ce que je pus imaginer de moins incommode.

J'échauffai ses mains par mes baisers ardents et par la chaleur de mes soupirs. Je passai la nuit tout entière à veiller auprès d'elle et à prier le Ciel [18] de lui accorder [19] un sommeil doux et paisible. Ô Dieu ! que mes vœux [20] étaient vifs et sincères, et par quel rigoureux jugement aviez-vous résolu [21] de ne les pas exaucer !

Pardonnez si [22] j'achève en peu de mots un récit qui me tue. Je vous raconte un malheur qui n'eut jamais d'exemple [23]. Toute ma vie est destinée à le pleurer, mais quoique je le porte sans cesse dans ma mémoire, mon âme semble se reculer d'horreur chaque fois que j'entreprends de l'exprimer.

Abbé Prévost
Manon Lescaut, 1731

12. COMMENTAIRES

1. **aussi longtemps que** : à l'adverbe français **longtemps** correspond un syntagme nominal en espagnol : *hace mucho tiempo, durante largo tiempo*. Dans : *tanto tiempo como, tanto* est adjectif d'un substantif et ne peut donc s'apocoper. Structure à distinguer bien sûr de : *tanto tiempo que*, **si longtemps que** (consécutive). Var. : *todo el tiempo que*.

12. Una amante sin par

Anduvimos tanto tiempo como el ánimo de Manon pudo sostenerla, es decir unas dos leguas; pues aquella amante sin par se negó terminantemente a pararse antes. Por fin abrumada por el cansancio, me confesó que le era imposible dar un paso más. Era ya de noche. Nos sentamos en medio de una extensa llanura sin haber podido encontrar un árbol que nos cobijara. Cuidó luego de cambiar el paño de mi herida que ella misma había vendado antes de que nos marcháramos. De nada me valió oponerme a sus deseos. Hubiera acabado de abrumarla mortalmente si le hubiera negado la satisfacción de creerme sano y salvo antes de pensar ella en su propia conservación. Me sometí durante unos momentos a sus deseos. Recibí sus cuidados en silencio y con vergüenza; pero cuando hubo satisfecho su ternura ¡con qué ímpetu se expresó la mía a su vez! Me despojé de toda la ropa extendiéndola debajo de ella para que el suelo le pareciera menos duro. Hice que consintiera a pesar suyo en verme emplear para con ella todo cuanto pude imaginar de menos incómodo.

Calenté sus manos con mis ardientes besos y con el calor de mis suspiros. Me pasé toda la noche velando a su lado y rogando al cielo le concediera un sueño dulce y apacible. ¡Dios mío! ¡Cuán vivas y sinceras eran mis súplicas y por qué riguroso juicio vos habíais resuelto no cumplirlas!

Perdonad si acabo en pocas palabras un relato que me mata. Os estoy contando una desgracia que jamás tuvo ejemplo. He de llorarla toda mi vida, pero aunque la llevo siempre presente en la memoria, mi alma parece retroceder horrorizada cada vez que intento expresarla.

12. COMMENTAIRES

2. **environ deux lieues** : *unas dos leguas*. Le numéral *uno* au singulier parfois, mais le plus souvent au pluriel, sert à exprimer l'approximation numérique. *Un diez por ciento* : à peu près dix pour cent.

3. **cette amante** : on peut voir en ce démonstratif un rappel immédiat de Manon, et l'on traduira par *esta*; si, en revanche, on établit une distance narrative (entre le narrateur et son personnage)

12. COMMENTAIRES

ou si l'on perçoit, comme c'est le cas, semble-t-il, une dimension laudative, on emploiera *aquella*.

4. refusa absolument : *rotundamente, en redondo* sont des locutions trop modernes pour ce texte.

5. s'arrêter plus tôt : *se negó a detenerse antes; temprano*: «al principio del día», «demasiado pronto para la cosa de que se trata», ne peut convenir ici.

6. accablée enfin de lassitude : var. : *abrumada al fin por el cansancio*.

7. il était déjà nuit : on dirait aujourd'hui : il faisait déjà nuit ; *es de día, es de noche*, la préposition DE servant à marquer une période de temps générique, non pas un espace de temps particulier (un jour ou une nuit datée).

8. pour nous mettre à couvert : var. : *ponernos a cubierto*. Littré, *s.v.* « 1. Logis où l'on est couvert des intempéries. 2. Ombrage que donne un massif d'arbres. À couvert, à l'abri : à l'abri ajoute une idée de protection qui n'est pas dans la locution **à couvert** ; celui qui est à l'abri est protégé, défendu, garanti ». Autoridades atteste *ponerse a cubierto* avec le même sens.

9. son premier soin fut : *cuidó luego de: luego* est à entendre ici au sens classique : **immédiatement**.

10. ses volontés : ses désirs : *sus deseos; su voluntad* signifierait, surtout à l'époque classique, **son cœur, ses sentiments amoureux**. Var. : *en vano me opuse a sus deseos*.

11. j'aurais achevé de : distinguer entre *acabar de* = finir de, pousser une opération à son terme, et *acabar por* = finir par, se résoudre à, qui a une nuance plutôt inchoative.

12. si je lui eusse refusé : *a/de negarle*: la construction infinitive à valeur conditionnelle, qui utilise le plus souvent la forme simple de l'infinitif, permet ici d'éviter la répétition pesante du subjonctif plus-que-parfait.

13. à mon aise et sans danger: **à mon aise** ne renvoie pas ici à la commodité physique ou morale (que dit la locution : **être à l'aise**), ce qui interdit qu'on traduise par : *a gusto*. La locution signifie dans ce contexte **sans malaise physique, sans souffrance**, comme l'indique la locution coordonnée (**et sans danger**, *i.e.* **hors de danger**). Il est donc, semble-t-il, plus exact de traduire par *sano y salvo*, que par : *a gusto y fuera de peligro*.

14. avant que de penser à sa propre conservation : cette structure de phrase est, syntaxiquement, légèrement ambiguë ; aucun élément pronominal n'indique en effet quel est le « sujet », l'agent de l'infinitif **penser. Sa propre conservation**, qui implique que l'opération de penser est réfléchie, oblige cependant à concevoir qu'il s'agit de Manon et non de son amant. On peut conserver cette légère indétermination ou la lever par l'ajout, syntaxiquement possible en espagnol, d'un pronom adjacent thématique de l'infinitif : *antes de pensar ella...*

15. en silence et avec honte : var. : *callado y confuso*. La honte dont il s'agit ici n'est pas celle que l'on ressent pour avoir commis quelque chose de répréhensible, mais celle que définit Moliner, *s.v.* **vergüenza**, acception 4 : «conciencia del sexo que impide a una persona portarse con desenvoltura con las del otro, que la cohibe de mostrar las partes íntimas de su cuerpo». Il s'agit donc presque de *pudeur sexuelle*.

16. avec quelle ardeur... ne prit-elle pas son tour ! : la négation dans cette

12. COMMENTAIRES

exclamative est détournée de sa fonction négative ordinaire et sert de renfort affirmatif à valeur emphatique. Elle ne peut être traduite.

17. pour lui faire trouver ; je la fis consentir : il y a une nette différence de contrainte exercée par l'agent sur le patient entre les deux tournures. Dans le premier cas, cette contrainte est quasiment nulle, et **pour lui faire trouver** est équivalent à : **pour qu'elle trouvât**. **Faire** collabore ici simplement à la déclaration de l'idée de but. Si l'on retient *hacer* dans la traduction, il convient de prendre garde à la construction syntaxique de *parecer* qui place en position d'objet indirect ce qui est sujet de **trouver** dans la structure française : ...*haciendo (procurando) que le pareciera menos duro el suelo* (on voit que le gain sémantique par rapport à *para que* est presque nul). Dans le second cas, la contrainte exercée est nettement déclarée par les éléments du contexte (consentir malgré elle). L'emploi de *hacer* (= déclencher volontairement, provoquer une réaction chez le patient) est donc tout indiqué. La construction infinitive était a priori la plus naturelle : *la hice consentir*. On a retenu une complétive pour éviter d'ajouter un infinitif à une phrase qui en aligne ensuite trois autres.

18. prier le Ciel : le Ciel (comme l'indique la majuscule française) renvoie ici à l'instance divine sous forme allégorique, la préposition A s'impose donc.

19. de lui accorder : prier impose une distinction du demandeur et de l'« exécutant » : donc complétive au subjonctif.

20. que mes vœux... ! : var. : *plegarias, ruegos*. L'exclamatif *cuánto* est plus littéraire que le simple *qué*, également possible lorsque l'exclamation porte sur un adjectif. *Cuánto* s'apocope devant un adjectif ou un adverbe, aussi bien dans une relative que dans une exclamative : «¡*Cuán lista es tu hermana! Demostró cuán astuto era*» (Moliner). Rappelons que *cuanto* suit en cela un mécanisme identique à *tanto* et *mucho*. Ces trois adjectifs conservent une forme pleine variable en genre et en nombre lorsqu'ils déterminent un substantif : *tengo tantas flores como tú; ¡Cuántas flores tienes!; tienes muchas flores*. Ils conservent une forme pleine mais invariable lorsqu'ils déterminent un verbe : *trabajo tanto como tú; ¡Cuánto trabajas!; trabajas mucho*. Et ils s'apocopent lorsqu'ils déterminent un adjectif : *soy tan trabajador como tú; ¡Cuán trabajador es tu hermano!; tu hermano es muy trabajador*.

21. aviez-vous résolu : *vos habíais resuelto*: le pronom *vos* est de rigueur lorsque l'on s'adresse à Dieu. Il s'agit d'un reliquat archaïque, dû au rejet de *usted* (originellement : *vuestra merced*, évidemment inapplicable à Dieu). On peut aussi de façon moins respectueuse tutoyer Dieu.

22. pardonnez si : cette fois le personnage s'adresse à son interlocuteur ; l'époque du texte impose le choix du *vos* archaïque. Sur le *tratamiento* à l'époque classique : cf. 25/12.

23. un malheur qui n'eut jamais d'exemple : var. : *una desgracia sin par*.

13. Un brave homme

« Il faut dire [1] que je n'étais pas pauvre comme vous. Mon père était avocat général, ce qui est une situation [2]. Pourtant il n'en portait pas l'air [3], étant de naturel bonhomme. Ma mère était simple et effacée, je n'ai jamais cessé de l'aimer, mais je préfère ne pas en parler. Lui s'occupait de moi avec affection et je crois même qu'il essayait de me comprendre. Il avait des aventures au-dehors [4], j'en suis sûr maintenant, et, aussi bien [5], je suis loin de m'en indigner. Il se conduisait en tout cela comme il fallait attendre qu'il se conduisît, sans choquer personne. Pour parler bref, il n'était pas très original et, aujourd'hui qu'il est mort, je me rends compte que s'il n'a pas vécu comme un saint, il n'a pas été non plus un mauvais homme. Il tenait le milieu, voilà tout, et c'est le type d'homme pour lequel on se sent une affection raisonnable, celle qui fait qu'on continue [6].

« Il avait cependant une particularité : le grand indicateur Chaix était son livre de chevet. Ce n'était pas qu'il voyageât, sauf aux vacances, pour aller en Bretagne où il avait une petite propriété. Mais il était à même de vous dire [7] exactement les heures de départ et d'arrivée du Paris-Berlin, les combinaisons d'horaires qu'il fallait faire pour aller de Lyon à Varsovie, le kilométrage exact entre les capitales de votre choix. Êtes-vous capable de dire comment on va de Briançon à Chamonix ? Même un chef de gare s'y perdrait. Mon père ne s'y perdait pas. Il s'exerçait à peu près tous les soirs à enrichir ses connaissances sur ce point, et il en était plutôt fier [8]. Cela m'amusait beaucoup, et je le questionnais souvent, ravi de vérifier ses réponses dans le Chaix et de reconnaître qu'il ne s'était pas trompé. Ces petits exercices nous ont beaucoup liés l'un à l'autre, car je lui fournissais un auditoire dont il appréciait la bonne volonté. Quant à moi, je trouvais que cette supériorité qui avait trait aux chemins de fer [9] en valait bien une autre.

« Mais je me laisse aller et je risque de donner trop d'importance à cet honnête homme. Car, pour finir [10], il n'a eu qu'une influence indirecte sur ma détermination. Tout au plus m'a-t-il fourni une occasion. Quand j'ai eu dix-sept ans, en effet, mon père m'a invité à aller l'écouter. Il s'agissait d'une affaire importante, en cour d'assises, et, certainement, il avait pensé qu'il apparaîtrait sous son meilleur jour. Je crois aussi qu'il comptait sur cette cérémonie, propre à frapper les jeunes imaginations, pour me pousser à entrer dans la carrière que lui-même avait choisie.

13. Un buen hombre

«Debo confesarle que yo no era pobre como usted. Mi padre era fiscal, lo que constituye una buena situación. Sin embargo, no aparentaba serlo porque era de un natural bonachón. Mi madre era sencilla y discreta, no he dejado nunca de quererla, pero prefiero no hablar de ella. El se ocupaba de mí con cariño y creo que hasta trataba de entenderme. Tenía líos por ahí, de eso ahora ya estoy seguro y, de todos modos, estoy lejos de indignarme por ello. En todo eso se comportaba como era de esperar que se comportara, es decir sin chocar a nadie. Por decirlo en pocas palabras, no era muy original y ahora que ya ha muerto, me doy cuenta de que si no vivió como un santo, tampoco fue una mala persona. Estaba en el término medio, eso es todo, y era el tipo de hombre por quien uno siente un razonable cariño, el que hace que uno siga.

«Sin embargo tenía una peculiaridad: la gran guía Chaix era su libro de cabecera. No era que viajase mucho, excepto durante las vacaciones, para ir a Bretaña, donde tenía una pequeña finca. Pero era capaz de decirle a uno sin equivocarse las horas de salida y de llegada del tren París-Berlín, las combinaciones de horarios que había que hacer para ir de Lyon a Varsovia, el kilometraje exacto que había entre las capitales que uno escogiera. ¿Podría usted decirme cómo se va de Briançon a Chamonix? Hasta un jefe de estación se perdería. Pues mi padre, él, no se perdía. Se ejercitaba casi todas las noches en enriquecer sus conocimientos en el tema y no poco orgullo sentía por ello. Eso me divertía mucho y yo le hacía preguntas a menudo, encantado de averiguar sus respuestas en la Chaix y de comprobar que no se había equivocado. Esos pequeños ejercicios nos unieron mucho el uno al otro pues él encontraba en mí un auditorio cuya buena voluntad apreciaba. En cuanto a mí, me parecía que esa superioridad suya en materia de ferrocarriles valía tanto como cualquier otra.

«Pero me dejo llevar por las palabras a riesgo de dar una importancia desmesurada a este hombre honrado. Pues, al fin y al cabo, él no tuvo más que una influencia indirecta en mi determinación. Como mucho, me proporcionó una oportunidad. En efecto, cuando cumplí diecisiete años, mi padre me invitó un día a que fuera a oírle. Se trataba de un caso importante, en audiencia de criminales y, seguramente, él había creído que aparecería bajo un aspecto más favorable. Creo también que contaba con que esta ceremonia propia para impresionar a las mentes jóvenes me llevaría a seguir la carrera que él había escogido.

J'avais accepté, parce que cela faisait plaisir à mon père [11] et parce que, aussi bien [12], j'étais curieux de le voir [13] et de l'entendre dans un autre rôle que celui qu'il jouait parmi nous. Je ne pensais à rien de plus [14]. Ce qui se passait dans un tribunal m'avait toujours paru aussi naturel et inévitable qu'une revue de 14 Juillet ou une distribution de prix. J'en avais une idée fort abstraite et qui ne me gênait pas.

« Je n'ai pourtant gardé de cette journée qu'une seule image, celle du coupable. Je crois qu'il était coupable en effet, il importe peu de quoi. Mais ce petit homme au poil roux et pauvre, d'une trentaine d'années, paraissait si décidé à tout reconnaître, si sincèrement effrayé par ce qu'il avait fait et ce qu'on allait lui faire, qu'au bout de quelques minutes je n'eus plus d'yeux que pour lui. Il avait l'air d'un hibou effarouché par une lumière trop vive. Le nœud de sa cravate ne s'ajustait pas exactement à l'angle du col. Il se rongeait les ongles d'une seule main, la droite... Bref, je n'insiste pas, vous avez compris qu'il était vivant.

« Mais moi, je m'en apercevais brusquement [15], alors que, jusqu'ici, je n'avais pensé à lui qu'à travers la catégorie commode d'« inculpé ». Je ne puis dire que j'oubliais alors mon père, mais quelque chose me serrait le ventre qui m'enlevait toute autre attention que celle que je portais au prévenu. Je n'écoutais presque rien [16], je sentais qu'on voulait tuer cet homme vivant et un instinct formidable comme une vague [17] me portait à ses côtés avec une sorte d'aveuglement entêté. »

Albert CAMUS
La Peste
© Éditions Gallimard, 1947

13. COMMENTAIRES

1. **il faut vous dire** : var. : *si he de decir verdad*.

2. **ce qui est une situation** : l'article indéfini a ici une valeur archétypique et hyperbolique : *lo que se llama una buena posición, lo que constituye una buena situación*. Moliner: *posición*: «buena posición económica y social: crearse una posición.»

3. **il n'en portait pas l'air** : il n'en avait pas l'apparence : *no aparentaba serlo, no se le notaba*.

4. **il avait des aventures au-dehors** : *lío*: «4. (inf.) relaciones amorosas irregu-

Yo había aceptado, por complacerle y también porque sentía curiosidad por verle y oírle representar un papel diferente del que hacía entre nosotros. No me proponía otra cosa. Lo que ocurría en un tribunal siempre me había parecido tan natural e inevitable como un desfile del 14 de julio o una distribución de premios. Tenía de todo aquello una idea muy abstracta que no me molestaba.

«Sin embargo no conservo de ese día más que una imagen, la del culpable. Yo creo que era culpable en efecto, poco importa de qué. Pero aquel hombrecillo de pelo rojizo y ralo, de unos treinta años, parecía tan decidido a confesarlo todo, tan sinceramente asustado por lo que había hecho y lo que iban a hacerle que al cabo de unos minutos yo ya no tuve ojos sino para él. Tenía el aspecto de un buho amedrentado por una luz demasiado viva. El nudo de la corbata no se ajustaba exactamente con el ángulo del cuello de la camisa. Se mordía las uñas de una sola mano, la derecha... En fin, no insisto, habrá entendido usted que vivía.

«Yo, en cambio, de repente me daba cuenta de ello, mientras que hasta aquel momento no había pensado en él sino a través de la cómoda categoría de «procesado». No puedo decir que me olvidase entonces de mi padre pero había algo que me hacía un nudo en el estómago y me impedía prestar atención a cualquiera que no fuera el acusado. Ya no oía casi nada, sentía solamente que querían matar a aquel hombre vivo y un instinto tremendo como una oleada me llevaba a ponerme de su lado con una especie de obcecado empeño.»

13. COMMENTAIRES

lares entre dos personas: Parece ser que tiene un lío por ahí» (Moliner: *s.v.*); var. : *tenía lances (aventuras) extraconyugales (extramatrimoniales)*.

5. aussi bien : var. : *pero de todas formas.*

6. cel e qui fait qu'on continue : qu'on continue quoi ? La fin de la phrase est mystérieuse, pour ne pas dire dénuée de signification. On se gardera bien de lui en donner une dans la traduction.

7. à même de vous dire... capitale de votre choix : ce **vous** est la

13. COMMENTAIRES

variante combinatoire du **on** en position de complément d'un verbe. Il ne renvoie donc pas à l'interlocuteur qui apparaît plus loin (**êtes-vous capable de dire**), mais à une extrapolation du narrateur lui-même qui prend plus haut la forme de **on** (on se sent une affection... on continue) : c'est donc *uno* qui convient ici.

8. il en était plutôt fier : il s'agit d'une litote (il en était très fier) qu'il faut matérialiser dans la traduction (*no poco*, litote pour *mucho*).

9. qui avait trait aux chemins de fer : *en lo tocante al ferrocarril, en materia de ferrocarriles.*

10. pour finir : en fin de compte, tout compte fait : *al fin y al cabo, finalmente, en resumidas cuentas.*

11. parce que cela faisait plaisir à mon père : *por complacerle*: on a traduit en réalité **pour lui être agréable ;** la préposition POR sert ici à dire le mobile psychologique d'un comportement (s'y mêlent inextricablement une notion de cause et d'effet ; cf. 22/5 et 22/6).

12. aussi bien : on pourrait ici traduire indifféremment par : *también* (= **aussi**), *en todo caso, de todos modos, además* (= de toute façon, d'ailleurs).

13. j'étais curieux de le voir : *estaba curioso por verle; estar curioso* = être momentanément, et dans des circonstances précises, intéressé par quelque chose ; *ser curioso*: être d'un naturel curieux ou indiscret.

14. je ne pensais à rien de plus : var. : *no tenía otra intención, de ahí no pasaban mis motivos.*

15. je m'en apercevais brusquement : on aurait pu tout aussi bien avoir ici un passé simple. La différence est d'ordre stylistique : alors que le passé simple, par sa perfectivité, donne le sentiment que l'opération est accomplie jusqu'au bout et permet ainsi dans un récit de clore une séquence d'événements (à propos de : **le lendemain Pierre arriva,** Guillaume écrit : « il existait telle situation en vertu de laquelle la venue de Pierre était attendue ; or le lendemain cette situation fut dénouée par l'arrivée de Pierre », *Leçons* 43/44 A p. 196) ; l'imparfait, par son imperfectivité, parce qu'il laisse toujours une part de l'opération en perspective d'accomplissement, ouvre au contraire une séquence d'événements (à propos de : **le lendemain Pierre arrivait,** Guillaume écrit : « l'arrivée de Pierre dénoue moins une situation qu'elle n'en suscite une qui se profile dans la perspective et, sentie d'avance non banale, attire à elle la curiosité » [*ibidem*]). Bref, l'imparfait ouvre la perspective de toutes les conséquences éventuelles d'un événement, ouvre une attente narrative. Il en va de même en espagnol. Molho (*Sistemática*, II, p. 260) compare ainsi : *En 1605 publicó Cervantes el Quijote*, où le prétérit se contente de prendre acte d'un fait passé clos sur lui-même, et *En 1605 publicaba Cervantes el Quijote*, où l'imparfait *laisse pressentir toutes les conséquences* de cet événement (son impact ultérieur sur la culture occidentale, sur la forme du roman moderne, etc.). Il faut donc conserver absolument cet imparfait perspectivant dans la traduction. On remarquera d'ailleurs qu'il ouvre toute une séquence écrite à l'imparfait (**oubliais, me serrait, m'enlevait, n'écoutais, me portait**), séquence qui décrit précisément toutes les *conséquences* de la prise de conscience du personnage sur son comportement. Là encore, le prétérit aurait été possible ;

13. COMMENTAIRES

l'imparfait, qui empêche de voir atteint le terme de l'opération, a pour effet d'immobiliser l'écoulement du temps, sert de *frein narratif*, frein particulièrement utile pour décrire un *état psychologique*.

16. je n'écoutais presque rien : *ya no oía casi nada.* Sur les sens respectifs de *oír* et *escuchar*, cf. 22/9.

17. un instinct formidable comme une vague : var. : *un instinto tan poderoso como una ola.*

14. L'embarquement pour Cythère

Avant toute chose, grand-mère [1] ne voulait pas qu'on pensât qu'il était dans ses habitudes de faire les poches [2] de son mari. Ce n'était pas son genre [3]. Mais il fallait considérer les circonstances et, là [4], ces soi-disant aveux [5] abracadabrants, il y avait de quoi [6] nourrir des soupçons. Des soupçons entièrement justifiés d'ailleurs [7] : elle montrait [8] à Lucie un petit rectangle de carton rose, un billet portant date et destination et dénonçant [9] sans discussion le fugueur [10], un aller-retour pour — et plutôt que de [11] prononcer l'à peine prononçable elle le donna à lire — l'île du Levant : le paradis des naturistes.

Elle était si souvent montrée [12] du rivage, l'île mythique, l'île scandaleuse [13], la troisième à l'est de Porquerolles et Port-Cros, si secrètement convoitée, qu'on ne s'estimait pas [14] en droit de jeter la pierre à grand-père. Et même, la nouvelle ravissait [15]. On admirait son courage. De lui, rien n'aurait dû nous surprendre [16] : son indépendance d'esprit, ses virées solitaires, cette façon lasse de véhiculer les siens. Ne devait-il y en avoir qu'un à faire le voyage [17], ce ne pouvait être que lui. On l'imaginait en inspection [18] sur l'île, l'air vaguement précieux [19], détaché, tirant [20] sur sa cigarette tandis qu'il engloutissait de ses yeux plissés [21] la nudité des femmes, les seins multiformes, le frémissement des chairs, humant les peaux dorées parfumées de crème solaire, et sur le bateau du retour [22], comme l'île s'éloigne [23], apprenant par cœur les sornettes qu'il se préparait à nous servir [24] : racines aériennes, couronne de feu — là, oui, on le trouvait culotté [25]. Mais cette fugue laissait rêveur [26]. Comme si le vieil homme recevait tacitement procuration pour profiter de son solde de vie. Sur sa lancée [27], on le voyait même, si d'aventure [28] il survivait à grand-mère, se remarier comme son ami des années d'apprentissage à Paris quand tous deux, vingt ans et sans le sou [29], assuraient la claque [30] pour assister gratuitement aux concerts, lequel ami [31], après un rapide veuvage [32], venait de convoler en secondes et tardives noces avec une annoncée jeunette [33] de tout de même cinquante ans, mais de quoi donner [34] des idées à un grand-père brutalement relevé de son engagement de 1912.

Grand-mère ne voulait pas d'histoire [35]. Elle recommanda à tous de ne pas ébruiter [36] l'affaire [37], de taire ce que nous savions au principal intéressé.

14. El embarco para Citera

Antes que nada, la abuelita no quería que creyéramos que tenía la costumbre de hurgar en los bolsillos de su marido. Ella no era de ésas. Pero había que tener en cuenta las circunstancias y, entonces, con esas supuestas y estrafalarias confesiones, sí que había motivos para alimentar sospechas. Sospechas del todo justificadas por cierto: le enseñaba a Lucie un rectangulito de cartón rosa, un billete con fecha y destino que acusaba sin lugar a dudas al que se había fugado, una ida y vuelta para —y antes que pronunciar lo casi impronunciable se lo dio a leer— la isla del Levante : el paraíso de los naturistas.
    Tantas veces la señalaba la gente desde la orilla, aquella isla mítica, esa isla escandalosa, la tercera al este de Porquerolles y Port-Cros, tan secretamente codiciada, que no pensábamos tener el derecho de tirarle la piedra al abuelito. E incluso nos encantaba la noticia. Admirábamos su valor. De él nada hubiera debido sorprendernos: su independencia de espíritu, sus garbeos solitarios, aquella manera indolente de llevar en coche a los suyos. Si alguien debía hacer el viaje, no podía ser sino él. Le imaginábamos de inspección por la isla, con un aire algo afectado, despreocupado, chupando el cigarrillo mientras devoraba con los ojos entornados la desnudez de las mujeres, los senos multiformes, el estremecimiento de las carnes, y olía con deleite las pieles doradas y perfumadas con crema solar, y ya en el viaje de vuelta, a medida que se iba alejando la isla, aprendía de memoria los camelos que se disponía a soltarnos: raíces aéreas, corona de fuego, —entonces sí que nos parecía tener mucha cara. Pero esta fuga nos daba que pensar. Como si de modo tácito al anciano le dieran poderes para que disfrutara de su saldo de vida. Al paso que iba, hasta nos lo imaginábamos, si por ventura sobreviviera a la abuelita, casándose de nuevo como su amigo de los años de aprendizaje en París, cuando ambos, con veinte años y sin un chavo, hacían de alabarderos para entrar gratis en los conciertos. Dicho amigo, tras un breve luto, acababa de contraer segundas y tardías nupcias con una, según él, jovencita, de no menos de cincuenta años, pero lo cual no dejaba de darle ideas a un abuelito repentinamente librado de su compromiso de 1912.
    La abuelita no quería meterse en líos. Nos recomendó a todos que no divulgáramos el caso, que silenciáramos lo que sabíamos ante el principal interesado.

De fait, à moins d'une année de là, comme pour lui donner raison de n'avoir pas tardé à réaliser son vieux rêve de Cythère, grand-père mourait, persuadé d'emporter son secret avec lui [38] — un soir, le cœur donc, dans leur petite chambre si encombrée qu'il fallut déménager le piano pour faire entrer le cercueil [39] — mais le cœur, bien sûr [40].

Jean ROUAUD
Les Champs d'honneur
© Les Éditions de Minuit, 1990

14. COMMENTAIRES

1. **grand-mère** : il est possible en français d'éluder, dans un récit comme au style direct (vocatif), le possessif devant **grand-mère**. Ce possessif zéro colore le terme de parenté d'une nuance affective et le fait apparaître comme une identité familière que lui reconnaissent tous les membres de la famille. En espagnol, une telle omission n'est possible qu'avec *mamá* et *papá*, *madre* et *padre*. Il faudra donc dire *mi abuela* ou *la abuela*. Nous avons finalement retenu : *la abuelita* (qui correspond à **grand-maman, bonne-maman**), expression qui permet de créer une intimité avec le lecteur tout comme le fait en français l'absence de possessif. Le possessif *mi* serait trop exclusif dans un récit où le moi narrateur est fondu dans un **on** ou dans un **nous** qui renvoie à l'ensemble de la famille. Quant au diminutif, il rend par un moyen morphologique la nuance affective du possessif zéro français et permet d'évoquer les liens affectifs qui unissent le narrateur à sa grand-mère. Dans ce fragment du roman de Miguel Delibes, *Las guerras de nuestros antepasados*, le protagoniste, un paysan parlant une langue populaire et familière, use du procédé de troncation à valeur affective et familière : «— En realidad, doctor, tanto el *Bisa* [= bisabuelo], como el *Abue* [= abuelo] y el Padre lo que querían era que yo fuese un buen soldado así que llegara mi guerra». Le même personnage désigne sa grand-mère par *la abuela*.

2. **faire les poches** : « prendre à quelqu'un ce qu'il a dans les poches ou en faire l'inventaire » (Robert). Cette expression peut être traduite par *registrar* (fouiller), ou *hurgar en* (= fouiner, fureter).

3. **ce n'était pas son genre** : précédé d'un adjectif possessif, **genre** a le sens de **goût individuel**. Mais l'expression signifie ici l'ensemble des habitudes ou la façon de se comporter : « ce n'est pas le genre de la maison » = ce n'est pas dans les habitudes de la maison de se comporter ainsi. Var. : *no era lo suyo*.

4. **là** : ici, l'adverbe signifie **dans ce cas**, *en este caso*, ou simplement *entonces*: «adverbio equivalente a en ese caso con que se expresa una cosa que se dice como consecuencia» (Moliner). Var. : *y en esas supuestas y estrafalarias confesiones, ahí sí que...*

5. **ces soi-disant aveux** : **soi-disant** peut signifier : qui (se) dit (se) prétend tel ou tel, et aussi : « qui n'est pas ce qu'il semble être, qui n'est pas vraiment » (Robert). C'est ce dernier sens qu'il faut retenir ici, qui est le sens de *supuesto*: «se aplica a un nombre cuando la cosa

De hecho, poco menos de un año después, como para darle la razón por no haber tardado en cumplir su viejo sueño de Citera, moría el abuelito, convencido de llevar consigo su secreto —una noche, el corazón, pues, en la pequeña habitación de ellos, tan atestada que tuvimos que desplazar el piano para que cupiera el féretro —pero el corazón ¿qué más podía ser?

14. COMMENTAIRES

de que se trata lo lleva indebidamente o por lo menos hay la sospecha de que ocurre así». Presunto ne convient pas car il ne connote pas un préjugé aussi défavorable que *supuesto*, qui renvoie à davantage qu'à un simple doute sur la chose affirmée, et a le plus souvent le sens de **faux, pseudo-**, alors que *presunto* signifie seulement **présumé**. On évitera le gallicisme *pretendido*.

6. il y avait de quoi : il y avait de bonnes raisons, des raisons suffisantes pour : *esas supuestas... confesiones bastaban y sobraban para alimentar sospechas*. Var. : *tenía sobrados motivos*.

7. d'ailleurs : ces quelques lignes écrites à l'imparfait constituent en fait un discours rapporté au style indirect libre. La grand-mère essaie de justifier son comportement, moralement criticable, *a posteriori*, par la découverte du billet ; ce **d'ailleurs** signifie donc : vous voyez, j'avais bien raison d'avoir des soupçons. **D'ailleurs** introduit donc un argument nouveau dans la stratégie d'autojustification : *por cierto, de hecho, además*.

8. elle montrait : il s'agit ici de *enseñar* (mettre sous les yeux un objet), à distinguer de *señalar, mostrar* (indication d'un objet à distance), verbes auquel on aura recours plus loin : cf. *infra* : « elle était si souvent montrée du rivage ».

9. un billet portant... et dénonçant : rappelons que le gérondif n'accepte d'être adjectif d'un nom que si ce dernier est objet direct d'un verbe de représentation ou de perception, et que si le processus dit par le verbe au gérondif revêt un aspect dynamique. Le premier participe est statique et le second n'est que figurément dynamique. Le premier est avantageusement remplacé par un syntagme circonstanciel introduit par *con* et le second rendu par une relative. Cf. 4/2.

10. le fugueur : pas d'équivalent exact en espagnol. **Fuguer** = *fugarse* ; ou bien l'on recourt à une périphrase : *el que se había fugado*, ou l'on choisit un terme voisin : *el fugitivo*.

11. plutôt que de + infinitif : cette locution marque la préférence : *antes que*, à distinguer de **plutôt** + adjectif (= *más bien*), où **plutôt** est un quantificateur de l'adjectif.

12. elle était si souvent montrée : on préfèrera comme souvent une active impersonnelle à une passive, tout à fait grammaticale, mais factice.

13. l'île mythique, l'île scandaleuse : la neutralité de l'article français permet d'imaginer que sous le premier se développe un point de vue admiratif (*aquella*) et sous le second un point de vue dépré-

14. COMMENTAIRES

ciatif (*esa*). Le narrateur fait un rapide inventaire des opinions sur l'île naturiste.

14. on ne s'estimait pas, on admirait : le pronom renvoie à la collectivité familiale (le narrateur + sa famille) : *nosotros*.

15. la nouvelle ravissait : l'absence de pronom objet s'explique par le fait que l'objet du verbe est l'ensemble des êtres désignés auparavant par **on**, lequel ne possède pas de forme en fonction objet (**vous** est la variante objet de **on** uniquement quand celui-ci fait renvoi au locuteur). Dans la traduction, **on** étant devenu *nosotros*, le problème de la défectivité casuelle ne se pose plus : *nosotros* devient *nos* en fonction objet.

16. rien n'aurait dû nous surprendre : var. : *nada debiera habernos sorprendido*.

17. ne devait-il y en avoir qu'un à faire le voyage = s'il ne devait y en avoir qu'un = si un seul devait faire le voyage, **ce ne pouvait être que lui**. Transposée au présent, cette phrase donnerait : **si un seul doit faire le voyage, ce ne peut être que lui**. L'identité des temps dans la principale et dans la subordonnée (deux imparfaits dans la phrase du texte, deux présents dans la phrase transposée dans un contexte présent) montre qu'il s'agit d'une conditionnelle de type potentiel, c'est-à-dire adossée à une vision de futur (hypothèse conçue comme réalisable). L'utilisation des auxiliaires virtualisants **devoir** et **pouvoir** sert à dire cette projection dans un au-delà de l'instant de l'énonciation. En espagnol, le mode de la subordonnée hypothétique potentielle est l'indicatif à l'exclusion du subjonctif. Les équivalents irréels de cette potentielle seraient : dans un contexte présent : **si un seul devait faire le voyage** [s.e. : mais ce n'est pas le cas], **ce ne pourrait être que lui** ; et dans un contexte passé : **si un seul avait dû faire le voyage** [s.e. : mais ce n'était pas le cas], **ce n'aurait**

pu **être que lui**. La marque de l'irréel (hypothèse conçue comme non réalisable dans le présent ou le passé) est invariablement en français l'apparition du « conditionnel » dans la principale. **Ce ne pouvait être que lui** : var. : *tenía que ser él*.

18. en inspection : *de inspección*: il s'agit à la fois d'un complément de manière et de but. Toute une série de structures de ce type servent à dire conjointement ces deux notions : *de viaje, de visita, de tiendas, de caza, de paseo*...

19. l'air vaguement précieux : syntagme circonstanciel signifiant une attitude, assimilée en espagnol à l'expression de l'instrumental : préposition obligatoire : CON.

20. on l'imaginait... tirant... humant... apprenant : le gérondif n'accepte d'être adjectif d'un nom que si, comme c'est le cas ici, son support substantif est objet direct d'un verbe de perception ou de représentation, et si le verbe au gérondif est porteur d'une représentation dynamique pouvant s'inscrire dans la durée (c'est le cas des trois opérations en cause dans cette phrase). Cf. 4/2.

21. de ses yeux plissés : plisser les yeux : « fermer à demi les yeux en en plissant le tour » (Robert).

22. sur le bateau du retour : l'accent sémantique porte sur le retour, l'idée du bateau est accessoire : on opte donc pour une métonymie : *ya en el viaje de vuelta*.

23. comme l'île s'éloigne : comme a ici un sens temporel à valeur durative. *Como* implique une représentation ponctuelle de temps, qui disconvient donc. *Mientras* conviendrait mais on vient d'en faire usage. L'idée d'éloignement progressif (que le français rend par une discordance temporelle : **s'éloigne**, employé au lieu

14. COMMENTAIRES

de s'éloignait dans un contexte d'imparfait, donne à voir de façon immédiate et vive le mouvement d'éloignement) peut être rendue par *conforme* ou *a medida que* + structure progressive à valeur cumulative (*ir* + gérondif).

24. qu'il se préparait à nous servir : *servir* signifie **raconter avec l'intention et la conscience de duper** ; *soltar*, familier, marque le naturel insolent et le détachement du menteur.

25. culotté : var. : *tener mucha caradura*.

26. laissait rêveur : *dar que* + infinitivo: «dar motivo para que la gente haga lo que ese infinitivo (decir, hablar, pensar) expresa. Está dando que comentar con sus paseos» (= il fait jaser avec ses virées), Moliner. Var. : *nos dejaba pensativos*.

27. sur sa lancée : sur son élan, à ce rythme-là, au train où il allait : *a ese paso, al paso que iba*.

28. si d'aventure : *si por ventura, en caso de que* + subjonctif (var. : *en caso de que viviera más que la abuelita*), *por si acaso* + indicatif ou subjonctif.

29. sans le sou : var. : *sin una perra gorda, sin una blanca, sin un cuarto*.

30. assuraient la claque : assurer signifie ici **faire qu'une chose fonctionne** et ne peut donc être traduit par *asegurar*. La **claque** désigne le public qui entre gratuitement au théâtre pour applaudir. Plutôt que l'emprunt **claque**, nous retenons *alabarderos*, qui permet d'utiliser le tour *hacer de* + substantif (= faire fonction de).

31. lequel ami : ici, si l'on veut employer *dicho*, qui implique une pause forte, il faut couper la phrase d'un point-virgule, d'un tiret ou d'un point.

32. un rapide veuvage : var. : *una breve viudez, viudedad*.

33. une annoncée jeunette : *i.e.* une femme que lui-même présentait comme jeune, donc : *una, según él, jovencita*.

34. mais de quoi donner : tour elliptique : il y avait cependant là de quoi donner ; var. : *lo cual bastaba y sobraba para darle*.

35. ne voulait pas d'histoire : le terme familier *líos*, qui suggère à la fois une situation compliquée (*embrollo*) et susceptible d'attirer des ennuis. est l'exact équivalent d'**histoire** dans ce contexte. *Meterse en líos* est encore plus imagé.

36. recommanda à tous de ne pas ébruiter : recommander appartient à cette catégorie de verbes qui impliquent une distinction entre l'agent du verbe principal et l'exécutant, agent du verbe subordonné. L'espagnol marque cette distinction par une complétive au subjonctif.

37. ébruiter l'affaire : *asunto* est plus neutre que *caso*, dont les connotations juridiques ou journalistiques, évoquant un possible scandale public, connent une coloration ironique à la phrase.

38. d'emporter avec lui : l'être désigné par le pronom est identique à l'agent du verbe infinitif : il y a donc réflexivité de l'action et il faut user du pronom réfléchi *si*, lequel prend la forme *-sigo* en combinaison avec CON : *llevar consigo*. Var. : *persuadido de llevarse el secreto*, où la forme pronominale traduit autrement l'idée de réflexivité.

39. faire entrer le cercueil : *i.e.* pour qu'il y ait une place suffisante pour le cercueil : *caber*. «el armario no cabe entre las dos ventanas».

40. mais le cœur, bien sûr : *i.e.* il ne pouvait mourir d'autre chose que du cœur (dilogie organe/sentiments rendue possible par la structure elliptique du verbe).

95

15. Une jeune fille désemparée

C'est elle, j'en suis à peu près sûr, que j'ai vue dans une pharmacie du boulevard Saint-Michel, non loin de la Seine [1]. Que je n'en sois pas tout à fait sûr, cela n'a guère dépendu [2], sans doute, que d'un peu de patience de ma part. Elle attendait son tour, comme moi et quelques autres clients, mais elle n'attendait pas de la même manière. Elle ne se tenait pas près du comptoir, dans le groupe ; elle était dans un coin de la pharmacie, comme si elle hésitait à s'avancer [3], ou plutôt comme si elle était distraite, indifférente, ne sachant pas [4] ce qu'elle voulait. Ce n'est pourtant pas cela qui m'a le plus frappé [5] ; je ne l'aurais même pas remarqué [6], peut-être, si elle avait été [7] pareille à toutes les filles qui circulaient, cet après-midi-là, sur le boulevard Saint-Michel. Il y avait quelque chose en elle, sur toute sa personne, qui m'a obligé à détourner les yeux aussitôt, puis à la regarder de nouveau, furtivement [8]. J'ai eu l'impression immédiate [9] qu'elle était non seulement isolée dans ce coin de la pharmacie où elle ne regardait rien dans les vitrines [10], mais qu'elle était seule, absolument seule, et je me suis demandé si elle n'était pas entrée dans cette pharmacie par hasard, si, même, elle se rendait bien compte [11] de l'endroit où elle était, si elle nous voyait, nous autres. Il m'a semblé que personne ne faisait attention à elle, à moins que tout le monde n'ait eu la même impression [12] que moi, la même petite frayeur à la regarder. Il suffisait d'un coup d'œil pour remarquer beaucoup de choses, tellement l'abandon et la détresse étaient évidents sur toute sa personne [13]. Seule comme on l'est lorsque tout est devenu indifférent, lointain, inexistant, comme on [14] l'est dans une chambre fermée, comme on l'est lorsque l'on dort. Un instant, mes yeux ont rencontré les siens ; ils n'étaient pas sans expression, mais comment dire ? Je n'ai peut-être vu pareil regard que dans les hôpitaux : on [15] passe devant une chambre dont la porte est ouverte, un malade est assis sur son lit et il vous regarde au passage, on ne le reverra jamais, on l'a *assez* vu.

Une employée de la pharmacie lui a demandé ce qu'elle désirait ; j'étais tout près d'elle ; je n'ai pas été surpris en entendant [16] la réponse de la jeune fille. C'était le même produit que je venais d'acheter un instant plus tôt [17]. Si j'avais fait attention [18] à cette personne, d'une manière furtive et insistante à la fois, assez pénible pour moi, c'est qu'il y avait quelque chose de commun entre nous : le besoin de ces comprimés qui ont été, peu de temps après, retirés du commerce, car certains *jeunes* en faisaient, paraît-il, de redoutables cocktails. C'était, pour nous *autres*, un modeste excitant [19].

15. Una joven desamparada

Estoy casi seguro de que es ella a quien he visto en una farmacia del Bulevar Saint-Michel, no lejos del Sena. El que yo no esté del todo seguro sólo ha dependido, sin duda, de un poco de paciencia por mi parte. Esperaba su turno como yo y algunos clientes más, pero no esperaba del mismo modo. No estaba cerca del mostrador, en el grupo, sino que permanecía en un rincón de la farmacia, como si vacilara en avanzar o más bien como si estuviera distraída, indiferente, sin saber lo que quería. Sin embargo aquello no fue lo que más me llamó la atención; ni siquiera lo hubiera notado, quizás, si ella se hubiera parecido a todas las demás chicas que deambulaban, aquella tarde, por el Bulevar Saint-Michel. Algo había en ella, en toda su persona, que me obligó a apartar la mirada en el acto y luego a mirarla de nuevo, a hurtadillas. De repente me pareció que no sólo estaba aislada en ese rincón de la farmacia donde no miraba nada en las vitrinas, sino que estaba sola, absolutamente sola, y me pregunté si no había entrado en esa farmacia por casualidad, si, incluso, se daba realmente cuenta del sitio donde estaba, si nos veía a nosotros. Me pareció que nadie se fijaba en ella, a no ser que todos experimentaran la misma impresión que yo, un ligero pavor al mirarla. Tan manifiestos eran el abandono y el desamparo en toda su persona que bastaba con una ojeada para notar muchas cosas. Estaba sola como uno puede estarlo cuando todo se ha vuelto indiferente, lejano, inexistente, como uno puede estarlo en una habitación cerrada, como uno lo está cuando duerme. Por un momento mis ojos cruzaron los suyos; no carecían de expresión, pero, ¿cómo diría yo? quizá sólo en los hospitales haya visto yo semejante mirada: uno pasa delante de una habitación cuya puerta está abierta, un enfermo está sentado en la cama y le mira mientras pasa, jamás volverá a verle, bastante le ha visto ya.

Una dependienta de la farmacia le preguntó lo que deseaba, me encontraba yo muy cerca de ella. No me sorprendió nada la respuesta de la joven. Acababa yo de comprar el mismo producto un momento antes. Si me había fijado en esa persona, de modo furtivo e insistente a la vez, lo cual me resultaba bastante penoso, era porque existía algo común entre nosotros: el necesitar aquellos comprimidos, que al poco tiempo se retiraron de la venta, pues algunos *jóvenes* hacían con ellos, al parecer, unos tremendos combinados. Para *nosotros* se trataba de un simple excitante.

Ainsi, nous avions besoin tous deux du même appoint, par cette belle journée du mois d'août, quand Paris était spacieux, tranquille, quand on aurait dû pouvoir se laisser vivre... Je me suis demandé un instant si j'avais l'air, dans mon genre, aussi triste, aussi perdu que cette jeune fille, puis j'ai eu vaguement honte de ce retour sur moi-même. Elle devait vraiment être au-delà de l'abandon, arrivée [20] à je ne sais quelle extrémité, à une sorte de perfection. Je ne l'ai vue que peu d'instants, en somme, dans cette pharmacie, puis dans la rue quand je l'ai suivie involontairement jusqu'au premier tournant, et il se peut qu'à force de repenser à elle j'aie complété son image de détails imaginaires, pourtant je crois que je suis allé dans le sens de la vérité, sans l'atteindre absolument : elle est au-delà de tous les détails.

Henri THOMAS
« Les Tours de Notre-Dame »
in *Les Tours de Notre-Dame*
© Éditions Gallimard, 1977

15. COMMENTAIRES

1. que j'ai vue... de la Seine : les noms de fleuves sont précédés de l'article masculin (on suppose que *río* est sous-entendu) ; le relatif est objet direct du verbe de la proposition relative et renvoie à un être « animé », il faut donc le traduire par : *a quien*.

2. que je n'en sois pas... cela n'a guère dépendu : le repère temporel de cette phrase est présent ; le choix du passé composé s'impose doublement : d'une part il autorise une concordance avec un subjonctif présent (*esté*), seul valable ici puisqu'il s'agit d'une incertitude actuelle ; d'autre part, il est apte à exprimer une action passée ayant des conséquences dans le présent du locuteur (l'incertitude actuelle est le résultat d'un manque de patience passé). **Que** = le fait que : *el que* + subjonctif obligatoire. **N'a guère dépendu sans doute :** var. : *sólo habrá dependido*...

3. s'avancer : var. : *adentrarse, acercarse*.

4. ne sachant pas : le participe présent a une fonction d'adjectif et cette fonction est interdite au gérondif espagnol. Cf. 4/2.

5. frapper : var. : *extrañar*.

6. Noter l'accord masculin de **remarqué** ; ici le texte est elliptique, le narrateur a été frappé par quelque chose de plus étonnant, qui n'est pas déclaré, qui est ce à quoi renvoie le pronom complément du verbe **aurais remarqué** et qui fait l'objet de tout le développement qui suit (l'absolue solitude de la jeune femme).

7. On a ici un irréel du passé : subjonctif plus-que-parfait dans la subordonnée et soit un conditionnel passé soit un subjonctif plus-que-parfait dans la principale ; les verbes *querer, poder, haber, tener*, employés dans la principale d'une telle construction, préfèrent ordinairement le subjonctif.

Así que ambos necesitábamos el mismo estimulante en aquel espléndido día del mes de agosto, cuando París estaba vacío y tranquilo, cuando hubiéramos debido poder dejarnos llevar por la vida... Durante un momento me pregunté si yo, a mi modo, parecía tan triste, tan perdido como aquella joven, luego sentí cierta vergüenza por haber pensado así en mí mismo. Desde luego estaría ella más allá del abandono, habría llegado hasta no sé qué extremidad, a una especie de perfección. Al fin y al cabo, sólo la vi por unos momentos en aquella farmacia, y luego por la calle cuando sin querer la seguí hasta la primera esquina, y puede que de tanto pensar en ella haya completado yo su imagen con detalles imaginarios, sin embargo creo haber ido en el sentido de la verdad, sin alcanzarla del todo: está más allá de todos los detalles.

15. COMMENTAIRES

8. détourner les yeux : var. : *desviar la mirada*; **regarder de nouveau furtivement** : var. : *echarle otra mirada furtiva*.

9. j'ai eu l'impression immédiate : var. : *me dio la sensación inmediata de que*.

10. vitrines peut recevoir deux traductions : *vitrinas* s'il s'agit d'un meuble vitré où sont exposés des objets, généralement de collection ; *escaparates*, s'il s'agit de vitrines donnant sur la rue ; le personnage étant à l'intérieur du magasin, et **vitrines** étant au pluriel, on peut supposer qu'il s'agit de la première solution ; à noter que *vitrina* (américain) a le sens de *escaparate*.

11. se rendait bien compte : var. : *tenía conciencia clara*; l'indicatif est requis dans toute interrogative indirecte : *no sé si vino, si viene, si vendrá*.

12. n'ait eu la même impression : var. : *a menos que a todos les diera la misma sensación que a mí*.

13. Var. : *bastaba con echar un vistazo para notar muchas cosas, tan patentes eran el abandono y el desamparo en toda su persona.*

14. on : ici, *uno*, dans la mesure où il s'agit de la généralisation d'une expérience intime du moi (**on** = je).

15. on : *uno* convient également ici ; il n'exclut pas une 4e personne : *pasamos/nos mira*, etc., voire, avec une connotation légèrement familière, la 2e personne : *pasas/te mira*, etc. À noter que l'on peut combiner dans une même phrase *uno* avec une 2e personne à valeur généralisante.

16. Var. : *no me quedé sorprendido al oír.*

17. Var. : *era el mismo producto que yo acababa de comprar un momento antes.*

18. si j'avais fait attention : on a l'indicatif dans la subordonnée espagnole, car elle n'implique aucune visée hypothétique ; il suffit pour s'en convaincre de

15. COMMENTAIRES

changer de repère temporel : **si j'ai fait... c'est qu'il y a.** Il s'agit d'une tournure causale posant comme réel le fait déclaré par la subordonnée. Var. : *si yo le había hecho caso a aquella persona.*

19. Var. : *poco tiempo después; según decían, a lo que parecía; unos peligrosos cócteles, unos combinados de mucho cuidado; un modesto estimulante.*

20. (elle devait être) arrivée : on prendra garde à cette différence majeure dans la formation des temps composés en espagnol et en français : alors que le français construit les temps composés des verbes pronominaux et médio-passifs au moyen de l'auxiliaire être (je me suis blessé, je suis sorti), l'auxiliaire de l'aspect transcendant est en espagnol moderne *haber*, quel que soit le verbe : *me he herido, he salido, he comido.* Il faut donc ici rétablir l'auxiliaire *haber* dans la traduction : *habría llegado.* Var. : *debía de estar, debía de haber llegado.*

Deuxième partie

Licence

16. L'énigme du miroir

C'est peu de temps après — quelques minutes tout au plus — que[1] Corinthe a dû perdre[2] connaissance. Un douanier de Brignogan, qui faisait sa tournée matinale, s'est étonné de[3] la présence solitaire du magnifique cheval blanc au milieu de la grève, un cheval de riche, avec sa selle fine en cuir noir et ses étriers de nickel qui étincelaient malgré le ciel gris, mais la bride pendant sur le cou[4]. Il s'est donc approché et a tout de suite découvert le corps, gisant sur le sable juste à côté d'un grand miroir ovale en acajou sculpté[5], d'un rouge si foncé que par moment on l'eût dit en ébène.

Couché sur le dos[6], l'homme avait tout l'aspect d'un mort. Le flot de la marée montante, presque haute à cette heure-là[7], léchait ses bottes de cavalier. Mais ses vêtements, fort élégants sans doute quelques heures auparavant, étaient déjà si imbibés d'eau que le douanier a cru d'abord qu'il avait affaire à un noyé rejeté par la mer. Pourtant, la proximité familière du cheval, qui pouvait difficilement avoir fait naufrage sur quelque voilier de plaisance en compagnie de son maître (dont le costume concordait parfaitement avec le harnachement luxueux de la bête[8]), rendait cette hypothèse peu vraisemblable[9].

À tout hasard, le brigadier consciencieux a néanmoins voulu pratiquer les mouvements d'usage, visant à exprimer l'eau des poumons, pour le cas où il se fût agi malgré tout d'une noyade, et s'il en était encore temps. Le seul résultat auquel il est ainsi parvenu, après plusieurs minutes d'efforts, a été de faire s'ouvrir les paupières[10] closes du cadavre, qui s'est ensuite révélé être en fait bien vivant, mais si fortement commotionné par on ne sait quelle aventure que l'homme, qui ne bougeait toujours pas, demeurait également incapable[11] de prononcer la moindre parole. Il n'avait même pas l'air de comprendre les questions pressantes du personnage en uniforme qui venait de faire irruption dans son rêve et qu'il dévisageait d'un œil hagard, comme s'il cherchait désespérément à reprendre pied sur terre[12].

Après s'être assuré qu'il n'y avait cependant rien de cassé dans cette charpente solide et bien bâtie, le douanier, qui[13] était lui-même d'une force peu commune en dépit de sa plus petite taille, a réussi sans trop de mal à remettre debout le cavalier. Mais il n'était pas question de[14] le hisser dans cet état sur sa monture. La meilleure solution semblait donc de soutenir le malade jusqu'à un modeste débit de boissons[15] qui se trouvait dans le fond de l'anse suivante (au lieu dit Ker-an-Du, où une petite route empierrée aboutit

16. El enigma del espejo

Fue poco tiempo después —unos minutos como mucho— cuando Corinthe debió de perder el conocimiento. Un aduanero de Brignogan, que hacía su ronda matutina, se extrañó de la presencia solitaria del magnífico caballo blanco en medio de la playa, un caballo de rico, con su fina silla de montar de cuero negro y sus estribos de níquel que centelleaban a pesar del cielo gris, pero con las riendas que colgaban sobre el cuello. Entonces se acercó y en seguida descubrió el cuerpo que yacía sobre la arena junto a un gran espejo ovalado de caoba tallada, de un rojo tan oscuro que a veces parecía de ébano.

Tumbado boca arriba, el hombre tenía todo el aspecto de un muerto. El flujo de la marea ascendente, casi alta a esa hora, lamía sus botas de jinete. Pero su ropa, muy elegante sin duda unas horas antes, ya estaba tan empapada que el aduanero creyó primero que había dado con un ahogado arrojado por el mar. No obstante, la proximidad familiar del caballo, que difícilmente podía haber naufragado en algún velero de recreo en compañía de su dueño (cuyo traje concordaba perfectamente con los lujosos jaeces de la montura), hacía poco verosímil esta hipótesis.

A todo evento, el cabo concienzudo quiso sin embargo practicar los movimientos usuales, destinados a expulsar el agua de los pulmones, en caso de que se tratara, a pesar de todo, de un ahogamiento y por si todavía estaba a tiempo de hacerlo. El único resultado al que llegó de ese modo tras varios minutos de esfuerzos, fue que se abrieron los párpados cerrados del cadáver, que después resultó estar bien vivo pero se hallaba tan fuertemente conmocionado por no se sabe qué aventura que el hombre, que seguía sin moverse, tampoco era capaz de pronunciar la más mínima palabra. Ni siquiera parecía entender las preguntas apremiantes del personaje vestido de uniforme que acababa de irrumpir en su sueño y al que miraba de hito en hito con unos ojos extraviados, como si tratara desesperadamente de volver en sí.

Tras comprobar que sin embargo no había nada roto en ese esqueleto fuerte y bien proporcionado, el aduanero, que tenía él también una fuerza descomunal a pesar de una estatura inferior, logró sin demasiada dificultad poner de pie al jinete. Pero nada de subirle en ese estado en su montura. La mejor solución parecía consistir pues en sostener al enfermo hasta un modesto chiringuito que estaba en el fondo de la siguiente ensenada (en el lugar llamado Ker-an-Du, donde una pequeña carretera

à quelques maisons de pêcheurs) pour y attendre un médecin, tandis que le cheval porterait le miroir, dont le brigadier ne doutait pas qu'il appartînt à l'inconnu [16].

Mais quand, avec précaution, il a fait mine de vouloir poser [17] le lourd et fragile objet sur la selle, où il espérait l'arrimer [18] tant bien que mal avec les rênes entrecroisées, la bête, comme prise d'une soudaine panique (alors qu'elle s'était jusque-là tenue très tranquille, bien qu'à une certaine distance), s'est cambrée [19] sur ses pattes arrière en hennissant, puis, lourdement retombée, s'est mise à reculer tout en soufflant par les naseaux avec violence, les quatre membres écartés, la tête basse, dans une attitude si extraordinaire que le douanier en a lui-même été saisi de peur.

Le miroir étant trop pesant pour qu'il entreprenne [20] de le porter jusqu'à l'auberge, il a donc dû se résigner à l'abandonner là, se contentant de le mettre à l'abri de la marée haute [21], tout en haut de la plage, où il pourrait le faire prendre plus tard par la charrette d'un goémonier. Ensuite, il est revenu vers Corinthe, qui avait contemplé toute la scène sans rien dire ni marquer la moindre réaction, toujours immobile à l'endroit où l'on venait de le laisser, se maintenant debout mais vacillant sur ses jambes raidies et visiblement hors d'état de faire un pas tout seul.

Alain ROBBE-GRILLET
Le Miroir qui revient
© Les Éditions de Minuit, 1985

16. COMMENTAIRES

1. c'est peu de temps après... que : *fue poco tiempo después... cuando*; noter la concordance temporelle des deux verbes de la corrélation, le choix obligatoire de *cuando*. La conservation de la structure s'impose dans la mesure où il ne s'agit pas d'une simple commodité d'écriture mais d'une thématisation volontaire de la circonstance temporelle. **Tout au plus :** var. : *a lo más*.

2. a dû perdre : var. : *perdería* (futur conjectural transposé au passé > « conditionnel »).

3. un douanier s'est étonné de : tour un peu différent de **être étonné par** (participation plus nette du sujet dans le tour pronominal) ; var. : *se extrañó al reparar en, le pareció extraño*. On notera que dans ce texte le passé composé (utilisé ici pour imiter le style du rapport de gendarmerie, le passé composé permettant de mettre au compte du présent tous les apports du passé — sur ce point, cf. Gustave Guillaume, *Leçons de linguistique 1943/44*, série A, p. 263) alterne avec des imparfaits. Une telle alternance

empedrada llega hasta unas casas de pescadores) para esperar ahí a un médico, mientras el caballo llevaría el espejo que sin ninguna duda para el cabo pertenecía al desconocido.

Pero cuando el aduanero, cauteloso, pareció disponerse a colocar el pesado y frágil objeto sobre la silla, donde esperaba atarlo mal que bien con las riendas entrecruzadas, la bestia, como presa de un repentino pánico (cuando hasta entonces había permanecido tan quieta, aunque a cierta distancia), se encabritó sobre las patas de atrás relinchando y, dejándose caer pesadamente, empezó a retroceder dando bufidos por los ollares con violencia, separadas las piernas y gacha la cabeza en una actitud tan extraordinaria que hasta el aduanero se sobrecogió.

Como el espejo pesaba demasiado para que tratara de llevarlo hasta la venta no le quedó más remedio que resignarse a abandonarlo allí, contentándose con dejarlo fuera del alcance de la marea alta, arriba del todo de la playa, de donde más tarde podría mandar que lo trajera con su carro un recogedor de algas. Después, volvió hacia Corinthe, que había contemplado toda la escena sin decir nada ni mostrar ninguna reacción, y permanecía inmóvil en el lugar donde acababan de dejarle, manteniéndose de pie, pero titubeando sobre sus piernas atiesadas y a todas luces incapaz de dar un paso solo.

16. COMMENTAIRES

semble difficile à conserver en espagnol, dans la mesure où le passé composé espagnol implique que l'événement soit conçu comme se situant dans un fragment de temps en continuité avec le présent du locuteur, alors que l'imparfait espagnol implique une coupure avec ce présent. Combiner les deux temps impliquerait une gymnastique mentale trop complexe, gymnastique plus aisée en français dans la mesure où le passé composé est senti comme une simple variante stylistique du passé simple narratif, temps

contre et sans lequel de nombreux « nouveaux romanciers » cherchaient à écrire.

4. la bride pendant sur le cou : le participe fait partie d'un syntagme adjectif (= qui pendit sur le cou) et doit donc en principe être traduit par une relative. Néanmoins Coste et Redondo (p. 460) citent *ardiendo, hirviendo* et *colgando* comme les trois gérondifs pouvant fonctionner comme adjectifs et citent : «*esperé con las piernas colgando que meayudaran a bajar, pero no lo hicieron*»

16. COMMENTAIRES

(A.M. Matute). Dans la phrase suivante : **le corps gisant sur le sable,** l'emploi du gérondif est en revanche impossible (cf. 4/2).

5. acajou sculpté : *caoba tallada; esculpir (labrar)* se dit de la sculpture sur pierre, *tallar* s'employant surtout pour le bois. **On l'eût dit en ébène** : var. : *se hubiera dicho que era de ébano.*

6. couché sur le dos : *tumbado* convient mieux que tout autre adjectif (*tendido, acostado, echado*), en ce qu'il suggère que la position du corps n'est pas volontaire.

7. à cette heure-là : *a esa hora* comme dans : *a la una, a las dos, a medianoche* (localisation sur un point du temps : le point, n'ayant pas d'étendue, interdit toute représentation d'intériorisation, et donc le choix de la préposition EN).

8. harnachement luxueux de la bête : var. : *lujosos arreos de la bestia.*

9. rendait cette hypothèse peu vraisemblable : sur la traduction de **rendre** + adj., cf. 17/12.

10. a été de faire s'ouvrir les paupières : *fue que se le abrieron los párpados al cadáver*, var. : *fue que se abrieron los párpados del cadáver*, le verbe **faire** ne fait ici que développer l'idée d'effet contenue dans le substantif **résultat** ; on peut donc en faire l'économie dans la traduction.

11. qui ne bougeait toujours pas, demeurait également incapable : var. : *que seguía inmóvil, tampoco podía pronunciar la menor palabra.*

12. reprendre pied sur terre : *recobrar el conocimiento; volver en sí.* Cette expression semble résulter de la contamination de deux expressions toutes faites : **reprendre connaissance** et **avoir les pieds sur terre.** La première, dont le sens domine ici, renvoie à la première phrase du texte **Corinthe a dû perdre connaissance.** Quant à la seconde, elle est amenée elle aussi par son contraire, le mot **rêve** présent dans la phrase, pour désigner l'état dans lequel est plongé le personnage et dont il semble vouloir sortir. Si *recobrar el conocimiento* (ou *el sentido*) suggère bien l'évanouissement de Corinthe, *volver en sí*, qui a exactement le même sens, peut aussi avoir celui de reprendre contact avec la réalité au sortir d'un rêve — voyez par exemple Cervantes, *Quijote*, cap. XLI : «El duque, poco a poco, y como quien de un pesado sueño recuerda (= despierta) fue volviendo en sí».

13. le douanier, qui : var. : *quien;* licite ici en raison de la rupture prosodique et syntaxique qu'introduit la relative à valeur causale.

14. il n'était pas question de : var. : *quedaba excluido.*

15. débit de boissons : var. : *despacho de bebidas.*

16. dont le brigadier ne doutait pas qu'il appartînt : var. : *del que el cabo no dudaba de que perteneciera*, variante sans doute plus exacte mais écartée pour sa cacophonie.

17. quand il a fait mine de vouloir poser : le douanier ici ne feint pas de, ne fait pas semblant de (nulle intention de tromper) ; il entame simplement l'action qu'il entreprend ; **faire mine** a donc ici un sens simplement inchoatif.

18. arrimer : « Mar., répartir, ranger la cargaison dans la cale d'un navire (esp. = *arrumar, estibar*). Par ext., caler, fixer avec des cordes (un chargement, des colis) » (Robert). L'équivalent de la

106

16. COMMENTAIRES

seconde acception, celle du texte, est *atar*: «unir, juntar o sujetar con ligaduras o nudos». *Arrimar*: approcher, rapprocher, appuyer.

19. se cambrer : var. : *arbolarse, eminarse, enarbolarse, engrifarse, ponerse de manos*; **pattes arrière :** *cuarto trasero, piernas*; **reculer :** var. : *retrechar*, **en soufflant avec violence :** *bufar*. «resoplar para caballos, toros o una persona para mostrar enfado»; *bufar*, qui contient donc l'idée de colère, permet de faire l'économie de *con violencia*; **les membres écartés :** *alagartarse*: «Mej. ponerse una caballería con las 4 patas muy apartadas»; **la tête basse :** *con la cabeza gacha, apoyando (apoyar: inclinar o doblar el caballo la cabeza hacia el pecho)*.

20. pour qu'il entreprenne : on prendra garde à la concordance des temps (en style plus classique = **pour qu'il entreprît**).

21. à l'abri de la marée haute : *a cubierto de* introduit un syntagme désignant la chose ou le danger dont on est protégé ; *al abrigo de*, qui, au contraire, introduit un syntagme signifiant la chose qui protège d'un danger (= abrité par), ne convient pas.

107

17. Du respect des esclaves

En Espagne, aux environs de Tarragone, un jour où je visitais seul une exploitation minière à demi abandonnée [1], un esclave dont la vie déjà longue s'était passée presque tout entière dans ces corridors souterrains [2] se jeta sur moi avec un couteau. Point illogiquement, il se vengeait sur [3] l'empereur de ses quarante-trois ans de servitude. Je le désarmai facilement ; je le remis à mon médecin ; sa fureur tomba [4] ; il se transforma en ce qu'il était vraiment, un être pas moins sensé que les autres, et plus fidèle que beaucoup. Ce coupable que la loi sauvagement appliquée [5] eût fait exécuter sur-le-champ devint pour moi un serviteur utile [6]. La plupart des hommes ressemblent [7] à cet esclave : ils ne sont que trop soumis [8] ; leurs longues périodes d'hébétude sont coupées de quelques révoltes [9] aussi brutales qu'inutiles. Je voulais voir si une liberté sagement entendue n'en eût pas tiré davantage, et je m'étonne que pareille expérience n'ait pas tenté plus de princes [10]. Ce barbare condamné au travail des mines devint pour moi l'emblème [11] de tous nos esclaves, de tous nos barbares. Il ne me semblait pas impossible de les traiter comme j'avais traité cet homme, de les rendre inoffensifs [12] à force de bonté, pourvu qu'ils sussent d'abord que la main qui les désarmait était sûre [13]. Tous les peuples ont péri jusqu'ici [14] par manque de générosité : Sparte eût survécu plus longtemps si elle avait intéressé les hilotes à sa survie [15] ; Atlas cesse un beau jour de soutenir le poids du ciel, et sa révolte ébranle la terre [16]. J'aurais voulu reculer le plus possible, éviter s'il se peut, le moment [17] où les barbares au-dehors, les esclaves au-dedans, se rueront [18] sur un monde qu'on leur demande de respecter de loin [19] ou de servir d'en bas, mais dont les bénéfices ne sont pas pour eux. Je tenais à ce que la plus déshéritée des créatures [20], l'esclave nettoyant les cloaques des villes, le barbare affamé rôdant [21] aux frontières, eût intérêt à voir durer Rome [22].

Je doute que toute la philosophie du monde parvienne à supprimer l'esclavage : on en changera tout au plus le nom [23]. Je suis capable d'imaginer des formes de servitude pires que les nôtres, parce que plus insidieuses : soit qu' [24] on réussisse à transformer les hommes en machines stupides et satisfaites, qui se croient libres alors qu' [25] elles sont asservies, soit qu'on développe chez eux, à l'exclusion des loisirs et des plaisirs humains, un goût du travail aussi forcené que la passion de la guerre chez les races

17. Del respeto a los esclavos

En España, en los alrededores de Tarragona, un día en que yo visitaba solo una explotación minera medio abandonada, un esclavo cuya vida ya larga había transcurrido casi por entero en aquellas galerías subterráneas se abalanzó sobre mí con un cuchillo. No sin lógica, se vengaba en la persona del emperador de sus cuarenta y tres años de servidumbre. Me fue fácil desarmarle. Le entregué a mi médico. Se aplacó su furor. Se transformó en lo que era realmente, un ser no menos sensato que los demás y más fiel que muchos de ellos. Ese culpable a quien la ley aplicada de modo bárbaro hubiera mandado ejecutar en el acto llegó a ser para mí un servidor útil. La mayor parte de los hombres se parecen a ese esclavo: son harto sumisos; sus largos períodos de embrutecimiento los interrumpen de trecho en trecho unas rebeliones tan brutales como inútiles. Yo deseaba saber si una libertad prudentemente entendida no hubiera sacado mayor provecho de él y me extraña que semejante experiencia no haya seducido a más príncipes. Aquel bárbaro condenado al trabajo de las minas se convirtió para mí en el emblema de todos nuestros esclavos, de todos nuestros bárbaros. No me parecía imposible tratarles como yo había tratado a aquel hombre, hacerles inofensivos a fuerza de bondad, siempre que antes supieran que la mano que les desarmaba era segura. Hasta ahora todos los pueblos han perecido por falta de generosidad. Más tiempo hubiera sobrevivido Esparta de haber interesado a los ilotas en su supervivencia; el día menos pensado Atlas deja de sostener el peso del cielo y su rebeldía sacude la tierra. Yo hubiera querido aplazar lo más posible, evitar si se puede, el momento en que los bárbaros desde fuera, y los esclavos desde dentro han de arrojarse sobre un mundo al que se les pide respetar desde lejos o servir desde abajo, pero cuyos beneficios no son para ellos. A mí me importaba que la criatura más desvalida, el esclavo que limpia las cloacas de las ciudades, el bárbaro hambriento que ronda por las fronteras tuviera interés en que Roma perdurara.

Dudo que toda la filosofía del mundo consiga suprimir la esclavitud: a lo sumo se le cambiará el nombre. Soy capaz de imaginar unas formas de servidumbre peores que las nuestras por ser más insidiosas; bien sea porque se logre transformar a los hombres en unas máquinas estúpidas y satisfechas que creen ser libres cuando en realidad están sojuzgadas, o bien sea porque se fomente en ellos, fuera de todo ocio o deleite humano, una afición al trabajo tan desenfrenada como lo es la pasión por

barbares. À cette servitude de l'esprit, ou de l'imagination humaine, je préfère encore notre esclavage de fait. Quoi qu'il en soit [26], l'horrible état qui met l'homme à la merci d'un autre homme demande à être soigneusement réglé par la loi. J'ai veillé à ce que l'esclave ne fût plus cette marchandise anonyme qu'on vend sans tenir compte des liens de famille qu'il s'est créés, cet objet méprisable dont un juge n'enregistre le témoignage qu'après l'avoir soumis à la torture, au lieu de l'accepter sous serment. J'ai défendu qu'on l'obligeât aux métiers déshonorants ou dangereux, qu'on le vendît aux tenanciers de maisons de prostitution [27] ou aux écoles de gladiateurs. Que ceux qui se plaisent [28] à ces professions les exercent seuls : elles n'en seront que mieux exercées. Dans les fermes, où les régisseurs abusent de sa force, j'ai remplacé le plus possible [29] l'esclave par des colons libres. Nos recueils d'anecdotes sont pleins d'histoires de gourmets jetant leurs domestiques aux murènes, mais les crimes scandaleux et facilement punissables [30] sont peu de chose au prix de [31] milliers de monstruosités banales, journellement perpétrées par des gens de bien au cœur sec [32] que personne ne songe à inquiéter [33]. On s'est récrié quand j'ai banni de Rome une patricienne riche et considérée qui maltraitait ses vieux esclaves ; le moindre ingrat qui néglige ses parents infirmes choque davantage la conscience publique [34], mais je vois peu de différence entre ces deux formes d'inhumanité.

Marguerite YOURCENAR
Mémoires d'Hadrien
© Éditions Gallimard, 1951

17. COMMENTAIRES

TITRE : **Du respect des esclaves.** Le français confond sous une même structure : substantif + **de** + substantif, le génitif du sujet et le génitif de l'objet. Ainsi, le **respect des esclaves** peut s'entendre en deux sens : le respect qu'ont les esclaves pour X, et le respect de X pour les esclaves. La première interprétation fait des esclaves l'agent de l'opération (génitif subjectif), la seconde en fait le patient (génitif objectif). L'espagnol distingue entre les deux structures au moyen des prépositions A/DE : *respeto de los esclavos (esclavos*: agent), *respeto a los esclavos (esclavos*: patient). Noter cependant que dans certaines locutions où «se trata de una especificación de la clase de temor» (Moliner, *s.v. temor*), c'est DE qui sert à construire le génitif de l'objet : *el temor de Dios, el temor del castigo.* On a alors affaire à des lexies préfabriquées.

1. **une exploitation... à demi abandonnée** : *medio abandonada; medio,* étant adverbe (adjectif d'adjectif), est bien sûr invariable. La locution *a medias,* de sens voisin, se postpose à l'adjectif : *estaba*

la guerra entre las razas bárbaras. Antes que esta sujeción del espíritu, o de la imaginación humana, prefiero nuestra esclavitud de hecho. Sea lo que fuere, el horrible estado que pone al hombre a merced de otro exige ser rigurosamente regido por la ley. Procuré que el esclavo dejara de ser esa mercancía anónima que se vende sin tener en cuenta los lazos de familia que se creó, ese objeto despreciable cuyo testimonio no registra el juez sino después de someterle a la tortura, en vez de aceptarlo bajo juramento. Prohibí que se le obligara a desempeñar oficios deshonrosos o peligrosos, que se le vendiera a los dueños de los prostíbulos o a las escuelas de gladiadores. Aquellos a quienes agraden tales profesiones, que las ejerzan por su propia cuenta: así serán tanto mejor ejercidas. En las granjas, donde los capataces abusan de su fuerza, sustituí dentro de lo posible al esclavo por colonos libres. Nuestras colecciones de anécdotas abundan en historias sobre sibaritas que arrojan sus criados a las morenas, pero los crímenes escandalosos y fáciles de castigar son poca cosa en comparación con millares de atrocidades triviales, diariamente perpetradas por gente de bien sin corazón a quien nadie piensa pedir cuentas. Hubo muchas protestas cuando desterré de Roma a una patricia rica y estimada que maltrataba a sus viejos esclavos; cualquier ingrato que hace poco caso de sus padres achacosos escandaliza más a la conciencia pública, pero yo veo muy poca diferencia entre ambas formas de inhumanidad.

17. COMMENTAIRES

satisfecno a medias. Lorsque l'on se représente un processus qui a été interrompu en cours de réalisation, on recourt à la locution : *a medio* + infinitif, qui donne à voir, non pas la part accomplie de l'opération, mais la part restant à accomplir : *un trabajo a medio terminar*.

2. On ne peut employer ici *corredor* ou *pasillo* qui renvoient à l'architecture d'un bâtiment. Var. : *socavones*; ce dernier terme renfermant l'idée d'excavation permet de faire l'économie de l'adjectif *subterráneos*.

3. **il se vengeait sur** : *se vengaba en (la persona) del emperador:* «no es justo que se vengue en el hijo de lo que le hizo el padre» (Moliner).

4. **sa fureur tomba** : var. : *amainó su furor*. Métaphore « météorologique » du comportement. *Aplacarse una tormenta, amainar el viento*.

5. **la loi sauvagement appliquée** : *salvaje* ne convient pas car il s'agit ici de la loi barbare du Talion, par opposition au raffinement de l'homme civilisé capable

111

17. COMMENTAIRES

de pardon (opposition *civiliza-ción/barbarie*).

6. ce coupable devint pour moi un serviteur utile : *llegó a ser para mí...* (sur la traduction de l'idée de **devenir**, cf. Coste et Redondo, pp. 499-507 et Michel Camprubi : *Études fonctionnelles de grammaire espagnole*, pp. 66-73). Sur le choix de ce type de verbe pèse une double contrainte : contrainte fonctionnelle, très légère, par laquelle le verbe *ponerse*, refuse de se construire avec un substantif (on recourt à *ponerse hecho*); contrainte sémantique d'autre part. La distinction fondamentale est celle d'une transformation contingente (*ponerse*: qui fonctionne en corrélation avec *estar*: *estaba enfermo > se puso enfermo*) et d'une transformation profonde, essentielle (*volverse, hacerse,* en corrélation avec *ser : Paco es serio > Paco se ha vuelto serio*). *Hacerse:* changement volontaire et/ou progressif (idée de **faire** : *me hice juez; te has hecho alto*). *Volverse:* changement radical, parfois passage d'un état à un état contraire (idée de retournement ; *se volvió loco*). *Tornarse,* d'un emploi plus rare, est de sens voisin. *Convertirse en:* transformation interne subie par le sujet (grammatical), **métamorphose** (*me convertiré en una solterona*) [pourrait convenir ici : var : *se convirtió para mí en*]. *Llegar a ser:* idée d'arrivée à un aboutissement, avec représentation du trajet (*llegó a ser ministro*). *Venir a ser* se limite à poser un résultat, en faisant abstraction du processus, du trajet qui y conduit.

7. la plupart... ressemblent : en espagnol comme en français, les singuliers à contenu collectif entraînent un accord du verbe par le sens (le verbe s'accorde avec l'idée de pluriel en contradiction avec le singulier morphologique). Le singulier est possible, mais vraiment factice.

8. ils ne sont que trop soumis : la soumission est un trait de caractère conçu comme délié de toute contingence : *ser sumiso*. Noter que le participe adjectif prend la forme irrégulière, qui marque le transfert *intégral* de la forme verbale dans la catégorie adjective : la forme *sometido* est au contraire une forme verbale en *position* d'adjectif : elle sera donc utilisée avec *haber* et aussi avec *estar* (visée résultative, circonstanciée présupposant un processus antérieur : «por primera vez en la historia de nuestro país, los libros están sometidos a una alta carga fiscal», cité par Freysselinard, p. 207). Le choix de l'auxiliaire et celui de la forme du participe relèvent donc du même mécanisme : visée essentielle : *ser* + participe irrégulier adjectif ; visée circonstancielle : *estar* + participe régulier à fonction adjective (ainsi *infra* : **elles sont asservies** : *están sojuzgadas*). Var. : *demasiado sumisos son*.

9. leurs longues périodes... quelques révoltes : *sus largos períodos de embrutecimiento los interrumpen de trecho en trecho unas rebeliones*; comme souvent, on a préféré reverser à la voix active la structure passive ; **quelques** contient une idée de périodicité, rendue par la locution de *trecho en trecho*, combinée à une idée de faible nombre rendue par l'article *unas*.

17. COMMENTAIRES

10. n'ait pas tenté plus de princes : var. : *que la idea de semejante experiencia no haya tentado a más príncipes*.

11. devint pour moi l'emblème : cf. *supra*, note 6.

12. de les rendre inoffensifs : la traduction de **rendre** est systématiquement liée à celle de **devenir** (cf. *supra*, note 6). *Poner, volver* et *hacer* entretiennent les mêmes rapports sémantiques que leurs équivalents pronominaux. Si l'on retient ici l'idée d'un passage d'un état à son contraire : *volver inofensivos* (idée de changement radical). Si l'on retient l'idée d'un effort volontaire et progressif : *hacer inofensivos*.

13. la main était sûre : *era segura (firme)*; **sûr** signifie ici ferme, autoritaire, il s'agit donc d'une visée essentialiste. *Estar seguro :* parvenir à la certitude au terme d'un cheminement intellectuel (visée résultative). Cf. *supra*, note 8.

14. ont péri jusqu'ici : *hasta ahora han perecido*; le choix de la forme composée s'impose dans la mesure où l'opération est logée dans un espace de temps en continuité avec le présent du locuteur. On distinguera ainsi : *vino ayer* (espace de temps coupé du présent du locuteur) de : *ha llegado hoy, esta semana, este año*. La proximité par rapport à l'instant présent n'est pas un facteur déterminant dans le choix de l'une ou l'autre forme.

15. si elle avait intéressé les Hilotes à sa survie : var. : *si los ilotas hubieran tomado parte en su supervivencia*.

16. ébranle la terre : ébranler est à prendre ici au sens physique du terme. On choisit donc *sacudir* qui se construira sans préposition A.

17. j'aurais voulu reculer... le moment : il est clair que **reculer** n'est pas à entendre intransitivement et qu'il a pour objet, commun avec **éviter, le moment.** Var. : *diferir*.

18. éviter... le moment où les barbares... se rueront : *han de arrojarse*; on use ici d'un futur analytique capable de rendre l'idée de futur prophétique, l'idée d'inéluctable, de destin. Cette relative à valeur temporelle future n'est pas dans la dépendance directe d'une principale et n'est porteuse d'aucune visée hypothétique. Elle est donc au mode indicatif. À distinguer de : **au moment où les barbares se rueront... le monde s'effondrera :** *en el momento en que se arrojen los bárbaros...* (temporelle en dépendance directe d'une principale).

19. un monde qu'on leur demande de respecter de loin : la notion de **respecter** (= avoir du respect) implique un patient de type animé/humain : le relatif est donc introduit par la préposition A. **Demander,** verbe de « volonté », se construit avec une complétive au subjonctif, mais l'infinitif est admissible lorsque le complément du verbe dominant est un pronom. **On** = tout le monde en général et personne en particulier : SE. Rappelons que lorsque le verbe a pour support SE, les pronoms compléments

113

17. COMMENTAIRES

de 3ᵉ personne, objet direct ou indirect, prennent une forme identique, *le/les* : **on lui (leur) demande** : *se le(s) pide,* **on le (les) voit** : *se le(s) ve.* Au féminin cependant, la marque générique subsiste (*se la ve/ se las ve*). Cette différence de traitement tient au fait que le masculin est le terme non marqué de l'opposition de genre.

20. la plus déshéritée des créatures : var. : *la más desafortunada de las criaturas.*

21. l'esclave nettoyant, le barbare rôdant : participes en fonction d'adjectif : relative obligatoire (cf. 4/2). Var. : *que merodea cerca de las fronteras.*

22. à voir durer Rome : tour idiomatique sans équivalent. On le remplace par une complétive au subjonctif.

23. on en changera le nom : *se le cambiará el nombre*; noter qu'au possessif discontinu français (**en... le**) correspond ici strictement le possessif disjoint (*le... el*). La structure est comparable : possessif = pronom + article.

24. soit que... soit que : il s'agit d'une alternative de valeur causale. La cause, en raison même de l'alternative, est mise en hypothèse (la cause efficiente peut être soit l'une soit l'autre des causes évoquées, mais on n'est pas en mesure d'en décider) : c'est pourquoi le subjonctif apparaît.

25. Sur cette valeur de *cuando,* cf. 9/9.

26. quoi qu'il en soit : *sea lo que sea (fuere),* et dans un contexte passé : *fuera lo que fuera* (à l'exclusion de *fuese*). Var. : *con todo, en todo caso.*

17. COMMENTAIRES

27. tenanciers de maisons de prostitution : var. : *alcahuetes, rufianes de las casas de lenocinio*.

28. que ceux qui se plaisent : le verbe *agradar* fait du relatif sujet français un relatif objet indirect nécessairement précédé de la préposition A ; l'article s'avère un support physiquement trop inconsistant pour le relatif prépositionné et l'on doit recourir à un démonstratif, le plus souvent *aquél: allí está aquel a quien todos insultan*. Le référent du relatif étant indéterminé (aussi bien par l'identité que par le nombre), le subjonctif apparaît dans la relative espagnole.

29. le plus possible : var. : *dentro de lo que cabía*.

30. facilement punissables : en l'absence d'adjectif lexicalisé on songera à recourir à la périphrase infinitive : adj. + DE + inf.

31. au prix de : signifie ici *comparadamente con, en comparacíon con*, et non pas *a costa de* (**aux dépens de**).

32. au cœur sec : var. : *de corazón duro, insensible*.

33. inquiéter : « troubler par des attaques, des démonstrations hostiles » (Robert). Var. : *a quien nadie se le ocurre acusar*.

34. choque la conscience publique : il s'agit d'une entité abstraite recouvrant une collectivité d'humains capables de réaction (l'idée de réaction est impliquée dans le verbe lui-même) : préposition A.

18. Le visage de Garbo

Garbo appartient encore à ce moment du cinéma où la saisie du visage humain [1] jetait les foules dans le plus grand trouble, où l'on [2] se perdait [3] littéralement dans une image humaine comme dans un philtre, où le visage constituait une sorte d'état absolu de la chair, que l'on ne pouvait ni atteindre ni abandonner. Quelques années avant, le visage de Valentino opérait des suicides ; celui de Garbo participe encore du même règne d'amour courtois, où la chair développe des sentiments mystiques de perdition.

C'est sans doute un admirable [4] visage-objet ; dans *La Reine Christine*, film que l'on a revu [5] ces années-ci à Paris, le fard a l'épaisseur neigeuse d'un masque ; ce n'est pas un visage peint, c'est un visage plâtré, défendu par la surface de la couleur et non par ses lignes ; dans toute cette neige à la fois fragile et compacte, les yeux seuls, noirs comme une pulpe bizarre, mais nullement expressifs, sont deux meurtrissures un peu tremblantes. Même dans l'extrême beauté, ce visage non pas dessiné, mais plutôt sculpté dans le lisse et le friable [6], c'est-à-dire à la fois parfait et éphémère, rejoint la face farineuse [7] de Charlot, ses yeux de végétal sombre, son visage de totem.

Or, la tentation du masque total (le masque antique, par exemple) implique peut-être moins le thème du secret (ce qui est le cas des demi-masques italiens) que celui d'un archétype du visage humain. Garbo donnait à voir une sorte d'idée platonicienne de la créature, et c'est ce qui explique que son visage soit presque désexué, sans être pour autant douteux. Il est vrai que le film (la reine Christine est tour à tour femme et jeune cavalier) prête à cette indivision [8] ; mais Garbo n'y accomplit aucune performance de travesti [9] ; elle est toujours elle-même, porte sans feindre sous sa couronne ou ses grands feutres bas, le même visage de neige et de solitude. Son surnom de *Divine* visait moins sans doute à rendre un état superlatif de la beauté, que l'essence de sa personne corporelle, descendue d'un ciel [10] où les choses sont formées [11] et finies dans la plus grande clarté. Elle-même le savait : combien d'actrices ont consenti à laisser voir à la foule la maturation inquiétante de leur beauté. Elle, non : il ne fallait pas que l'essence se dégradât, il fallait que [12] son visage n'eût jamais d'autre réalité que celle de sa

18. El semblante de la Garbo

Todavía pertenece la Garbo a aquel momento del cine en que el sólo captar el semblante humano sumía a las muchedumbres en la mayor turbación, en que uno se perdía literalmente en una imagen humana como en un filtro mágico, en que el semblante constituía una especie de estado absoluto de la carne que no se podía alcanzar ni abandonar. Algunos años antes, el semblante de Valentino provocaba suicidios; el de Garbo aún participa del mismo imperio de amor cortés, en el que la carne infunde sentimientos místicos de enajenación.

Sin duda es de admirar aquel semblante-objeto; en *La Reina Cristina*, filme que han vuelto a poner estos últimos años en París, el afeite tiene el espesor níveo de una máscara; no es un semblante pintado, es un semblante enyesado, protegido por la superficie del color y no por sus facciones; en toda esta nieve frágil a la vez que compacta, sólo los ojos, negros cual pulpa extraña, pero nada expresivos, forman dos magulladuras levemente trémulas. Incluso en la suma belleza, aquel semblante, no diseñado sino mejor dicho esculpido en lo liso y lo deleznable, o sea a la vez perfecto y efímero, se asemeja a la faz enharinada de Charlot, a sus ojos de vegetal sombrío, su semblante de tótem.

Ahora bien, la tentación de la máscara total (la máscara antigua, por ejemplo) implica menos quizás el tema del secreto (como en el caso de los antifaces italianos) que el de un arquetipo del semblante humano. La Garbo ofrecía a la vista una como idea platónica de la criatura, de ahí que sea casi asexuado su semblante, sin por ello ser ambiguo. Verdad es que la película (la reina Cristina es ora mujer, ora joven jinete) sugiere esta indivisión; pero en ella Garbo no realiza de ninguna manera la proeza de travestirse; es siempre igual a sí misma, lleva sin fingir bajo su corona o sus anchos fieltros de copa baja, el mismo semblante de nieve y de soledad. Su apodo de *Divina* tendía menos a traducir un estado superlativo de la belleza que la esencia de su persona corpórea, venida de un cielo en que se plasman y rematan las cosas en la mayor claridad. Ella misma lo sabía: ¡Cuántas actrices consintieron en que la muchedumbre viese la inquietante maduración de su belleza! Ella, no: no debía degradarse la esencia, era preciso que su semblante no tuviese nunca otra realidad que

perfection intellectuelle, plus encore que plastique. L'Essence s'est peu à peu obscurcie, voilée progressivement de lunettes, de capelines et d'exils ; mais elle ne s'est jamais altérée.

Pourtant, dans ce visage déifié, quelque chose de plus aigu [13] qu'un masque se dessine : une sorte de rapport volontaire et donc humain entre la courbure des narines et l'arcade des sourcils, une fonction rare, individuelle [14], entre deux zones de la figure ; le masque n'est qu'addition de lignes, le visage, lui, est avant tout rappel thématique des unes aux autres. Le visage de Garbo représente ce moment fragile, où le cinéma va extraire une beauté existentielle d'une beauté essentielle, où l'archétype va s'infléchir vers la fascination de figures périssables [15], où la clarté des essences charnelles va faire place à une lyrique de la femme.

Comme moment de transition, le visage de Garbo concilie deux âges iconographiques, il assure le passage de la terreur au charme. On sait qu'aujourd'hui, nous sommes à l'autre pôle de cette évolution : le visage d'Audrey Hepburn, par exemple, est individualisé, non seulement par sa thématique particulière (femme-enfant, femme-chatte), mais aussi par sa personne, par une spécification à peu près unique du visage, qui n'a plus rien d'essentiel [16], mais est constitué par une complexité infinie des fonctions morphologiques. Comme langage, la singularité de Garbo était d'ordre conceptuel, celle d'Audrey Hepburn est d'ordre substantiel. Le visage de Garbo est Idée, celui de Hepburn est Événement [17].

Roland BARTHES
Mythologies
© Éditions du Seuil, 1957

18. COMMENTAIRES

TITRE : **Le visage de Garbo** : l'absence de prénom devant le nom pseudonyme de l'actrice marque sa célébrité et sa popularité ; on obtient un effet voisin en faisant précéder le nom propre d'un article : *la Garbo*.

1. la saisie du visage humain : *el solo captar...*: à un substantif déverbal abstrait il est toujours préférable de substituer un infinitif donnant une représentation plus vive et plus concrète du processus. Var. : *la mera percepción del semblante humano*.

2. où l'on se perdait : ce *on* recouvre une grande généralité (n'importe quel spectateur) ; on aurait eu recours à SE si le verbe n'était pas lui-même pronominal, obligeant à faire usage de *uno*, d'une généralité moindre, puisque acquise par l'extension à partir d'une unité indéfinie.

la de su perfección intelectual, más aún que plástica. Oscureción poco a poco la Esencia, y fue velándose con gafas, capellinas y exilios; pero nunca se alteró.

Sin embargo, en aquel semblante divinizado, se esboza algo más agudo que una máscara: una especie de relación voluntaria, humana pues, entre la curva de las aletas de la nariz y el arco de las cejas, una función excepcional, sin par, entre dos zonas de la cara; la máscara no es más que conjunto de líneas, mientras que el semblante es ante todo evocación temática de unas a otras. El semblante de Garbo representa ese frágil instante en que el cine está para extraer una belleza existencial de una belleza esencial, en que el arquetipo va a orientarse hacia fascinantes y perecederas figuras, en que la claridad de las esencias carnales ha de dejar sitio a una lírica de la mujer.

Como momento de transición, el semblante de Garbo concilia dos edades iconográficas, y lleva a cabo el paso del terror al encanto. Sabido es que hoy estamos al otro extremo de esta evolución: el semblante de Audrey Hepburn, por ejemplo, lo individualiza no sólo su temática particular (mujer-niña, mujer-gata), sino también su persona, una especificación casi única del semblante, el cual ya no tiene nada de esencial, sino que lo constituye una infinita complejidad de las funciones morfológicas. Como lenguaje, la singularidad de Garbo era de orden conceptual, la de Audrey Hepburn es de orden substancial. El semblante de Garbo es Idea, el de Hepburn es Evento.

18. COMMENTAIRES

3. où l'on se perdait : l'antécédent du relatif ne relevant pas d'une représentation d'espace ordinaire, mais d'un espace notionnel (toute cette phrase suppose une spatialisation des notions), il est préférable c'user de *en que* à l'exclusion de *donde*.

4. c'est sans doute un admirable... : *sin duda es de admirar*. La locution *ser de* + infinitif est à peu près équivalente à l'adjectif dérivé en -*ble*, exprimant le possible, lorsqu'il existe : *es de notar = es notable, es deseable = es de desear*. Var. : *digno de admiración*.

5. film que l'on a revu : *filme que han vuelto a poner*. Var. : *película que se ha vuelto a dar. Filme* (ou *film*) : gallicisme, propre au journalisme et à la critique ; le terme courant reste *película*.

18. COMMENTAIRES

6. dans le lisse et le friable : substantivation d'adjectifs que seul peut opérer « l'article » *lo* en espagnol.

7. rejoint la face farineuse : *i.e.* se rapproche de : *se asemeja a.*

8. le film prête à cette indivision : prêter à : donner matière à : *da lugar a, se presta a, contribuye a.*

9. aucune performance de travesti : travesti désigne ici l'acteur, généralement masculin, qui se déguise pour jouer un rôle féminin. Les termes espagnols *travestí (i)* et *travestido* (substantifs) désignent l'homosexuel habillé en femme.

10. descendue d'un ciel : var. : *caída de un cielo*. L'emploi adjectival des participes passés de verbes intransitifs est très délicat. Il semble que les verbes moyens impliquant deux états ou deux positions du sujet, et donc la conception d'un état résultatif, s'y prêtent seuls à l'exclusion des autres intransitifs. Cf. 31/18.

11. où les choses sont formées : *plasmar.* «dar forma concreta o sensible a una cosa inmaterial» (Moliner).

12. il ne fallait pas que... il fallait que : rappelons qu'à la différence de *hay que*, qui ne peut se construire qu'avec un infinitif et qui, par conséquent, ne peut exprimer la nécessité que sur le mode impersonnel, **il faut**, qui admet de se construire avec une proposition complétive, permet aussi de signifier toutes les nuances de l'obligation personnelle. On peut donc selon les cas recourir, soit à une expression de nécessité acceptant une complétive (*es preciso, necesario que* +

18. COMMENTAIRES

verbe conjugué), soit à un verbe signifiant l'obligation (*deber, tener que, haber de,* etc.).

13. quelque chose de plus aigu : *algo más agudo*: cf. *infra*, note 16 ; sur l'absence de préposition, cf. 1/22. **Se dessine** : var. : *se trasluce*.

14. une fonction rare, individuelle : il faut rendre la gradation sémantique du peu commun au singulier : *una función rara, individual; excepcional, sin par (señera)*.

15. figures périssables : il s'agit à la fois de personnages, personnalités et visages ; *figura* est capable de la même multilogie.

16. plus rien d'essentiel : *nada de esencial*: sur l'usage de la préposition, cf. 1/22

17. celui de Hepburn est Événement : *Evento:* la majuscule marque que l'on est dans l'ordre de la philosophie ; *acontecimiento* serait trop banal, *suceso* peut-être ambigu. Antonio Machado, dans *Juan de Mairena*, se moque de ce genre d'affectation pédante :
«—Señor Pérez, salga usted a la pizarra y escriba: ''Los eventos consuetudinarios que acontecen en la rúa''. El alumno escribe lo que se le dicta.
—Vaya usted poniendo eso en lenguaje poético.
El alumno, después de meditar, escribe: ''Lo que pasa en la calle''. Mairena:
— No está mal.»

19. L'apprenti voleur

Mais maintenant le patron dit que je suis trop vieux pour mendier [1], il dit que ça c'est bon pour les petits [2], et pour les filles, mais il veut que je travaille sérieusement [3], il m'apprend à piquer [4] dans les poches, dans les magasins, dans les marchés. Tiens, tu vois, ce complet veston, cette chemise, ces chaussures, tout ça il l'a piqué pour moi dans un magasin, pendant que je faisais le guet. Tout à l'heure, si tu avais voulu, tu aurais pu partir avec tes nippes pour rien, c'est facile, tu n'avais qu'à choisir [5], et moi je te les faisais passer, je connais les trucs. Par exemple, pour les portefeuilles, il faut être deux [6], il y en a un qui prend et il passe tout de suite à l'autre, pour ne pas se faire prendre avec [7]. Le patron dit que je suis doué pour ce métier [8], parce que j'ai les mains longues et souples. Il dit que c'est bien pour faire de la musique [9] ou pour voler. Maintenant, on est trois à faire ça, avec la fille d'Anita, on visite les super, un peu partout [10]. Quelquefois, le patron dit à Anita, allez, on va faire les courses au supermarché, alors il prend deux garçons, et quelquefois la fille d'Anita et un garçon, eh bien, le garçon c'est toujours moi. Tu sais, les super, c'est très grand, il y a tellement d'allées que tu peux te perdre, avec des choses à manger, des vêtements, des chaussures, des savons, des disques, tout. Alors, à deux, on travaille vite. On a un sac à double fond pour les choses les plus petites, pour les choses à manger, et le reste c'est Anita qui le met sur son ventre, elle a un truc rond qu'elle met sous sa robe comme si elle était enceinte, et le patron, lui, il a un imperméable avec des poches partout à l'intérieur, alors on ramasse tout ce qu'on veut et on s'en va ! Tu sais, au début, j'avais peur de me faire pincer, mais ce qu'il faut, c'est choisir le bon moment, et ne pas hésiter. Si tu hésites [11], tu te fais repérer [12] par les surveillants. Maintenant, je reconnais très bien les surveillants, même de très loin, ils ont tous la même façon de marcher, de regarder [13] du coin de l'œil, je pourrais les reconnaître à un kilomètre. Moi, ce que je préfère, c'est travailler dans la rue, avec les bagnoles. Le patron dit qu'il va m'apprendre à travailler sur les bagnoles, c'est sa spécialité. [...] Le patron veut que j'apprenne aussi à faire les serrures des portes des maisons, les villas [14] riches, par ici, près de la mer, il dit qu'à deux, on pourrait faire du bon boulot [15], parce qu'on est légers et qu'on sait bien grimper aux murs. [...] Mais il faut savoir tout avant de commencer, sinon on se fait prendre. Pour entrer, d'abord, il faut savoir trouver la bonne fenêtre, et puis grimper, sur un arbre, ou bien avec la gouttière. Il ne faut pas avoir le vertige.

19. El aprendiz de ladrón

Pero ahora el jefe dice que soy demasiado viejo para pedir, dice que eso es cosa de chiquillos y de chicas, pero quiere que yo trabaje de verdad y me enseña a mangar en los bolsillos, en los almacenes, en los mercados. Mira, ¿ves este terno, esta camisa, estos zapatos? Pues todo eso él lo ha afanado para mí en un almacén mientras yo estaba vigilando. Hace un rato, si hubieras querido, podías llevarte los trapos de balde, es fácil, tú elegías nada más y yo te los sacaba, que yo me sé todos los trucos. Por ejemplo, para lo de las carteras hay que ser dos, hay uno que coge y pasa enseguida al otro, para que no le pillen in fraganti. El jefe dice que se me da bien el oficio, porque las manos las tengo largas y sueltas. Dice él que son para tocar música o robar. Ahora ya somos tres los que lo hacemos, con la hija de Anita, visitamos los súper por ahí. A veces el jefe le dice a Anita, venga, nos vamos de compras al supermercado, y entonces elige a dos chicos, y a veces a la hija de Anita y a un chico, y bueno el chico siempre soy yo. Los súper son muy grandes, ¿sabes?, y hay tantas secciones que te puedes perder, con comestibles, vestidos, zapatos, jabones, discos, de todo. Por eso entre los dos trabajamos rápido. Tenemos un bolso de doble fondo para las cosas más pequeñas, para lo que se come, y lo demás es Anita la que se lo pone sobre la tripa, tiene un chisme redondo que se pone debajo del vestido como si estuviera embarazada, mientras que el jefe lleva una gabardina llena de bolsillos por dentro, y entonces cepillamos todo lo que queremos y nos vamos. Oye, sabes que al principio tenía miedo de que me pillaran, pero lo que hay que hacer es escoger el buen momento y no vacilar. Como dudes, te fichan los vigilantes. Ahora ya no me cuesta nada reconocer a los vigilantes, incluso desde muy lejos, pues todos tienen el mismo andar, el mismo mirar de reojo, de modo que podría conocerlos a un kilómetro. Yo lo que prefiero es trabajar en la calle con los carros. Dice el jefe que me va a enseñar a trabajar con los carros, porque es ésa su especialidad. [...] El jefe quiere que aprenda también a forzar las cerraduras de las puertas de las casas, de los chalés ricos, por aquí cerca del mar, dice que entre los dos podríamos hacer un buen trabajo porque somos ligeros y sabemos trepar con agilidad a las paredes.[...] Pero hay que saberlo todo antes de empezar, si no te pillan. Para entrar, primero hay que saber dar con la buena ventana, y luego trepar a un árbol, o bien por el canalón. No hay que tener vértigo, y tampoco hay que perder la cabeza, si llega la pasma, hay que quedarse inmóvil o esconderse

Et puis il ne faut pas s'affoler, si les flics arrivent [16], il faut rester immobile, ou se cacher sur le toit, parce que si tu pars en courant [17], on te rattrape en cinq sec [18]. Alors le patron, il nous montre tout ça, chez nous, à l'hôtel, il nous fait escalader la maison, il nous fait marcher sur le toit la nuit, il nous apprend même à sauter comme les parachutistes, ça s'appelle faire un roulé-boulé [19]. Mais il dit qu'on ne va pas rester indéfiniment là, qu'on va acheter une caravane et partir pour l'Espagne.

J.-M.G. Le Clézio
Désert
© Éditions Gallimard, 1980

19. COMMENTAIRES

TITRE : **L'apprenti voleur :** *el aprendiz de ladrón;* alors que la structure française fusionne les deux substantifs en un seul complexe où les deux éléments sont de même niveau syntaxique, la structure espagnole hiérarchise les deux éléments, le second servant à déclarer en quelque sorte la matière, le métier dans lequel on est apprenti. Var. : *el ladrón en cierne, en agraz, principiante.*

1. patron... mendier : var. : *patrón... pedir limosna, mendigar.*

2. c'est bon pour les petits : ça convient (revient) aux petits, c'est une pratique propre ou destinée aux enfants : *es cosa de chiquillos.* Var. : *es bueno para los chiquillos.*

3. que je travaille sérieusement : *trabajar en serio* signifierait « faire un travail avec sérieux », alors qu'ici il s'agit de travailler pour de bon, de faire un vrai travail : *trabajar de veras, de verdad.*

4. piquer : var. : *birlar, afanar.*

5. tu n'avais qu'à choisir : var. : *tú elegías no más; y nada más elegir tú...* **Je te les faisais passer :** var. : *yo los pasaba.*

6. il faut être deux : var. : *para las carteras hay que ir en parejas, lo de las carteras se hace entre dos.*

7. pour ne pas se faire prendre avec : var. : *coger en fragante, coger con las manos en la masa.*

8. je suis doué pour ce métier : *dársele bien a uno*: «resultar fácil para alguien una cosa por tener habilidad o aptitud para hacerla o aprenderla: *no se me da el latín; se le da bien escribir a máquina*» (Mol., *s.v. darse*). Var. : *tengo habilidad para el oficio.*

9. c'est bien pour faire de la musique : *son para tocar música.* C'est l'une des multiples acceptions de *ser para*: être fait pour, convenir pour, être destiné à.

10. un peu partout : le gamin prononcerait «*ay*» , variante diphtonguée populaire de *ahí*, générale dans toute l'aire hispanique. Var. : *aquí y allá.*

11. si tu hésites : *como dudes. Como* suivi du subjonctif présent est sensiblement équivalent à SI + indicatif présent. *Como*, explique M. Molho (*op. cit.*, p. 543), signifie ordinairement la cause

en el tejado, porque si sales corriendo, te alcanzan en un dos por tres. Entonces el jefe nos enseña todo eso, en casa, en el hotel, nos hace escalar la casa, andar por el tejado de noche, incluso nos enseña a saltar con una voltereta como los paracaidistas. Pero dice que no vamos a quedarnos aquí toda la vida, que vamos a comprar una caravana y nos iremos para España.

19. COMMENTAIRES

effective, suivi du mode indicatif. Suivi d'un subjonctif, il évoque «no ya una causa efectiva, sino una causa perspectivada, posible, virtual: *como repitas esas porquerías, te quemo la boca*». L'idée est donc celle d'une cause suffisante à produire un effet mais maintenue en hypothèse. On est tout proche de l'idée dite par *basta con que* + subjonctif.

12. tu te fais repérer : var. : *te filan los vigilantes*.

13. la même façon de marcher, de regarder : *el mismo andar, el mismo mirar de reojo;* l'infinitif espagnol est capable de pénétrer beaucoup plus loin dans le champ du substantif que l'infinitif français, ce qui le rend notamment apte à la substantivation et à une éventuelle pluralisation.

14. villas : var. : *torres*: «Aragón, Cataluña, Murcia: *Casa con huerto en las afueras de una población*». (Mol.)

15. boulot : var. : *curre, pringue*.

16. si es flics arrivent : var. : *si llega la bofia, la poli; si llegan los polis, los grises, los guris. Los maderos*: «débese el remoquete al color del uniforme (pantalón beige, camisa de igual color y cazadora marrón), del mismo modo que se llaman grises, también por el color indumentario a los Agentes de la Policía Armada, antecesora de la actual» (note de F. Tamayo à la pièce de José Luis Alonso de Santos, *Bajarse al moro*). Le terme est le plus fréquent aujourd'hui mais inadapté par ses connotations.

17. si tu pars en courant : var. : *si sales pitando, a todo trapo, a todo gas, a toda galleta, a toda pastilla, a toda leche*, etc.

18. on te rattrappe en cinq sec : *en menos que canta un gallo, en un abrir y cerrar de ojos, en un decir Jesús, en menos que se santigua un cura loco*, etc.

19. faire un roulé-boulé : *hacer una voltereta*. Contrairement au terme français, le terme espagnol n'est pas spécifique du parachutisme. On a donc effacé la mise en relief de l'équivalent espagnol dans la traduction.

20. Un mercredi orageux

Nous étions un mercredi [1]. Le lendemain, jour de congé, j'attendis que [2] mon père fût à Paris [3] pour prévenir ma mère. La perspective de quatre jours de trouble dans son ménage [4] l'alarma plus que la nouvelle. Puis je partis au bord de la Marne [5], où Marthe m'avait dit qu'elle me rejoindrait peut-être [6]. Elle n'y était pas. Ce fut une chance. Mon amour puisant [7] dans cette rencontre une mauvaise énergie, j'aurais pu, ensuite, lutter contre mon père ; tandis que l'orage éclatant [8] après une journée de vide, de tristesse, je rentrai le front bas [9], comme il convenait. Je revins chez nous un peu après l'heure où je savais que mon père avait coutume d'y être. Il « savait » donc. Je me promenai dans le jardin, attendant que mon père me fît venir [10]. Mes sœurs jouaient en silence. Elles devinaient quelque chose. Un de mes frères, assez excité par l'orage, me dit de me rendre dans la chambre [11] où mon père s'était étendu.

Des éclats de voix, des menaces [12], m'eussent permis la révolte. Ce fut pire. Mon père se taisait ; ensuite, sans aucune colère, avec une voix même plus douce que de coutume, il me dit :

— Eh bien, que comptes-tu faire maintenant ?

Les larmes qui ne pouvaient s'enfuir par mes yeux, comme un essaim d'abeilles, bourdonnaient dans ma tête. À une volonté, j'eusse pu opposer la mienne, même impuissante. Mais devant une telle douceur [13], je ne pensais qu'à me soumettre.

— Ce que tu m'ordonneras de faire [14].

— Non, ne mens pas encore. Je t'ai toujours laissé agir comme tu voulais ; continue [15]. Sans doute auras-tu à cœur [16] de m'en faire repentir.

Dans l'extrême jeunesse, l'on est trop enclin [17], comme les femmes, à croire que les larmes dédommagent de tout. Mon père ne me demandait même pas de larmes. Devant sa générosité, j'avais honte du présent et de l'avenir. Car je sentais [18] que quoi que je lui dise [19], je mentirais. « Au moins que ce mensonge le réconforte, pensai-je, en attendant de lui être [20] une source [21] de nouvelles peines. » Ou plutôt non, je cherche encore à me mentir [22] à moi-même. Ce que je voulais, c'était faire un travail, guère plus fatigant qu'une promenade [23], et qui laissât comme elle, à mon esprit, la liberté de ne pas se détacher de Marthe une minute. Je feignis de vouloir peindre et de n'avoir jamais osé le dire. Encore une fois, mon père ne dit

20. Un miércoles tormentoso

Estábamos a miércoles. El día siguiente era día de descanso y esperé a que mi padre estuviera en París para avisar a mi madre. La perspectiva de cuatro días de trastornos en sus quehaceres domésticos la alarmó más que la noticia. Luego, me fui a orillas del Marne, donde Marthe me había dicho que a lo mejor se reuniría conmigo. Allí no estaba. Afortunadamente. Como mi amor hubiera sacado de este encuentro unas energías negativas, yo hubiera podido, después, enfrentarme con mi padre; mientras que al estallar la tormenta tras un día vacío y triste, volví cabizbajo, como convenía. Regresé a casa poco después de la hora en que yo sabía que mi padre solía estar. De modo que estaba ya al tanto. Me paseé por el jardín, esperando a que mi padre me llamara. Mis hermanas jugaban en silencio. Sospechaban algo. Uno de mis hermanos, bastante excitado por la tormenta, me dijo que fuera a la habitación donde se había echado mi padre.

Las voces, las amenazas, me hubiesen permitido rebelarme. Pero fue peor. Mi padre callaba; después, sin ninguna cólera, con una voz incluso más dulce que de costumbre me dijo:

—Bueno a ver... ¿Qué piensas hacer ahora?

Las lágrimas que no podían escapar por mis ojos, me zumbaban en la cabeza, como un enjambre de abejas. Mi voluntad, aunque impotente, hubiera podido oponerse a otra. Pero ante semejante dulzura sólo procuraba someterme.

—Lo que tú me mandes.

—¡Por favor! No mientas otra vez, siempre te he dejado actuar a tu antojo, pues sigue haciéndolo. Seguramente que te empeñarás en que me arrepienta de ello.

Cuando uno es muy joven, es demasiado propenso a creer, como las mujeres, que las lágrimas lo compensan todo. Mi padre ni siquiera me pedía lágrimas. Frente a su generosidad me avergonzaba del presente y del porvenir. Pues yo intuía que, por más que yo le dijera, mentiría. «Por lo menos, que esta mentira le reconforte —pensé— hasta que sea para él una fuente de nuevos disgustos.» O mejor dicho no, todavía procuro mentirme a mí mismo. Lo que yo quería era dedicarme a un trabajo apenas más cansado que un paseo, y que como éste, dejara a mi espíritu la libertad de no separarse de Marthe ni por un minuto. Fingí querer pintar y jamás haberme atrevido a decirlo. Tampoco esta vez se opuso mi padre,

pas non, à condition que je continuasse d'apprendre chez nous ce que j'aurais dû apprendre au collège, mais avec la liberté de peindre.

Quand des liens ne sont pas encore solides, pour perdre quelqu'un de vue, il suffit de manquer une fois un rendez-vous. À force de penser à Marthe, j'y pensai de moins en moins. Mon esprit agissait, comme nos yeux agissent avec le papier des murs de notre chambre. À force de le voir, ils ne le voient plus.

Chose incroyable [24] ! J'avais même pris goût au travail. Je n'avais pas menti comme je le craignais.

Lorsque quelque chose, venu de l'extérieur [25], m'obligeait à penser moins paresseusement à Marthe, j'y pensais sans amour, avec la mélancolie que l'on éprouve pour ce qui aurait pu être. « Bah ! me disais-je, c'eût été trop beau. On ne peut à la fois choisir le lit et coucher dedans. »

Raymond RADIGUET
Le Diable au corps, 1923

20. COMMENTAIRES

1. **Nous étions un mercredi :** il s'agit de localiser un être sur un point du temps : *estar* (localisation) + A (le repère temporel sans étendue interdisant l'emploi de EN) ; comparer : *estamos en agosto*: *estamos a veintinueve de octubre, estamos a lunes*. La construction avec préposition interdit l'apparition de l'article et annule donc en espagnol l'opposition française : **être mercredi** vs **être un mercredi**. On emploiera *ser* dans l'expression de la date lorsqu'on définit un fragment du temps sans y localiser un être : *¿Cuándo fue la batalla? Era un miércoles, era el doce de julio*: **Quand a eu lieu la bataille ? C'était un mercredi, c'était le douze juillet.** *Hoy es miércoles, es el doce de julio.* **Jour de congé :** var. : *día de asueto*.

2. **j'attendis que :** distinguer entre *esperar que* (**espérer que**) et *esperar a que* (**attendre que**). Cf. 24/21.

3. **mon père fût à Paris :** la localisation d'un être dans l'espace impose *estar*: *estamos en Madrid* (cf. *supra*, note 1). Lorsque l'on définit un fragment de l'espace sans y localiser un être, on utilise *ser*: *¿Dónde fue la reunión? La reunión fue en el salón de actos.* **Où a eu lieu la réunion ? La réunion a eu lieu dans la salle des fêtes.** *El Señor Gómez, ¿es aquí? Sí, pero no está.* **Monsieur Gómez, c'est ici ? Oui, mais il n'est pas là.**

4. **trouble dans son ménage :** *trastornos en sus quehaceres domésticos*; on a pris le parti de croire qu'il s'agit ici des occupations domestiques, quoiqu'il pût fort bien s'agir de troubles dans les relations entre les parents du narrateur, aucun élément contextuel ne permettant de trancher.

5. **au bord de la Marne :** *a orillas del Marne*: rappelons que tous les noms

con tal que yo siguiera aprendiendo en casa lo que hubiera debido aprender en el colegio pero con toda libertad para pintar.

Cuando todavía no son fuertes unos vínculos, basta con faltar una vez a una cita para perder de vista a alguien. De tanto pensar en Marthe, fui pensando cada vez menos en ella. Mi espíritu actuaba como actúan nuestros ojos ante el papel de las paredes de nuestra habitación. De tanto verlo, ya no lo ven.

¡Qué cosa más increíble! Hasta me había aficionado al trabajo. No había mentido como me lo temía.

Cuando venía de fuera algo que me obligaba a pensar en Marthe con menos pereza, pensaba en ella sin amor, con la melancolía que uno experimenta por lo que hubiera podido ser. «¡Bah! me decía a mí mismo, hubiera sido demasiado bonito. No puede uno a la vez escoger la cama y acostarse en ella.»

20. COMMENTAIRES

propres de cours d'eau, de montagnes, de mers (qui sous-entendent les substantifs *río, monte, mar*) sont de genre masculin en espagnol ; cf. 3/5.

6. elle me rejoindrait peut-être : *a lo mejor* + indicatif, *acaso, quizás, tal vez* + subjonctif, lorsqu'ils précèdent le verbe. Lorsqu'ils sont postposés, le verbe est au mode indicatif, la modalité hypothétique étant exprimée à retardement, après l'énonciation du verbe : *quizás venga; vendrá quizás*. On notera cependant la possibilité d'user de l'indicatif après *quizás, tal vez*, lorsque l'on veut marquer une hypothèse plus légère : *No estoy reviviendo estos recuerdos; tal vez los estoy expiando* (Roa Bastos). Var. : *quizá se reuniera conmigo, quizás se juntara conmigo, nos encontraríamos quizás*.

7. mon amour puisant... : il s'agit d'une proposition subordonnée géron-

dive contenant son propre support agent (**mon amour**) ; l'espagnol connaît de telles propositions, mais il antépose le gérondif au support nominal : *pues sacando mi amor una energía negativa de aquel encuentro*. On observe la même postposition du support dans les propositions participiales : *terminada la fiesta, volvieron a casa*. La valeur sémantique de cette proposition gérondive est de cause virtuelle (la principale déclarant un irréel du passé : **j'aurais pu**). On peut donc la remplacer par une subordonnée causale au subjonctif : *como mi amor hubiera sacado*. Var : *de haber sacado mi amor...*

8. tandis que, l'orage éclatant : toute cette phrase est en opposition sémantique avec la précédente : **tandis que** = *mientras que, por el contrario*. La subordonnée gérondive est dans la dépendance d'un fait conçu comme réel et

20. COMMENTAIRES

énoncé à l'indicatif (**je rentrai**) et exprime une circonstance secondaire (temporelle), de ce fait, sans valeur causale marquée : *al estallar la tormenta* signifie la coïncidence temporelle des deux événements. Var. : *como estallaba la tormenta*.

9. le front bas : *cabizbajo*, évoque une attitude morale de soumission ; le syntagme circonstanciel marquant une attitude, une manière d'être, l'espagnol l'assimile à l'instrumental : prép. CON. Var. : *con la cabeza gacha, con la frente baja, gacha la cabeza*. Dans cette dernière structure, noter la postposition du substantif, comparable à celle que l'on observe dans une proposition participiale ou gérondive (cf. *supra*, note 5).

10. que mon père me fît venir : la traduction la plus exacte de **faire venir** est simplement : *llamar*, l'opération en cause ne réclamant pas que l'on suppose l'intervention d'un tiers. Cette intervention, il n'est cependant pas interdit de la concevoir — pour faire venir quelqu'un, on peut le faire appeler par un autre, et c'est d'ailleurs ce que l'on apprend ensuite mais que l'on ignore à ce moment de la lecture —, et l'on traduira : *me mandara llamar* (le tiers anonyme appelant le narrateur). On peut aussi donner à **faire** un sens injonctif fort et traduire : *me mandara entrar* (= m'ordonnât d'entrer ; le tiers intermédiaire est alors exclu).

11. me dit de me rendre dans la chambre : *me dijo que fuera a la habitación*. Les verbes exprimant un ordre, une prière, supposent une distinction entre donneur d'ordre et exécutant, et donc souvent une différence de rang personnel entre eux : cette différence doit être marquée dans la morphologie du verbe dépendant, d'où le recours obligé à une subordonnée complétive (au subjonctif, un ordre impliquant une visée hypothétique de son contenu). Veiller à observer la concordance des temps : *dijo* > *fuera*. *Ir*. verbe de mouvement, construit son complément locatif avec prép. A.

12. des éclats de voix, des menaces : *las voces, las amenazas*; l'article indéfini pluriel français, lorsqu'il ne signifie pas une collection limitée d'êtres ou d'objets, a pour équivalent l'article zéro. Il est cependant difficile d'embrayer une phrase sur un substantif dépourvu d'article. La seule solution est donc ici de recourir à l'article défini, qui présuppose déjà connu du locuteur, ou conçu par lui, ce qu'il introduit : *las voces, las amenazas* signifient donc : **les éclats de voix, les menaces** (que j'avais imaginés).

13. à une volonté... devant une telle douceur : la structure inversée de la phrase française (objet indirect/verbe/objet direct) est par trop choquante en espagnol. On l'a donc modifiée en faisant de l'objet direct le sujet de la phrase espagnole.

14. ce que tu m'ordonneras de faire : s.e. je ferai ; il s'agit donc d'une subordonnée relative au futur dans la dépendance (mentale) d'une principale conçue comme future ; l'antécédent de la relative (**ce que**) étant totalement indéfini et projeté dans le futur, le verbe sera au subjonctif présent. Ex. : *los que lleguen antes podrán tener los mejores asientos*. Cf. 2/14.

15. continue : s.e. à agir ainsi ; on complétera donc l'auxiliaire par le gérondif implicite : *entonces sigue haciéndolo*. *Sigue*, employé seul pourrait être compris : **continue** (de parler).

16. sans doute auras-tu à cœur = sans doute mettras-tu toute ton énergie à : *te empeñarás en, pondrás empeño en*.

20. COMMENTAIRES

17. l'on est trop enclin : on recouvre ici une expérience personnelle du moi narrateur : *uno*.

18. quoi que je lui dise : il s'agit d'une relative, dont l'antécédent est indéfini (= quel que fût le contenu de mes paroles), à ne pas confondre avec **quoique** (en un seul mot), conjonction introduisant une concessive : **quoique** (= bien que) **je lui dise la vérité, il ne me croit pas.** Var. : *cualquier cosa que yo le dijera*.

19. je sentais : non pas *sentir* (= *experimentar*, **ressentir** ; ou *lamentar*, **regretter, déplorer**), mais *intuir, adivinar, presentir*.

20. en attendant de lui être : en attendant de est ici une locution adverbiale, signifiant simplement : **avant de** : *antes de ser, hasta que* + *subj., en espera de ser*. Le verbe **être** se dit de **mensonge** et non pas du moi narrateur !

21. lui être une source = être pour lui : *ser para él* et non pas *serle* qui ne peut s'employer qu'avec un adjectif attribut : *le fue difícil levantarse*.

22. je cherche encore à me mentir : chercher à = essayer de : *intentar, tratar de, probar a, procurar;* **buscar** = **chercher** (dans l'espace ou dans un espace mental) ne peut en aucun cas admettre un infinitif objet direct.

23. guère plus fatiguant qu'une promenade : var. : *que no cansara mucho más que un paseo*.

24. Chose incroyable ! : il est fréquent de renforcer une exclamation portant sur un groupe substantif + adjectif, au moyen de *más* ou de *tan* : *¡Qué cosa más increíble! ¡Qué cosa tan rara!* L'accent sémantique porte alors sur l'adjectif. Var. : *¡Parecía mentira!*

25. venu de l'extérieur : sur l'adjectivation des participes passés de verbes intransitifs, cf. 31/18.

21. Un écrivain en herbe

Charles Schweitzer ne s'était jamais pris pour [1] un écrivain mais la langue française l'émerveillait encore, à soixante-dix ans, parce qu'il l'avait apprise difficilement et qu'elle ne lui appartenait pas tout à fait [2] : il jouait avec elle, se plaisait aux mots, aimait à les prononcer et son impitoyable diction ne faisait pas grâce d'une syllabe [3] ; quand il avait le temps, sa plume les assortissait en bouquets. Il illustrait volontiers les événements de notre famille et de l'Université par des œuvres de circonstance [4] : vœux de nouvel an, d'anniversaire, compliments [5] aux repas de mariage, discours en vers pour la Saint-Charlemagne, saynètes, charades, bouts-rimés [6], banalités affables [7] ; dans les congrès, il improvisait des quatrains [8], en allemand et en français.

Au début de l'été nous partions pour Arcachon, les deux femmes et moi, avant que mon grand-père eût terminé ses cours. Il nous écrivait trois fois la semaine [9] : deux pages pour Louise, un post-scriptum [10] pour Anne-Marie, pour moi toute une lettre en vers. Pour me faire mieux goûter mon bonheur ma mère apprit et m'enseigna les règles de la prosodie. Quelqu'un me surprit à gribouiller [11] une réponse versifiée, on me pressa de l'achever [12], on m'y aida. Quand les deux femmes envoyèrent la lettre, elles rirent aux larmes [13] en pensant à la stupeur du destinataire. Par retour du courrier je reçus un poème à ma gloire ; j'y répondis par un poème. L'habitude était prise, le grand-père et son petit-fils s'étaient unis par un lien nouveau ; ils se parlaient, comme les Indiens, comme les maquereaux de Montmartre, dans une langue interdite aux femmes. On m'offrit un dictionnaire de rimes, je me fis versificateur : j'écrivais des madrigaux pour Vévé, une petite fille blonde qui ne quittait pas sa chaise longue et qui devait mourir [14] quelques années plus tard. La petite fille s'en foutait [15] : c'était un ange ; mais l'admiration d'un large public me consolait de cette indifférence. J'ai retrouvé quelques-uns de ces poèmes. Tous les enfants ont du génie, sauf Minou Drouet, a dit Cocteau en 1955. En 1912, ils en avaient tous sauf moi [16] : j'écrivais par singerie, par cérémonie, pour faire la grande personne : j'écrivais surtout parce que j'étais le petit-fils de Charles Schweitzer. On me donna les *Fables* de La Fontaine ; elles me déplurent : l'auteur en prenait à son aise [17] ; je décidai de les récrire en alexandrins. L'entreprise dépassait mes forces et je crus remarquer qu'elle faisait sourire : ce fut ma dernière expérience poétique. Mais j'étais lancé : je passai des vers à la prose et n'eus pas la moindre peine à réinventer par écrit les aventures passionnantes que

21. Un escritor en cierne

Charles Schweitzer nunca había presumido de escritor pero la lengua francesa seguía maravillándole, a sus setenta años, porque la había aprendido con dificultad y no la dominaba del todo: jugaba con ella, disfrutaba con las palabras, le gustaba pronunciarlas y su despiadada pronunciación no perdonaba ni una sílaba; cuando le daba tiempo, su pluma componía ramilletes con ellas. Gustoso ilustraba los acontecimientos de nuestra familia y de la Universidad con obras de circunstancias: felicitaciones de año nuevo, de cumpleaños, brindis en las comidas de bodas, discursos en verso el día de San Carlomagno, sainetes, charadas, versos de pie forzado, trivialidades simpáticas; en los congresos, improvisaba unos cuartetos, en alemán y en francés.

Al principio del verano, antes de que mi abuelo finalizara el curso, las dos mujeres y yo salíamos para Arcachon. Él solía escribirnos tres veces a la semana: dos páginas para Louise, una postdata para Anne-Marie y para mí una carta entera en verso. Para que yo apreciara mejor mi suerte, mi madre estudió y me enseñó las reglas de la prosodia. Alguien me sorprendió mientras garabateaba una respuesta versificada, me instaron a que la terminara, me ayudaron. Cuando ambas mujeres echaron la carta, se partieron de risa pensando en el asombro del destinatario. Recibí a vuelta de correo un poema en mi honor, contesté con otro poema. Ya era una costumbre, el abuelo y el nieto se habían unido con un nuevo lazo; se hablaban, como los indios, como los chulos de Montmartre, en una jerga prohibida para las mujeres. Me regalaron un diccionario de rimas y me hice versificador: escribía madrigales para Vévé, una niña rubia que no abandonaba su tumbona y que moriría unos años después. A la niña le importaban un bledo mis poemas: era un angelito; pero la admiración demostrada por un amplio público me consolaba de esa indiferencia. He dado con algunos de esos poemas. Cocteau dijo en 1955 que todos los niños menos Minou Drouet son genios. En 1912 lo eran todos menos yo: escribía por tonta imitación, por ritual, para dármelas de persona mayor: escribía sobre todo porque era el nieto de Charles Schweitzer. Me dieron las fábulas de La Fontaine; no me gustaron: el autor se lo había tomado con demasiada tranquilidad; decidí volver a escribirlas en alejandrinos. Aquella empresa superaba mis fuerzas y creí notar que daba que sonreír: aquélla fue mi última experiencia poética. Pero ya estaba lanzado: cambié los versos por la prosa y no me costó ningún trabajo inventar

je lisais dans *Cri-Cri*. Il était temps [18] : j'allais découvrir l'inanité de mes songes. Au cours de mes chevauchées fantastiques, c'était la réalité que je voulais atteindre. Quand ma mère me demandait, sans détourner les yeux de sa partition [19] : « Poulou, qu'est-ce que tu fais ? » il m'arrivait parfois de rompre mon vœu de silence et de lui répondre : « Je fais du cinéma. » En effet, j'essayais d'arracher les images de ma tête et de les *réaliser* hors de moi, entre de vrais meubles et de vrais murs, éclatantes et visibles autant que [20] celles qui ruisselaient sur les écrans. Vainement ; je ne pouvais plus ignorer ma double imposture : je feignais d'être un acteur feignant d'être un héros.

À peine eus-je commencé d'écrire, je posai ma plume pour jubiler [21]. L'imposture était la même mais j'ai dit que je tenais les mots pour la quintessence des choses. Rien ne me troublait plus que de voir mes pattes de mouche échanger peu à peu [22] leur luisance de feux follets contre la terne consistance de la matière : c'était la réalisation de l'imaginaire [23]. Pris au piège de la nomination, un lion, un capitaine du second Empire, un Bédouin s'introduisaient dans la salle à manger : ils y demeureraient à jamais captifs, incorporés par les signes ; je crus avoir ancré mes rêves dans le monde par les grattements [24] d'un bec d'acier. Je me fis donner un cahier, une bouteille d'encre violette, j'inscrivis sur la couverture : « Cahier de romans ».

Jean-Paul SARTRE
Les Mots
© Éditions Gallimard, 1964

21. COMMENTAIRES

1. **ne s'était jamais pris pour** : var. : *nunca se había tomado por un escritor.*

2. **elle ne lui appartenait pas tout à fait** : var. : *sin que fuera totalmente suya, sin que le perteneciera del todo.*

3. **son impitoyable diction ne faisait pas grâce d'une syllabe** : *no perdonaba ni una sílaba.* **Faire grâce de** = dispenser de, ne pas imposer (ou réclamer) à l'autre une chose pesante ou désagréable : je vous fais grâce du détail ! L'idée est donc ici que le grand-père n'épargnait aucune syllabe (il les déformait toutes) en cherchant à les prononcer toutes distinctement ; impitoyable avec les mots, il l'était aussi avec l'auditeur auquel il infligeait sa prononciation. Var. : *no omitía ni una sílaba.*

4. **œuvres de circonstance** : *obras de circunstancias.* On notera le « s », pseudo-marque de pluriel. On dit aussi par exemple : vivre en province : *vivir en provincias.* Ici non plus, nulle idée de pluriel : il s'agit vraisemblablement d'un « s » paragogique, analogique du « s » des locutions adverbiales du type préposition + subst. ou adj. : *a gatas, a escondidas.*

5. **compliments** : « petit discours

de nuevo por escrito las apasionantes aventuras que leía en *Cri-Cri*. Ya era hora: iba a descubrir lo vanos que eran mis sueños. Durante mis cabalgadas fantásticas, yo quería alcanzar la realidad. Cuando me preguntaba mi madre, sin dejar de mirar la partitura: «Poulou, ¿qué estás haciendo?» a veces ocurría que rompiese mi voto de silencio y contestase: «Estoy haciendo cine». En efecto, trataba de arrancar las imágenes de mi cabeza y *realizarlas* fuera de mí, entre verdaderos muebles y verdaderas paredes, tan deslumbrantes y visibles como las que chorreaban en las pantallas. En balde; ya no podía ignorar mi doble impostura: fingía ser un actor que fingía ser un héroe.

Apenas hube comenzado a escribir cuando solté la pluma con júbilo. Seguía siendo la misma impostura pero como ya lo he dicho consideraba las palabras como la quintaesencia de las cosas. Nada me emocionaba más que ver cómo mis garabatos iban cambiando su brillo de fuegos fatuos por la apagada consistencia de la materia: era la realización de lo imaginario. Tras caer en la trampa de la designación, un león, un capitán del segundo imperio, un beduino se introducían en el comedor: allí permanecerían para siempre cautivos, incorporados por los signos; me figuré haber anclado mis sueños en el mundo con los arañazos de una pluma de acero. Hice que me regalaran un cuaderno, un frasco de tinta violeta, escribí en la tapa: «Cuaderno de novelas».

21. COMMENTAIRES

adressé à quelqu'un que l'on veut complimenter. Compliment en vers. Réciter, débiter un compliment » (Robert). Pendant un repas : *brindis (brindar*: lever son verre, porter un « toast » en l'honneur de quelqu'un, à l'occasion d'une fête ou d'un repas de fête). En d'autres contextes : *elogio, encomio, alabanza, panegírico*, etc.

6. **bouts-rimés** : « pièce de vers composée sur des rimes données » (Robert).

7. **banalités affables** : *i.e.* aimables, gracieuses, bienveillantes : *trivialidades amables, simpáticas*.

8. **quatrains** : dans la mesure où rien ne nous renseigne sur le mètre utilisé, nous pouvons aussi bien traduire par *cuarteta* que par *cuarteto*. La distinction entre les deux types de strophe tient au choix du mètre. Ainsi la *cuarteta* utilise le *verso de arte menor* (de deux à huit syllabes), le plus souvent des octosyllabes à rimes consonantes croisées (abab). Lorsque les rimes sont embrassées (abba), il s'agit d'une *redondilla*. Le *cuarteto* est un quatrain qui utilise le *verso de arte mayor* (plus de huit syllabes), le plus souvent hendécasyllabique et à rimes consonantes embrassées ; lorsqu'elles sont croi-

21. COMMENTAIRES

sées on parle de *serventesio*. Rappelons enfin que la *cuaderna vía* est un quatrain d'origine médiévale constitué par quatre *alejandrinos* (14 syllabes) avec une même rime consonante à chaque vers.

9. trois fois la semaine : expression marquant la périodicité : prép. A ; cf. 5/3.

10. un post-scriptum : *un post scríptum (postscriptum, post scriptum), una postdata (posdata)* ; abréviation : *P.D.*

11. quelqu'un me surprit à gribouiller : var. : *me sorprendió garabateando*; le gérondif est ici possible si l'on considère *sorprender* comme un verbe de perception (cf. 4/2).

12. on me pressa de l'achever : var. : *me incitaron a que la acabara.*

13. elles rirent aux larmes : var. : *descoyuntarse de risa, desternillarse de risa* (**se tordre de rire**), *estallar, mondarse, morirse de risa* (**éclater de rire, être mort de rire**), *estar reventando de risa, caerse de risa, retorcerse, troncharse de risa.* Toutes ces expressions sont familières.

14. devait mourir : l'expression du futur dans le passé peut se rendre par un conditionnel ou par *haber de* à l'imparfait suivi de l'infinitif (futur périphrastique) : *moriría/había de morir.*

15. la petite fille s'en foutait : syn. : *importarle un comino, tres pepinos, un pito, dejar frío* (**ne faire ni chaud ni froid**).

16. tous sauf moi : *todos menos yo.* Rappelons qu'un certain nombre de prépositions refusent la forme tonique prépositionnelle du pronom : *según yo, excepto (salvo, menos) tú, hasta tú* (= **même toi** : à distinguer de *hasta ti* dans : *la noticia llegó hasta tì*), *incluso yo, entre tú y yo.* Les formes pronominales utilisées ici ne sont pas les pronoms « sujets » — quoiqu'ils aient la même forme —, mais les noms propres des deux premières personnes. Ces noms propres ont pour équivalents **moi** et **toi** : *yo soy Paco:* **moi je suis Paco** ; *soy yo quien:* **c'est *moi* qui** ; *tú eres Pili:* ***toi* tu es Pili** ; *eres tú quien:* **c'est *toi* qui**. La difficulté pour le francophone vient du fait que le nom propre de la personne interlocutive est physiquement identique à la forme en fonction postprépositionnelle : **c'est moi/pour moi ; c'est toi/pour toi**. D'où la difficulté à distinguer la différence d'intégration sémantique entre : **selon moi et pour moi** / *según yo, para mí*. Sans entrer dans le détail de la mécanique mentale qui oblige à adopter les formes *yo/tú* à l'exclusion de *mí/ti*, on notera simplement que les prépositions en cause — qui signifient presque toutes la présence ou l'absence de la personne dans une série [moi inclus, sauf moi] — impliquent une représentation de l'essence de la personne (saisie globale de l'être) hors de toute considération circonstancielle. Les autres prépositions (*por mí, para mí, a mí, de mí*) imposent au contraire une représentation de la personne à l'intérieur de circonstances temporelles ou spatiales, une représentation existentielle de la personne. La personne fonctionne alors comme limite de départ ou d'arrivée de l'opération déclarée par le verbe : *lo hice por ti, me lo dijo a mí.* On remarquera d'ailleurs que des syntagmes tels que : *según yo, hasta tú, menos tú*, sont totalement autonomes par rapport au verbe, soit qu'ils constituent le sujet logique (thème) de l'énoncé : *hasta tú lo sabías*, soit qu'ils forment une incise : *según yo, ha empeorado la situación política.*

17. en prenait à son aise : var. : *se tomaba demasiadas libertades.*

18. il était temps : j'allais découvrir l'inanité de mes songes : *i.e.* le moment

21. COMMENTAIRES

était venu pour moi de découvrir la vacuité et la futilité de l'imaginaire enfantin. Au moment où il s'aperçoit avec déception que ses jeux ne lui permettent pas de donner corps à ses songes, l'auteur découvre que les mots sont capables de matérialiser ses phantasmes, par leur effet de réel. On rend le substantif abstrait **l'inanité** par l'adjectif substantivé au moyen de *lo: lo vanos, lo fútiles que eran mis sueños.*

19. sans détourner les yeux de sa partition : var. : *sin apartar la mirada de la partitura.*

20. éclatantes et visibles autant que = *aussi éclatantes et visibles... que :* tan... como (attention à l'apocope de *tanto* devant adjectif, cf. 12/1).

21. À peine... je posai ma plume pour jubiler : *pour jubiler* ne signifie pas ici le but, mais une simple coïncidence temporelle entre les deux opérations : à peine eus-je écrit quelques mots, je ressentis une jubilation qui me fit poser ma plume. Sur la présence ou l'absence de *cuando* dans le second membre de la corrélation, cf. 1/26.

22. voir mes pattes de mouche échanger peu à peu : *ir +* gérondif signifie un processus graduel et cumulatif et convient donc ici (cf. 14/23).

23. l'imaginaire : *lo imaginario; imaginario* est adjectif en espagnol et ne peut donc être substantivé qu'au moyen du neutre *lo.*

24. grattements : le terme **grattements** permet d'annoncer et de réactiver la catachrèse **bec** afin de l'animaliser davantage. Aussi, plutôt que d'employer *raspear* qui n'a pas de déverbal et qui évoque le bruit d'une plume qui écrit mal, nous préférons le terme *arañazos* justifié par l'activité frénétique de l'écrivain en herbe et de la pointe de sa plume. Var. : *raspeando con una pluma de acero.*

22. Tel père, tel fils

Mes chers amis, je vous savais fidèles [1]. À mon appel vous êtes accourus [2], tout comme j'eusse fait au vôtre. Pourtant voici trois ans que vous ne m'aviez vu [3]. Puisse votre amitié, qui résiste si bien à l'absence, résister [4] aussi bien au récit que je veux vous faire. Car si je vous appelai brusquement, et vous fis voyager jusqu'à ma demeure lointaine, c'est pour vous voir [5], uniquement, et pour que vous puissiez m'entendre [6]. Je ne veux pas d'autre secours que celui-là [7] : vous parler. Car je suis à tel point de ma vie que je ne peux plus dépasser. Pourtant ce n'est pas lassitude. Mais je ne comprends plus. J'ai besoin... J'ai besoin de parler, vous dis-je. Savoir se libérer n'est rien [8] ; l'ardu, c'est savoir être libre. — Souffrez que je parle de moi ; je vais vous raconter ma vie, simplement, sans modestie et sans orgueil, plus simplement que si je parlais à moi-même. Écoutez-moi [9] : [...]

Mon père était, comme l'on dit [10], « athée » ; du moins je le suppose, n'ayant, par une sorte d'invincible pudeur que je crois bien qu'il partageait, jamais pu causer [11] avec lui de ses croyances. Le grave enseignement huguenot [12] de ma mère s'était, avec sa belle image, lentement effacé en mon cœur ; vous savez que je la perdis jeune [13]. Je ne soupçonnais pas encore combien cette première morale d'enfant nous maîtrise [14], ni quels plis elle laisse à l'esprit. Cette sorte d'austérité dont ma mère m'avait laissé le goût en m'en inculquant les principes, je la reportai toute à l'étude. J'avais quinze ans quand je perdis ma mère ; mon père s'occupa de moi, m'entoura et mit sa passion à m'instruire [15]. Je savais déjà bien le latin et le grec [16] ; avec lui j'appris vite l'hébreu, le sanscrit et enfin le persan et l'arabe. Vers vingt ans, j'étais si chauffé [17] qu'il osait m'associer à ses travaux. Il s'amusait à me prétendre son égal [18] et voulut m'en donner la preuve. L'*Essai sur les cultes phrygiens*, qui parut sous son nom, fut mon œuvre ; à peine l'avait-il revu ; rien jamais ne lui valut tant d'éloges [19]. Il fut ravi. Pour moi, j'étais confus de voir cette supercherie réussir. Mais désormais je fus lancé [20]. Les savants les plus érudits me traitaient comme leur collègue. Je souris maintenant de tous les honneurs qu'on me fit... Ainsi j'atteignis vingt-cinq ans, n'ayant presque rien regardé que des ruines ou des livres, et ne connaissant rien de la vie ; j'usais dans le travail une ferveur singulière [21]. J'aimais quelques amis (vous en fûtes), mais plutôt l'amitié qu'eux-mêmes ; mon dévouement pour eux était grand, mais c'était besoin de noblesse ; je chérissais en moi chaque beau sentiment. Au demeurant,

22. De tal padre, tal hijo

Queridos amigos, no dudaba de vuestra fidelidad. Acudisteis a mi llamada sin tardar, así como yo acudiera a la vuestra, y eso que llevabais tres años sin verme. ¡Ojalá vuestra amistad, que tan bien resiste a la ausencia, resista con igual firmeza al relato que os quiero hacer! Pues si os llamé de sopetón y os hice viajar hasta mi lejana morada, fue por veros, nada más, y para que pudieseis oírme, porque no os pido más ayuda que la de hablaros. Es que he llegado a un extremo de mi vida que ya no puedo superar. Y no es que sienta hastío, pero ya no comprendo. Necesito... Necesito hablar, os digo. Saber librarse no es gran cosa, pero sí es arduo saber ser libre. —Permitid que os hable de mí; os voy a contar mi vida, sencillamente, sin modestia ni orgullo, con más sencillez que si me hablara a mí mismo. Oídme: [...]

Era mi padre, como dicen, un «ateo»; al menos lo supongo yo, porque, por una especie de pudor invencible que él compartía, creo yo, en mi vida pude charlar con él acerca de sus creencias. La severa enseñanza hugonota de mi madre junto con su bella imagen, habían ido borrándose en mi corazón; ya sabéis que la perdí cuando joven. Aún no sospechaba cuánto nos domina esa prístina moral de la niñez, ni cuántas huellas deja en la mente. Aquella como austeridad a la que me había aficionado mi madre al inculcar en mi mente sus principios, la consagré por entero al estudio. Tenía quince años cuando perdí a mi madre, y mi padre cuidó de mí, me amparó y se dedicó con ahínco a mi instrucción. Ya me sabía el latín y el griego y con él aprendí en poco tiempo el hebreo, el sánscrito, y por fin el persa y el árabe. Hacia los veinte años, estaba tan ejercitado, que se atrevía a asociarme a sus trabajos. Le divertía pretender que yo era su igual y quiso demostrármelo. El *Ensayo en torno a los cultos frigios*, que se publicó bajo su firma, fue mi obra, y aunque él apenas lo había revisado, nada le valió nunca tantas alabanzas. Estuvo encantado, mientras que yo me quedaba confuso de ver que nos salía bien la superchería. Pero, desde entonces, estuve lanzado. Los sabios más eruditos me trataban de igual a igual. Me sonrío ahora al recordar todos los honores que me tributaron... Así fue como alcancé los veinticinco años, casi sin haber mirado nada más que ruinas o libros, y sin conocer nada de la vida; gastaba en el trabajo un afán extremo. Amaba a unos pocos amigos (de los cuales fuisteis), pero lo que amaba era la amistad más bien que ellos mismos, y mi afecto por ellos, por grande que fuera, no era sino

j'ignorais mes amis, comme je m'ignorais moi-même. Pas un instant ne me survint l'idée que j'eusse pu mener une existence différente ni qu'on pût vivre différemment.

 À mon père et à moi des choses simples suffisaient ; nous dépensions si peu tous deux [22], que j'atteignis mes vingt-cinq ans sans savoir que nous étions riches. J'imaginais, sans y songer souvent, que nous avions seulement de quoi vivre ; et j'avais pris, près de mon père, des habitudes [23] d'économie telles que je fus presque gêné quand je compris [24] que nous possédions beaucoup plus. J'étais à ce point distrait [25] de ces choses, que ce ne fut même pas après le décès de mon père, dont j'étais unique héritier [26], que [27] je pris conscience un peu plus nette de ma fortune, mais seulement [28] lors du contrat de mon mariage [29], et pour m'apercevoir du même coup [30] que Marceline ne m'apportait presque rien.

André GIDE
L'Immoraliste
© Mercure de France, 1902

22. COMMENTAIRES

1. je vous savais fidèles : var. : *ya sabía que erais fieles. Os sabía fieles* ne semble pas syntaxiquement incorrect, mais cette construction qui enchâsse une attributive dans un prédicat ordinaire paraît moins naturelle avec *saber* qu'avec d'autres verbes : *lo creo tonto, le suponían cobarde, te juzgan inconsciente*. Peut-être cette réticence est-elle due au fait que *saber* n'accepte *a priori* que des objets internes, c'est-à-dire des objets de savoir : *sé algo* et non pas ** sé a alguien*, mais *conozco a alguien*. D'autre part, **savoir** dit moins ici un contenu de connaissance que le sentiment de certitude qui est lié à ce savoir : **je vous savais fidèles** = j'étais certain de votre fidélité, je ne doutais pas de votre fidélité. C'est ce sentiment que l'on a choisi de traduire ici.

2. vous êtes accourus : *acudisteis sin tardar; acudir* suppose un déplacement qui n'est pas nécessairement précipité, au contraire d'**accourir**, qui suppose soit de la hâte, soit de l'empressement.

3. voici trois ans que vous ne m'aviez vu : *llevabais tres años sin verme; llevar* suivi d'une indication de durée signifie le temps passé à une occupation, dans un endroit, etc., et est capable d'un grand nombre de constructions : *lleva seis meses sin trabajar, llevaba tres semanas viajando por la India, llevo tres semanas en París.*

4. puisse votre amitié, qui résiste si bien..., résister : var. : *ojalá vuestra amistad, que tan bien aguanta la ausencia, aguante por igual el relato.*

5. c'est pour vous voir : *fue por veros*. Var. : *para veros*. Il y a une différence sensible de signification entre les deux prépositions dans ce contexte. *Para veros* signifie la finalité pure, l'objectif visé, *para* étant entièrement prospectif. *Por* suivi d'un infinitif ne signifie au contraire

afán de nobleza; quiero decir que albergaba con cariño cada uno de mis sentimientos elevados. Por lo demás, ignoraba a mis amigos como me ignoraba a mí mismo. Ni remotamente se me ocurrió la idea de que hubiera podido llevar una existencia diferente, ni de que se pudiera vivir de otro modo.

A mi padre y a mí nos bastaban cosas sencillas; ambos gastábamos tan poco que alcancé los veinticinco años sin saber que éramos ricos. Me figuraba, aunque pocas veces pensaba en ello, que sólo teníamos lo necesario para vivir, y con mi padre se me habían pegado tales costumbres de ahorro, que casi me sentí molesto cuando me percaté de que poseíamos mucho más. Estaba tan ajeno a esas cosas que no fue ni siquiera después de fallecer mi padre — de quien yo era el único heredero — cuando tomé más claramente conciencia de mi fortuna, sino sólo cuando las capitulaciones de mi matrimonio, y entonces fue cuando me di cuenta de que Marceline no me aportaba casi nada.

22. COMMENTAIRES

ordinairement que la cause déclenchante d'un phénomène. *Por* est donc essentiellement rétrospectif et implique une remontée dans le passé d'une opération. Lorsque, comme c'est le cas ici, le moteur de l'action, sa cause déclenchante est précisément l'objectif que l'on se fixe, la cause enveloppe le but que l'on veut atteindre. On déclare alors au moyen de *por* le mobile de l'action, *i.e.* qu'on explique sa survenance par le but à atteindre : il s'agit toujours d'une cause mais dont le contenu est prospectif.

6. **et pour que vous puissiez m'entendre** : var. : *porque pudieseis oírme*. Au contraire de la construction infinitive, la construction subjonctive avec *porque* exprimant le mobile semble tombée en désuétude. C'est qu'elle implique sans doute une mécanique mentale plus complexe et plus contradictoire que la structure infinitive : à l'apparence de « réalité »

dont *porque* se montre porteur, s'oppose la virtualité prospective du mode subjonctif (l'infinitif est pour sa part indifférent à cette opposition). Sur ce point, cf. J.-C. Chevalier : « But, cause et mobile : le cas de l'espagnol classique », dans *Travaux de linguistique et de littérature*, Strasbourg 1980, XVIII,I, pp. 197-212.

7. **pas d'autre secours que celui-là : vous parler** : var. : *más ayuda que ésta: hablaros*.

8. **savoir se libérer n'est rien** : var. : *no cuesta nada saber librarse*.

9. **écoutez-moi** : *oídme*. «En cuanto al par *oír y escuchar*, el segundo supone, como *mirar* respecto de *ver*, aplicarse a captar datos sonoros. *Oír* puede ser la percepción vaga — sin atender a ellos ni, por consiguiente, percibirlos en sentido riguroso — de los sonidos que de modo casi continuo nos llegan; o bien la captación de todos o de una parte de ellos

22. COMMENTAIRES

mediante atención o selección, es decir, escuchando. [...] De ahí que, frente [al francés], como señal de atención o llamada a alguien, no digamos *Escuche usted*, sino *Oiga usted*, es decir, no solicitamos del llamado la disposición perceptiva que supone escuchar, sino que lo llevamos directamente a la función misma de oír», Ramón Carnicer, *Tradición y evolución en el lenguaje actual*, Editorial Prensa española, pp. 234 et 236.

10. comme l'on dit : var. : *lo que se dice*.

11. n'ayant... jamais pu causer : *porque... en mi vida pude;* rappelons qu'au contraire du français, qui tolère de considérables interpolations entre l'auxiliaire et le participe de la forme composée, l'espagnol ne peut guère désolidariser les deux éléments du verbe composé. Le problème est résolu ici par l'adoption d'une forme simple. *En mi vida = [nunca] en mi vida*, équivalent colloquial et affectif de *nunca*.

12. enseignement huguenot : *enseñanza hugonota;* les substantifs espagnols dont le masculin a pour marque *-e* ont un féminin *-a* : *estudiante > estudianta, presidente > presidenta*, etc. Les adjectifs en *-e* sont ordinairement invariables : *un hombre/ una mujer libre, inerme*, etc. Font exception les adjectifs suffixés en *-(e/o/u)te* ou assimilés : *regordete > regordeta, frescote > frescota*, etc.

13. je la perdis jeune : *la perdí cuando joven;* traduire par : *la perdí joven* serait ambigu (on pourrait comprendre que la mère mourut jeune) ; Moliner cite plusieurs structures elliptiques avec *cuando*: «eso me pasó cuando niño, nos conocimos cuando la guerra, eso son historias de cuando los moros» (*s.v. cuando*).

14. combien nous maîtrise : var. : *lo fuerte que nos domina.*

15. mit sa passion à m'instruire : var. : *se dedicó con empeño, se afanó por (en) instruirme.*

16. je savais déjà bien le latin et le grec : *ya me sabía el latín y el griego.* On omet ordinairement l'article devant un substantif désignant une matière ou une discipline abstraite : *aprende alemán, sabe latín, enseña matemáticas*. Mais la réalité de l'emploi de l'article est plus complexe. On peut distinguer par exemple entre : *sé español* (je sais de l'espagnol) et *sé el español* (je sais l'espagnol, je le maîtrise intégralement). Dans notre phrase cette idée de maîtrise totale est explicite (**je savais bien**) et on l'a rendue par un possessif distributif : *me sabía el latín*, qui fait nécessairement intervenir l'article. **J'appris vite l'hébreu, le sanscrit...** : deux raisons plaident ici en faveur de l'emploi de l'article : l'apprentissage est conçu comme achevé et intégral ; les noms de langue sont à l'origine des adjectifs employés en fonction de substantif : *el [idioma] hebreo, el [idioma] árabe*, de sorte que le maintien de l'article, opérateur de substantivation, n'est pas choquant ; une autre raison en revanche plaide pour la suppression de l'article : c'est l'énumération des disciplines, l'énumération produisant fréquemment une ellipse de l'article : *pronto aprendí hebreo, sánscrito, y por fin persa y árabe* serait donc, en ce sens, acceptable.

17. j'étais si chauffé : Littré, **chauffer des élèves** : « leur appliquer des moyens d'instruction qui hâtent leurs acquisitions aux dépens du développement total ». **Chauffé** signifie donc ici entraîné, surentraîné. Var. : *tenía los sesos tan calentados, estaba tan empollado*: «muy enterado de cierta materia aprendida estudiando: está muy empollado en esa asignatura» (Mol., *s.v. empollado*).

22. COMMENTAIRES

18. il s'amusait à me prétendre son égal : var. : *le hacía gracia pretender que yo era su igual*. L'enchâssement de l'attributive sous forme d'objet direct paraît ici encore plus délicat que dans le cas de *saber* (cf. *supra*, note 1).

19. rien jamais ne lui valut tant d'éloges : var. : *nunca le cantaron tales alabanzas*.

20. je fus lancé : var. : *me volví famoso*.

21. une ferveur singulière : var. : *un fervor singular, increíble*.

22. nous dépensions si peu tous deux : var. : *gastábamos tan poco entrambos*. *Entrambos* est plus littéraire et il apporte davantage l'idée d'une participation commune (ici d'une dépense commune : **à nous deux**).

23. j'avais pris... des habitudes : var. : *había contraído tales costumbres*.

24. je compris : var. : *di en que, reparé en que, comprendí que*.

25. j'étais à ce point distrait : var. : *me desinteresaba tanto de; me descuidaba tanto de esas cosas; esas cosas me tenían tan descuidado; iba tan despreocupado de esas cosas*.

26. dont j'étais l'unique héritier : la structure attributive oblige à écarter *cuyo* au profit de *de quien*. (**Dont** relie un substantif et un verbe.)

27. ce ne fut même pas après... que : *no fue ni siquiera después... cuando*; il faut veiller à user de la bonne conjonction en particulier lorsque, comme ici, les deux membres de la corrélation « emphatique » sont disjoints par une proposition enchâssée.

28. ce ne fut même pas... mais seulement : **mais** est ici en corrélation adversative avec une première proposition niée : *no... sino*.

29. lors du contrat de mariage : *cuando las capitulaciones de mi matrimonio*; cf. *supra*, note 13.

30. et pour m'apercevoir du même coup : ce syntagme infinitif n'a évidemment pas de valeur finale, mais une simple valeur de coïncidence temporelle.

23. Un miteux à New York

Pour se nourrir à l'économie en Amérique, on peut [1] aller s'acheter un petit pain chaud avec une saucisse dedans, c'est commode, ça se vend [2] au coin des petites rues, pas cher du tout. Manger dans le quartier des pauvres ne me gênait point certes, mais [3] ne plus rencontrer jamais ces belles créatures [4] pour les riches, voilà qui devenait bien pénible. Ça ne vaut alors même plus la peine de bouffer.

Au *Laugh Calvin* je pouvais encore sur ces épais tapis avoir l'air de chercher quelqu'un [5] parmi les trop jolies femmes de l'entrée, m'enhardir peu à peu dans leur ambiance équivoque. En y pensant [6] je m'avouai qu'ils avaient eu raison les autres, de l'*Infanta Combitta*, je m'en rendais compte, avec l'expérience, je n'avais pas des goûts sérieux pour un miteux [7]. Ils avaient bien fait les copains de la galère [8] de m'engueuler. Cependant, le courage ne me revenait toujours pas. J'allais bien reprendre des doses et des doses encore de cinéma, par-ci, par-là, mais c'était tout juste assez pour rattraper ce qu'il me fallait d'entrain [9] pour une promenade ou deux. Rien de plus. En Afrique, j'avais certes connu un genre de solitude assez brutale, mais l'isolement dans cette fourmilière américaine prenait une tournure [10] plus accablante encore.

Toujours j'avais redouté d'être à peu près vide, de n'avoir en somme aucune sérieuse raison pour exister. À présent j'étais devant les faits [11] bien assuré de mon néant individuel. Dans ce milieu trop différent de celui où [12] j'avais de mesquines habitudes, je m'étais à l'instant comme dissous [13]. Je me sentais bien près de ne plus exister, tout simplement [14]. Ainsi, je le découvrais, dès qu'on avait cessé de me parler des choses familières, plus rien ne m'empêchait de sombrer dans une sorte d'irrésistible ennui [15], dans une manière de doucereuse, d'effroyable catastrophe d'âme. Une dégoûtation.

À la veille d' [16] y laisser mon dernier dollar dans cette aventure, je m'ennuyais encore. Et cela si profondément que je me refusais même d'examiner les expédients les plus urgents. Nous sommes, par nature, si futiles, que seules les distractions peuvent nous empêcher vraiment de mourir. Je m'accrochais pour mon compte au cinéma avec une ferveur désespérée.

23. Un pelagatos en Nueva York

En América para alimentarte sin gastar demasiado puedes ir a comprarte un panecillo caliente con una salchicha dentro, es cómodo, se venden en la esquina de cualquier callejuela y son muy baratos. Comer en el barrio de los pobres no me molestaba en absoluto, desde luego, pero dejar de encontrar para siempre a aquellas hermosas criaturas para ricos, eso sí que se me hacía muy duro. Es que entonces ya ni siquiera vale la pena jalar.

En el *Laugh Calvin* todavía podía, por aquellas espesas alfombras, hacer como si estuviera buscando a alguien entre las mujeres demasiado bellas de la entrada, envalentonarme poco a poco en su ambiente equívoco. Al pensarlo, reconocí que habían tenido razón los demás, los de la *Infanta Combitta*, ahora me daba cuenta, con la experiencia, yo no tenía gustos serios para un pelagatos. Habían hecho bien los compañeros de la galera en echarme una bronca. Sin embargo, seguía sin recuperar el ánimo. Es cierto que volvía a tomar dosis y más dosis de cine, aquí y allá, pero apenas bastaban para recobrar las fuerzas suficientes para dar un paseo o dos. Y nada más. En África, por cierto ya había experimentado un tipo de soledad bastante brutal, pero el aislamiento en ese hormiguero americano cobraba un cariz más abrumador aún.

Siempre había temido quedarme casi vacío, no tener en suma ningún motivo serio para existir. Ahora me encontraba ante los hechos convencido del todo de mi nulidad individual. En ese medio demasiado diferente de aquel en que tenía yo mezquinas costumbres, me había como disuelto en el acto. Me sentía muy próximo a dejar de existir, pura y simplemente. Así, ahora lo descubría, en cuanto habían dejado de hablarme de cosas familiares, ya nada me impedía hundirme en una especie de hastío irresistible, en una especie de dulzona y espantosa catástrofe de alma. Una asquerosidad.

A punto de soltar mi último dólar en aquella aventura seguía hastiado. Y tan profundamente que hasta me negaba a considerar los remedios más urgentes. Somos, por naturaleza, tan fútiles, que sólo las distracciones pueden impedirnos de veras morir. Yo por mi parte me aferraba al cine con desesperado fervor.

En sortant des ténèbres délirantes de mon hôtel je tentais encore quelques excursions parmi les hautes rues d'alentour, carnaval insipide de maisons en vertige [17]. Ma lassitude s'aggravait devant ces étendues de façades, cette monotonie gonflée de pavés, de briques et de travées à l'infini [18] et de commerce et de commerce encore, ce chancre du monde, éclatant en réclames prometteuses et pustulentes [19]. Cent mille mensonges radoteux.

Du côté du fleuve, j'ai parcouru d'autres ruelles, et des ruelles encore, dont les dimensions devenaient assez ordinaires, c'est-à-dire qu'on aurait pu par exemple du trottoir où j'étais casser tous les carreaux d'un même immeuble en face.

Les relents d'une continuelle friture possédaient ces quartiers, les magasins ne faisaient plus d'étalages à cause des vols. Tout me rappelait les environs de mon hôpital à Villejuif, même les petits enfants à gros genoux cagneux tout le long des trottoirs et aussi les orgues foraines. Je serais bien resté là avec eux, mais ils ne m'auraient pas nourri non plus les pauvres et je les aurais tous vus, toujours et leur trop de misère me faisait peur. Aussi finalement je retournai vers la haute cité. « Salaud [20] ! que je disais alors. En vérité, tu n'as pas de vertu ! » Il faut se résigner à se connaître chaque jour un peu mieux, du moment où le courage vous manque d'en finir avec vos propres pleurnicheries une fois pour toutes.

Louis-Ferdinand CÉLINE
Voyage au bout de la nuit
© Éditions Gallimard, 1932

23. COMMENTAIRES

1. pour se nourrir... on peut : en raison du renvoi à l'expérience du locuteur et de la présence de verbes pronominaux, on aurait pu faire usage de *uno*; mais le *tú* à référent impersonnel convient mieux, étant donné le style familier du texte. Ce qui est visé dans cet usage impersonnel du *tú*, ce n'est pas un interlocuteur particulier, mais tous ceux qui pourraient tenir ce rôle, c'est-à-dire n'importe quel humain, donc tous et n'importe qui. Il s'opère donc un double glissement, un double mouvement de généralisation : de l'expérience du moi élargie à celle du toi [*yo* et *tú* étant réversibles dans l'interlocution], de l'interlocuteur réel et unique à tout interlocuteur virtuel.

2. ça se vend : *se venden*. On notera la discordance numérique obligée entre un *panecillo* et *se venden*; cette incohérence numérique n'a rien de gênant dans un style de type colloquial où la discontinuité syntaxique fait qu'elle se produit fréquemment.

3. manger... ne me gênait point certes,

Al salir de las tinieblas delirantes de mi hotel seguía intentando algunas excursiones por las calles altas de los alrededores, insípido carnaval de casas de vértigo. Mi hastío empeoraba ante aquellas extensiones de fachadas, aquella monotonía cargada de adoquines, ladrillos y tramos hasta el infinito y comercio y más comercio, ese chancro del mundo que estallaba en anuncios prometedores y purulentos. Cien mil mentiras machaconas.

Por el lado del río, recorrí otras callejuelas y más callejuelas cuyas dimensiones se hacían bastante corrientes, es decir que hubiera sido posible, por ejemplo, desde la acera en que me encontraba, romper todos los cristales del edificio de enfrente.

Los tufos de una constante fritura se habían apoderado de aquellos barrios, las tiendas ya no instalaban puestos a causa de los robos. Todo me recordaba los alrededores de mi hospital en Villejuif, hasta los niños patizambos de gordas rodillas a lo largo de las aceras y también los organillos. No me hubiera molestado quedarme con ellos, pero tampoco me hubieran alimentado los pobres y los hubiera visto a todos, todo el tiempo, y su excesiva miseria me infundía miedo. Así que al final volví hacia la ciudad alta. «¡Pero serás cabrón! me decía entonces. ¡La verdad es que careces de virtud!» Uno ha de resignarse a conocerse cada día un poco más, si es que le falta valor para acabar con sus propios lloriqueos de una vez por todas.

23. COMMENTAIRES

mais : var. : *no era que me molestara comer..., pero; comer en el barrio..., pero lo cierto es que.*

4. ne plus rencontrer jamais ces belles créatures... : *i.e.* la perspective de ne plus jamais avoir aucune occasion de les rencontrer, cette perspective m'apparaissait bien pénible. Var. : *pero renunciar para siempre a encontrar a aquellas hermosas criaturas para ricos, eso sí que se me hacía cuesta arriba, eso sí que me resultaba muy duro.*

5. avoir l'air de chercher quelqu'un : var. : *fingir estar buscando a alguien.*

6. en y pensant : ici, ne signifie pas : réflexion faite, tout bien considéré (= *pensándolo bien, bien pensado*), mais : **alors que j'y pensais.**

7. miteux : var. : *pelanas, pelagallos.*

8. galère ; il s'agit du navire sur lequel le narrateur s'est rendu d'Afrique en Amérique : « Une belle galère, ma foi, je l'avoue, haute de bords bien ramée,

23. COMMENTAIRES

couronnée de jolies voiles pourpres, un gaillard tout doré, un bateau tout ce qu'il y avait de capitonné aux endroits pour les officiers, avec en proue un superbe tableau à l'huile de foie de morue représentant l'*Infanta Combitta* en costume de polo [...]. On se fatiguait assez peu pendant cette traversée parce qu'on voguait la plupart du temps sous voiles. » Il s'agit donc bien d'un navire de guerre à voiles et à rames : *galera*.

9. rattraper ce qu'il me fallait d'entrain : *recobrar las fuerzas suficientes*. On a fait usage plus haut de *recuperar (recuperar el ánimo)*. *Recobrar* et *recuperar* ont même origine (lat. *RECUPERARE*), mais le premier est d'évolution populaire, alors que le second est d'évolution savante.

10. prenait une tournure : *cobraba un cariz*; var. : *se me hacía aún más abrumador*.

11. devant les faits : *i.e.* au vu des faits, à la lumière des faits : *a la luz de los hechos, en vista de los hechos*.

12. différent de celui où : *diferente de aquel en que*; rappelons que lorsque le relatif est précédé d'une préposition (ici prép. EN [fonction de complément indirect ou circonstanciel]), son antécédent prend la forme du démonstratif *aquel*. *Aquel* est alors un simple support formel pour la relative, et ses oppositions sémantiques avec *este* et *ese* ainsi que sa valeur démonstrative sont annulées.

13. je m'étais à l'instant comme dissous : *me había como disuelto en el acto*. On remarquera que s'il est impossible d'intercaler la locution adverbiale (rejetée en esp. après le participe), l'intercalation de *como* est tolérée. Elle est même à vrai dire la seule possible, *como* nuançant la signification du participe. Antéposé à l'auxiliaire (∗ *como me había disuelto*), *como* serait conjonctif. Postposé au verbe composé (∗ *como en el acto*), il modifierait la locution adverbiale.

14. tout simplement : var. : *lisa y llanamente*. Apocope du premier adverbe en -*mente* dans une corrélation de deux adverbes de ce type.

15. irrésistible ennui : un ennui profond et puissant : non pas *aburrimiento* (désœuvrement passager), mais *tedio, hastío*.

16. à la veille de : ici, ne signifie pas **le jour précédent**, mais **sur le point de** : *a punto de, a borde de*.

17. en vertige : *de vértigo* «(inf.) se aplica a lo que produce vértigo por muy rápido, muy activo o muy impresionante por cualquier cualidad o circunstancia: hay en aquella casa un jaleo *de vértigo*. Es *de vértigo* cómo crecen sus millones. La belleza de esa mujer es *de vértigo*» (Moliner). Cette locution pourrait donc convenir ici. Céline veut simplement dire que les édifices étaient d'une hauteur vertigineuse.

18. travées à l'infini : ici, ce à quoi renvoie précisément le mot **travée** est difficile à cerner ; le mot **travée** emporte, quelle que soit son acception, la représentation d'un espace isolé par deux lignes architecturales. Ces **travées à l'infini** pourraient donc être aussi bien des espaces définis par des colonnades à l'infini, ou, plus sûrement peut-être, les portions d'espace délimitées par le quadrillage des rues new-yorkaises ; *tramo*: «con respecto a un terreno o suelo, otro separado de él por una línea divisoria u otra señal» (Mol.) On pourrait aussi traduire par *cuadra*: en Amérique du Sud,

23. COMMENTAIRES

où les villes ont souvent un plan de rues quadratique, on désigne ainsi un îlot séparé par deux rues, un pâté de maisons, et aussi la distance qui sépare deux rues.

19. pustulentes : néologisme comme *pustulentos*.

20. salaud ! : var. *hijoputa*.

24. Rêveries

La solitude absolue, le spectacle de la nature me plongèrent bientôt dans un état presque impossible à décrire [1]. Sans parents [2], sans amis, pour ainsi dire, sur la terre, n'ayant point encore aimé, j'étais accablé d'une surabondance [3] de vie. Quelquefois je rougissais subitement [4], et je sentais couler dans mon cœur comme des ruisseaux d'une lave ardente ; quelquefois je poussais des cris involontaires, et la nuit était également troublée de mes songes et de mes veilles [5]. Il me manquait quelque chose pour remplir [6] l'abîme de mon existence : je descendais dans la vallée, je m'élevais sur la montagne [7], appelant de toute la force de mes désirs l'idéal objet [8] d'une flamme future ; je l'embrassais dans les vents ; je croyais l'entendre dans les gémissements du fleuve ; tout était ce fantôme imaginaire, et les astres dans les cieux, et le principe même [9] de la vie dans l'univers. [...]

L'automne me surprit au milieu de ces incertitudes : j'entrai avec ravissement dans les mois des tempêtes. Tantôt j'aurais voulu être un de ces guerriers errant au milieu des vents [10], des nuages et des fantômes ; tantôt j'enviais jusqu'au sort du pâtre que je voyais réchauffer ses mains [11] à l'humble feu de broussailles qu'il avait allumé au coin d'un bois [12]. J'écoutais ses chants mélancoliques, qui me rappelaient que dans tout pays le chant naturel de l'homme est triste, lors même qu'il exprime [13] le bonheur. Notre cœur est un instrument incomplet, une lyre où il manque des cordes, et où nous sommes forcés de rendre les accents de la joie sur le ton consacré aux soupirs.

Le jour [14], je m'égarais sur de grandes bruyères terminées par des forêts. Qu'il fallait peu de chose [15] à ma rêverie ! Une feuille séchée que le vent chassait devant moi [16], une cabane dont la fumée s'élevait dans la cime dépouillée des arbres, la mousse qui tremblait au souffle du Nord sur le tronc d'un chêne, une roche écartée, un étang désert où le jonc flétri murmurait ! Le clocher solitaire s'élevant au loin dans la vallée a souvent attiré mes regards : souvent j'ai suivi des yeux les oiseaux de passage qui volaient au-dessus de ma tête [17]. Je me figurais les bords ignorés, les climats lointains où ils se rendent ; j'aurais voulu être sur leurs ailes. Un secret instinct me tourmentait ; je sentais que je n'étais moi-même qu'un voyageur, mais une voix du ciel semblait me dire : « Homme, la saison de ta migration n'est pas encore venue [18] ; attends que le vent de la mort se lève [19], alors tu déploieras ton vol [20] vers ces régions inconnues que ton cœur demande [21]. »

24. Ensueños

La soledad absoluta, el espectáculo de la naturaleza pronto me sumieron en un estado casi imposible de describir. Sin parientes, sin amigos, por decirlo así, en esta tierra, no habiendo amado todavía, me abrumaba una plétora de vida. A veces me ruborizaba de repente, y sentía discurrir por mi corazón como unos regueros de ardiente lava; a veces lanzaba gritos involuntarios, y por igual turbaban la noche mis ensueños y mis desvelos. Me faltaba algo que colmara el abismo de mi existencia: bajaba al valle, subía a la montaña, llamando con toda la fuerza de mis deseos al ideal objeto de una pasión futura, le abrazaba en los vientos, creía oírle en los gemidos del río, todo era aquel fantasma imaginario, tanto los astros en el cielo como el principio mismo de la vida en el universo.[...]

El otoño me sorprendió en medio de tales incertidumbres: entré con embeleso en los meses de las tormentas. Unas veces hubiera querido ser uno de aquellos guerreros que vagaban en medio de los vientos, de las nubes y de los fantasmas; otras veces hasta envidiaba el destino del pastor a quien veía calentarse las manos a la lumbre de unas pocas brozas que había encendido en la linde de un bosque. Escuchaba sus cantos melancólicos que me recordaban que en cualquier tierra el canto natural del hombre es triste, aunque expresa la felicidad. Nuestro corazón es un instrumento incompleto, una lira a la que faltan cuerdas y en la que estamos obligados a traducir los acentos de la alegría con el tono dedicado a los suspiros.

De día, me extraviaba por extensos brezales terminados en bosques. ¡Con cuán poca cosa se contentaba mi ensueño! ¡Una hoja seca que el viento ahuyentaba delante de mí, una choza cuyo humo ascendía por la despojada copa de los árboles, el musgo que temblaba con el soplo del Norte sobre el tronco de un roble, una roca apartada, una laguna desierta donde el marchito junco susurraba! El solitario campanil que se erguía a lo lejos en el valle a menudo atrajo mi mirada: a menudo seguí con los ojos las aves de paso que volaban sobre mi cabeza. Imaginaba las ignotas orillas, los lejanos climas adonde se dirigen; hubiera querido yo viajar sobre sus alas. Un secreto instinto me atormentaba; intuía que yo mismo no era más que un viajero, pero una voz celestial parecía decirme: «Hombre, la temporada de tu migración no ha venido todavía; espera a que el viento de la muerte se levante, entonces alzarás el vuelo hacia aquellas tierras incógnitas que tu corazón ansía.»

Levez-vous vite, orages désirés qui devez emporter René dans les espaces d'une autre vie ! Ainsi disant, je marchais à grands pas [22], le visage enflammé, le vent sifflant [23] dans ma chevelure, ne sentant ni pluie, ni frimas, enchanté, tourmenté, et comme possédé par le démon de mon cœur.

CHATEAUBRIAND
René, 1802

24. COMMENTAIRES

1. **presque impossible à décrire** : *casi imposible de describir*. **Impossible à décrire** est un adjectif complexe, équivalent du point de vue du sens à **indescriptible**. L'infinitif y est donc complément d'adjectif à l'intérieur de l'adjectif complexe. Cette dépendance se marque par l'emploi de la préposition DE. En revanche dans : **il est impossible de décrire cet état**, le syntagme [décrire cet état] a une valeur substantive et [impossible] fonctionne comme attribut : l'infinitif espagnol, fonctionnant comme sujet, ne peut alors être précédé d'une préposition : *es imposible describir ese estado*.

2. **sans parents** : il s'agit des parents *lato sensu*, de la parentèle ; var. : *sin parentela*.

3. **j'étais accablé d'une surabondance** : transformation active de la phrase ; var. : *me agobiaba una superabundancia de vida*.

4. **parfois je rougissais subitement** : *a veces se me subían (salían) de repente los colores a la cara*.

5. **la nuit était également troublée de mes songes et de mes veilles** : var. : *tanto turbaban la noche mis ensueños como mis desvelos*. **Également** est ici porteur d'une idée de comparaison (*por igual, de igual modo, tanto... como*). *Igualmente* (= *también*) serait donc ici un faux-sens.

6. **il me manquait quelque chose pour remplir** : *me faltaba algo que colmara*.

L'antécédent de la relative étant conçu comme irréel, puisque conçu manquant, la relative est elle-même virtualisée et ne peut donc admettre que le mode subjonctif. On veillera à la concordance des temps.

7. **je descendais dans la vallée, je m'élevais sur la montagne** : var. : *descendía al valle, escalaba la montaña*. Veiller à utiliser la préposition A pour construire le complément de lieu d'un verbe de mouvement.

8. **appelant... l'idéal objet** : *llamando... al ideal objeto*; il s'agit d'un être conçu comme animé en fonction d'objet direct : préposition A.

9. **et les astres... et le principe même** : ces deux syntagmes sont en apposition au sujet ; la corrélation **et... et...** a le sens ancien du *ET* latin : y compris, jusqu'à ; var. : *hasta (incluso) los astros... hasta el principio*.

10. **guerriers errant au milieu des vents** : le français distingue formellement le participe en -ant de contenu dynamique et invariable, de l'adjectif verbal, variable et de valeur pleinement adjective (**chevaliers errants**). Alors que le participe dynamique accepte la position d'adjectif, le gérondif espagnol la refuse lorsque son support n'est pas objet d'un verbe de perception ou de représentation et il faut recourir à une relative : *que erraban en medio de los vientos* (cf. 4/2).

¡Levantaos pronto, anheladas tormentas que habéis de arrebatar a René por los espacios de otra vida! Hablando así, andaba a zancadas, con el rostro encendido, silbándome el viento en el cabello, sin sentir ni lluvia, ni frío, encantado, atormentado, y como poseído por el demonio de mi corazón.

24. COMMENTAIRES

11. pâtre que je voyais réchauffer ses mains : l'antécédent du relatif objet est un être animé : préposition A : *a quien, al que.* Var. : *a quien veía calentándose las manos.* Possibilité du gérondif : cf. note précédente.

12. au coin d'un bois : « le coin d'un bois : l'endroit où une route coupe un bois ; la corne que fait l'orée d'un bois. Fig. : au coin d'un bois : dans un endroit solitaire » (Robert). Var. : *en un lugar apartado.*

13. le chant... est triste, lors même qu'il exprime : var. : *aun cuando expresa.*

14. le jour : *de día,* i.e. pendant la journée, envisagée de façon générique, opposée à la nuit : *de noche. Por la mañana, por la tarde, por la noche,* s'emploient pour distinguer entre les divers moments de la journée.

15. Qu'il fallait peu de choses à ma rêverie ! : var. : *¡Cuán poca cosa satisfacía a mi ensueño! ¡Cuán poca cosa le bastaba a mi ensueño!*

16. que le vent chassait devant moi : var. : *que el viento se llevaba, arrebataba ante mí.*

17. au-dessus de ma tête : var. : *por encima de mi cabeza.* Rappelons que *sobre* n'implique pas nécessairement un contact avec l'objet-repère. Cf. 4/8.

18. la saison de ta migration n'est pas encore venue : var. : *aún no ha llegado la época de tu migración.*

19. attends que le vent de la mort se lève : *espera a que se levante el viento de la muerte; esperar,* au sens d'attendre, implique une projection et une tension vers : la tension se traduit par l'emploi de la préposition A, la projection dans le virtuel par l'emploi du mode subjonctif. Cf. 20/2.

20. tu déploieras ton vol : l'expression semble résulter de la contamination de **prendre son vol** (*alzar, levantar, tomar el vuelo*) et **déployer ses ailes** (*extender las alas*). On pourrait donc combiner les deux tours : *extenderás el vuelo,* quoique la métonymie vol/aile soit moins acceptable en espagnol qu'en français. Métonymie qu'on admirerait sans doute sous la signature d'un romancier ou d'un poète, mais que l'on critiquera vivement sous celle du traducteur : pauvre traducteur !

21. que ton cœur demande : *que tu corazón ansía*; attention à la position de l'accent tonique dans le paradigme de présent (sur le *i* comme dans le paradigme de *guiar*).

22. à grands pas : var. : *a paso tirado.*

23. le visage enflammé, le vent sifflant : syntagmes adverbiaux précédés de CON : *con el rostro encendido;* var. : *con el viento que me silbaba.*

25. Plaidoyer pour une éducation négative

Oserais-je [1] exposer ici la plus grande, la plus importante, la plus utile règle de toute l'éducation ? ce n'est pas de gagner du temps, c'est d'en perdre. Lecteurs vulgaires [2], pardonnez-moi mes paradoxes [3] : il en faut faire quand on réfléchit ; et, quoi que vous puissiez dire [4], j'aime mieux être homme à paradoxes qu'homme à préjugés [5]. Le plus dangereux intervalle de la vie humaine est celui de la naissance à l'âge de douze ans. C'est le temps où germent les erreurs et les vices, sans qu'on ait encore aucun instrument pour les détruire ; et quand l'instrument vient, les racines sont si profondes [6], qu'il n'est plus temps de les arracher. Si les enfants sautaient tout d'un coup de la mamelle à l'âge de raison, l'éducation qu'on leur donne pourrait leur convenir ; mais, selon le progrès naturel, il leur en faut une toute contraire. Il faudrait qu'ils ne fissent rien de leur âme jusqu'à ce qu'elle eût toutes ses facultés [7] ; car il est impossible qu'elle aperçoive le flambeau que vous lui présentez tandis qu'elle est aveugle [8], et qu'elle suive, dans l'immense plaine des idées, une route que la raison trace encore si légèrement pour les meilleurs yeux [9].

La première éducation doit donc être [10] purement négative. Elle consiste, non point à enseigner la vertu ni la vérité, mais à garantir le cœur du vice et l'esprit de l'erreur [11]. Si vous pouviez ne rien faire [12] et ne rien laisser faire [13] ; si vous pouviez amener votre élève sain et robuste à l'âge de douze ans, sans qu'il sût distinguer sa main droite de sa main gauche, dès vos premières leçons les yeux de son entendement s'ouvriraient à la raison [14] ; sans préjugés, sans habitudes, il n'aurait rien en lui [15] qui pût contrarier l'effet de vos soins. Bientôt il deviendrait entre vos mains le plus sage des hommes [16] ; et en commençant par ne rien faire, vous auriez fait un prodige d'éducation.

Prenez bien le contre-pied de l'usage [17], et vous ferez presque toujours bien. Comme on ne veut pas faire d'un enfant un enfant, mais un docteur [18], les pères et les maîtres n'ont jamais assez tôt tancé [19], corrigé, réprimandé, flatté, menacé, promis, instruit, parlé raison. Faites mieux : soyez raisonnable, et ne raisonnez point avec votre élève, surtout pour lui faire approuver ce qui lui déplaît ; car amener ainsi toujours la raison [20] dans les choses désagréables, ce n'est que la lui rendre ennuyeuse, et la décréditer de bonne heure dans un esprit qui n'est pas encore en état de l'entendre. Exercez son corps, ses organes, ses sens, ses forces, mais tenez son âme oisive aussi longtemps qu'il se pourra [21]. Redoutez tous les sentiments [22]

25. Alegato en pro de una educación negativa

¿He de atreverme a exponer aquí la mayor, la más importante, la más útil regla de toda la educación? No consiste ésta en ganar tiempo, sino en perderlo. ¡O vulgo! perdóname mis paradojas y mira que hay que hacer algunas cuando se reflexiona, que, digas lo que digas, a mí más me gusta ser hombre de paradojas que hombre de prejuicios. El intervalo más peligroso de la vida humana va desde el nacimiento hasta los doce años. Es éste el tiempo en que germinan errores y vicios, sin que se tenga todavía instrumento alguno para destruirlos; y cuando llega el instrumento, el mal está tan arraigado que ya no es hora de arrancarlo de raíz. Si los niños saltaran de una vez del pecho materno a la edad del juicio, quizás les conviniera la educación que se les da; pero, conforme con el progreso natural, la que necesitan es totalmente opuesta. Sería menester que no hiciesen nada de su alma mientras ésta no dispusiera de todas sus facultades; pues le es imposible vislumbrar la antorcha que se le presenta mientras está ciega, como le es imposible seguir, por el llano inmenso de las ideas, un camino que la razón dibuja tan tenuemente aún para los mejores ojos.

Debe pues la primera educación ser puramente negativa. No consiste por cierto en enseñar la virtud ni la verdad, sino en guarecer al alma del vicio y al entendimiento del error. Si vosotros pudieseis no hacer nada, ni tampoco dejar hacer nada; si pudieseis llevar sano y robusto a vuestro alumno hasta los doce años, sin que supiera distinguir su mano derecha de su mano izquierda, desde vuestras primeras lecciones los ojos de su entendimiento se abrirían a la luz de la razón; sin prejuicios ni costumbres, él no tendría en sí nada que pudiera contrarrestar el efecto de vuestros cuidados. Al poco tiempo se convertiría entre vuestras manos en el hombre más cuerdo del mundo; de modo que, empezando por no hacer nada, hubierais realizado un prodigio de educación.

Poneos en contra del uso, y casi siempre haréis bien. Como no quieren hacer de un niño un niño sino un bachiller, los padres y los maestros se apresuran a reprender, corregir, amonestar, halagar, prometer, instruir, razonar. Vosotros, haced mejor: sed razonables, y no razonéis con vuestro alumno, sobre todo para hacerle aprobar lo que le desagrada; porque trayendo siempre la razón en las cosas desagradables, sólo se logra hacérsela fastidiosa, y se la desacredita temprano en una mente que todavía no está para entenderla. Ejercitad su cuerpo, sus órganos, sus sentidos, sus fuerzas, pero mantened ociosa su alma tanto tiempo como podáis. Temed todos

antérieurs au jugement qui les apprécie. Retenez, arrêtez les impressions étrangères : et, pour empêcher le mal de naître, ne vous pressez point de faire le bien ; car il n'est jamais tel que quand la raison l'éclaire [23]. Regardez tous les délais comme des avantages [24] : c'est gagner beaucoup que d'avancer vers le terme sans rien perdre [25] ; laissez mûrir l'enfance dans les enfants. Enfin, quelque leçon leur devient-elle nécessaire [26] ? gardez-vous de la donner aujourd'hui, si vous pouvez différer jusqu'à demain sans danger [27].

Jean-Jacques ROUSSEAU
Émile, ou De l'éducation, 1762

25. COMMENTAIRES

1. oserais-je... : ce conditionnel, qui peut avoir un effet de courtoisie dans certains cas, ou comme ici un effet de précaution oratoire, peut avoir pour équivalent le conditionnel espagnol (**je dirais que :** yo diría que) ou un futur (simple ou périphrastique). On sait en effet l'aptitude du futur espagnol à exprimer la conjecture et le doute, en particulier dans le tour interrogatif et négatif : ¿no irás a decirme que ya lo sabías? (= **tu ne vas tout de même pas prétendre que tu le savais déjà**). Le verbe pronominal se trouvant en tête de phrase, il est licite, étant donné la date du texte, de faire l'enclise du pronom réfléchi : ¿Atreveréme a...? Cette enclise est le reliquat d'un état de langue ancien (médiéval et classique jusqu'au début du XVIIIe), où l'enclise était possible quel que soit le mode du verbe (et non pas seulement comme aujourd'hui aux seuls infinitif, gérondif et impératif). Cette enclise se produisait exclusivement dans une proposition principale ou indépendante, le verbe se trouvant en tête de phrase, ou après point-virgule ou virgule (autrement dit après une pause prosodique), soit qu'il fût dépourvu de sujet exprimé (comme c'est le cas ici), soit que le sujet en fût postposé. On écrivait ainsi le plus souvent : el conde ge lo dixo (=dijo), et : díxogelo el conde. L'histoire de la réduction du champ de l'enclise reste à faire, mais elle ne fonctionne plus guère aujourd'hui (outre les cas obligés cités) qu'avec un verbe indicatif en tête de phrase au tour affirmatif et de préférence avec un pronom réfléchi. C'est aujourd'hui davantage un maniérisme de style qu'un mécanisme sémantiquement pertinent.

2. Lecteurs vulgaires : sous cet adjectif, **vulgaire**, il ne faut pas voir la signification de grossièreté de langage ou de manières qu'il a acquise aujourd'hui. **Vulgaire** signifie à l'origine : du peuple, de la masse. Quand un auteur classique s'adresse au vulgaire, il s'adresse à la masse, toujours disposée à critiquer et à censurer par pure ignorance. Ainsi Mateo Alemán, dans les pièces liminaires au Guzmán de Alfarache, s'adresse d'abord : «Al vulgo»: «No es nuevo para mí, aunque lo sea para ti, oh enemigo vulgo, los muchos malos amigos que tienes, lo poco que vales y sabes...», puis

los sentimientos anteriores al juicio que los valora. Retened, detened las sensaciones ajenas, y para impedir que nazca el mal, no os apresuréis a hacer el bien; pues éste sólo parece tal cuando lo alumbra la razón. Mirad todos los plazos como otras tantas ventajas, que mucho gana quien avanza hacia el término sin perder nada; dejad que madure la niñez en los niños. Y por fin, por poco que necesiten una lección, absteneos de dársela hoy, como podáis aplazarla hasta mañana sin peligro.

25. COMMENTAIRES

«al discreto lector» (au lecteur avisé): «no me será necesario con *el discreto* largos exordios ni prolijas arengas...». Par ailleurs, lorsque l'auteur s'adresse aux lecteurs, à l'occasion d'un prologue, ou dans e corps du texte, il s'adresse en fait le plus souvent à un lecteur qu'il tutoie : «*Desocupado lector.* sin juramento me *podrás* creer...» (Cervantes, Prólogo de Don Quijote).

3. **pardonnez-moi mes paradoxes...** : la suite de la phrase est extrêmement segmentée (deux-points, point-virgule, virgules). On a cherché à pallier cette segmentation par des éléments de liaison. Les deux-points introduisent une justification adressée au vulgaire : «*y mira que*» permet de rendre cette idée d'auto-justification sans rompre la phrase ; de même, la conjonction *et*, isolée entre deux ponctuations, a été remplacée par un *que* quasi causal et explétif qui gomme la rupture.

4. **quoi que vous puissiez dire** : var. : *por más que digas; a pesar de lo que digas.*

5. **homme à paradoxes, homme à préjugés** : le syntagme introduit par la préposition **à** signifie une propriété intrinsèque, définitoire, *i.e.* que l'être dont elle se dit ne peut se concevoir sans cette propriété. C'est la préposition DE qui permet la construction de ce type de syntagmes.

6. **les racines sont si profondes...** : var. : *el mal tiene raíces tan profundas que ya es tarde para arrancarlas.*

7. **jusqu'à ce qu'elle eût toutes ses facultés** : var. : *hasta que poseyera el pleno dominio de sus facultades.*

8. **tandis qu'elle est aveugle** : *mientras está ciega*. La conjonction *mientras* accepte de se combiner avec un indicatif ou un subjonctif. En combinaison avec un indicatif elle déclare un fait réel co-extensif dans le temps à un autre fait réel (appartenant au révolu) : *fue feliz mientras vivió su mujer*. En combinaison avec un subjonctif, elle signifie un fait réel projeté dans une ultériorité, un futur qui l'irréalise : *será feliz mientras viva su mujer*, et *supra*: «*mientras no dispusiera de todas sus facultades*» (le subjonctif imparfait dit la projection, la prolepse par rapport à un repère passé).

25. COMMENTAIRES

9. que la raison trace encore si légèrement pour les meilleurs yeux : var. : *una senda que tan tenuemente dibuja la razón para los mejores ojos*. Ce type de phrase, sous son apparente simplicité, pose le problème de la collocation de deux adverbes dans la phrase. **Encore** ne porte ici ni sur le verbe **tracer** seul, ni sur l'adverbe **si légèrement** seul, mais sur leur rapport : il en résulte une forte contrainte sur la position de *aún* et, par contrecoup, de tous les autres éléments de la phrase. La variante, plus eurythmique, n'a pas été retenue parce qu'elle ne permet pas d'y loger *aún* sans modifier considérablement la portée de l'adverbe.

10. doit donc être : c'est là un impératif catégorique (dans l'ordre de l'éthique éducative) qui ne peut se dire qu'au moyen de *deber*.

11. garantir le cœur du vice et l'esprit de l'erreur : *guarecer al alma del vicio y al entendimiento del error*; on hésitera d'autant moins à faire usage de la préposition A devant ces objets directs, qu'ils renvoient métonymiquement à la personne de l'élève.

12. si vous pouviez ne rien faire : *si vosotros, [padres], pudieseis no hacer nada*: Rousseau s'adresse ici aux parents, destinataires de son ouvrage ; ce *vosotros*, forme plurielle du tutoiement, est donc à distinguer du *vos* de courtoisie ordinaire qui conviendrait ici à l'exclusion de *usted* (documenté pour la première fois en 1620, dérivé familier de *vuestra merced*). *Vuestra merced* représente, à l'époque classique, face à *vos* qui est devenu peu à peu familier et signe d'intimité, un traitement plus courtois et sert à interpeller une personne de rang.

13. et ne rien laisser faire : *ni tampoco dejar hacer nada*; une proposition négative coordonnée à une première négative est ordinairement introduite par *ni*.

14. à la raison : la métaphore, très banale et topique, des yeux de l'entendement sensibles à la lumière de la raison, justifie le léger ajout que l'on se permet dans la traduction : *a la luz de la razón*.

15. il n'aurait rien en lui : le pronom **lui** renvoie au même être que l'agent du verbe, c'est donc de la forme réfléchie du pronom de troisième personne dont il faut user : *en sí*.

16. le plus sage des hommes : var. : *el más discreto de los hombres*.

17. prenez bien le contre-pied de l'usage : var. : *oponeos firmemente al uso, id en contra del uso*. Rappelons que les formes réfléchies d'impératif de *vosotros* font l'économie du *-d* final : *veníos, acercaos, poneos*. Ces formes sans *-d* dériveraient d'anciennes formes d'impératifs qui amuissaient le *-d* final [*vení, acercá, poné*] (fricatisation naturelle du *-d* final en position de neutralisation conduisant à son amuissement). Cf. Alvar, Pottier, p. 202.

18. mais un docteur : *sino un bachiller*; le terme exact serait bien sûr *doctor*, qui présente l'inconvénient de désigner le médecin, qu'il fût ou non docteur, pendant toute l'époque classique. *Bachiller* («primer grado que se da en las universidades a los que han oído y estudiado alguna facultad», Autoridades, *s.v.*), quoique inexact, présente l'avantage de posséder des connotations dépréciatives (beau parleur, au savoir superficiel). Il faut savoir d'autre part que dans l'Université médiévale, le grade de *bachiller* s'obtenait parfois après de nombreuses années d'études (jusqu'à neuf ou dix

25. COMMENTAIRES

ans) ; c'était donc un diplôme majeur qui permettait de concourir pour l'obtention d'une chaire.

19. n'ont jamais assez tôt tancé : var. : *cuanto antes reprenden...*

20. amener ainsi toujours la raison : var. : *siempre viniéndose con la razón.*

21. aussi longtemps qu'il se pourra : *tanto tiempo como podáis*; subordonnée temporelle projetée dans le futur et donc virtualisée : subjonctif.

22. redoutez tous les sentiments : var. : *desconfiad de todos los sentimientos.*

23. il n'est jamais tel que quand la raison l'éclaire : *i.e.* que le bien n'apparaît comme tel que lorsque la raison sait l'apprécier.

24. regardez tous les délais comme des avantages : var. : *mirad que todos los plazos son otras tantas ventajas.*

25. c'est gagner beaucoup que d'avancer vers le terme sans rien perdre : cette phrase énonce une vérité de portée générale, valable pour tout homme ; l'indéfinition du support est obtenue en français par l'usage de l'infinitif qui, annulant les distinctions de personne, livre l'image la plus abstraite qui soit du support de l'opération. En espagnol, le moyen ordinaire d'obtenir la même généralité, dans les proverbes et les aphorismes, est celui du relatif sans antécédent *quien: quien mucho abarca, poco aprieta.* On l'applique ici, évitant ainsi la pesante répétition de plusieurs infinitifs.

26. quelque leçon leur devient-elle nécessaire : var. : *por poco que se les haga necesaria una lección.*

27. si vous pouvez différer jusqu'à demain sans danger : *como podáis aplazarla...*; la conjonction *como* suivie d'un subjonctif sert à déclarer une cause suffisante maintenue en hypothèse. Var. : *con tal que podáis; si podéis.*

26. Comment Candide et Cacambo furent reçus chez les jésuites du Paraguai

Candide avait amené de Cadix un valet tel qu'on en trouve beaucoup sur les côtes d'Espagne et dans les colonies. C'était un quart d'Espagnol [1], né d'un métis [2] dans le Tucuman [3] ; il avait été enfant de chœur, sacristain, matelot, moine, facteur [4], soldat, laquais. Il s'appelait Cacambo, et aimait fort son maître, parce que son maître était un fort bon homme [5]. Il sella au plus vite [6] les deux chevaux andalous. « Allons, mon maître [7], suivons le conseil de la vieille ; partons [8], et courons sans regarder derrière nous. » Candide versa des larmes : « Ô ma chère Cunégonde ! faut-il vous abandonner [9] dans le temps que monsieur le gouverneur va faire nos noces ! Cunégonde amenée de si loin, que deviendrez-vous [10] ? — Elle deviendra ce qu'elle pourra [11], dit Cacambo ; les femmes ne sont jamais embarrassées d'elles [12] ; Dieu y pourvoit ; courons. — Où me mènes-tu ? où allons-nous ? que ferons-nous sans Cunégonde ? disait Candide. — Par Saint Jacques de Compostelle, dit Cacambo, vous allez faire la guerre [13] aux jésuites ; allons la faire pour eux [14] : je sais assez les chemins, je vous mènerai dans leur royaume, ils seront charmés d'avoir un capitaine qui fasse [15] l'exercice à la bulgare [16] ; vous ferez une fortune prodigieuse [17] : quand on n'a pas son compte dans un monde, on le trouve dans un autre [18]. C'est un très grand plaisir de voir et de faire des choses nouvelles.

— Tu as donc été déjà dans le Paraguai ? dit Candide. — Eh vraiment oui ! dit Cacambo ; j'ai été cuistre [19] dans le collège de l'Assomption, et je connais le gouvernement de Los Padres comme je connais les rues de Cadix. C'est une chose admirable que ce gouvernement. Le royaume a déjà plus de trois cents lieues de diamètre ; il est divisé en trente provinces. Los Padres y ont tout, et les peuples rien ; c'est le chef-d'œuvre de la raison et de la justice. Pour moi, je ne vois rien de si divin que Los Padres, qui font ici la guerre au roi d'Espagne et au roi de Portugal, et qui en Europe confessent ces rois ; qui tuent ici des Espagnols, et qui à Madrid les envoient au ciel : cela me ravit ; avançons : vous allez être le plus heureux de tous les hommes. Quel plaisir auront Los Padres quand ils sauront [20] qu'il leur vient un capitaine qui sait l'exercice bulgare ! »

Dès qu'ils furent arrivés [21] à la première barrière, Cacambo dit à la garde avancée qu'un capitaine demandait à parler [22] à Monseigneur le commandant [23]. On alla avertir la grande garde. Un officier paraguain courut aux pieds du commandant lui donner part de la nouvelle [24]. Candide et Cacambo

26. De cómo los jesuitas del Paraguay acogieron a Cándido y Cacambo

Cándido había traído de Cádiz a un criado de los que abundan en las Costas de España y en las colonias. Tenía un cuarto de sangre española, había nacido de un mestizo en la provincia de Tucumán, y había sido monaguillo, sacristán, marinero, monje, factor, soldado y lacayo. Se llamaba Cacambo y quería mucho a su amo por ser éste muy buen hombre. Ensilló a toda prisa los dos caballos andaluces. «¡Vamos! señor mío, sigamos el consejo de la vieja; marchémonos y corramos sin mirar hacia atrás.» Cándido derramó lágrimas y exclamó: «¡Oh querida Cunegunda! ¿Será posible que os abandone cuando el señor gobernador va a celebrar nuestras bodas? ¡Cunegunda desde tan lejos traída! ¿Qué será de vos? —Será de ella lo que ella pueda, dijo Cacambo, no se apuran nunca las mujeres por sí mismas. Dios proveerá, partamos corriendo. —¿Adónde me llevas? ¿Adónde vamos? ¿Qué haremos sin Cunegunda? decía Cándido. —Por Santiago de Compostela, dijo Cacambo ¿No iba vuestra merced a hacer la guerra contra los jesuitas? Pues hagámosla por ellos. Harto conozco los caminos, yo le llevaré a su reino, les encantará tener un capitán que haga la instrucción a la búlgara, vuestra merced se granjeará una fortuna prodigiosa. A quien no le salen las cuentas en una parte, le salen en otra. Es un delicioso placer el de ver y de hacer cosas nuevas.

—¿Así que ya estuviste en el Paraguay? preguntó Cándido. —Pues ¡Claro que sí! dijo Cacambo, fui fámulo en el Colegio de la Asunción y me conozco el gobierno de los Padres tanto como las calles de Cádiz. Es de admirar el gobierno aquel. El reino tiene ya más de trescientas leguas de diámetro, se divide en treinta provincias. Allí los Padres lo tienen todo y el pueblo nada. Es la obra maestra de la razón y de la justicia. Yo por mi parte nada veo tan divino como los Padres, quienes les hacen aquí la guerra al rey de España y al de Portugal cuando en Europa los confiesan, quienes aquí matan a españoles cuando en Madrid los mandan al cielo: eso me maravilla en sumo grado. ¡Adelante!, vuestra merced será el más afortunado de todos los hombres. ¡Cómo se alegrarán los Padres cuando sepan que les llega un capitán que sabe la instrucción a la búlgara!»

En cuanto llegaron a la primera barrera, Cacambo le dijo al guardia de la avanzada que un capitán deseaba hablar con su excelencia el señor comandante. Fueron a avisar a la guardia mayor. Un oficial paraguayo corrió hasta los pies del comandante para notificarle la nueva. En el acto

furent d'abord désarmés ; on se saisit de leurs deux chevaux andalous. Les deux étrangers sont introduits au milieu de deux files de soldats ; le commandant était au bout, le bonnet à trois cornes en tête [25], la robe retroussée, l'épée au côté, l'esponton à la main. Il fit un signe ; aussitôt vingt-quatre soldats entourent les deux nouveaux venus. Un sergent leur dit qu'il faut attendre, que le commandant ne peut leur parler, que le révérend père provincial ne permet pas qu'aucun Espagnol ouvre la bouche qu'en sa présence [26], et demeure plus de trois heures dans le pays. « Et où est le révérend père provincial ? dit Cacambo. — Il est à la parade après avoir dit sa messe, répondit le sergent, et vous ne pourrez baiser ses éperons que dans trois heures. — Mais, dit Cacambo, monsieur le capitaine, qui meurt de faim comme moi, n'est point Espagnol, il est Allemand ; ne pourrions-nous point déjeuner en attendant Sa Révérence ? ».

VOLTAIRE
Candide ou l'Optimisme, 1759

26. COMMENTAIRES

TITRE : Comment... : *de cómo;* formule archaïque, latinisante, de titrage des chapitres d'un roman ou d'un traité : ainsi Cervantes intitule-t-il le chapitre XLIV du *Quichotte* : «*De cómo* el gran Sancho Panza tomó la posesión de su ínsula, y del modo que comenzó a gobernar», et le chapitre LVIII : «Que trata *de cómo* don Quijote se despidió del duque y de lo que le sucedió con la discreta y desenvuelta Altisidora, doncella de la duquesa».

jésuites du Paraguai : *jesuitas del Paraguay.* Lorsqu'un nom propre de pays ou de région n'est pas déterminé par un adjectif (il y a alors sous-catégorisation et le nom propre fonctionne comme nom commun : *la Europa moderna, la Francia de Luis XIV*), il n'est généralement pas précédé d'article. Font exception la plupart des pays d'Amérique du Sud et d'autres pays dont on trouvera la liste dans Seco ou Gerboin-Leroy. La tendance actuelle est d'éliminer l'article dans tous les cas, y compris devant les noms pluriels : *(los) Estados Unidos.*

1. un quart d'Espagnol : *i.e.* un quarteron : *tenía un cuarto de sangre española; era un cuarterón español* serait inexact, le quarteron ayant un quart de sang noir pour trois quarts de sang blanc, alors que Cacambo semble être espagnol pour un quart et « indigène » aux trois quarts.

2. né d'un métis : *que había nacido.* Sur la nécessité de rétablir l'auxiliaire, cf. 15/20.

3. dans le Tucuman : il s'agit de la région, de la province de Tucuman, non pas de la ville : *la provincia de Tucumán.*

desarmaron a Cándido y a Cacambo, echaron mano a sus dos caballos andaluces. Introdujeron a ambos extranjeros entre dos filas de soldados; el comandante estaba en una extremidad, con el bonete de tres picos en la cabeza, con el hábito arremangado, con la espada al cinto y el espontón en la mano. Hizo una señal. En seguida veinticuatro soldados rodean a los dos recién llegados. Un sargento les dice que hay que esperar, que el comandante no puede hablar con ellos, y que el reverendo padre provincial no permite a ningún español que abra la boca a no ser en presencia suya, ni que permanezca más de tres horas en el país. «¿Y dónde está el reverendo padre provincial? preguntó Cacambo. —Después de decir misa se ha ido a la parada contestó el sargento, y sólo podréis besar sus espuelas dentro de tres horas. —Pero, dijo Cacambo, el señor capitán que se está muriendo de hambre igual que yo no es español sino alemán. ¿No podríamos acaso almorzar esperando la llegada de su Reverencia?»

26. COMMENTAIRES

4. facteur : *i.e.* « celui qui fait le commerce pour le compte d'un autre : agent, commis, intermédiaire » (Robert). *Factor:* «persona que tiene poder de un comerciante para obrar por él» (Moliner).

5. aimait fort son maître... était un fort bon homme : var. : *le tenía mucho afecto a su amo porque éste era bondadísimo.*

6. il se la au plus vite : var. : *ensilló cuanto antes; se apresuró a ensillar.*

7. mon maître : *señor mío;* c'est ainsi par exemple que Sancho Panza interpelle don Quijote : «—No haya más, *señor mío*, replicó Sancho...» (I, xx)»; «—*Señor*, respondió Sancho, y ¿es buena regla de caballería que andemos perdidos por estas montañas?...» (I, XXV).

8. partons : var. : *marchémonos.* On notera la syncope du *s* final de l'impératif de *nosotros*, lorsque le verbe est réfléchi : *levantemos, levantémonos.* Il s'agit en réalité d'une assimilation régressive du *s* implosif par la consonne nasale subséquente. La syncope du *-d* final des impératifs de *vosotros* lorsque le verbe est pronominal : *levantad > levantaos, arrepentíos* relève d'un autre mécanisme, où la volonté de distinguer ces formes impératives des participes passés (*levantados, arrepentidos*) a sûrement été décisive.

9. faut-il vous abandonner... : *será posible que os abandone;* var. : *¿habré de abandonaros...?*

10. que deviendrez-vous ? : *¿qué será de vos?;* dans une phrase — le plus souvent interrogative — où l'on s'enquiert de ce qu'il est advenu ou de ce qu'il

26. COMMENTAIRES

adviendra d'une personne, *ser de* + identité de la personne traduit le verbe **devenir**. *Ser de* suivi d'un infinitif signifie **falloir, valoir la peine** et équivaut souvent à un adjectif potentiel (cf. 18/4). *Ser de* suivi d'un substantif peut enfin signifier la provenance, l'origine, la matière et l'appartenance.

11. elle deviendra ce qu'elle pourra : *será de ella lo que ella pueda*; l'indétermination du support antécédent entraîne l'usage du subjonctif dans la relative ; à date ancienne, on pouvait aussi user d'un subjonctif futur : *será de ella lo que ella pudiere*.

12. les femmes ne sont jamais embarrassées d'elles : ne s'inquiètent jamais d'elles-mêmes, ne s'en font jamais pour elles-mêmes ; on pourrait aussi comprendre qu'elles savent aisément résoudre seules les problèmes qui se posent à elles ; var. : *siempre saben arreglárselas las mujeres*.

13. vous alliez faire la guerre : il convient de dire deux mots du *tratamiento*. Candide s'adressant à Cunégonde fait la traite de *vos* (traitement courtois d'égal à égal) ; Candide s'adressant à son valet le tutoie ; Cacambo s'adressant à son maître le traite respectueusement de *vuestra merced*.

14. allons la faire pour eux : faire la guerre en nous engageant de leur côté, en prenant position en leur faveur : préposition POR ; var. : *en pro de ellos*.

15. d'avoir un capitaine qui fasse... : *tener un capitán*; l'emploi du subjonctif dans la relative marque assez que ce qui est visé ici ce n'est pas un être singulier, mais un type d'être, une catégorie abstraite ; on fera donc l'économie de la préposition A, *tener* signifiant d'ailleurs ici strictement **posséder, avoir à sa disposi-**tion (comme on possède un objet inerte ou un instrument). Cf. 3/6.

16. à la bulgare : *a la búlgara*; ce type de locution peut recevoir deux traductions : *a lo* + nom propre : *un sombrero a lo Napoleón, un dibujo a lo Dalí; a la* + adjectif signifiant souvent la nationalité (on sous-entend : *a la* [usanza, manera]): *tortilla a la francesa, a la española; ir vestido a la antigua, despedirse a la francesa*.

17. vous ferez une fortune prodigieuse : var. : *vuestra merced se hará una fortuna prodigiosa*.

18. quand on n'a pas son compte dans un monde, on le trouve dans un autre : *Uno* pouvait convenir ici, mais la phrase ayant l'aspect d'un aphorisme, on a préféré user de *quien*, typique de la généralisation proverbiale (« *A quien madruga, Dios le ayuda*»). **Ne pas avoir son compte** signifie ne pas avoir ce qu'on désire. La phrase signifie donc : quand ses désirs ne sont pas satisfaits dans un endroit, on les satisfait ailleurs. La formule *resultar (salir) bien o mal las cuentas* («resultar cierta cosa como se pensaba o deseaba o no suceder así», Moliner) est à peu près équivalente.

19. cuistre : « valet de collège » (Littré, qui cite la phrase de Voltaire). *Fámulo*: «servidor [en] una orden religiosa» (Moliner).

20. quel plaisir auront les Pères quand ils sauront : temporelle au futur dépendant directement d'une principale : subjonctif présent en espagnol. Var. : *¡Cuán contentos se pondrán...!*

21. dès qu'ils furent arrivés : var. : *en llegando* (désuet), *tan pronto como, así que, luego que* (clas.).

26. COMMENTAIRES

22. demandait à parler : var. : *pedía licencia para*.

23. monseigneur le commandant : *su excelencia el señor comandante*; **monseigneur** est ici une distinction sans rapport avec la fonction d'évêque (= *monseñor*). Comme l'indique la description — ironique — de Voltaire (bonnet à trois cornes typique des jésuites, robe), il s'agit d'un jésuite exerçant des fonctions militaires de défense. La satire du cumul des deux fonctions (cf. plus loin : « il est à la parade après avoir dit sa messe ») est ici évidente.

24. lui donner part de la nouvelle : var. : *darle parte de la nueva*.

25. le bonnet à trois cornes en tête... : tous ces syntagmes adverbiaux notant une attitude, un aspect physique doivent se construire avec la préposition CON. Moliner : *«bonete: gorro de cuatro picos usado por los eclesiásticos y seminaristas, y antiguamente por los estudiantes y graduados.»*

26. qu'aucun Espagnol ouvre la bouche qu'en sa présence : var. : *como no sea en su presencia*. *Como* suivi du subjonctif signifie une cause suffisante maintenue en hypothèse, et donc une condition suffisante. Lorsque le verbe est au tour négatif, la locution sert donc à dire une restriction conditionnelle.

165

27. La mal-aimée

Mon père était avocat. Il avait épousé ma mère dans un âge assez avancé [1] ; il en eut trois filles. Il avait plus de fortune qu'il n'en fallait [2] pour les établir solidement [3] ; mais pour cela il fallait au moins que sa tendresse fût également partagée [4] ; et il s'en manque bien que j'en puisse faire cet éloge [5]. Certainement je valais mieux que mes sœurs par les agréments de l'esprit et de la figure [6], le caractère et les talents ; et il semblait que mes parents en fussent affligés [7]. Ce que la nature et l'application m'avaient accordé d'avantages sur elles devenant pour moi une source de chagrins, afin d'être aimée, chérie, fêtée, excusée toujours [8] comme elles l'étaient [9], dès mes plus jeunes ans [10] j'ai désiré de leur ressembler. S'il arrivait qu'on dît à ma mère [11] : « Vous avez des enfants charmants... » jamais cela ne s'entendait de moi [12]. J'étais quelquefois bien vengée [13] de cette injustice ; mais les louanges que j'avais reçues me coûtaient si cher [14] quand nous étions seuls que j'aurais autant aimé de l'indifférence ou même des injures : plus les étrangers m'avaient marqué de prédilection, plus on avait d'humeur [15] lorsqu'ils étaient sortis. Ô combien j'ai pleuré de fois de n'être pas née laide, bête, sotte, orgueilleuse, en un mot, avec tous les travers qui leur réussissaient [16] auprès de nos parents ! Je me suis demandé d'où venait [17] cette bizarrerie, dans un père, une mère d'ailleurs honnêtes, justes et pieux. Vous l'avouerai-je, monsieur [18] ? Quelques discours échappés à mon père [19] dans sa colère, car il était violent [20], quelques circonstances rassemblées à différents intervalles, des mots de voisins, des propos de valets, m'en ont fait soupçonner une raison [21] qui les excuserait un peu. Peut-être mon père avait-il quelque incertitude sur ma naissance ; peut-être rappelais-je [22] à ma mère une faute qu'elle avait commise, et l'ingratitude d'un homme qu'elle avait trop écouté [23] ; que sais-je ? Mais quand ces soupçons seraient mal fondés, que risquerais-je à vous les confier [24] ? Vous brûlerez cet écrit, et je vous promets de brûler vos réponses.

    Comme nous étions venues au monde à peu de distance les unes des autres, nous devînmes grandes [25] toutes les trois ensemble. Il se présenta des partis. Ma sœur aînée fut recherchée [26] par un jeune homme charmant ; je m'aperçus qu'il me distinguait et qu'elle ne serait incessamment que le prétexte de ses assiduités. Je pressentis tout ce que ses attentions pouvaient m'attirer de chagrins [27], et j'en avertis ma mère [28]. C'est peut-être la seule

27. Una hija malquista

Mi padre era abogado. Se había casado con mi madre cuando tenía ya una edad bastante avanzada; con ella tuvo tres hijas. Tenía más fortuna de la necesaria para dotarlas cómodamente; pero para eso era preciso por lo menos que repartiera su cariño con equidad; y mucho falta para que yo pueda hacer de él tal elogio. Yo sin duda valía más que mis hermanas por las cualidades del ingenio y la figura, el carácter y los talentos; y mis padres parecían sentirlo mucho. Como las ventajas que me habían concedido sobre ellas la naturaleza y el estudio se convertían para mí en una fuente de disgustos, para ser amada, mimada, festejada, perdonada siempre como lo eran ellas, desde mis primeros años deseé parecerme a ellas. Si ocurría que le dijeran a mi madre: «Tenéis unas niñas encantadoras...», nunca decían tal cosa de mí. A veces sí que me sentía vengada de esa injusticia; pero las alabanzas que había recibido, tan caro me costaban cuando estábamos solos que casi hubiera preferido yo indiferencia o incluso injurias: cuanta más predilección me habían mostrado los extraños a la casa, tanto más rencor me manifestaba mi familia cuando se habían ido. ¡Oh! ¡Cuántas veces lloré por no haber nacido fea, tonta, boba, orgullosa, en una palabra con todos los defectos que las favorecían con nuestros padres! Me pregunté de dónde procedería aquella rareza en un padre, una madre por lo demás honrados, justos y piadosos. ¿Acaso os lo confesaré, señor? Algunas frases que se le escaparon a mi padre en su cólera, pues era violento, algunas circunstancias que había yo colegido en distintos momentos, comentarios de los vecinos, palabras de los criados, me llevaron a sospechar una razón que podría disculparles un poco. ¿Quizá tuviera mi padre alguna incertidumbre acerca de mi nacimiento; quizá le recordara yo a mi madre un desliz que ella habría cometido y la ingratitud de un hombre al que habría hecho demasiada confianza? ¿Qué sé yo? Pero aunque fueran infundadas esas sospechas ¿Qué arriesgaría yo en confiároslas? Quemaréis este escrito y yo os prometo hacer lo mismo con vuestras respuestas.

Como habíamos nacido con poca diferencia las unas de las otras, nos hicimos mayores las tres a la vez. Se presentaron algunos pretendientes. Mi hermana mayor fue solicitada por un hombre joven y encantador; me di cuenta de que éste se fijaba en mí e intuí que en poco tiempo ella no sería sino el pretexto de sus asiduidades. Presentí todas las penas que tales atenciones podían acarrearme e informé a mi madre sobre ello.

chose que j'aie faite en ma vie qui lui ait été agréable [29], et voici comment j'en fus récompensée [30]. Quatre jours après, ou du moins à peu de jours, on me dit qu'on avait [31] arrêté ma place dans un couvent ; et dès le lendemain j'y fus conduite [32]. J'étais si mal à la maison, que cet événement ne m'affligea point ; et j'allai à Sainte-Marie, c'est mon premier couvent, avec beaucoup de gaieté. Cependant l'amant de ma sœur, ne me voyant plus, m'oublia et devint son époux. Il s'appelle M. K*** ; il est notaire, et demeure à Corbeil, où il fait un assez mauvais ménage [33]. Ma seconde sœur fut accordée [34] à un M. Bauchon [35], marchand de soieries à Paris, rue Quincampoix, et vit bien avec lui [36].

Mes deux sœurs établies, je crus qu'on penserait à moi, et que je ne tarderais pas à sortir du couvent. J'avais alors seize ans et demi. On avait fait des dots considérables à mes sœurs ; je me promettais un sort égal au leur, et ma tête s'était remplie [37] de projets séduisants, lorsqu'on me fit demander au parloir [38]. C'était le père Séraphin, directeur [39] de ma mère ; il avait été aussi le mien ; ainsi il n'eut pas d'embarras à m'expliquer le motif de sa visite : il s'agissait de m'engager à prendre l'habit. Je me récriai sur cette étrange proposition ; et je lui déclarai nettement que je ne me sentais aucun goût pour l'état religieux. « Tant pis, me dit-il, car vos parents se sont dépouillés pour vos sœurs, et je ne vois plus ce qu'ils pourraient pour vous [40] dans la situation étroite où ils se sont réduits [41]. Réfléchissez-y [42], mademoiselle ; il faut ou entrer pour toujours dans cette maison, ou s'en aller dans quelque couvent de province [43] où l'on vous recevra pour une modique pension, et d'où vous ne sortirez [44] qu'à la mort de vos parents, qui peut se faire attendre longtemps ».

Denis DIDEROT
La Religieuse, 1760

27. COMMENTAIRES

1. **dans un âge assez avancé** : var. : *cuando ya era entrado en años*.

2. **plus de fortune qu'il n'en fallait** : *más fortuna de la [que era] necesaria*; la subordonnée de comparaison (comparatif de supériorité ou d'infériorité) se construit au moyen de la corrélation : *más (menos) de lo que*. Deux cas peuvent se présenter ; ou bien la comparaison porte sur un verbe ou sur un adjectif : la conjonction est alors invariable : *trabajan más de lo que pensaba; son más listos de lo que pensaba;* ou bien la comparaison porte sur un substantif, et la conjonction se comporte comme un relatif, s'accordant en genre et en nombre avec ledit substantif : *tienes más libros de los*

Quizá fuera la única cosa que yo hice en mi vida y que le agradara y veréis cómo me recompensaron. Cuatro días después, o al menos, a los pocos días, me dijeron que me habían reservado una plaza en un convento; y al día siguiente allí me llevaron. Tan mal estaba yo en casa, que ese acontecimiento no me afligió en absoluto; y fui a Santa-María, que fue mi primer convento, con gran alegría. Entre tanto el pretendiente de mi hermana, que ya no me veía, me olvidó y se casó con ella. Se llama M.K***; es notario y reside en Corbeil donde el matrimonio no se lleva nada bien. Mi segunda hermana fue prometida a un tal señor Bauchon, mercader de sedas, en la calle de Quincampoix en París y ambos viven a gusto.

Casadas mis dos hermanas, creí que se acordarían de mí y que no tardaría en salir del convento. Tenía entonces dieciséis años y medio. Habían dotado con creces a mis hermanas y yo me prometía una fortuna similar: se me había llenado la cabeza de atractivos proyectos, cuando un día me llamaron al locutorio. Era el padre Seraphin, director espiritual de mi madre; también había sido el mío; de forma que no se sintió nada molesto al explicarme el motivo de su visita: se trataba de incitarme a tomar los hábitos. Protesté ante esa extraña propuesta y le dije claramente que no sentía la menor inclinación por el estado religioso. «¡Tanto peor para vos! me dijo él, pues vuestros padres se han arruinado por vuestras hermanas; y no me imagino qué podrían hacer por vos en la estrecha situación a la que se ven reducidos. Pensadlo bien señorita, o tenéis que entrar para siempre en esta casa o tenéis que iros a algún convento de provincias donde os admitirán por una módica pensión, y de donde no saldréis hasta la muerte de vuestros padres, lo que puede tardar mucho tiempo todavía.»

27. COMMENTAIRES

que creía yo; tiene más flores de las que suponíamos. Var. : *poseía fortuna más que de sobra para.*

3. pour les établir solidement : établir signifie, lorsqu'il s'agit d'un homme, lui donner une situation sociale, lui procurer une profession, un métier ; s'agissant d'une femme, la marier. La phrase signi-

fie donc que le père était assez riche pour offrir à chacune de ses filles une dot conséquente, et un mariage à la hauteur de cette dot; *Dotar.* «darle a una mujer, por ejemplo sus padres, ciertos bienes como dote» (Mol., *s.v.*).

4. que sa tendresse fût également partagée : var. : *que su cariño fuera repartido por igual, a partes iguales.*

169

27. COMMENTAIRES

5. et il s'en manque bien que j'en puisse faire cet éloge : voyez aussi (plus haut dans le texte) : **il en eut trois filles, plus de fortune qu'il n'en fallait**, et (plus loin) **il semblait que mes parents en fussent affligés**. On observera la grande variété des traductions de ce pronom-adverbe **en**. De façon générale, on ne le traduira que lorsque son absence produirait une carence sémantique que le contexte ne pourrait pallier. Dans certains cas, il n'a pas de valeur définie et s'intègre dans une lexie préfabriquée (**il s'en manque** = il s'en faut). Il n'est alors pas traduisible. Dans d'autres cas, on y perçoit une valeur «partitive» (**plus qu'il n'en faut ; je veux du pain > j'en veux, j'en veux davantage** : *quiero pan; quiero; quiero más*). Dans d'autres cas encore, il résulte de la transformation d'un syntagme implicite : préposition **de** + substantif, la valeur de la préposition pouvant être de « possession » *lato sensu* (**il connaît la valeur de l'argent > il en connaît la valeur** : *conoce su valor*), ou toute autre valeur, et notamment la valeur locative de provenance (**il sort de chez lui > il en sort** : *sale de allí*). Dans d'autres cas enfin, il résulte de la transformation de la postposition (verbes ou locutions construisant leur complément avec **de** : **faire l'éloge de > en faire l'éloge** : *hacer el elogio de él, ella*). Dans ce cas on veillera surtout à contrôler le régime prépositionnel du verbe espagnol, qui peut différer de celui du français (**j'en rêve >** *sueño con él/ella/ello*, etc). Le fait systématique à retenir est que les pronoms-adverbes **en** et **y** s'opposent entre eux comme les prépositions **de** et **à**, dont ils dérivent par pronominalisation : **je vais à Paris, je pense à la mort :** j'y vais, j'y pense ; je viens de Paris, je parle de la mort : j'en viens, j'en parle. À partir de ce schéma de transformation, on peut ensuite préciser cas par cas la valeur et la fonction syntaxique de ces pronoms et les traduire de façon appropriée.

6. par les agréments de l'esprit et de la figure : var. : *por las prendas (partes) del ingenio y de la figura*. Ces deux termes sont classiques ; *prendas*: «se llaman las buenas partes, qualidades o perfecciones, assi del cuerpo como del alma, con que la naturaleza adorna algún sugeto» (Aut., *s.v.*).

7. et il semblait que mes parents en fussent affligés : var. : *de lo cual parecían afligirse mis padres; lo cual parecía apenar a mis padres*.

8. ce que la nature et l'application... de leur ressembler : on peut aussi couper cette longue phrase : *Las ventajas... se convertían... de disgustos. De modo que para ser amada...* On notera par ailleurs qu'il est difficile de traduire la longue gérondive française par une gérondive espagnole, laquelle impose l'antéposition du gérondif au support ; il en résulterait une phrase fort maladroite, voire inacceptable : * *convirtiéndose para mí en una fuente de disgustos las ventajas...*

9. comme elles l'étaient : *como lo eran*. Toute cette phrase implique bien une représentation de passive opérative dont l'agent est implicite, c'est donc de *ser* dont il faut user dans la comparative, comme dans les infinitives à valeur finale. On pouvait également, sans grand bénéfice ici, transformer en active : *Para que*

27. COMMENTAIRES

me amasen, mimasen, festejasen, perdonasen tanto como a ellas... Le point de vue choisi est celui du patient et rien ne s'oppose à ce qu'on le conserve.

10. dès mes plus jeunes ans : var. : *mi tierna edad, mis prístinos años*.

11. s'il arrivait qu'on dît à ma mère : cette conjonction **si** n'a pas une valeur hypothétique, mais porte au contraire une visée réalisante, proche de celle de **quand**/*cuando*. L'idée se maintient, sous-jacente, que l'opération en cause pouvait ne pas se produire, ou du moins ne se produisait qu'à certaines occasions ; ce sont précisément ces occasions-là, bien réelles, que l'on retient, de sorte que « si » est suivi d'un verbe à l'indicatif dans les deux langues ; la concordance permet par ailleurs de distinguer nettement ce **si** occasionnel et thétique — qui implique une principale à l'imparfait ou au présent de l'indicatif (le temps étant identique dans les deux propositions : s'il venait, nous sortions ; s'il vient, nous sortons) — du **si** potentiel ou irréel qui suppose une principale au futur thétique (s'il vient, nous sortirons) ou au futur conditionnel (s'il venait, nous sortirions). Sur le mode après *ocurre que*, cf. 31/9.

12. jamais cela ne s'entendait de moi : i.e. jamais on ne l'entendait dire à mon propos, cela ne s'appliquait jamais à moi.

13. j'étais quelquefois bien vengée : var. : *a veces tomaba el desquite con creces ; a veces sí que me desquitaba de esa injusticia*. Variantes écartées parce qu'impliquant une trop grande volonté de la part du personnage.

14. me coûtaient si cher : *me costaban tan caro*. Précédé d'un auxiliaire ou semi-auxiliaire (*ser, estar, resultar, salir*...), *caro* fonctionne comme adjectif et s'accorde donc avec le sujet. En fonction adverbe, combiné à des verbes tels que *costar, comprar, vender*, il peut soit ne pas s'accorder (l'invariabilité généro-numérique étant la marque de l'adverbe) : *vendió muy caro sus dos motos*, soit s'accorder : *vendieron cara su vida, compró muy cara su casa*.

15. plus les étrangers m'avaient marqué... plus on avait d'humeur : ces corrélations comparatives se construisent au moyen de : *cuanto más (menos)... tanto más (menos)*, le *tanto* du second membre, plutôt classique, s'omettant le plus souvent aujourd'hui ; *mientras más (menos)... más (menos)*. On notera que le premier membre est mentalement subordonné au second et qu'il est porteur d'une indéfinition quantitative ; cette subordination et cette indéfinition suffisent à faire apparaître le subjonctif dans le premier membre lorsque le second est au futur : *cuanto más trabajes, más éxito tendrás*. La mécanique modale est ici strictement la même que celle que l'on observe dans le cas des relatives et temporelles virtualisées par un contexte futur. On ne confondra pas cette structure avec la corrélation *tanto más... cuanto más (cuanto que)* : **d'autant plus... que plus** : *tendrás tanto más éxito, cuantos más esfuerzos hagas* (**tu réussiras d'autant plus que tu feras plus d'efforts**), qui en est l'inverse structural : alors que *cuanto más... más* postpose l'effet à la cause, *tanto más... cuanto*

27. COMMENTAIRES

más antépose l'expression de l'effet à celle de la cause.

16. qui leur réussissaient : le pronom renvoie aux deux sœurs de la narratrice : *que las favorecían* ; var. : *que les salían bien con mis padres*.

17. je me suis demandé d'où venait : *me he preguntado de dónde procedería*; le conditionnel de conjecture est l'équivalent du futur conjectural dans un contexte passé. On notera que, quoi qu'en disent les grammaires, ce conditionnel sert aussi à construire des conjectures dans un contexte présent ; on en voit notamment de nombreux exemples dans la presse. Cf. Michel Camprubi (« L'expression de la conjecture et les futurs dits hypothétiques en espagnol », dans *Linguistique hispanique, Actes du IVe colloque de linguistique hispanique*, PULIM, 1992), qui cite par exemple : «Según dicen, *estaría* actualmente en París el duque de Windsor».

18. vous l'avouerai-je, monsieur ? : var. : *¿Atreveréme a confesároslo, señor?* Sur ce type d'enclise pronominale, cf. 25/1.

19. quelques discours échappés à mon père : *discours* a ici le sens de propos; var. : *algunas razones* (clas.). L'adjectivation **échappés à mon père** est étrange : elle ne peut en principe dériver du verbe **échapper à** (ce mot m'a échappé) dont elle a pourtant le sens, mais seulement du pronominal **s'échapper de** (mais il y a alors anomalie dans l'usage de la préposition). En fait, à l'époque classique, **échapper à** admet de construire son aspect composé aussi bien avec l'auxiliaire **être** qu'avec l'auxiliaire **avoir** ; Littré (*s.v.*, **échapper**, accep-tion 7) cite Corneille : « Ce mot ne m'a jamais **échappé** sans remords » et Racine : « Peut-être, si la voix ne m'eût été coupée, l'affreuse vérité me *serait* **échappée** » (pour : m'aurait échappé). C'est cette construction avec **être** qui explique et la possibilité de l'adjectivation et l'accord en genre et nombre.

20. il était violent : *era violento; estar violento* signifie être mal à l'aise, être gêné.

21. m'en ont fait soupçonné une raison : le pronom anaphorique **en** renvoie de façon lointaine à **bizarrerie**. L'anaphore étant très lâche, on ne peut qu'en faire l'économie dans la traduction : toute tentative d'anaphore pronominale par un déictique (*la razón de aquélla*) serait maladroite et vouée à l'échec en raison de l'éloignement du support.

22. peut-être mon père avait-il... peut-être rappelais-je : la charge d'hypothèse apportée par *quizás* contraint le verbe, lorsqu'il lui est postposé, à adopter le mode subjonctif (imparfait en — RA dans un contexte passé comme ici).

23. une faute qu'elle avait commise... d'un homme qu'elle avait trop écouté : toute la phrase s'inscrit dans le champ hypothétique ouvert par l'adverbe *quizás*. Alors que le français n'a guère d'autre choix que d'utiliser un indicatif aussi bien dans la principale introduite par **peut-être** que dans la relative qui en dépend, l'espagnol peut ici marquer l'aspect conjectural des faits à l'intérieur même de la relative par l'usage du conditionnel modal (à valeur conjecturale). Cf. *supra*, note 16. Var. : **qu'elle avait trop écouté** : *en quien habría confiado demasiado*.

27. COMMENTAIRES

24. que risquerais-je à vous les confier = en vous les confiant ; var. : *¿qué arriesgaría confiándooslas?*

25. nous devînmes grandes : *nos hicimos mayores; hacerse* emporte l'idée de transformation progressive, de développement, de croissance graduelle : «tu hija se ha hecho en poco tiempo una mujer» (Mol., *s.v.*).

26. fut recherchée : *fue solicitada; solicitar*: «tratar de conseguir la amistad, la compañía o la atención de una persona; particularmente cortejar a una mujer» (Mol., *s.v.*). Var. : *a mi hermana mayor la cortejó un hombre...*

27. tout ce que ses attentions pouvaient m'attirer de chagrins : var. : *cuantas penas podían ocasionarme sus delicadezas.*

28. j'en avertis ma mère : *informé a mi madre sobre ello.* Pour la traduction de **en**, cf. *supra*, note 5.

29. la seule chose que j'aie faite en ma vie qui lui ait été agréable : en français, la relative complétant un superlatif, ou une notion similaire, est obligatoirement au subjonctif, quel que soit le degré de réalité de l'opération dite par le verbe (**le seul, le plus beau que je connaisse**). En espagnol, la relative dont l'antécédent est un superlatif peut admettre l'indicatif ou le subjonctif selon la visée. On voit jouer les deux visées, thétique et hypothétique dans cette phrase : **la seule chose que j'aie faite** : je l'ai faite, donc indicatif ; et **qui lui ait été agréable** : le doute exprimé par **peut-être** en début de phrase joue pleinement ici, d'où le subjonctif. Maurice Molho cite une phrase où joue une mécanique du même type : «algo que *veía* y me *gustara* lo tomaba sin permiso de nadie»; et il commente : «El indefinido *algo* constituye aquí sucesivamente una idea mirante tética (algo que *veía*) e hipotética (algo que me *gustara*)» (*op. cit.* p. 465).

30. voici comment j'en fus récompensée : var. : *he aquí cómo me recompensaron.* On notera que le pronom **en** ne reçoit ici aucune traduction. Cf. *supra*, note 5.

31. on me dit qu'on avait : ces **on** renvoient à un agent anonyme excluant locuteur et interlocuteur ; ils ne peuvent être traduits que par une 3ᵉ personne du pluriel ou éventuellement par SE. Cf. 4/4.

32. j'y fus conduite : *allí me llevaron*; cette fois le pronom à valeur locative doit et peut être traduit sans difficulté. Cf. *supra*, note 5.

33. où il fait un assez mauvais ménage = où il s'entend assez mal avec son épouse ; **assez mauvais** semble être ici une pseudo-atténuation à valeur intensive (il faut comprendre : très mauvais, et traduire la litote).

34. fut accordée : Littré : **accorder une fille** : la promettre en mariage ; **une accordée de village** : *una novia de aldea.*

35. un M. Bauchon : *un tal señor Bauchon.* Cf. 1/12.

36. vit bien avec lui : var. : *ambos llevan una vida agradable.*

37. ma tête s'était remplie : *se me había llenado la cabeza*; ce type de structure consiste à distribuer la matière sémantique du possessif (*ma* tête) sur deux éléments : le pronom (*me*) et l'arti-

27. COMMENTAIRES

cle (*la*). Le possessif n'est de fait rien d'autre que la combinaison d'une notion d'extensité (plus ou moins grande singularité) que l'article défini déclare isolément, et d'une notion de rang personnel (**ma** tête = la tête à moi). Cette distribution s'opère souvent lorsque le sujet est le siège d'un processus involontaire ou incontrôlable : *se le subieron los colores a la cara; se le cayó la cara de vergüenza*. On rapprochera ce type de construction de celles du type : *se me cayeron las gafas; se me olvidó decírtelo, se me ocurrió comprárselo*, etc., qui toutes, à divers degrés, font du sujet le lieu passif d'un processus.

38. on me fit demander au parloir : faire n'a ici aucune valeur propre à être traduite. Cf. 20/10.

39. directeur : il s'agit du **directeur de conscience :** « prêtre qui dirige certaines personnes en matière de morale et de religion » (Robert).

40. pour vos sœurs, pour vous : en faveur de vos sœurs, pour leur bien, dans leur intérêt : préposition POR, à l'exclusion de PARA.

41. situation étroite où ils se sont réduits : var. : *dada la estrechez a la que se ven reducidos*. Verse se substitue à *estar* dans la déclaration de passives résultatives lorsque le sujet (qui est donc aussi le patient de l'opération) est un animé (pour « se voir » il faut en effet qu'il soit doté de conscience). Il semble que peu de verbes acceptent cette substitu-

27. COMMENTAIRES

tion : *verse obligado, forzado, apurado, reducido,* tous verbes qui renvoient à une situation négative, à un déterminisme qui manipule le sujet.

42. réfléchissez-y : *pensadlo bien*: comme pour la traduction de **en**, on veillera, lors de la traduction de **y**, à la différence des constructions d'objet entre les deux langues ; *pensar*, au sens de **réfléchir à quelque chose**, est transitif : *lo he pensado;* au sens de **songer à quelque chose** (produire l'image mentale de qque ch. ou de qqu'un) : *pensar en*.

43. de province : *de provincias*. Sur le « *s* » paragogique, cf. 21/4.

44. où l'on vous recevra... et d'où vous ne sortirez : *donde os admitirán y de donde no saldréis*. Le mode ne peut être ici que l'indicatif : on chercherait en vain une trace d'hypothèse ou d'indétermination. On se souviendra d'autre part que le seul cas où la relative ou la temporelle soient nécessairement au subjonctif présent est celui où elles dépendent d'une principale au futur : *adonde vayas, yo iré también; dondequiera que vayas, tendrás problemas*. Dans les autres cas, c'est de la nature de la visée, réalisante ou irréalisante, que dépend le choix du mode : *ésta es la foto del chalet adonde iremos este verano*.

28. Les tourments de la jalousie

Je n'eus pas la force de soutenir plus longtemps un discours dont chaque mot [1] m'avait percé le cœur [2]. Je me levai de table, et je n'avais pas fait quatre pas pour sortir de la salle que [3] je tombai sur le plancher sans sentiment et sans connaissance. On me les rappela [4] par de prompts secours. J'ouvris les yeux pour verser un torrent de pleurs, et la bouche pour proférer les plaintes les plus tristes, et les plus touchantes. Mon père, qui m'a toujours aimé tendrement [5], s'employa avec toute son affection pour me consoler. Je l'écoutais, mais sans l'entendre. Je me jetai à ses genoux, je le conjurai en joignant les mains de me laisser [6] retourner à Paris pour aller poignarder B... [7] Non, disais-je, il n'a pas gagné le cœur de Manon, il lui a fait violence, il l'a séduite par un charme ou un poison [8], il l'a peut-être forcée brutalement. Manon m'aime, ne le sais-je pas bien [9] ? il l'aura menacée [10] le poignard à la main [11] pour la contraindre à m'abandonner. Que n'aura-t-il pas fait pour me ravir une si charmante maîtresse [12] ! Ô Dieux ! Dieux ! serait-il possible que Manon m'eût trahi [13] et qu'elle eût cessé de m'aimer ! Comme je parlais toujours de retourner promptement à Paris, et que je me levais même à tous moments pour cela, mon père vit bien que dans le transport où j'étais, rien ne serait capable de m'arrêter. Il me conduisit dans une chambre haute où il laissa deux domestiques [14] avec moi pour me garder à vue. Je ne me possédais point [15]. J'aurais donné mille vies pour être seulement un quart d'heure à Paris. Je compris que m'étant déclaré si ouvertement, on ne me permettrait pas aisément de sortir de ma chambre. Je mesurai des yeux la hauteur des fenêtres. Ne voyant nulle possibilité de m'échapper par là, je m'adressai doucement à mes deux domestiques. Je m'engageai par mille serments à faire un jour leur fortune, s'ils voulaient consentir [16] à mon évasion. Je les pressai, je les caressai [17], je les menaçai ; mais cette tentative fut encore inutile. Je perdis alors toute espérance. Je résolus de mourir, et je me jetai sur un lit avec le dessein de ne le quitter qu'avec la vie [18]. Je passai la nuit et le jour suivant dans cette situation. Je refusai la nourriture qu'on m'apporta le lendemain. Mon père vint me voir l'après-midi. Il eut la bonté de flatter mes peines [19] par les plus douces consolations. Il m'ordonna si absolument de manger quelque chose, que je le fis par respect pour ses ordres [20]. Quelques jours se passèrent pendant lesquels je ne pris rien qu'en sa présence [21] et pour lui obéir [22]. Il continuait toujours à m'apporter les raisons qui pouvaient me ramener au bon sens [23], et m'inspirer du mépris pour l'infidèle Manon [24]. Il est certain que je ne l'estimais plus : comment aurais-je estimé [25] la plus volage et la plus perfide de toutes les créatures ? mais son image, ses traits charmants que je portais au fond du cœur, y subsistaient toujours [26]. Je me sentais bien [27].

28. Los tormentos de los celos

Ya no tuve fuerzas para seguir aguantando un discurso del que cada palabra me había traspasado el corazón. Me levanté de la mesa, y no había dado cuatro pasos para salir de la sala cuando me caí al suelo sin sentido ni conocimiento. Me los hicieron recobrar con rápidos socorros. Abrí los ojos para derramar un torrente de lágrimas, y la boca para proferir las quejas más tristes y conmovedoras. Mi padre, quien siempre me quiso entrañablemente, se empeñó en consolarme con todo su cariño. Yo le escuchaba, pero sin oírle. Me eché a sus rodillas, le supliqué juntando las manos que me dejara volver a París para ir a apuñalar a B... ¡No! decía yo, no se ha granjeado el amor de Manon, la ha violentado, la ha seducido con un hechizo o con un veneno, quizá la haya forzado brutalmente. Manon me quiere a mí ¿cómo lo puedo dudar? La habrá amenazado con el puñal en la mano para obligarla a abandonarme. ¡Qué no habrá hecho para arrebatarme una amante tan encantadora! ¡Por Dios! ¡Dios mío! ¡sería posible que Manon me hubiera traicionado y que hubiera dejado de amarme! Como yo seguía hablando de volver rápidamente a París, e incluso me levantaba en cualquier momento para ello, mi padre bien comprendió que en el arrebato en el que estaba, nada podría detenerme. Me llevó a una habitación alta en donde dejó a dos criados conmigo para que me vigilaran. Yo estaba fuera de mí. Hubiera dado mil vidas por estar siquiera un cuarto de hora en París. Entendí que al haberme declarado tan abiertamente, no me permitirían salir de mi habitación con tanta facilidad. Medí con la mirada la altura de las ventanas. Como no veía ninguna posibilidad de escaparme por allí, me dirigí en voz baja a mis dos criados. Me comprometí con miles de juramentos a hacer algún día su fortuna, si querían consentir en mi evasión. Yo los acosé, los adulé, los amenacé, pero aquella tentativa también fue inútil. Perdí entonces toda esperanza. Decidí morir, y me arrojé sobre una cama con el propósito de no abandonarla sino con la vida. Pasé la noche y el día siguiente en aquella situación. Rechacé la comida que me trajeron al día siguiente. Mi padre vino a verme por la tarde. Tuvo la bondad de endulzar mis penas con los más suaves consuelos. Me ordenó de modo tan terminante que comiera algo que yo lo hice por respetar sus órdenes. Transcurrieron algunos días durante los cuales no tomé nada como no fuera en su presencia y para obedecerle. Él seguía exponiéndome siempre los motivos que podían hacerme entrar en razón, e infundirme desprecio por la infiel Manon. Estaba claro que ya no la quería. ¿Cómo pudiera yo apreciar a la

Je puis mourir, disais-je, je le devrais même après tant de honte et de douleur, mais je souffrirais mille morts sans pouvoir oublier l'ingrate Manon.

Mon père était surpris de me voir toujours si fortement touché. Il me connaissait des principes d'honneur [28], et ne pouvant douter que sa trahison ne me la fît mépriser, il s'imagina que ma constance venait moins de cette passion en particulier que d'un penchant général pour les femmes [29]. Il s'attacha tellement à cette pensée [30] que, ne consultant que sa tendre affection, il vint un jour m'en faire l'ouverture [31]. Chevalier, me dit-il, j'ai eu dessein jusqu'à présent de te faire porter la croix de Malte [32] ; mais je vois que tes inclinations ne sont point tournées de ce côté-là. Tu aimes les jolies femmes. Je suis d'avis de t'en chercher une qui te plaise [33]. Explique-moi naturellement [34] ce que tu penses là-dessus. Je lui répondis que je ne mettais plus de distinction entre les femmes, et qu'après le malheur qui venait de m'arriver, je les détestais toutes également. Je t'en chercherai une, reprit mon père en souriant, qui ressemblera à Manon, et qui sera [35] plus fidèle.

Abbé Prévost
Manon Lescaut, 1731

28. COMMENTAIRES

1. dont chaque mot : *del que cada palabra*; la restriction sémantique apportée par un indéfini nuançant le substantif introduit par **dont** est incompatible avec l'emploi de *cuyo*. Cf. 2/12.

2. percé le cœur : var. : *partido el alma*.

3. je n'avais pas fait… que : la corrélation est équivalente à : **à peine avais-je fait quelques pas que** ; elle a bien sûr une signification temporelle et **que** ne peut être rendu que par *cuando* (ou par une virgule, cf. 1/26).

4. on me les rappela : *me los hicieron recobrar*; **rappeler :** « faire revenir, en parlant de choses morales qu'on suppose obéir à un rappel […]. Rappeler ses sens, ses esprits, son courage, reprendre ses sens, etc. » (Littré, *s.v.*).

5. mon père, qui m'a toujours aimé tendrement : *quien siempre me quiso*; c'est seulement parce que la relative, placée en incise entre deux pauses, est dotée d'une relative autonomie prosodique et syntaxique, que le relatif peut prendre la forme « lourde » *quien*, se comportant comme un relatif dépourvu d'antécédent (cf. 5/4) ; **s'employa :** var. : *se ocupó en, se esforzó por*.

6. je le conjurai de me laisser : *le supliqué que me dejara;* à l'infinitive complément d'un verbe d'ordre ou de volonté correspond en espagnol une complétive au subjonctif. Cf. 1/20.

7. pour aller poignarder B ; *para ir a apuñalar a B*; on voit ici fonctionner deux valeurs centrales de la préposition A : comme indicateur de tension vers une limite, concrète ou abstraite comme ici (il n'y a pas dans l'esprit de la langue de différence entre : *ir a París* et *ir a apuñalar*, seul est retenu le mouvement vers une limite) ; comme indicateur de fonction, l'intransitivité servant à marquer la fonction objet d'un élément qui, référentiellement, pourrait être conçu comme l'agent de l'opération.

más infiel y pérfida de todas las criaturas? Pero su imagen, sus facciones encantadoras que conservaba en el fondo del corazón, seguían subsistiendo en él. Veía claro en mí. Puedo morir —decía yo— lo debería incluso después de tanta vergüenza y tanto dolor, pero sufriría mil muertes sin llegar a olvidar a la ingrata Manon. A mi padre le sorprendía verme todavía tan afectado. Conocía mis puntos de honra, y como no podía dudar de que su traición me la hiciera despreciar, se figuró que mi constancia procedía menos de aquella pasión en particular que de una inclinación general por las mujeres. Se aferró de tal modo a aquel pensamiento que, sin atender a otra cosa que a su cariñoso afecto, vino un día a franquearse conmigo. Caballero —me dijo— hasta ahora he tenido la intención de que lleves la cruz de Malta, pero ya veo que tus inclinaciones no se orientan en absoluto hacia ese lado. Te gustan las mujeres guapas. Estoy decidido a buscarte una que a ti te guste. Explícame con toda sinceridad cuál es tu opinión acerca de eso. Le contesté que yo ya no distinguía entre las mujeres, y que tras la desgracia que acababa de ocurrirme, las odiaba a todas por igual. Yo te buscaré una —prosiguió mi padre con una sonrisa— que se parezca a Manon y que te sea más fiel.

28. COMMENTAIRES

8. **un poison** : *un veneno; ponzoña*, est semble-t-il, d'un emploi plus rare, plus littéraire.

9. **ne le sais-je pas bien ?** : var. : *¿No lo sé yo, acaso?; ¡Si lo sabré yo!*, un peu trop colloquial et signifiant : **je suis bien placé pour le savoir**, constituerait ici un léger faux-sens.

10. **il l'aura menacée** : *la habrá amenazado*; « Le futur antérieur sert aussi à conjecturer le passé d'une manière qu'on imagine et qui s'accorde avec la situation présente. Par exemple : *ils se seront attardés chez leur tante*. On n'affirme pas, on conjecture. On imagine ce qui a pu avoir lieu, le futur antérieur devient ici l'expression du passé plausible. [...] Dans le futur antérieur, expression d'un passé conjecturé, il faut voir aussi l'intention de ne pas employer toute la puissance d'affirmation qu'emporte avec soi le passé. C'est pour rester en deçà de cet emploi total de la puissance affirmative que possède le passé qu'on recourt au futur » (Gustave Guillaume. *Leçons de linguistique*, 1943-44, série A, p. 310). Var. : *la amenazaría*: on obtient un effet conjectural équivalent, quo que non identique, par l'emploi du « conditionnel » de conjecture, le conditionnel n'étant lui-même qu'un futur descendu dans le passé, et dans le cas particulier, porteur d'une charge d'hypothèse appliquée à un événement passé. C'est en quelque sorte le mécanisme inverse de celui du futur antérieur.

11. **le poignard à la main** : *con el puñal en la mano*; ici, la préposition CON ne sert pas à dire l'instrument de la menace, mais note simplement ce que, faute de mieux, on appelle « l'attitude », *i.e.* un trait circonstanciel accessoire se disant de l'agent de l'opération.

12. **pour me ravir une si charmante maîtresse** : *para arrebatarme una amante tan encantadora*. Arrebatar fait partie des verbes à trois actants : celui

28. COMMENTAIRES

qui ravit (animé), celui qui est ravi (animé) et celui auquel on ravit (animé également). Les deux objets, le direct et l'indirect, le premier par son statut animé, le second, par sa fonction, réclament en principe la préposition A. Mais en faire usage aux deux niveaux de fonction simultanément aboutit à une ambiguïté : *arrebató al caballero a su amante: quel est le « ravi », quel est le dépossédé ? Le problème subsiste lorsque l'un des deux actants prend une forme pronominale : *arrebatarme a una amante tan encantadora: cet énoncé signifie-t-il : **me ravir à une amante...** ou : **me ravir une amante** ? Rien syntaxiquement ne permet de le savoir. La solution est donc de neutraliser la préposition devant l'objet direct, marquant ainsi clairement la hiérarchie entre objet 1 et objet 2.

13. serait-il possible que Manon m'eût trahie : strictement cette phrase ne peut se traduire que : *sería posible que Manon me hubiera traicionado*. On avait en effet le choix, dans une langue châtiée, entre une hypothèse hautement improbable portée par le conditionnel et le subjonctif imparfait ou plus-que-parfait (solution retenue ici par l'auteur), et une hypothèse plus légère, plus probable, portée par le conditionnel (appliqué au présent) ou le présent d'indicatif dans la principale et le « subjonctif passé » dans la subordonnée : **est-il (serait-il) possible qu'elle m'ait trahi?** Cette hypothèse plus légère se traduirait : *¿será posible que me haya traicionado?* Le contexte (futur antérieur dans la phrase pécédente et interjections montrant qu'on est au style direct libre) interdit par ailleurs de voir dans cette phrase un fragment au style indirect libre.

14. il me conduisit dans une chambre... il laissa deux domestiques : sur l'emploi des prépositions, cf. *supra*, note 7.

15. je ne me possédais point : var. : *no podía estarme quieto*.

16. s'ils voulaient consentir: *si querían consentir* ; il s'agit bien entendu d'un potentiel dans le passé (dans un contexte présent on aurait : **s'ils veulent**). Il faut donc user de l'indicatif.

17. je les pressai, je les caressai : var. : *yo los hostigué, los halagué*. Noter la variante graphique *gu-*, rendue obligatoire par la variation vocalique (*a* > *é*). On note un phénomène semblable, quoique plus arbitraire, dans la variation *amenazar* > *amenacé*.

18. de ne le quitter qu'avec la vie : la figure tient à la fois de l'hendiadyin et de la syllepse de sens ; le télescopage est curieux, car il pourrait signifier le contraire de ce qu'il veut dire (on peut comprendre : de ne le quitter que mort, ou ... de ne le quitter que vivant !). On peut conserver la même figure, ou l'atténuer : var. : *no abandonarla hasta que hubiera muerto*.

19. flatter mes peines : flatter : « traiter avec trop de douceur et de ménagement. On ne guérit point les grands maux en les flattant [...]. Je ne cherche point à flatter mon mal [...]. Flatter une plaie, n'y appliquer que des remèdes trop doux. » (Littré, *s.v.*) L'idée est donc celle d'un soulagement momentané et superficiel, qui peut être rendu par *aliviar, endulzar, lenificar, suavizar*.

20. par respect pour ses ordres : *por respetar sus órdenes*: sur la valeur de POR dans l'expression du mobile psychologique, cf. 22/5 et 22/6.

21. qu'en sa présence : var. *sino en su presencia*.

22. et pour lui obéir : var. : *y por obedecerle*; la différence sémantique entre PARA et POR est celle qui oppose la finalité au mobile. Cf. *supra*, note 20.

23. me ramener au bon sens : var. : *recobrar el buen sentido*.

24. du mépris pour l'infidèle Manon : la plupart des verbes signifiant un

28. COMMENTAIRES

penchant, un sentiment, un intérêt pour un être ou une chose construisent leur objet avec la préposition POR. Celui-là est en effet conçu comme la source, la cause productive du sentiment ressenti ; il est donc logique que ce soit la préposition rétrospective POR, et non la préposition prospective PARA, qui soit choisie. Lorsque PARA apparaît dans de tels contextes, ce ne peut donc être qu'en combinaison avec CON (PARA CON = **envers**), cette dernière préposition ayant pour fonction de nuancer, voire d'inverser la valeur de destination dont PARA ne peut se défaire. Le sens de PARA CON est d'ailleurs sensiblement différent de celui de POR, servant à dire une attitude que l'on *manifeste* envers quelqu'un, un comportement que l'on adopte avec lui. L'opposition entre POR et PARA CON est donc celle de l'intériorité et de l'extériorité, du sentiment intérieurement ressenti et du comportement extérieurement manifesté.

25. comment aurais-je estimé : var. : *¿Cómo iba yo a apreciar...?*

26. y subsistaient toujours : var. : *aún no se habían borrado de él.*

27. je me sentais bien : *veía claro en mí*; il est clair que cette phrase ne peut signifier que le narrateur se sentait pleinement heureux et à l'aise, alors même qu'il ne cesse d'insister sur sa douleur. Sentir : « connaître, apercevoir en quel état, en quelle disposition l'on est [...]. Absolument : se sentir, se bien sentir, avoir conscience des forces qu'on a, du mérite qu'on possède, de ce qu'on est en droit d'exiger » (Littré, *s.v.*). **Se sentir**, c'est donc avoir claire conscience de soi, voir clair en soi-même, être lucide sur soi-même.

28. il me connaissait des principes d'honneur : *conocía mis puntos de honra; Punto*: «vale lo mismo que pundonor y se suele añadir la expresión, diciendo Punto de honra» (Autoridades, *s.v.*). Var. : *mis principios de honor.*

29. penchant général pour les femmes : *inclinación general por las mujeres.* Sur le choix de POR, cf. *supra*, note 23.

30. il s'attacha tellement à cette pensée : var. : *tanto se empeñó en ese pensamiento.*

31. il vint un jour m'en faire l'ouverture = il vint un jour s'en ouvrir à moi ; var. : *confiármelo, confesármelo.*

32. te faire porter la croix de Malte : var. : *hacer de ti un cruzado de San Juan (de Malta).*

33. t'en chercher une qui te plaise : *buscarte una que a ti te guste*; il est préférable d'omettre la préposition devant le complément d'objet ; l'indétermination, l'absence de singularisation (qui se marque par l'emploi du subjonctif dans la relative), et surtout la signification propre de *buscar* qui admet *a priori* un objet conçu comme inanimé, justifient cette omission.

34. explique-moi naturellement : var. : *sinceramente, sin rodeos*: « sans déguisement, avec franchise : [...] Répondez-moi naturellement. » (Littré, *s.v.*)

35. je t'en chercherai une... qui ressemblera... et qui sera : *yo te buscaré una... que se parezca... y que sea*; sur la préposition zéro, cf. *supra*, note 33. Sur le choix du mode : l'indétermination de l'antécédent de la relative interdit d'user du futur catégorique, insuffisamment hypothétique, et oblige à user du subjonctif ; on notera que le subjonctif dit présent, indiscrimine en fait l'opposition présent/futur : **une qui te plaise** > *una que te guste*; **une qui ressemblera** > *una que se parezca*. Le subjonctif présent se contente en fait de marquer une hypothèse non passée.

29. La lettre

Mme de Clèves lut cette lettre et la relut plusieurs fois, sans savoir néanmoins ce qu'elle avait lu [1]. Elle voyait seulement [2] que M. de Nemours ne l'aimait pas comme elle l'avait pensé et qu'il en aimait d'autres qu'il trompait comme elle [3]. Quelle vue et quelle connaissance [4] pour une personne de son humeur, qui avait une passion violente, qui venait d'en donner des marques [5] à un homme qu'elle en jugeait indigne [6] et à un autre qu'elle maltraitait pour l'amour de lui [7] ! Jamais affliction [8] n'a été si piquante et si vive : il lui semblait que ce qui faisait l'aigreur de cette affliction [9] était ce qui s'était passé dans cette journée et que, si M. de Nemours n'eût point eu lieu de croire [10] qu'elle l'aimait, elle ne se fût pas souciée qu'il en eût aimé une autre. Mais elle se trompait elle-même ; et ce mal [11], qu'elle trouvait si insupportable, était la jalousie avec toutes les horreurs dont elle peut être accompagnée [12]. Elle voyait par cette lettre que M. de Nemours avait une galanterie [13] depuis longtemps. Elle trouvait que celle qui avait écrit la lettre avait de l'esprit et du mérite ; elle lui paraissait digne d'être aimée ; elle lui trouvait plus de courage qu'elle ne s'en trouvait à elle-même [14] et elle enviait la force qu'elle avait eue de cacher ses sentiments à M. de Nemours. Elle voyait, par la fin de la lettre, que cette personne se croyait aimée ; elle pensait que la discrétion que ce prince lui avait fait paraître, et dont elle avait été si touchée [15], n'était peut-être que l'effet de la passion qu'il avait pour cette autre personne à qui il craignait de déplaire. Enfin elle pensait tout ce qui pouvait augmenter son affliction et son désespoir. Quels retours ne fit-elle point sur elle-même [16] ! Quelles réflexions sur les conseils que sa mère lui avait donnés [17] ! Combien se repentit-elle de ne s'être pas opiniâtrée à se séparer du commerce du monde [18], malgré M. de Clèves, ou de n'avoir pas suivi la pensée [19] qu'elle avait eue de lui avouer l'inclination qu'elle avait pour M. de Nemours ! Elle trouvait qu'elle aurait mieux fait de la découvrir à un mari dont elle connaissait la bonté [20], et qui aurait eu intérêt à la cacher, que de la laisser voir à un homme qui en était indigne, qui la trompait, qui la sacrifiait peut-être et qui ne pensait à être aimé d'elle que par un sentiment d'orgueil et de vanité. Enfin, elle trouva que tous les maux qui lui pouvaient arriver, et toutes les extrémités où elle se pouvait porter, étaient moindres que d'avoir laissé voir à M. de Nemours qu'elle l'aimait et de connaître qu'il en aimait une autre [21]. Tout ce qui la consolait était de penser

29. La carta

La señora de Clèves leyó aquella carta y volvió a leerla varias veces, aunque sin enterarse de lo que había leído. Tan sólo entendía que el señor de Nemours no la amaba como ella lo había creído y que amaba a otras a quienes engañaba como a ella. ¡Qué revelación y qué descubrimiento para una persona de su índole, que sentía una pasión violenta, de la que acababa de dar muestras a un hombre a quien juzgaba indigno de ella y a otro a quien maltrataba por amor de aquél! Nunca hubo aflicción más punzante ni más viva: le parecía que lo que hacía tan amarga esa aflicción era lo sucedido aquel día y que, si el señor de Nemours no hubiera tenido motivos para creer que ella le amaba, poco le hubiera importado a ella que él amase a otra. Pero se engañaba a sí misma; y esa desazón, que le parecía tan inaguantable, eran los celos con todos los tormentos que suelen traer consigo. Veía con aquella carta que el señor de Nemours tenía un galanteo desde hacía mucho tiempo. Le parecía que la que había escrito aquella carta era persona de ingenio y mérito y la consideraba digna de ser amada; encontraba en ella más ánimo del que encontraba en sí misma y le envidiaba la fuerza con que había disimulado sus sentimientos al señor de Nemours. Con el final de la carta se percataba de que aquella persona se creía amada y pensaba que la discreción que este príncipe le había manifestado y que tanto le había conmovido, tal vez sólo fuera el efecto de la pasión que sentía él por esa otra persona a quien temía desagradar; finalmente, consideraba todo cuanto podía aumentar su desconsuelo y su desesperación. ¡Cuántas veces examinaría su conducta pasada! ¡Cuántas reflexiones hizo acerca de los consejos de su madre! ¡Cuánto se arrepintió por no haberse empeñado en apartarse del trato de la gente, a pesar del señor de Clèves o por no haber seguido el propósito que había tenido de confesarle a su marido la inclinación que sentía por el señor de Nemours! Se le antojaba que más le hubiera valido revelársela a un marido cuya bondad conocía y a quien le hubiera importado ocultarla, antes que manifestarla a un hombre que no era digno de ella, que la engañaba, que la sacrificaba tal vez y que sólo deseaba ser amado de ella por sentimientos de orgullo y vanidad. Por fin, le pareció que todos los males que podían ocurrirle, y todos los extremos a los que pudiera llegar, eran menores que el haber mostrado al señor de Nemours que ella le amaba y que el darse cuenta de que él amaba a otra mujer. Su único

au moins, qu'après cette connaissance, elle n'avait plus rien à craindre d'elle-même, et qu'elle serait entièrement guérie de l'inclination qu'elle avait pour ce prince.

Madame de LAFAYETTE
La Princesse de Clèves, 1678

29. COMMENTAIRES

1. **sans savoir néanmoins ce qu'elle avait lu** : *i.e.* sans parvenir à saisir le sens de ce qu'elle lisait. Il lui manque le référent de la lettre qui ne lui était pas destinée, et les implicites et allusions ne font pas sens pour elle. Var. : *sin acabar de entender*.

2. **elle voyait seulement** : *i.e.* elle percevait seulement, elle comprenait seulement, la seule chose signifiante pour elle était que. Var. : *lo único que entendía era*.

3. **il en aimait d'autres qu'il trompait comme elle** : cette structure impose trois emplois successifs de la préposition A devant objet direct animé : devant l'antécédent du relatif, devant le relatif, devant le second membre de la comparaison (qui a nécessairement le même statut d'être animé, étant objet de la même opération [aimer] et doit donc se construire intransitivement).

4. **quelle vue et quelle connaissance** : les deux termes font ici pléonasme (figure typique de la rhétorique classique) et renvoient à la découverte de la vérité sur M. de Nemours. **Humeur** : var. : *talante*.

5. **qui venait d'en donner des marques** : *de la que acababa de dar muestras*. On traduit en réalité la proposition transformée : **dont elle venait de donner des marques, dont** étant un équivalent sémantique de la combinaison **qui + en**, où **en** est lui-même le résultat de la pronominalisation du syntagme sous-jacent [des marques de cette passion].

On verra mieux cette équivalence par la transformation suivante : **je parle de cette femme > j'en parle > la femme dont je parle**.

6. **un homme qu'elle en jugeait indigne** : *a quien tenía por indigno de ella*. Ici, le pronom **en** anaphorique renvoie à [passion violente] ; omettre de le traduire constituerait un contresens.

7. **un autre qu'elle maltraitait pour l'amour de lui** : *otro a quien maltrataba por amor de aquél*. Outre la construction prépositionnée du relatif, ce fragment pose le problème de l'anaphore pronominale. **Lui** renvoie ici au premier des deux hommes cités : il faut donc user du déictique pronominal de renvoi à distance (*aquél*: littéralement celui-là, *i.e.* le plus éloigné de l'instant de locution, et donc le plus éloigné dans la phrase).

8. **jamais affliction...** : var. : *jamás aflicción fue tan lancinante*.

9. **ce qui faisait l'aigreur de cette affliction** = ce qui rendait cette affliction si amère : *lo que hacía tan amarga esa aflicción*.

10. **avoir lieu de croire** : avoir des raisons de croire, être fondé à croire.

11. **mal** : var. : *padecimiento, pena*.

12. **dont elle peut être accompagnée** : **pouvoir** ne signifie pas ici la possibilité (par opposition à la certitude), mais la notion de série ouverte illimitée ; il est

consuelo era pensar que, al menos después de aquel descubrimiento, ya no tenía nada que temer de sí misma, y que se curaría por completo de la inclinación que sentía por aquel príncipe.

29. COMMENTAIRES

donc redondant par rapport à **toute** ; aussi use-t-on d'un autre auxiliaire, *soler*, pour marquer qu'il s'agit d'un fait conçu comme certain et avéré. On simplifie aussi la relative sans perte de signification : **dont elle peut être accompagnée > qui peuvent l'accompagner** (transformation de la relative passive en relative active).

13. avait une galanterie : il s'agit bien sûr d'une relation amoureuse, de « commerce amoureux » (Littré, *s.v.*).

14. elle lui trouvait plus de courage qu'elle ne s'en trouvait à elle-même : *encontraba en ella más valor del que encontraba en sí misma*. On observera ici le fonctionnement du pronom non réfléchi de 3ᵉ personne (*en ella*: l'être désigné par le pronom n'est pas le support agent de l'opération verbale) et du pronom réfléchi (*en sí*: le même être est au poste d'agent et de complément circonstanciel). Sur la structure *más... del que*, cf. 27/2.

15. et dont elle avait été si touchée = qui l'avait tant touchée : *que tanto la había conmovido*. Transformation en active de la relative. Cf. *supra*, note 10.

16. quels retours ne fit-elle point sur elle-même ! (= combien de fois ne fit-elle pas retour sur elle-même !) : *¡Cuántas veces examinaría su conducta pasada!* Le conditionnel conjectural apporte ici une nuance hyperbolique d'indicibilité (on ne saurait dire combien de fois...)

17. quelles réflexions [s.e. ne se fit-elle pas] **sur les conseils...** : *¡qué de reflexiones acerca de los consejos...!* On peut aussi relier les deux exclamatives dans la même phrase : *¡Qué de reflexiones hizo (¡Qué reflexiones no hizo) acerca de su propia conducta y de los consejos...!*

18. se séparer du commerce du monde : *apartarse del trato de la gente*; var. : *apartarse de las relaciones mundanas, del comercio de los hombres* ; «quan grave cosa es ser apartado un hombre del comercio de los hombres» (Autoridades, *s. v. comercio*).

19. n'avoir pas suivi la pensée : var. : *no haberse dejado guiar por el propósito; no haber seguido adelante en el propósito*.

20. un mari dont elle connaissait la bonté : *un marido cuya bondad conocía*. Rappelons que *cuyo* + substantif, à la différence du **dont** français, est multifonctionnel (sujet, objet direct, indirect, circonstanciel dans la relative). Cf. 35/18.

21. connaître qu'il en aimait une autre : **connaître** a ici le sens ancien de **apprendre que**, s'apercevoir que, se rendre compte que : *enterarse, percatarse, darse cuenta*.

30. Un hôte importun

ACTE PREMIER

Un petit salon vers 1785[1]. Au fond, une grande fenêtre donnant de plain-pied sur des jardins. Paysage d'hiver. À droite, une porte ouverte laisse voir une chambre à coucher avec une alcôve[2] dont les rideaux sont tirés. Peu de meubles, mais l'ensemble fait une impression de simplicité et d'élégance.

JACQUES : Il dort. Le canon ne le réveillerait pas.

ÉLISABETH : J'avoue que je serais plus tranquille s'il pouvait quitter le château[3] à tout jamais. Depuis ce matin, je ne tiens plus en place[4]. Tout à l'heure, je suis allée me promener dans les jardins, malgré ce froid terrible qui me glace jusqu'au cœur[5]. L'inquiétude me chasse d'un lieu en un autre. J'admire que vous restiez si calme.

JACQUES : Mais qu'avons-nous donc à craindre ?

ÉLISABETH : Cet homme sera un espion de plus[6].

JACQUES : Oh ! vous voyez des espions partout[7].

ÉLISABETH : Fermez cette porte[8].

JACQUES : Permettez-moi de vous dire que ce serait une erreur. D'ici au moins, je puis surveiller sa chambre. Qui sait ce qui se passe[9] derrière une porte close ?

ÉLISABETH : On croirait à vous entendre qu'il s'agit d'un prisonnier. Quelle idée[10] de l'avoir logé dans cette aile déserte ! Si vous aviez peur de lui comme d'un criminel[11], vous ne le traiteriez pas autrement. Qui donc est cet homme qu'on reçoit au milieu de la nuit et qu'on mène à la lueur des torches dans la partie la plus reculée[12] du château ?

JACQUES : Il est arrivé comme un fugitif. Sa mine défaite, son silence même nous empêchèrent de l'interroger, et il était à ce point recru de fatigue qu'il dormait presque en traversant les pièces qui le séparaient de sa chambre. Il s'est jeté tout habillé[13] sur son lit. Je ne sais pourquoi, il me faisait songer à un homme qui se serait lancé dans le vide[14], du haut d'une tour, et se serait écrasé sur le sol. Un peu plus tard, je suis revenu seul jusqu'ici. J'ai vu qu'il n'avait pas bougé. Par un scrupule qui vous paraîtra étrange, sans doute, j'ai ôté le Christ au-dessus du lit et l'ai serré dans un tiroir.

ÉLISABETH : Pourquoi trouverais-je cela étrange ? Je ne suis pas plus croyante que vous, mais j'aurais agi de même, sans bien savoir pourquoi, du reste. Me direz-vous ce qui vous a ramené en ce lieu ?

JACQUES : Mettons cela sur le compte de la curiosité[15].

ÉLISABETH : Soyez plus clair[16], mon ami. Ce matin, je ne suis pas d'humeur à supporter vos rébus.

30. Un huésped importuno

ACTO PRIMERO

Un gabinete hacia 1785. En el fondo, un ventanal que se abre a un parque al mismo nivel. Paisaje de invierno. A la derecha, una puerta abierta deja ver un dormitorio con una trasalcoba cuyas cortinas están corridas. Pocos muebles, pero el conjunto da una impresión de sencillez y elegancia.

JACQUES: Está durmiendo. No lo despertaría ni el cañón.

ELISABETH: Os confieso que estaría más tranquila si él pudiera irse de este palacio para siempre. Desde esta mañana no puedo estarme quieta. Hace un rato, he salido a dar un paseo por el parque, a pesar de ese terrible frío que me hiela la sangre. Tal es mi zozobra que me lleva de un lugar a otro. Me admiro de que os quedéis tan quieto .

JACQUES: Pero, vamos ¿qué hemos de temer?

ELISABETH: Para mí ese hombre es un espía más.

JACQUES: ¡Qué va! Si vos veis espías por todas partes.

ELISABETH: Cerradme esa puerta.

JACQUES: Permitidme que os diga que sería un error. Que desde aquí al menos, puedo vigilar su dormitorio. ¿Quién sabrá lo que puede pasar detrás de una puerta cerrada?

ELISABETH: Al oíros hablar así, una creería que se trata de un prisionero. ¡A quién se le ocurre! ¡Hospedarle en esta ala desierta! Si lo temierais como a un criminal, no lo trataríais de otro modo. ¿Quién será ese hombre a quien se recibe en medio de la noche y a quien se lleva a la luz de las antorchas a la parte más recóndita del palacio?

JACQUES: Llegó como un fugitivo. Su semblante descompuesto, y hasta su silencio nos impidieron interrogarle y él estaba tan exhausto que casi dormía al pasar por las habitaciones que le separaban de su alcoba. Se tumbó en la cama sin quitarse la ropa. No sé por qué, pero me hacía pensar en un hombre que se hubiera tirado al vacío, desde lo alto de una torre, y se hubiera estrellado en el suelo. Al poco rato, volví solo hasta aquí. Noté que no se había movido. Por un escrúpulo que tal vez os parezca extraño, quité el crucifijo de la cabecera de la cama y lo guardé en un cajón.

ELISABETH: Y ¿por qué habría de extrañarme? Es cierto que no soy más creyente que vos, pero hubiera actuado de igual modo, sin saber muy bien por qué, por cierto. ¿Me diréis lo que os hizo volver a este lugar?

JACQUES: Pongamos que lo hice por curiosidad.

ELISABETH: Hablad más claro, querido amigo. Que esta mañana no estoy para adivinanzas.

JACQUES : Eh bien, je voulais voir si cet homme me ressemblait. Un flambeau à la main, j'ai examiné les traits du dormeur avec une émotion que j'aurais peine à vous faire concevoir. Le cœur m'en a battu, et maintenant, dans cette pure et glaciale lumière, il me semble que j'ai rêvé tout cela [17] et que ce lit est vide.
ÉLISABETH : Avez-vous reconnu un air de famille entre vous et ce... visiteur ?
JACQUES : Non. Je suis obligé de convenir qu'il est plus beau que moi. Il a eu l'esprit de ressembler à sa mère qui était fort admirée, paraît-il, dans un monde douteux.
ÉLISABETH : Ayant si peu d'estime pour la mère, quel intérêt trouvez-vous au fils [18] ?
JACQUES : Un intérêt prodigieux [19], Élisabeth. Depuis cinq ans, on me rebattait les oreilles de ses vertus [20]. Votre mari même, qui n'a pas plus de religion que ce canapé [21], parlait de lui sur un ton de respect, en baissant la voix comme dans une église. Il y avait autour de Pierre je ne sais quoi de surnaturel qui en imposait aux incroyants les plus déterminés. Moi seul n'étais pas dupe [22], et cette nuit, j'ai pu tout mon saoul [23] considérer l'ange déchu dormant comme une brute.
ÉLISABETH : De quel ton vous en parlez ! On croirait, à vous entendre, que la rancune vous inspire ces phrases singulières.
JACQUES : De la rancune ? Quelle rancune [24] ? Depuis cinq ans nous ne nous sommes pas vus, lui et moi. Il ne m'a rien fait. Je vivais à Silleranges et lui, là-bas, dans son couvent. Sa conversation était dans le ciel. La mienne était sur la terre. Je ne demandais rien à cet homme. Nous avions joué ensemble alors que nous étions enfants. Plus tard, des lubies mystiques lui ont fait renoncer au siècle, et si je pensais à lui quelquefois, c'était comme à un être bizarre, à un extravagant qui se privait des plaisirs de son âge par une faiblesse du cerveau.
ÉLISABETH : Je dois avouer qu'on aurait beau m'expliquer [25] ces choses du matin au soir, je n'entrerai jamais dans les raisons [26] qui font quitter le monde à un jeune homme de dix-huit ans.
JACQUES : La religion, Élisabeth ! Si votre mari était là, il vous citerait son cher Lucrèce : *Tanta potuit religio...*
ÉLISABETH : Ne me parlez pas de mon mari — ni de Lucrèce. Il me semble que je mourrai d'ennui dans ce vieux château alors que nous pourrions habiter Paris. Si je pouvais au moins être assurée de vivre tranquille au fond de cette campagne [27], mais depuis une semaine le temps me dure plus qu'à l'ordinaire. Je ne sais ce que j'appréhende. (*Elle tourne la tête vers la chambre.*) Je voudrais que cet homme fût loin d'ici.

Julien GREEN
Sud, L'Ennemi, L'Ombre
© Éditions du Seuil, 1988

JACQUES: Bueno, quería comprobar si se parecía a mí ese hombre. Con un candelero en la mano, examiné los rasgos del durmiente con una emoción que difícilmente podríais figuraros. Me palpitó el corazón, y ahora, en esta luz pura y glacial, me parece que todo fue un sueño y que esa cama está vacía.
ELISABETH: ¿Habéis notado algún parecido entre vos y ese... huésped?
JACQUES: No. Y he de reconocer que él es mucho más guapo que yo. Ha tenido la buena idea de salir a su madre, a la que se admiraba mucho, según dicen, en un mundo dudoso.
ELISABETH: Si le tenéis tan poco aprecio a la madre, ¿qué os importa del hijo?
JACQUES: Me importa muchísimo. Ya llevaban cinco años machacándome los oídos con sus prendas. Hasta vuestro marido, que no tiene más devoción que este sofá, hablaba de él con tono respetuoso, bajando la voz como en una iglesia. Pierre irradiaba un no sé qué, algo sobrenatural que infundía respeto a los descreídos más firmes. Yo solo sabía a qué atenerme, y anoche pude observar a gusto al ángel caído durmiendo como un bruto.
ELISABETH: Y ¡con qué tono me habláis de él! Quien os oyera creería que el rencor os dicta esas razones extrañas.
JACQUES: ¡Qué rencor ni qué rencor! Si llevamos cinco años sin vernos él y yo. No se ha portado mal conmigo. Yo vivía en Silleranges cuando él estaba allí en su convento. Él conversaba con el cielo y yo con la tierra. No le pedía nada a aquel hombre. Habíamos jugado juntos cuando niños. Más tarde, unos antojos místicos le hicieron renunciar al siglo, y si a veces pensaba en él, era como en un ser raro, un ser estrafalario que se privaba de los placeres de su edad por una debilidad del cerebro.
ELISABETH: Tengo que confesar que, aun cuando me explicaran esas cosas de la mañana a la noche, nunca acabaré de entender los motivos que le hacen abandonar el mundo a un joven de dieciocho años.
JACQUES: ¡Pues, la religión, Elizabeth! Si estuviera vuestro marido, os citaría a su querido Lucrecio: *Tanta potuit religio...*
ELISABETH: No me habléis de mi marido, ni de Lucrecio. Me parece que voy a morirme de aburrimiento en esta antigua casa, cuando podríamos habitar en París. ¡Quién pudiera al menos estar segura de llevar una vida tranquila en este retiro campestre! Pero desde hace una semana el tiempo se me hace más largo que de costumbre. No sé lo que temo. (*Vuelve la cabeza hacia la alcoba.*) Quisiera que ese hombre estuviese lejos de aquí.

30. COMMENTAIRES

1. **un petit salon vers 1785** : la date de la fiction permet d'user dans le dialogue du *vos* classique.

2. **alcôve** : *trasalcoba*: «habitación situada detrás de una alcoba» (Moliner, s.v.).

3. **quitter le château** : sur le choix de *palacio*, plutôt que *castillo*, cf. 6/10.

4. **je ne tiens plus en place** : var.: *estoy dando vueltas*.

5. **qui me glace jusqu'au cœur** : l'expression consacrée est *helado hasta los tuétanos* (glacé jusqu'aux os), mais paraît certes un peu familière dans ce contexte.

6. **cet homme sera un espion de plus** : conjecture ou forte probabilité : var.: *ese hombre será un espía más; ese hombre es un espía más; no lo dudéis*.

7. **vous voyez des espions partout** : *si vos veis (imagináis) espías por todas partes*; on construit ici l'objet sans préposition, pour bien marquer qu'il ne s'agit pas d'un voir réel, mais d'un voir d'imagination, d'illusion ou d'hallucination. On ferait de toute façon l'économie de la préposition puisque l'objet est indéterminé, pluriel : *veía chicos en la calle*.

8. **fermez cette porte** : *cerradme esa puerta*; l'utilisation du pronom datif marque une injonction plus intransigeante : « le pronom *me* souligne l'intérêt que prend au procès le locuteur », écrit Schmidely, (*op. cit.*, p. 168), et il cite un exemple donné par Bouzet : «suélta*me* ese perro enseguida». On notera l'emploi de *ese*, servant à faire renvoi à un objet que l'on situe dans la sphère d'action du toi, situation obligée lorsque l'on donne un ordre.

9. **qui sait ce qui se passe** : var.: *¿Quién sabe lo que pasará...?; ¿Quién sabrá lo que pasa...?; ¿Quién sabe lo que puede (podrá) pasar...?*

10. **quelle idée... !** : var.: *¡Qué ocurrencia...!; ¡Vaya idea!*

11. **comme d'un criminel** : *como a un criminal* : sur la reprise de la préposition A dans le second membre d'une comparaison, cf. 6/7.

12. **la partie la plus reculée** : var.: *al lugar más apartado*.

13. **il s'est jeté tout habillé** : var.: *se arrojó sin desnudarse*.

14. **qui se serait lancé dans le vide** : *que se hubiera tirado al vacío*; var.: *que se hubiera precipitado en el vacío, que se hubiera arrojado al vacío*.

15. **mettons cela sur le compte de la curiosité** : var.: *digamos que fue por curiosidad*.

16. **soyez plus clair** : var.: *aclaraos*.

17. **que j'ai rêvé tout cela** : var.: *me parece haberlo soñado todo*.

18. **quel intérêt trouvez-vous au fils** : var.: *¿En qué os interesa el hijo?; ¿Qué importancia le dais al hijo?*

19. **un intérêt prodigieux** : var.: *le tengo muchísimo interés; me interesa muchísimo*.

20. **on me rebattait les oreilles de ses vertus** : var.: *calentándome los cascos* (familier) ; **vertus** : *partes* (clas.), *virtudes*.

21. **canapé** : *sofá* ; mot attesté pour la première fois en 1765 puis en 1783.

22. **moi seul n'étais pas dupe** : *era el único que no se dejara/dejaba engañar*.

30. COMMENTAIRES

Sur le choix du mode dans les relatives compléments de superlatifs, cf. 27/29.

23. tout mon saoul : var. : *con toda tranquilidad.*

24. De la rancune ? Quelle rancune ? : var. : familière : *¡qué rencor ni qué niño muerto!*

25. on aurait beau m'expliquer... : var. : *aunque se pasaran todo el tiempo explicándome; por mucho tiempo que se pasaran explicándome...*

26. je n'entrerai jamais dans les raisons : var. : *nunca calaré en los motivos.*

27. au fond de cette campagne : var. : *en este solar retirado.*

Troisième partie

Concours

31. La petite brindille

Françoise venait allumer le feu et pour le faire prendre [1] y jetait [2] quelques brindilles dont l'odeur, oubliée pendant tout l'été, décrivait autour de la cheminée un cercle magique dans lequel, m'apercevant moi-même en train de lire [3] tantôt à Combray, tantôt à Doncières, j'étais aussi joyeux [4], restant dans ma chambre [5] à Paris, que si j'avais été sur le point de [6] partir en promenade du côté de Méséglise [7] ou de retrouver Saint-Loup et ses amis faisant du service en campagne [8]. Il arrive souvent [9] que le plaisir qu'ont tous les hommes à revoir les souvenirs que leur mémoire a collectionnés est plus vif par exemple chez ceux que la tyrannie du mal physique et l'espoir quotidien de sa guérison, privent [10], d'une part, d'aller chercher dans la nature des tableaux qui ressemblent [11] à ces souvenirs et, d'autre part, laissent assez confiants qu'ils le pourront bientôt faire [12], pour rester vis-à-vis d'eux en état de désir, d'appétit et ne pas les considérer [13] seulement comme des souvenirs, comme des tableaux [14]. Mais eussent-ils pu jamais n'être que cela pour moi et eussé-je pu, en me les rappelant, les revoir seulement, que soudain ils refaisaient [15] de moi, de moi tout entier, par la vertu d'une sensation identique, l'enfant, l'adolescent qui les avait vus [16]. Il n'y avait pas eu seulement changement de temps dehors, ou dans la chambre modification d'odeurs, mais en moi différence d'âge, substitution de personne. L'odeur dans l'air glacé des brindilles de bois [17], c'était comme un morceau du passé, une banquise invisible détachée d'un hiver ancien [18] qui s'avançait dans ma chambre souvent striée d'ailleurs par tel parfum, telle lueur [19], comme par des années différentes où je me retrouvais replongé, envahi [20], avant même que je les eusse identifiées [21], par l'allégresse d'espoirs abandonnés depuis longtemps. Le soleil venait jusqu'à mon lit et traversait la cloison transparente de mon corps aminci, me chauffait, me rendait brûlant comme du cristal [22]. Alors, convalescent affamé qui se repaît déjà de tous les mets qu'on lui refuse encore, je me demandais si me marier avec Albertine ne gâcherait pas ma vie, tant en me faisant assumer la tâche trop lourde pour moi de me consacrer à un autre être qu'en me forçant [23] à vivre absent de moi-même à cause de sa présence continuelle et en me privant à jamais des joies de la solitude.

Marcel PROUST
La Prisonnière, 1923

31. La ramita

Françoise venía a prender la lumbre y para que se encendiera, le echaba algunas ramitas cuyo olor, olvidado durante todo el verano, trazaba alrededor de la chimenea un círculo mágico en el cual, viéndome confusamente a mí mismo leyendo ora en Combray, ora en Doncières, estaba tan alegre, con quedarme en mi habitación en París, como si me dispusiera a salir de paseo por el lado de Méséglise o a reunirme con Saint-Loup y sus amigos que servían en campaña. Ocurre a menudo que el placer que experimentan todos los hombres al evocar los recuerdos que coleccionó su memoria, resulte más agudo por ejemplo en aquellos a quienes la tiranía del mal físico y la esperanza cotidiana de curarlo, por una parte privan de ir por la naturaleza en busca de escenas que se parezcan a esos recuerdos, y por otra parte dejan lo bastante seguros de que pronto lo podrán hacer como para que se queden frente a ellos en estado de deseo, de apetencia, y no los consideren como meros recuerdos, como escenas. Pero, aun cuando no pudieran ser más que esto para mí, y aun cuando yo sólo pudiera, al recordarlos, evocarlos, aun así, de repente me convertían a mí entero, por la virtud de una sensación idéntica, en el niño, en el adolescente que los viera. No solamente se había producido afuera un cambio del tiempo, ni solamente en la habitación una modificación de los olores, sino en mí una diferencia de edad, una sustitución de persona. El olor de las encendajas en el aire helado era uno como trozo del pasado, una como banquisa invisible desprendida de un invierno antiguo y avanzaba en mi habitación, a menudo estriada además por tal o cual perfume, tal o cual fulgor, como por distintas épocas en las que yo me encontraba sumido de nuevo, quedándome invadido, sin que me diera tiempo a identificarlas, por el júbilo de esperanzas abandonadas desde hacía mucho tiempo. El sol venía hasta mi cama y atravesaba el tabique transparente de mi cuerpo adelgazado, me calentaba, me hacía tan candente como el cristal. Entonces, convaleciente hambriento que se alimenta de antemano con todos los manjares que aún le niegan, me preguntaba si el casarme con Albertine no arruinaría mi vida, tanto por obligarme a cumplir con la tarea demasiado penosa para mí de dedicarme a otro ser, como por forzarme a vivir ausente de mí mismo a causa de su presencia continua y por privarme para siempre de los placeres de la soledad.

31. COMMENTAIRES

1. et pour le faire prendre : comme souvent en français le verbe **faire** ici, est seulement porteur d'une signification finale déjà exprimée par la préposition **pour** (= pour qu'il prenne). On en fera donc l'économie (cf. 20/10).

2. y jetait : *le echaba = echaba a la lumbre*, **y** ayant ici un sens adverbial locatif. Alors que le français distinguera entre un destinataire animé (je **lui** jette : ne peut se dire que d'un animé) et un destinataire inanimé (j'**y** jette : ne peux se dire que d'un inanimé), l'espagnol confond sous le même pronom datif les deux types de destinataires, pourvu que la structure profonde contienne la préposition A, ce qui est nécessairement le cas avec un verbe de mouvement.

3. m'apercevant moi-même en train de lire : il s'agit ici d'une aperception toute mentale, non d'une perception réelle ; le narrateur se voit par les yeux de l'imagination et du souvenir impliqué dans l'activité de lire. Donc plutôt *verse* que *vislumbrarse*, de signification trop physique. **Moi-même** étant objet direct animé du verbe, on veillera à user de la préposition A devant la forme postprépositionnelle du pronom (*mí*). La locution **en train de lire** peut sans difficulté être traduite par un gérondif, dans la mesure où elle implique un processus dynamique intercepté en cours de déroulement et se disant de l'objet direct d'un verbe de représentation.

4. j'étais aussi joyeux... que si : la joie est ici un état émotionnel conçu comme dépendant d'une chaîne de causalité, d'événements antérieurs. Il faut donc user de *estar*, qui rapporte une propriété à un être à l'intérieur de circonstances conçues comme variables. *Ser*, au contraire, rapporte une propriété à un être indépendamment de toute visée circonstancielle, de toute contingence : *tu hija es tan alegre como preciosa*. On prendra garde par ailleurs à ne pas se laisser piéger par les interpolations de l'écriture proustienne : le corrélat de **aussi (que)** a pour équivalent *como* dans la comparative : *tan... como*.

5. que si j'avais été sur le point de : var. : *como si hubiese estado para*.

6. restant dans ma chambre à Paris : ce syntagme participial a une valeur nettement concessive (bien que je demeurasse à Paris). CON + infinitif peut signifier la concession, entre autres valeurs : *con ser tan antiguo, le han postergado* [bien qu'il soit très ancien, on l'a refusé] ; valeur instrumentale : *con declarar, se eximió del tormento* [en avouant, il s'est épargné la torture] (exemples donnés par Seco).

7. du côté de Méséglise : dans les environs de Méséglise : *por el lado de Méséglise* ; la locution espagnole sert, à l'instar de la française, à situer de façon vague dans un espace proche d'un point-repère : «la ciudad se extiende por *el lado* del río; *el lado de acá del río; el lado* de allá de la carretera» (Mol., *s.v.*).

8. faisant du service en campagne : ici, le participe adjectif ne peut être traduit que par une relative (cf. 4/2). Littré, *s.v.* **service** : « obligations et devoirs dans une position particulière. Service en temps de paix, service en campagne [...]. Ce soldat fait bien son service en campagne ». Il s'agit bien sûr de *campaña*, campagne militaire. Var. : *hacían el servicio militar*.

9. il arrive souvent... : on se trouve ici devant la phrase proustienne typique ; une syntaxe en cascade, des relatives en incise, ont fréquemment pour effet de désolidariser par des éléments intercalés

31. COMMENTAIRES

un élément recteur et un élément régi ; ainsi, au début de cette phrase, le lien entre : [il arrive souvent que le plaisir] et [est plus vif] est distendu par deux relatives et peut conduire à ne pas se poser le problème du mode de la complétive. L'expression **il arrive que** met en débat la probabilité de survenance et/ou la fréquence de réalisation d'un événement dans le non-révolu. Nuancée par l'adverbe **souvent**, la formule signifie que les chances de réalisation sont plus grandes que les chances de non-réalisation. C'est sans doute ce qui fait que Proust emploie le mode indicatif alors qu'en français, on use ordinairement, même avec cet adverbe, du subjonctif : **il arrive souvent qu'elle vienne**. De même Moliner cite : «*ocurre con frecuencia que nos encontramos al salir de clase*», où l'on use de l'indicatif ; mais on pourrait tout aussi bien user du subjonctif. C'est que dans les deux langues, la tournure est ambiguë : elle peut servir à dire ce qui se passe réellement (elle énonce la fréquence d'un fait réel) : elle est alors porteuse d'une visée réalisante, s'adosse à l'expérience passée, et entraîne l'indicatif ; mais elle peut aussi servir à signifier que l'on n'est pas totalement certain de la réalisation d'un fait, qu'il reste un doute, si faible soit-il, sur sa réalisation. Ce reliquat de doute suffit à faire apparaître le subjonctif. On peut donc ici user de l'un ou de l'autre mode, selon qu'on y voit la constatation d'un fait général (indicatif), ou le calcul teinté de doute de ses chances de réalisation (subjonctif).

10. chez ceux que la tyrannie... et l'espoir... privent : le relatif est objet direct du verbe de la relative, et son antécédent est animé, il est donc précédé de la préposition A. Rappelons que *aquellos*, désémantisé, sert de support formel à ce type de relative précédée de préposition.

11. aller chercher dans la nature des tableaux qui ressemblent : *ir por la naturaleza en busca de escenas que se parezcan*; le choix du mode de la relative est étroitement lié à la représentation que l'on se donne de l'antécédent support. Si l'on conçoit cet antécédent comme réel, la relative sera au mode indicatif : *conozco escenas que se parecen a esos recuerdos*; si en revanche, comme ici, l'antécédent est virtualisé (on ne cherche que ce que l'on projette de trouver et que l'on ne possède encore que sous forme d'une projection mentale), la relative est au subjonctif : *busco una taquimeca que sepa el inglés*. On aurait certes pu, dans cette phrase où les relatives abondent, rendre la relative par un adjectif : *escenas parecidas a esos recuerdos*, mais on aurait ainsi aboli la projection virtuelle dont la relative française est porteuse.

12. qu'ils le pourront bientôt faire : var. : *de poder hacerlo pronto*.

13. et d'autre part, laissent assez confiants... pour rester... et ne pas les considérer : la corrélation [d'une part, d'autre part] montre assez clairement que le sujet de **laissent** c'est la tyrannie et l'espoir et non pas les tableaux. Le verbe *dejar*, sur le même plan syntaxique que *privar*, sera donc à l'indicatif. [**Assez confiants... pour rester**] constitue par ailleurs une corrélation exprimant une cause suffisante ; la structure espagnole équivalente est : (*lo*) *bastante* + adjectif + *como para* + infinitif ou subordonnée au subjonctif. Le recours à la complétive au subjonctif, permettant la distinction mentale entre l'agent du verbe *dejar* (la tyrannie et l'espoir) et celui du verbe *quedarse* (les hommes souffrants) est ici obligatoire.

14. seulement comme des souvenirs, comme des tableaux : *como meros*

31. COMMENTAIRES

recuerdos, como escenas; mero signifie **pur et simple**, et emporte donc une idée de restriction (n'être que ceci ou cela) équivalente à celle de l'adverbe français **seulement**.

15. eussent-ils pu... et eussé-je pu... que soudain ils refaisaient : la structure est concessive et équivaut à peu près à : **quand bien même ils n'auraient été que des tableaux pour moi et quand bien même j'aurais seulement pu les revoir** ; ou encore : **même s'ils n'avaient été que cela et même si j'avais seulement pu les revoir**. On pourrait s'attendre — et ce serait là le mécanisme ordinaire — à trouver dans la suite de ces concessives, porteuses d'une idée d'irréel, une principale au conditionnel passé : **elles auraient refait de moi**. C'est au contraire une principale à l'imparfait de l'indicatif qui survient, obligeant à concevoir une relation adversative dans l'ordre du réel et non pas du virtuel. Ce basculement inattendu d'une visée irréalisante à une visée réalisante incite à marquer la relation adversative par un relais neutre du point de vue de l'opposition réel/irréel ; telle est la fonction du relais *aun así* dans la traduction : ménager un espace de transition qui permette au lecteur de la phrase de passer de l'irréel de la subordonnée au réel contradictoire de la principale.

16. l'adolescent qui les avait vus : *el adolescente que los viera*; var. : *que los había visto*. Sur l'archaïsme et le maniérisme de la forme en *-RA* à valeur de plus-que-parfait, cf. 2/3.

17. l'odeur... des brindilles de bois : *el olor de las encendajas*; Mol., *s.v.* : «conjunto de cosas como hojarascas o ramas menudas que arden con facilidad y sirven para encender el fuego, por ejemplo en los hornos».

18. une banquise... détachée d'un hiver ancien : *una banquisa desprendida, que se había desprendido*; le participe passé espagnol adjectivé (variable en genre et en nombre) ne peut dire que le résultat sur un être d'un processus antérieur tenu hors propos. L'adjectivation du participe passé n'est aisée en espagnol que lorsque le verbe est transitif ; encore cette adjectivation suppose-t-elle une vision de passive : *la pared derrumbada (por los obreros)*. Dans le cas de verbes intransitifs ou pronominaux, l'adjectivation est exceptionnelle *(una diosa venida del cielo)*. Cette difficulté tient au fait que tous les verbes espagnols construisent leur aspect composé au moyen de *haber* suivi d'un participe invariable : *la banquisa se ha desprendido*, au contraire du français qui, construisant les temps composés des verbes intransitifs et pronominaux au moyen de l'auxiliaire **être** suivi du participe variable (**la banquise s'est détachée**), ne rencontre aucun obstacle morphologique à l'adjectivation du participe.

19. par tel parfum, telle lueur : *por tal o cual perfume, tal o cual fulgor*. Var. : *por algún perfume, algún fulgor*. Ici pourrait convenir à peu près n'importe quel indéfini, **tel** renvoyant à un élément quelconque à l'intérieur d'une série (en fait à un élément singulier dont on se refuse à déclarer la singularité).

20. où je me retrouvais replongé, envahi... par l'allégresse : si le premier participe dépend du verbe **se retrouver**, ce n'est pas le cas du second ; il est en effet impossible de comprendre : *je me retrouvais envahi. Il est donc également impossible de juxtaposer ou de coordonner les deux participes dans la traduction, et il faut rétablir un auxiliaire recteur au gérondif (on a choisi *quedándome* qui marque le résultat, l'effet).

31. COMMENTAIRES

21. avant même que je les eusse identifiées : le pronom objet renvoie, comme l'indique l'accord généro-numérique du participe, aux **années différentes**. Dans la traduction, l'accord pronominal (pronom *las*) se fait donc avec *épocas*. La métaphore de Proust est une métaphore « sédimentaire » : de même que chacune des couches de glace successives, qui strient la banquise, renferme la trace d'un moment de l'histoire climatique, de même le passé est fait de strates dont chacune porte un indice odorant renvoyant à telle ou telle année.

22. brûlant comme du cristal : la comparaison, qui peut surprendre, est amenée par l'adjectif **transparente**. L'adjectif *candente* évoque une matière incandescente, portée au rouge ou au blanc (par exemple un métal ou du cristal en fusion).

23. tant en me faisant... qu'en me forçant : nouveau cas d'interpolation entre deux membres d'une corrélation, piège dont l'étudiant traducteur doit constamment se méfier dans ce type d'écriture, complexe mais rigoureuse. [Et en me privant...] est à l'évidence sur le même plan syntaxique que les deux premiers gérondifs. L'usage de gérondifs espagnols était licite ici, quoique lourd et peu élégant.

32. Un esthète mégalomane

J'aime beaucoup l'architecture profane. Mon grand plaisir est de me promener dans un pays étranger et d'acheter des maisons. Il faut naturellement que ces maisons soient habitables [1] mais les palais conviennent et, bien que j'aie pris soin de penser [2] que j'aimerais surtout l'architecture profane, certaines églises et même certaines cathédrales ont été l'objet de ces achats. Pas des tas [3], néanmoins : églises et cathédrales posent des problèmes de chauffage difficiles à résoudre [4]. Je suis alors tenté d'[5]abandonner le costume moderne qui n'entoure pas assez les hanches (si l'on doit habiter [6] sous de vastes voûtes froides) et de prendre la robe de bure, surtout celle à capuchon [7]. Cela entraîne vraiment trop loin [8]. Aussi, faut-il que je sois poussé par [9] un désir irrésistible — c'est-à-dire, faut-il que l'édifice religieux soit d'une beauté rare pour que je me laisse aller à acheter [10] une cathédrale, ou même une église de moyenne importance. Je crois qu'en tout et pour tout j'en ai acheté trois et que je m'en tiendrai là [11]. J'en ai une à Viterbe, derrière la place aux morts ; j'en ai une à Rome (c'est une des deux qui encadrent l'ouverture du Corso sur la Piazza del Popolo : celle de droite. Celle-là, on pourrait y vivre en redingote, à condition que la redingote soit ce qu'elle doit être et qu'elle était au début, la *riding-coat*) et la troisième (achetée l'été dernier) est l'église de Quirico d'Orcia, un bourg entre Rome et Sienne. On voit qu'il ne s'agit pas de folie des grandeurs et que j'ai eu le bon sens [12] de ne pas perdre mon temps et mon argent à me mettre sur les bras le dôme de Milan.

Elles sont toutes les trois dans les mêmes parages. Viterbe est à cent kilomètres de Rome [13] et Quirico à cent kilomètres de Viterbe. Ce sont distances faciles à couvrir [14] avec une auto, et même il y a des cars qui font le service. Si bien que, lorsque je me déciderai [15] à aller habiter une de mes acquisitions, les autres pourront augmenter mon confortable sans trop modifier mon atmosphère. Très certainement, ce sera l'église de Quirico d'Orcia qui [16] sera ma maison proprement dite ; l'église du Corso devenant alors mon pied-à-terre à Rome et celle de Viterbe l'intermédiaire, pour les jours où, le ciel étant trop blanc, je craindrai [17] de m'enfoncer plus avant dans les montagnes.

Quirico d'Orcia étant un bourg d'à peine quelques milliers d'habitants, il ne faut pas croire [18] que j'ai acheté par souci d'économie. Pas du tout : quelques milliers d'habitants suffisent, s'ils ont du goût, pour avoir et conserver une fort belle église. Celle-là n'est pas époustouflante, entendons-nous. Elle est à peine marquée dans les guides. Je me méfie d'ailleurs des

32. Un esteta megalómano

Me encanta la arquitectura profana. Mi mayor placer es pasearme por un país extranjero y comprar casas. Estas casas, por supuesto, tienen que ser habitables pero me convienen los palacios y, aunque me esforcé en pensar que sobre todo me gustaría la arquitectura profana, algunas iglesias e incluso algunas catedrales fueron objeto de esas compras. No muchas, sin embargo: las iglesias y las catedrales plantean problemas de calefacción difíciles de resolver. Entonces sí que tengo ganas de quitarme el traje moderno que no envuelve bastante las caderas (si uno ha de vivir bajo amplias y frías bóvedas) y vestir el sayal, sobre todo el de capuchón. Eso le lleva a uno demasiado lejos. Por eso, me tiene que animar un deseo irresistible — o sea que es preciso que el edificio tenga una singular belleza para que me deje llevar por el deseo de comprar una catedral, o incluso una iglesia de mediana importancia. Creo que en total he comprado tres y de ahí no paso. Tengo una en Viterbo, detrás de la plaza de los Caídos; tengo una en Roma (es una de las dos que flanquean la entrada del Corso en la Piazza del Popolo: la de la derecha. En ésta sí que uno podría vivir vestido con levita, siempre y cuando la levita sea lo que debe ser y lo que era al principio, la riding-coat) y la tercera (comprada el verano pasado) es la iglesia de Quirico d'Orcia, un burgo entre Roma y Siena. Ya se ve que no se trata de delirio de grandezas y que tuve el acierto de no gastarme el tiempo y el dinero cargando con la catedral de Milano.

Las tres se encuentran en los mismos parajes. Viterbo dista cien kilómetros de Roma y Quirico cien kilómetros de Viterbo. Son distancias fáciles de recorrer en coche, y hasta hay un servicio de coches de línea. De modo que, cuando me decida a ir a vivir en una de mis adquisiciones, las demás podrán aumentar mis comodidades sin modificar demasiado mi ambiente. Muy probablemente, será la iglesia de Quirico d'Orcia, la que será mi casa propiamente dicha; y así la iglesia del Corso se convertirá en mi vivienda de paso en Roma y la de Viterbo en la casa intermedia, para los días en que, estando demasiado blanco el cielo, tema adentrarme más en la serranía.

No por ser Quirico d'Orcia un pueblo de unos cuantos miles de habitantes hay que creer que compré con la intención de ahorrar. En absoluto: basta con unos miles de habitantes, si tienen gusto, para tener y conservar una muy hermosa iglesia. Ésta, que quede bien claro, no es cosa del otro mundo. Apenas si la señalan las guías. Además yo no me fío

guides. Ils font une réclame extraordinaire pour certaines églises, allant jusqu'à marquer les dates approximativement d'origine et même le nom des peintres qui ont badigeonné — fort bien, quelquefois, je le reconnais — les murs. Quand il s'agit d'acheter, et surtout d'acheter pour y vivre, tout ça n'est que de l'attrape-nigaud.

L'église de Quirico d'Orcia a, dans un espace restreint, un entrecroisement de voûtes basses, à la Piranèse [19], et de ponts volants dans lesquels, en laissant les grandes portes ouvertes, le soleil vient découper de belles ombres. C'est évidemment un séjour d'été.

Jean GIONO
« La Pierre »
in Le Déserteur et autres récits
© Éditions Gallimard, 1973

32. COMMENTAIRES

1. il faut que ces maisons soient habitables : *estas casas tienen que ser habitables*. Rappelons que *hay que* n'accepte de se construire qu'avec un infinitif et ne peut donc déclarer qu'une obligation impersonnelle, à la différence de **il faut (que)**, acceptant une complétive et fonctionnant alors comme synonyme de **devoir** dans la déclaration de l'obligation rapportée à un être de rang personnel déterminé. Cf. 7/1.

2. bien que j'aie pris soin de penser : *aunque me esforcé en pensar*. Le subjonctif est ici exclu, la visée étant réalisante (le phénomène est conçu comme réel). On notera que cette tournure affectée, presque dépourvue de signification, doit rester aussi inepte dans la traduction : elle renvoie au dandysme du personnage. On songe à Huysmans.

3. pas des tas : var. : *no a montones*.

4. difficiles à résoudre : *difíciles de resolver*. Sur le choix de la préposition, cf. 24/1.

5. je suis tenté de : var. : *me entran ganas de*.

6. si l'on doit habiter : ce **on** apparaît ici comme un substitut de **je**, et comme l'instrument de la généralisation d'une expérience personnelle. Il faut donc le traduire par *uno*. **Devoir** porte ici la simple idée d'un événement maintenu en perspective de réalisation, sans réelle nuance d'obligation ; on use donc de *haber de*, futur périphrastique.

7. celle à capuchon : *él de capuchón*; élément caractéristique et définitoire de l'objet, et non pas élément rapporté : préposition DE à l'exclusion de CON.

8. cela entraîne... trop loin : *eso le lleva a uno demasiado lejos*; le verbe transitif

de las guías, les hacen una propaganda tremenda a ciertas iglesias, llegando a indicar más o menos las fechas de origen e incluso el nombre de los pintores que han embadurnado las paredes —algunas veces con gran talento no lo niego. Cuando se trata de comprar y sobre todo comprar para vivir allí, todo aquello no es sino un engañabobos.

La iglesia de Quirico d'Orcia tiene, en un espacio reducido, un entrelazamiento de bóvedas bajas, a lo Piranesi, y puentes voladizos en los cuales, cuando se dejan abiertos los portones, el sol viene a recortar unas magníficas sombras. Desde luego es una morada veraniega.

32. COMMENTAIRES

espagnol, à la différence du verbe français, se sépare difficilement de son complément d'objet. L'intransitivation de discours s'y opère donc moins facilement. La suppression de l'objet a par ailleurs pour fonction ici de déclarer une généralité, une visée impersonnelle, dont le plus exact équivalent est *uno* (dans la mesure où, d'une certaine façon, il résulte d'un gommage du moi).

9. faut-il que je sois poussé par : *me tiene que mover...*: on transforme la passive en active, mais pour éviter un trop grand effacement du thème (= moi) qui joue alors le rôle d'objet direct dans la structure active ; on use de la possibilité, dans le cas de structures auxiliées, de déplacer le pronom clitique de la position enclitique (dépendant de l'infinitif) à la position proclitique (antéposition à l'auxiliaire) : *tiene que moverme > me tiene que mover*. Placé en tête de phrase, le pronom y acquiert un poids sémantique plus grand. On aurait pu aller jusqu'à doubler cet effet : *a mí me tiene que mover...*

10. pour que je me laisse aller à acheter : var. : *para que ceda al, me rinda al, me deje vencer por el, me abandone al deseo de comprar.*

11. j'en ai acheté trois et je m'en tiendrai là : *he comprado tres y de ahí no paso*: sur la traduction de **en**, cf. 27/5. On remarquera que le futur français **tiendrai** est ici rendu par un présent (*no paso*). On notera d'abord que le présent, par composition interne (un fragment de passé combiné à un fragment de futur), est capable de se substituer en discours aussi bien à un futur (**on va au ciné demain**/*mañana vamos al cine*) qu'à un passé (c'est le fameux présent de narration qui alterne avec le prétérit et

203

32. COMMENTAIRES

l'imparfait). Lorsqu'il se réduit à la particule de futur qu'il contient, le présent (on le dit alors incident) se présente comme un seuil ouvrant la perspective d'un futur, mais d'un futur en deçà duquel on se maintient, auquel on refuse d'accéder (y accéder reviendrait précisément à employer le futur). M. Molho cite (*op. cit.*, p. 241) plusieurs exemples éclairants : «Una banda de chicuelos harapientos cayó sobre los viajeros que bajaban del tren, forcejeando por cogerles las maletas:
— Yo se la *llevo*, señor, por dos pesetas.
— Démela a mí, caballero; le *cobro* más barato...
— Quietos, chicos, y a ver si me dejáis en paz o *llamo* la policía...» (J. Corrales).
«Las reflexiones, te las *guardas* para ti, ya te lo he dicho» (J. Corrales).

Un tel présent constitue donc une prévision de futur et donne au verbe une coloration injonctive ou performative (on appelle performatifs les actes de discours par lesquels on agit en parlant, tels que : je jure de, je promets de, je dis que, j'ordonne que) ; ainsi : *de ahí no paso* signifie très exactement : **je m'engage maintenant à m'en tenir là**. On notera par ailleurs l'homologie entre le refus d'accès au futur dont le présent incident est porteur et l'idée de frontière notionnelle présente dans *no pasar* et en deçà de laquelle se tient le locuteur. À cet égard le choix du déictique (*ahí*, marquant l'espace limitrophe au moi et au toi) est tout à fait révélateur. Le mécanisme est voisin dans l'expression : *y no digo más* (**je n'en dirai pas plus**).

32. COMMENTAIRES

12. j'ai eu le bon sens... : var. : *tuve bastante sentido común como para*.

13. est à cent kilomètres de Rome : *dista cien kilómetros de Roma*; noter la construction transitive de l'indication de distance.

14. faciles à couvrir : *fáciles de recorrer*. Cf. *supra*, note 3 et 24/1.

15. lorsque je me déciderai : *cuando me decida*. Cf. 2/14.

16. ce sera l'église... qui : *será la iglesia... la que*; on veillera à ne pas omettre l'article dans ce type de corrélation. Cf. 7/25.

17. pour les jours où... je craindrai : *los días en que... tema...* Cf. 2/14.

18. Quirico d'Orcia... il ne faut pas croire : cette phrase équivaut à : ce n'est pas parce que Quirico d'Orcia est un bourg de quelques milliers d'habitants qu'il faudrait en déduire que j'ai acheté par souci d'économie (sous-entendu : une petite église bon marché). Var. : *no porque sea Quirico d'Orcia un burgo... hay que creer...* On notera que la négation d'une cause revient à la rendre inopérante, inhabile à produire tel effet, ce qui revient à la virtualiser ; le mode est donc le subjonctif.

19. à la Piranèse : *a lo Piranesi*. Cf. 26/16.

33. Vérité de la fiction

Mais quoi ? dira-t-on, ces accents [1] si plaintifs, si douloureux, que cette mère arrache du fond de ses entrailles, et dont les miennes sont si violemment secouées [2], ce n'est pas le sentiment actuel qui les produit, ce n'est pas le désespoir qui les inspire ? Nullement [3] ; et la preuve, c'est qu'ils sont mesurés [4] ; qu'ils font partie d'un système de déclamation ; que plus bas ou plus aigus de la vingtième partie d'un quart de ton [5], ils sont faux [6] ; qu'ils sont soumis [7] à une loi d'unité ; qu'ils sont, comme dans l'harmonie, préparés et sauvés [8] ; qu'ils ne satisfont à toutes les conditions requises que par une longue étude ; qu'ils concourent à la solution d'un problème proposé ; que pour être poussés juste, ils ont été répétés cent fois, et que malgré ces fréquentes répétitions, on les manque encore [9] ; c'est qu'avant de dire :
    Zaïre, vous pleurez ?
    ou,
    Vous y serez, ma fille[10],
l'acteur s'est longtemps écouté lui-même ; c'est qu'il s'écoute au moment où il vous trouble, et que tout son talent consiste non pas à sentir, comme vous le supposez, mais à rendre [11] si scrupuleusement les signes extérieurs du sentiment, que vous vous y trompiez [12]. Les cris de sa douleur sont notés [13] dans son oreille. Les gestes de son désespoir sont de mémoire, et ont été préparés [14] devant une glace. Il sait le moment précis où il tirera son mouchoir et où les larmes couleront [15] ; attendez-les à ce mot, à cette syllabe, ni plus tôt ni plus tard. Ce tremblement de la voix [16], ces mots suspendus, ces sons étouffés ou traînés, ce frémissement des membres, ce vacillement des genoux, ces évanouissements, ces fureurs, pure imitation, leçon recordée [17] d'avance, grimace pathétique, singerie sublime dont l'acteur garde le souvenir longtemps après l'avoir étudiée, dont il avait [18] la conscience présente au moment où il l'exécutait, qui lui laisse, heureusement pour le poète, pour le spectateur et pour lui, toute la liberté de son esprit, et qui ne lui ôte, ainsi que les autres exercices que la force du corps. Le socque ou le cothurne déposé [19], sa voix est éteinte, il éprouve une

33. Verdad de la ficción

¡Pero cómo! me dirán, esos acentos tan quejumbrosos, tan dolorosos, que esta madre arranca del fondo de sus entrañas, y que trastornan las mías con tanta violencia, ¿no los produce el sentimiento actual, no los inspira la desesperación? En absoluto; y prueba de ello es que son medidos; que forman parte de un sistema de declamación; que más graves o más agudos en la vigésima parte de un cuarto de tono, desentonan; que están sometidos a una ley de unidad; que, como las disonancias en la armonía, se anticipan y luego se resuelven; que sólo cumplen con todos los requisitos al cabo de largo estudio; que concurren en la solución de un problema planteado; que para ser entonados, fueron ensayados mil veces y que pese a estos frecuentes ensayos, todavía no acierta uno con ellos; es que antes de decir:
Zaïre, vous pleurez?
o
Vous y serez, ma fille,
el actor pasó largo tiempo escuchándose a sí mismo; es que se escucha en el momento en que os conmueve, y es que todo su talento no consiste en sentir, como vos lo suponéis, sino en traducir los signos exteriores del sentimiento con tanta escrupulosidad como para que vos os engañéis. Los gritos de su dolor quedan grabados en su oído. Los ademanes de su desesperación se los sabe de memoria, y anduvo preparándolos delante de un espejo. Él sabe el momento preciso en que ha de sacar su pañuelo y han de correr las lágrimas; esperadlas en esta palabra, en esta sílaba, ni antes ni después. Ese temblor de la voz, esas palabras suspensas, esos sonidos ahogados o arrastrados, ese tremor de los miembros, ese flaquear de las rodillas, esos desmayos, esos furores, no son más que imitación, lección repasada de antemano, mueca patética, visaje sublime, del que el actor conserva el recuerdo mucho tiempo después de estudiarlo, del que tenía plena conciencia en el momento en que lo ejecutaba y que le deja, afortunadamente para el poeta, para el espectador y para él, toda la libertad de su mente y sólo le quita, así como los demás ejercicios, las fuerzas del cuerpo. Abandonado el coturno bajo o el alto, su voz está apagada,

extrême fatigue, il va changer de linge ou se coucher ; mais il ne lui reste ni trouble, ni douleur, ni mélancolie, ni affaissement d'âme. C'est vous qui remportez toutes ces impressions. L'acteur est las, et vous triste ; c'est qu'il s'est démené sans rien sentir, et que vous avez senti sans vous démener. S'il en était autrement [20], la condition du comédien serait la plus malheureuse des conditions ; mais il n'est pas le personnage, il le joue et le joue si bien que vous le prenez pour tel [21] : l'illusion n'est que pour vous ; il sait bien, lui, qu'il ne l'est pas.

Denis DIDEROT
Paradoxe sur le comédien, 1773

33. COMMENTAIRES

1. ces accents : var.: *dejos, dejes*; ces mots désignent les inflexions mélodiques propres à un parler régional ou à un individu.

2. et dont les miennes sont si violemment secouées : dont renvoie ici à l'agent de la passive. Une traduction littérale (au moyen d'une combinaison de POR et du relatif) serait fort pesante. Il est donc préférable de transformer la passive en active (relative sujet).

3. nullement : var.: *de ningún modo.*

4. ils sont mesurés : plus que d'une véritable passive opérative sans agent exprimé, il s'agit ici d'une simple structure attributive. La propriété rapportée à l'objet est donc conçue comme constitutive de celui-ci et non comme le résultat d'une opération antérieure : auxiliaire *ser.*

5. de la vingtième partie d'un quart de ton : *en la vigésima parte de un cuarto de tono*. La préposition EN sert à introduire la quantité dont est réduite ou augmentée une grandeur. Cf. 2/27.

6. ils sont faux : var.: *desafinan*: «desviarse la voz en el canto, o un instrumento músico, del tono debido» (Mol., s.v.). *Desentonar:* «dar una nota más alta o más baja de la que corresponde» (Mol., s.v.).

7. qu'ils sont soumis : *están sometidos*. Sur le choix de l'auxiliaire, cf. 17/6.

8. qu'ils sont... préparés et sauvés : *que, como las disonancias en la armonía, se anticipan y se resuelven*; il s'agit là de véritables passives opératives sans agent exprimé (= on les prépare, on les sauve). Littré, *s.v.* : **dissonance** : « Pré-

y él, agotado por sumo cansancio, va a mudarse de ropa o a acostarse; empero, no le queda ni rastro de turbación, ni de dolor, ni de melancolía, ni postración del alma. Sois vos quien os quedáis con todas esas impresiones. El actor está cansado, como vos estáis triste; y eso porque él se ha ajetreado sin sentir nada, mientras que vos habéis sentido sin ajetrearos. Si así no fuera, la condición del cómico sería la más infeliz del mundo; pero él no es el personaje, sino que lo interpreta, y lo interpreta tan bien que vos lo admitís como tal y sólo para vos existe el engaño, que él sabe muy bien que no lo es.

33. COMMENTAIRES

parer une dissonance, faire entendre la même note comme consonance dans un accord précédent. Résoudre une dissonance, la faire descendre diatoniquement sur une consonance. Sauver une dissonance la préparer et surtout la résoudre. » *Anticipación*: «nota de un acorde que no es propia del mismo sino del siguiente» (Casares, *s.v.*). La *anticipación* correspond donc à la préparation de la dissonance. *Resolución*: «paso de un accrde disonante a uno consonante» (*ibidem, s.v.*). On pouvait aussi recourir aux termes de *ligadura*: «artificio con que se liga la disonancia con la consonancia» (*ibidem, s.v.*), ou de *retardo*: «sonido de un accrde que no se resuelve con éste, sino que se prolonga hasta el acorde siguiente y se resuelve en él» (*ibidem, s.v.*).

9. **on les manque encore** : var.: *aún se yerran.*

10. **Zaïre, vous pleurez ? Vous y serez, ma fille** : La première citation est une réflexion adressée par Orosmane à Zaïre dans la tragédie homonyme de Voltaire (1732) : « Que je renonce à vous, que vous le désirez/ que sous une autre loi... Zaïre, vous pleurez ? » (v. 1154). La seconde provient de l'*Iphigénie* de Racine (v. 578), où elle est placée dans la bouche de la fille d'Agamemnon. Il s'agit dans les deux cas d'un brusque changement de ton ou de sentiment chez le personnage. Ces vers étaient connus pour faire une forte impression sur le public.

11. **rendre** : var.: *fingir, imitar, reproducir.*

12. **si scrupuleusement... que vous vous y trompiez** : il s'agit bien sûr d'une consécutive nuancée d'une valeur finale, prospective. La structure équivalente

33. COMMENTAIRES

est en espagnol une comparative dont le second terme est une proposition finale : *tanto (bastante)... como para que* + subjonctif. Var.: *os quedéis engañados, abusados*.

13. sont notés : passive résultative (résultat du processus d'apprentissage et de mémorisation) : *están, quedan grabados*.

14. et ont été préparés : *y anduvo preparándolos;* tous les passés composés ont été traduits par des prétérits (*fueron ensayados, pasó largo tiempo*); le travail de répétition et la représentation sont en effet à loger en deux moments distincts, en discontinuité l'un par rapport à l'autre. L'emploi du passé composé, grammaticalement correct, lierait plus étroitement, trop étroitement sans doute, les deux temps de la vie de l'acteur. Le prétérit, par son aspect perfectif, présente cependant l'inconvénient d'empêcher une vision de déroulement de l'opération, écrasant en quelque sorte en un point un processus dont on peut supposer qu'il a demandé une certaine durée pour se déployer. On corrige ce défaut par l'emploi d'une forme progressive, le gérondif imperfectif permettant une saisie de l'opération dans son déroulement.

15. il tirera... les larmes couleront : *ha de sacar... han de correr las lágrimas;* le futur morphologique (qui serait ici : *sacará, correrán*) consiste simplement à situer dans l'au-delà du présent un événement dont on conçoit la survenance comme nécessaire et inéluctable. Le futur périphrastique est en fait, du point de vue morphologique, un présent (présent de l'auxiliaire : *ha/han*) combiné à l'infinitif, naturellement porteur de visée prospective (il offre du procès verbal une image en puissance de réalisation). Le futur périphrastique est donc un futur visé à partir du présent, prévu dès le présent non quitté. On comprend donc qu'il convienne particulièrement à l'expression d'un futur que l'on maîtrise, sur lequel on a un contrôle dès le présent : tout événement futur convenu d'avance — comme ici les divers moments du jeu de l'acteur — s'y déclare plus nettement qu'avec un simple futur synthétique.

16. ce tremblement de la voix : var.: *esa voz trémula;* **ces mots suspendus :** *esas palabras suspensas;* sur le choix du participe irrégulier en position d'adjectif, cf. 17/8.

17. leçon recordée : recorder: « répéter une chose que l'on a apprise par cœur pour mieux se la rappeler. Recorder son rôle [...] Recorder sa leçon : tâcher de se bien remettre en l'esprit ce qu'on doit dire ou faire. » (Littré, *s.v.*). On retient *repasado*: «repassar: significa assimismo volver a recorrer lo que se ha estudiado, para assegurarse en ello, ó ver si se le ha olvidado» (Autoridades, *s.v.*), sémantiquement plus exact que *recordado*, de même origine que le terme français.

18. dont l'acteur garde... dont il avait : ces relatifs ne peuvent être traduits par *cuyo*, puisqu'ils résultent de la transformation de syntagmes introduits par la préposition **de**, sans lien de « possession » : garder le souvenir de/ avoir la conscience de.

33. COMMENTAIRES

19. le socque ou le cothurne déposé : le **socque**, « chaussure basse des acteurs comiques de l'Antiquité, par opposition au **cothurne**, qui était une chaussure haute à l'usage des acteurs tragiques » (Littré, *s.v.*). Var.: *después de abandonado su papel cómico o su papel trágico.*

20. s'il en était autrement : var.: *a no ser así.*

21. vous le prenez pour tel : var.: *lo confundís con él.*

34. Divagations linguistiques

On estimera peut-être [1] que je divague — et je n'étais pas loin parfois de m'en persuader à mon tour [2]. Plus tard, lisant certaines pages de Mallarmé — justement appelées *Divagations* — j'ai reconnu, superbement explicitées, quelques-unes de mes rêveries de jeunesse sur les adéquations mystérieuses entre le sens et le son. La réflexion de Mallarmé, on le sait [3], prenait assise sur la comparaison ou la confrontation des sonorités en français et en anglais ; je travaillais, pour ma part, et sans la clairvoyance du poète, sur un système apparemment plus simple puisque l'espagnol et le français appartiennent à une même province de langues. Pourtant, sous la parenté objective [4], que de divergences [5], que d'interprétations particulières pour une oreille un peu musicienne [6]...

J'en venais à proférer un mot, lentement, dans une des deux langues, à le faire vibrer jusqu'à ce qu'il éveille [7] au fort de mon esprit [8] toutes les résonances mentales dont il était comme gravide [9], puis je me livrais au même exercice sur son équivalent sémantique dans l'idiome opposé — et je m'appliquais à comparer leurs pouvoirs d'évocation respectifs, leurs virtualités mélodiques à faire surgir [10] deux univers toujours distincts, toujours plus riches ! Je n'avais pas à chercher longtemps : le vocable le plus prosaïque se prêtait presque mieux à ces expériences de poétique tonale. Ainsi prenais-je, par exemple, le mot *cheval*, et mon attention auditive amplifiait, en quelque sorte, cette force et cette alacrité joyeuse dont je le sentais porteur, physiquement et moralement [11], dans la langue française, alors que m'attachant ensuite à l'écoute attentive de *caballo*, je n'y trouvais plus aucune de ces caractéristiques précédentes, mais bien plutôt une massivité ombreuse, une lourdeur, une contenance un peu placide [12] dont le fringant animal français était évidemment dépourvu. Il s'agissait cependant de deux réalités phoniques toutes proches, selon les critères des grammairiens, puisque l'un et l'autre faisaient écho à l'originel *caballus*. De tels arguments étymologiques étaient sans valeur pour moi : quel écart, quel désaccord irréductible, insoutenable même, pour un tympan comme le mien, entre la douceur de *lumière* et l'éclat quasi tragique de *luz* ! C'était comme si le génie de chaque langue eût décidé à notre insu de ce qu'il nous faudrait appréhender et reconnaître de la lumière et de la nuit, de tel animal ou de cette plante [13] — dès l'instant que le mot, pour la première fois, venait se former sur nos lèvres.

34. Divagaciones lingüísticas

Quizás piensen que estoy divagando —y a veces poco faltaba para que yo me persuadiera de ello. Más tarde, al leer ciertas páginas de Mallarmé —tituladas precisamente *Divagaciones*— reconocí, aclarados de un modo magnífico, algunos ensueños de mi juventud sobre las misteriosas adecuaciones entre el sentido y el sonido. La reflexión de Mallarmé, como ya se sabe, se asentaba en la equiparación o confrontación de las sonoridades entre el francés y el inglés; yo por mi parte, trabajaba, pero sin la clarividencia del poeta, sobre un sistema aparentemente más sencillo, ya que el español y el francés pertenecen a una misma provincia de lenguas. Sin embargo, detrás del objetivo parentesco ¡cuántas discrepancias, cuántas interpretaciones peculiares para un oído algo musical!...

Llegaba a proferir una palabra, despacio, en una de ambas lenguas y la hacía vibrar hasta que despertara en lo más profundo de mi espíritu todas las resonancias mentales de las que estaba como grávida, luego me entregaba al mismo ejercicio con su equivalente semántico en el idioma opuesto —y me aplicaba a comparar sus respectivos poderes de evocación, sus aptitudes melódicas para hacer surgir dos universos ¡siempre distintos y cada vez más ricos! No me hacía falta buscar mucho: el vocablo más prosaico convenía casi mejor a aquellas experiencias de poética tonal. Así escogía por ejemplo la palabra *cheval*, y mi atención auditiva amplificaba de cierta forma aquella fuerza, aquella alegre vivacidad de las que yo la sentía cargada física y moralmente en la lengua francesa, mientras que al dedicarme luego a escuchar atentamente la palabra *caballo* ya no encontraba en ella ninguna de las características anteriores, sino al contrario una umbrosa densidad, un peso, un aplomo algo plácido de los que desde luego estaba desprovisto el fogoso animal francés. Se trataba sin embargo de dos realidades fónicas muy cercanas, según los criterios de los gramáticos ya que ambos vocablos hacían eco al primitivo *caballus*. Tales argumentos etimológicos carecían de valor para mí: ¡qué diferencia, qué irreductible desacuerdo, inaguantable incluso, para un tímpano como el mío, entre la dulzura de *lumière* y el destello casi trágico de *luz*! Era como si el genio de cada lengua hubiera determinado sin prevenirnos lo que tendríamos que captar y reconocer de la luz y de la noche, de aquel animal o de esta planta— desde el momento en que por primera vez la palabra venía a formarse en nuestros labios.

Je ne me contentais pas, cependant, de ces premières expériences presque enfantines sur les vocables. Je les menais plus loin, je discernais bientôt qu'elles ne faisaient que trahir, comme sensuellement pour l'oreille, des oppositions plus fondamentales et qui touchaient à l'intellection et à la représentation morale du monde que l'une et l'autre langue me proposaient. Devais-je m'en étonner ? Si chaque idiome est une structure de signes, il est d'abord et surtout une manière d'interpréter le réel. J'avais cru me forger, par le moyen de la langue française, un instrument incomparable, unique en son genre, offrant toutes les garanties [14] de sérieux pour saisir l'immédiat et faire avec lui de l'intelligible [15]. L'espagnol m'en proposait un autre [16], non moins valide ; je n'avais pas soupçonné qu'il puisse différer [17] à ce point du premier. Ce que j'avais pris en moi pour de l'irrésolution lorsque j'hésitais, enfant [18], entre les deux idiomes constituait en fait une alarme d'ordre ontologique. Il ne s'agit pas que de parler une langue, il faut laisser la langue parler en soi — et ceci entraîne le locuteur bien au-delà de sa volonté consciente. Car cette langue, si nous la faisons nôtre, nous imprime ses modes et ses conduites d'être. Dirai-je, sans paraître excessif, qu'elle informe en quelque façon notre destinée ? Oui, je crois pouvoir le prétendre [19], aujourd'hui que j'en suis venu à mieux sonder l'ambivalence psychique où un bilinguisme trop mal assumé m'avait enfermé dès l'enfance. Étudiant l'espagnol de manière plus systématique, je ne cessais pas, assurément, d'être français, mais [20] je comprenais davantage ce qui me faisait défaut pour l'être totalement.

Claude ESTEBAN
Le Partage des mots
© Éditions Gallimard, 1990

34. COMMENTAIRES

1. on estimera peut-être : *quizás piensen*; ce **on** recouvre la collectivité anonyme des lecteurs et exclut bien entendu le locuteur. Il ne peut donc être traduit que par une troisième personne du pluriel.

2. à mon tour : a simplement ici le sens de **moi aussi** : *yo también*.

3. on le sait : var.: *como es sabido*.

4. sous la parenté objective : *detrás del objetivo parentesco*; l'idée d'apparence illusoire est mieux rendue par *tras* ou *detrás* que par *debajo* (cf. les verbes : *traslucirse, transparentarse*).

5. que de divergences : var.: ¡*qué de divergencias!*

6. une oreille un peu musicienne : *un oído algo musical*. La quantification (*un*

No me contentaba, sin embargo, con aquellas prístinas experiencias casi infantiles sobre los vocablos. Las llevaba más lejos, pronto discernía que no hacían sino revelar, como con sensualidad para el oído, unas oposiciones más fundamentales y que atañían al entendimiento y a la representación moral del mundo que una y otra lengua me proponían. ¿Debía yo extrañarme de eso? Si cada idioma es una estructura de signos, es ante todo y sobre todo un modo de interpretar la realidad. Yo creía haberme forjado, mediante la lengua francesa, un instrumento sin par, el único de este tipo, que ofrecía todas las garantías de seriedad para captar lo inmediato y convertirlo en algo inteligible. El español me proponía otro, no menos válido; yo no había sospechado que pudiera diferir tanto del primero. Lo que en mí había considerado como irresolución, cuando, de niño, vacilaba entre ambos idiomas, constituía en realidad una zozobra de orden ontológico. No se trata sólo de hablar un idioma, hay que dejarlo hablar dentro de uno mismo — lo cual lleva al hablante mucho más allá de su voluntad consciente. Pues esta lengua, si la adoptamos, nos impone sus modos de ser y sus conductas. ¿Diré, sin parecer excesivo, que modela de cierta forma nuestro destino? Sí, creo poder afirmarlo, ahora que he conseguido sondear mejor la ambivalencia síquica en la que me había encerrado, desde niño, un bilingüismo demasiado mal asumido. No por estudiar el español de modo más sistemático dejaba, desde luego de ser francés, pero entendía mejor lo que me faltaba para serlo plenamente.

34. COMMENTAIRES

peu) empêche d'user de l'expression consacrée : *tener buen oído* (avoir de l'oreille).

7. jusqu'à ce qu'il éveille : *hasta que despertara*. Ici, on pourrait aussi user de l'indicatif : *hasta que despertaba*. *Hasta que* suivi du subjonctif évoque la visée prospective d'un terme vers lequel on tend, mais que l'on ne voit pas être atteint. La structure est donc perspectivante et futurisante, elle implique une attente. *Hasta que* suivi de l'indicatif évoque au contraire un terme réellement atteint et qui sert de limite de fin pour l'opération déclarée dans la principale. La position prise sur la limite oblige à traiter l'opération comme réelle, effective, et à la dire au moyen de l'indicatif.

34. COMMENTAIRES

8. au fort de mon esprit : au fort de = au cœur de, au plus profond de : au fort de la forêt.

9. dont il était comme gravide : le qualificatif est rare et il convient de le conserver, à l'exclusion de termes plus courants tels que *preñado*. Var.: *impregnada*.

10. virtualités... à faire surgir : la structure française est étrange, et calquée sur : **aptitude/capacité à**. Virtualité apporte par ailleurs fort peu du point de vue sémantique. On réduit donc cette bizarrerie dans la traduction.

11. physiquement et moralement : *física y moralmente:* l'apocope du premier de deux adverbes en -*mente* coordonnés est une simple tolérance stylistique. Elle n'est pas obligatoire, mais souvent plus élégante.

12. une contenance un peu placide : La contenance s'oppose ici à l'**alacrité joyeuse** du début de la phrase. Il s'agit donc d'une certaine gravité physiquement perceptible ; *aplomo*: «Gravedad, seriedad, prudencia. En el caballo, posición de sus miembros con relación a ciertas líneas verticales» (Casares) convient donc ici.

13. de tel animal ou de cette plante : var.: *de tal animal o cual planta*.

14. offrant toutes les garanties : *que ofrecía todas las garantías*; le gérondif, en position d'adjectif, est bien sûr impossible ici. Cf. 4/2.

15. saisir l'immédiat et faire avec lui de l'intelligible : *lo inmediato/algo inteligible*. Rappelons que seul *lo* est apte à substantiver un adjectif. Dans la structure *algo inteligible*, *algo* est simplement un support nominal auquel se rapporte l'adjectif, qui n'a pas changé de catégorie fonctionnelle, au contraire de *inmediato*.

16. l'espagnol m'en proposait un autre : *el español me proponía otro;* lorsque **en** est en corrélation avec un extenseur, un numéral, une expression porteuse d'idée de quantité (**en... peu, en... beaucoup, en... deux,** etc.), il ne reçoit aucune traduction, le verbe espagnol s'appuyant seulement sur le numéral ou l'indéfini : *quiero poco, mucho, más, dos, varios, otro(s)*, etc. Cf. 27/5.

17. qu'il puisse différer : *que pudiera diferir*; on prendra garde à la concordance des temps, lorsque, comme souvent, le français l'annule, et use d'un subjonctif présent à valeur passée.

18. enfant : il s'agit d'un syntagme circonstanciel de temps : *de niño* (cf. *de día, de noche, de joven, de jubilado*: la préposition DE délimite, en partant de son origine, une époque, un espace de temps préconçu et prédéterminé à l'intérieur d'un ensemble plus grand : la vie, les 24 heures du jour...).

19. je crois pouvoir le prétendre : *creo poder afirmarlo*. On remarquera que lorsque trois verbes constituent une structure auxiliée, la proclise pronominale (possible avec un seul auxiliaire dans la plupart des cas : *puedo afirmarlo> lo puedo afirmar*) s'avère impossible.

20. étudiant l'espagnol de manière plus systématique, je ne cessais pas d'être français, mais : *no por estudiar el español de modo más sistemático dejaba de ser francés, pero... Al estudiar el español.. no dejaba desde luego de ser francés, pero*. La corrélation *no... sino* sert à opposer deux idées conçues comme contraires dans la pensée. Il ne s'agit pas ici d'opposer deux idées, mais de nuancer la première par une seconde, comme le montre l'adverbe **assurément**. On peut d'ailleurs considérer, comme dans la

34. COMMENTAIRES

première traduction proposée, que la négation ne porte pas seulement sur le verbe **je ne cessais pas,** mais englobe également la cause exprimée par le gérondif. Cette négation diffuse, qui nie l'opérativité de la cause aussi bien que la réalité de la conséquence, atténue le contraste entre la négation et la conjonction adversative.

35. Ville morte

Je quittais Belsenza [1] et je m'enfonçais dans le dédale des rues pauvres du quartier des pêcheurs pour gagner le quai où m'attendait la barque. Si impatient que je fusse [2] de rejoindre Vanessa, je trouvais parfois un charme à m'attarder [3] dans ces ruelles qui zigzaguaient entre les façades aveugles et les tristes jardinets [4] conquis sur les sables, et où tombaient [5] dès le début de l'après-midi de grands pans de fraîcheur. Il y avait là toute une banlieue morne et houleuse, basculée au hasard sur les vagues du bourrelet de dunes [6] qui marquait le contour de la terre ferme, et dont l'abandon lépreux et l'ancienneté [7] croulante étaient rendus plus désolés encore par la remise en marche [8] des sables que la végétation des jardins brûlés ne fixait plus, et dont on voyait parfois [9], sous la poussée du vent de mer, les fines aigrettes lumineuses pleuvoir intarissables par-dessus le mur d'un enclos comblé et venir feutrer le pavé étroit, comme autant de cascades de silence [10] ; mais si j'élevais la tête au-dessus du mur [11], la rumeur acharnée du large [12] et les claquements du vent de mer venaient brusquement me gifler le visage. J'aimais ce silence menacé et ses replis d'ombre, comme suspendus sur une clameur profonde et énorme ; je faisais glisser dans mes doigts ce sable qu'avaient vanné tant de tempêtes, et qui maintenant bâillonnait la ville [13] dans le sommeil ; je regardais Maremma s'ensevelir [14], et en même temps, les yeux blessés, giflé par le vent furieux qui mitraillait le sable [15], il me semblait sentir la vie même battre plus sauvagement à mes tempes et quelque chose se lever derrière cet ensevelissement. Parfois, au détour d'une rue, une cruche ou un panier de poissons en équilibre sur la tête, apparaissait une femme de pêcheur sous les éternels voiles noirs [16] qui font des groupes à Maremma autant de [17] cortèges de deuil, et dont on ramène un pan sur la bouche [18] pour se protéger de la grêle du sable : elle passait près de moi silencieusement comme un fantôme errant de la ville morte, m'apportant à la fois une odeur de mer et de désert [19], et toute pareille, ainsi surgie de cette nécropole inhabitable, à ces flammes errantes et funèbres qui s'élèvent et palpitent faiblement sur une terre trop gorgée de mort. La vie s'aventurait sur ces confins extrêmes plus vulnérable et plus nue, dressée sur l'horizon de sel et de sable comme un signe exténué, elle voletait par les rues effacées comme un lambeau de ténèbres oublié dans le plein jour. La

35. Ciudad muerta

Dejaba a Belsenza y me internaba en el dédalo de las calles pobres del barrio de los pescadores para alcanzar el muelle donde me esperaba la barca. Por muy impaciente que estuviese de reunirme con Vanessa, encontraba a veces cierto encanto en aquel vagar por aquellas callejas que zigzagueaban entre las fachadas ciegas y los tristes huertecillos conquistados sobre las arenas, y en los cuales venían cayendo desde el principio de la tarde largos velos de frescor. Allí había todo un suburbio, tétrico y tumultuoso, desparramado al azar sobre las olas del repliegue de dunas que delineaba el contorno de la tierra firme, y cuyo abandono leproso y antigüedad ruinosa parecían aún más desolados con el nuevo avance de las arenas que la vegetación de los jardines quemados ya no contenía, y de las cuales se veían a veces, bajo el empuje del viento marino, los finos penachos luminosos llover inagotables por encima de la tapia de un cercado colmado y venir a alfombrar el empedrado estrecho, parecidos a cascadas de silencio; pero si asomaba la cabeza por encima de la tapia, el rumor encarnizado de la alta mar y los chasquidos del viento marino venían de golpe a azotarme la cara. Me gustaba aquel silencio amenazado y sus pliegues de sombra como suspendidos sobre un clamor profundo y enorme; dejaba escurrirse entre mis dedos aquella arena que tantas tempestades habían cribado, y que ahora amordazaba a la ciudad sumida en el sueño; miraba a Maremma sepultándose, y al mismo tiempo, con los ojos heridos, azotado por el viento furioso que ametrallaba a la arena, me parecía sentir la vida misma latir más salvaje en mis sienes y levantarse algo detrás de aquella sepultura. A veces, a la vuelta de una esquina, con un cántaro o una canasta de pescados en equilibrio sobre la cabeza, aparecía una mujer de pescador oculta tras uno de esos sempiternos velos negros que en Maremma convierten cada grupo en un séquito fúnebre, y con una extremidad de los cuales se embozan para protegerse del granizo de la arena; pasaba cerca de mí silenciosa cual fantasma errante de la ciudad muerta, trayéndome a la vez un olor a mar y a desierto, y, así surgida de aquella necrópolis inhabitable, del todo parecida a esas llamas errantes y fúnebres que se elevan y palpitan débiles en una tierra demasiado ahíta de muerte. La vida se aventuraba por aquellos confines extremos más vulnerable y más desnuda, erguida sobre el horizonte de sal y arena como un signo exhausto, aleteaba por las calles esfumadas como un jirón de tinieblas olvidado en la plenitud del día. La luz se

lumière baissait déjà sur le large, et il me semblait sentir en moi qu'un désir montait, d'une fixité terrible, pour écourter encore ces journées rapides : le désir que les jours de la fin se lèvent et que monte [20] l'heure du dernier combat douteux : les yeux grands ouverts sur le mur épaissi du large, la ville respirait avec moi dans le noir comme un guetteur sur qui l'ombre déferle, retenant son souffle [21], les yeux rivés [22] au point de la nuit la plus profonde.

Julien GRACQ
Le Rivage des Syrtes
© Librairie José Corti, 1951

35. COMMENTAIRES

1. Belsenza : il s'agit d'un personnage du roman.

2. si impatient que je fusse : cette subordonnée a une valeur concessive. La structure espagnole équivalente est *por muy* + adjectif + *que*. Rappelons que les propositions concessives, introduites par *aunque, por más que*, etc., peuvent être aux deux modes, indicatif et subjonctif. La proposition concessive énonce un fait qui s'avère incapable de s'opposer à la réalisation du fait énoncé dans la principale. Cette incapacité peut être conçue de deux façons : ou bien je conçois le fait de la subordonnée comme réel, avéré, et je pose que, quoique réel, il est inopérant ; ou bien je conçois ce fait comme irréel, potentiel, et par conséquent inopérant. Dans le premier cas, l'ordinaire sera d'employer l'indicatif : *por muy listo que era, Paco no aprobó*. Dans le second, on ne peut qu'employer le subjonctif : *por muy listo que fuese, Paco no aprobó*. On notera que ce second énoncé n'implique pas l'irréalité *effective* du phénomène, mais seulement que le locuteur le *conçoit* comme tel : le fait même qu'un fait soit inopérant à produire un effet réel peut suffire à le traiter comme irréel, quoique le locuteur soit parfaitement conscient de sa réalité. Ainsi dans cet énoncé cité par Molho (*op. cit.*, p. 517) : «aunque los castañares de Sopena hubiesen desaparecido casi totalmente, quedaban bastantes» (Trueba), le fait énoncé dans la subordonnée est parfaitement avéré, indubitable. Il aurait donc pu être exprimé à l'indicatif. S'il est dit au subjonctif, c'est que son absence d'incidence sur le réel autorise à *faire comme s'il était* lui-même irréel : «el acontecimiento puede ser percibido como efectivo y, sin embargo, concebirse como inexistente por el solo hecho de su no-incidencia en la actualidad» (*ibidem*). Comme souvent dans l'utilisation des modes, c'est donc moins la réalité référentielle des phénomènes qui est déterminante, que le point de vue porté par le locuteur sur le réel.

3. à m'attarder : = dans le fait de m'attarder : *en el (aquel) vagar*; dans la phrase espagnole l'infinitif occupe la position d'un substantif précédé de préposition ; il convient donc de le substantiver au moyen de l'article *el*. Cf. 19/13.

4. jardinets : *huertecillos*; certains noms forment le diminutif par insertion d'un infixe *-ec-* entre la base et le suffixe diminutif (*-ito, -illo*) : les monosyllabes : *voz > vocecita*; les bisyllabes contenant une diphtongue initiale *ie/ue/ei* : *pueblo > pueblecito*; les bisyllabes contenant une diphtongue finale *io/ia/ua* :

debilitaba ya en alta mar y en mí me parecía sentir que subía un deseo, de una terrible firmeza, para acortar aún más aquellos días rápidos: el deseo de que nacieran los días postreros y subiera la hora del último combate incierto: con los ojos muy abiertos en el muro ahora más grueso de la alta mar, la ciudad respiraba conmigo en la oscuridad como un centinela sobre quien se estrellan sombras, y que retiene su aliento, clavados los ojos en el punto de la más oscura noche.

35. COMMENTAIRES

serio > seriecito; certains bisyllabes contenant un hiatus ío/ía en finale : crío > criecito (rare).

5. et où tombaient : *y en los cuales venían cayendo*; *venir* + gérondif sert à dire un processus qui prend origine à un moment du passé et se développe, par répétition et/ou accumulation jusqu'à un instant choisi comme repère, cet instant pouvant être passé ou présent. On notera l'affinité entre cette idée de processus graduel et l'imparfait et le présent (temps porteurs d'une vision d'accompli). Var.: *y que venían cubriendo... largos velos de frescor.*

6. bourrelet de dunes : *repliegue de dunas*; var.: *arruga, pliegue. Repliegue*: «pliegue irregular; por ejemplo los existentes en el terreno o en una membrana» (Moliner, *s.v.*).

7. dont l'abandon lépreux et l'ancienneté : *cuyo abandono leproso y antigüedad*; on notera l'accord de *cuyo* par proximité avec le premier des deux substantifs. Cf. 9/25.

8. la remise en marche : var.: *la nueva progresión.*

9. et dont on voyait parfois : l'antécédent de ce **dont** est **sables**, comme l'indique la suite de la relative (« **les fines aigrettes pleuvoir** »). Cette relative est donc sur le même plan syntaxique que la précédente (« **que la végétation... plus** ») à laquelle elle est coordonnée. Aucun obstacle sémantique ne s'opposait à ce que l'on traduisît par *cuyo: arenas cuyos finos penachos*. C'est plutôt la complexité syntaxique du reste de la phrase qui s'y oppose : *cuyo* ne peut en effet se désolidariser du substantif qu'il introduit, ce qui obligeait à rejeter tous les éléments intercalés entre **dont** et **les fines aigrettes** ; comme par ailleurs **les fines aigrettes**, objet du verbe en français, deviennent sujet de la passive impersonnelle en espagnol (*se veían llover*), on ne pouvait guère désolidariser le sujet du syntagme verbal, ce qui donnait un résultat fort inélégant : «*cuyos finos penachos se veían llover inagotables a veces, bajo el empuje del viento marino, por encima de la tapia...*».

10. comme autant de cascades de silence : *parecidos a cascadas de silencio*. Il s'agit moins, ici, d'une idée d'équivalence numérique (que l'on aurait rendue par : *como otras tantas cascadas*), que d'un moyen élégant d'amener la comparaison. Ce sont les aigrettes qui sont comparées à des cascades : *parecidos* s'accorde donc avec *penachos*.

35. COMMENTAIRES

11. si j'élevais la tête au-dessus du mur : *si asomaba la cabeza por encima de la tapia*. La conjonction **si** est ici porteuse d'une visée réalisante, proche sémantiquement de *cuando*: mode indicatif (cf. 27/11). *Asomar*: cf. 6/2.

12. du large : *de la alta mar*, on sait que le substantif *mar* employé seul peut avoir deux genres, masculin et féminin. Il est féminin dans le style poétique et dans le dialecte des gens de mer, notamment dans les expressions lexicalisées : *alta mar, pleamar, bajamar*. Pour paradoxal que cela paraisse, l'article féminin ne prend pas la forme pseudo-masculine devant l'adjectif contenant [*a*] tonique à l'initiale, comme il le fait devant un substantif : *el, ala,* mais *la alta casa*. L'hiatus refusé pour le substantif est accepté pour l'adjectif.

13. qui bâillonnait la ville : *que amordazaba a la ciudad*; la métaphore anthropomorphique oblige à concevoir la ville comme un humain (« bâillonnable ») et donc un animé. La préposition s'impose donc.

14. je regardais Maremma s'ensevelir : *miraba a Maremma sepultándose*; préposition A : cf. note précédente ; le processus dynamique dans lequel est impliquée la ville est une raison supplémentaire de refuser la construction transitive. Le gérondif est licite ici, dans la mesure où le nom est objet d'un verbe de perception et support d'un processus dynamique.

15. le vent furieux qui mitraillait le sable : *el viento furioso que ametrallaba a la arena*. C'est moins en raison du statut sémantique propre à *arena* que de l'orientation du processus que la préposition est nécessaire. L'absence de la préposition ne permettrait pas de distinguer l'agent du patient : *el viento ametrallaba la arena*, d'autant plus que l'on pourrait s'attendre à ce que le projectile soit le sable et non pas le vent. L'inversion du rapport attendu oblige à marquer le sens de la relation par la préposition, comme dans ce vers de Huidobro : «*La Flor se comerá a la abeja*», ou dans ce proverbe : «*Tripas llevan pies, que no pies a tripas*».

16. une femme... sous les éternels voiles noirs : *una mujer... oculta por uno de esos sempiternos velos negros*. Pour le choix du participe irrégulier et les usages respectifs des deux types de participes, cf. 17/8.

17. qui font des groupes... autant de : *que convierten cada grupo en*; on n'use pas ici de la préposition, dans la mesure où le substantif est précédé d'un indéfini, où il renvoie à une collectivité générique, imparticulière, et où le processus de transformation, mené à son terme, implique une totale passivité de l'objet (non-réaction).

18. et dont on ramène un pan sur la bouche : *y con cuyo pico se embozan*; *embozarse*: «cubrirse la parte inferior de la cara, tapándose la boca, con el embozo de la capa o de la cama, con una bufanda, etc.» (Moliner, *s.v.*).

19. une odeur de mer et de désert : *un olor a mar y a desierto*. Sur le choix de la préposition, cf. 4/12.

20. se lèvent... et monte : *nacieran/subiera*. On veillera d'autant plus à la concordance des temps que les subordonnées qui contiennent ces verbes sont désolidarisées de leur principale par une interpolation.

21. retenant son souffle : ce participe se dit du guetteur et fonctionne comme adjectif sur le même plan syntaxique que

35. COMMENTAIRES

la relative qui précède ; le gérondif ne pouvant être adjectif que du sujet de la phrase ce que n'est pas **guetteur,** il faut recourir à une relative.

22. les yeux rivés... : *clavados los ojos*; ce texte contient plusieurs syntagmes adverbiaux sans préposition (« **les yeux blessés** », « **une cruche ou un panier de poissons en équilibre sur la tête** ») : on veillera à user de la préposit on CON, ou de la permutation du participe, qui transforme le syntagme en proposition participiale.

36. Un poète révolutionnaire

Mais Nabucet l'interrompit :
— Parce que [1], dit-il, un doigt levé, si vous en doutiez le moins du monde [2], il y a ici quelqu'un qui pourrait fort bien vous renseigner.
Le ton ambigu de cette phrase, l'air de Nabucet, le regard qui accompagna ces paroles [3] : le Censeur dressa l'oreille [4].
— Ici ?
— Ici-même.
— Dans l'établissement ?
Qu'est-ce que c'était encore que cette histoire ?
Nabucet écarta les bras, leva les mains — geste de curé, qu'accentua encore sa manière de fermer à demi les yeux et de dire comme en soupirant :
— Je n'y croyais pas, moi non plus. Mais je me suis rendu à l'évidence. *Amicus Plato sed magis amica veritas.*
— Mais enfin, que voulez-vous dire ? On fait ici de la propagande défaitiste ?
— Oui.
— Qui ?
— Puisque vous me le demandez, répliqua Nabucet, je ne crois pas devoir vous cacher plus longtemps [5] qu'il s'agit de Francis Montfort.
— Vous plaisantez [6] ? dit le Censeur, complètement ahuri. Il savait bien parbleu [7] que Francis Montfort était un original, mais de là à penser qu'il était défaitiste [8]...
— C'est un trublion, reprit Nabucet. Il passe son temps à écrire des poèmes soi-disant révolutionnaires, ce qui serait peu de chose. Mais le grave, c'est qu'il [9] les lit aux élèves.
— Vous dites [10] ?
Le Censeur devint cramoisi [11]. Tout allait mal, décidément [12].
— L'humble vérité [13].
— Et je ne suis pas informé [14] ! s'écria le Censeur, en levant les bras au ciel. C'est inconcevable ! Inconcevable !
Nabucet retourna le fer dans la plaie.
— En effet, dit-il. D'autant plus qu'il y a là une source... je dirai presque [15] de scandale.
— Mais voyons, s'exclama M. Bourcier, c'est évident. S'il est vrai qu'il a lu aux élèves des poèmes défaitistes...

36. Un poeta revolucionario

Pero Nabucet le interrumpió:
—El caso es que..., dijo, levantando un dedo, lo digo por si usted tuviese la menor duda, aquí hay alguien que podría muy bien informarle.
El tono ambiguo de esta frase, el gesto de Nabucet, la mirada que acompañó a estas palabras, hicieron que el subdirector aguzara el oído:
—¿Aquí?
—Aquí mismo.
—¿En esta institución?
¿Qué nuevo lío se estaba armando?
Nabucet abrió los brazos, levantó las manos — ademán de cara subrayado aún más por su manera de entornar los ojos y de decir como en un suspiro:
—Yo tampoco me lo creía. Pero me rendí a la evidencia. *Amicus Plato sed magis amica veritas.*
—¡Pero, vamos! ¿Qué pretende decirme? ¿Que aquí hacen propaganda derrotista?
—Sí.
—¿Quién?
—Ya que usted me lo pregunta, replicó Nabucet, creo deber mío revelarle sin tardar que se trata de Francis Montfort.
—¡Lo dice en broma! dijo el subdirector, totalmente pasmado. ¡Si lo sabría él que Francis Montfort era un original! pero de ahí a creer que fuese derrotista...
—Es un agitador, reanudó Nabucet. Se pasa el tiempo escribiendo supuestos poemas revolucionarios, lo cual sería poca cosa. Pero lo grave es que se los lee a los alumnos.
—¿Qué me dice usted?
Al subdirector se le subieron los colores a la cara. Desde luego, todo iba mal.
—La verdad escueta.
—¡Y yo sin enterarme! exclamó el subdirector alzando los brazos al cielo. ¡Eso es inconcebible! ¡Inconcebible!
Nabucet hurgó en la herida.
—Efectivamente, dijo. Sin contar que ahí tenemos lo que se dice ...una piedra de escándalo.
—Pues claro, exclamó el señor Bourcier, es evidente. Si es cierto que les leyó poemas derrotistas a los alumnos...

— Les parents seraient en droit de se plaindre.
— Clair comme le jour.
— Au reste, continua Nabucet, en tirant de son portefeuille un papier plié en quatre, lisez ceci.
— Qu'est-ce que c'est ?
— Lisez ! Lisez ! C'est la pièce à conviction.

M. le Censeur [16] prit le papier, ajusta son binocle et lut :

> *Camarade soldat, mon frère*
> *Entends le clairon !*
> *Soldat lève-toi, lève-toi, LÈVE-TOI !*
> *Prends Ton fusil et marche*
> *TON canon : et TIRE*
> *Sur tes VRAIS ennemis.*
> *Tranche ton lien*
> *Ton garrot d'esclave*
> *Par tes mains rivé*
> *À ton cou d'Hercule*
> *Ou bien veux-tu mourir ENCORE ?*
> *Encore et encore ton sang sur la plaine.*
> *Ta poitrine ouverte.*
> *Ton poing arraché.*
> *Tes rognons brûlés.*
> *Et entre tes dents la poignée de terre*
> *Et la croix d'honneur ?*
> *LÈVE-TOI ! LÈVE-TOI ! LÈVE-TOI !*
> *Soldat, mon frère,*
> *C'est le réveil qui sonne*
> *POUR TOI. POUR NOUS* [17].

— Les bras m'en tombent [18], soupira le Censeur, en rendant le poème à Nabucet, qui le remit dans son portefeuille avec le geste frémissant d'un avare raflant [19] un billet de banque. Et il a lu cela aux élèves [20] ?
— Précisément.
— Quand ?
— Hier.
— Où [21] ?
— À l'étude.
— Mais, mon cher Nabucet, d'où tenez-vous ce papier [22] ?
— Oh ! ce grand révolutionnaire est aussi un grand brouillon. Il laisse traîner ses chefs-d'œuvre. D'autres les ramassent. Chef-d'œuvre [23] ! Le pauvre garçon se croit du talent ! Il donne dans le moderne [24] ! Quelle erreur !

—Los padres estarían en su derecho quejándose.
—Está más claro que el agua.
—Por lo demás, prosiguió Nabucet sacando de su cartera un papel doblado en cuatro, lea usted eso.
—¿Qué es eso?
—¡Vamos, léalo! Es la pieza de convicción.

El señor subdirector tomó el papel, ajustó sus quevedos, y leyó:

> *¡Oye el son de la corneta*
> *mi camarada soldado!*
> *¡Levántate, sí, LEVÁNTATE!*
> *Coge Tu fusil hermano*
> *que al VERDADERO enemigo*
> *Tu cañón esté APUNTANDO.*
> *Rompe todas tus cadenas*
> *tu vil garrote de esclavo*
> *a ese cuello tuyo de Hércules*
> *remachado por tus manos.*
> *¿O quieres morir DE NUEVO*
> *con tu sangre por el llano?*
> *¡Ay, tu pecho entreabierto!*
> *¡Ay, ese puño arrancado!*
> *Abrasados tus riñones.*
> *¿Y de esa tierra un puñado*
> *morderás con la medalla?*
> *O soldado, tú, mi hermano*
> *¡LEVÁNTATE! Sí ¡LEVÁNTATE!*
> *Diana ahora están tocando*
> *PARA TI, PARA NOSOTROS.*

—Me quedo de una pieza, suspiró el subdirector, devolviéndole el poema a Nabucet, el cual lo guardó en su cartera con el ademán tembloroso de un avaro cuando echa mano a un billete de banco.
—¿Conque él les ha leído eso a los alumnos?
—¡Precisamente!
—¿Cuándo fue?
—Ayer.
—¿Dónde fue?
—En la sala de estudios.
—Pero, mi querido Nabucet, ¿de dónde saca usted el papel ese?
—Es que ese gran revolucionario es también un gran desordenado. Sus obras maestras andan rodando por todas partes, y otros las recogen.

— Il faut étouffer cela dans l'œuf [25], dit le Censeur.
— C'est aussi mon avis. D'ailleurs, Monsieur le Proviseur est informé [26].
— Ah bah ?
— Oui. Je ne sais comment... dès hier, il était au courant. Et je crois bien qu'il a l'intention de sermonner ce jeune... idéaliste, aujourd'hui même.
— Parfait, dit le Censeur, d'un ton glacial.
Il était outré. On agissait sans lui, on lui cachait des choses. Eh, bon Dieu, si on voulait qu'elle marche, cette maison, il fallait tout de même bien se décider à agir d'un commun accord avec lui !
— Je vais aller trouver...
Il s'interrompit net.
— Qu'est-ce que c'est ? murmura Nabucet, l'oreille tendue.
Un immense éclat de rire secouait toute une classe [27], pas loin.
— Ma parole, bredouilla le Censeur, c'est un chahut en règle [28].
— Merlin n'a pas cours ce matin ?
— Si. Mais plus tard.
Les rires redoublaient. Et puisque Merlin n'avait pas cours en ce moment, le chahut ne pouvait se dérouler que chez le vieux professeur d'anglais, M. Philippon, ou chez le vieux professeur de cosmographie, M. Laplanche.
— Ça doit être chez Philippon [29], dit Nabucet. Le pauvre homme ! Il ne tient plus sa classe [30].
— J'y vais, dit le Censeur.
Décidément, tout courait à l'anarchie [31].

Louis GUILLOUX
Le Sang noir
© Éditions Gallimard, 1935

36. COMMENTAIRES

1. **Parce que** : en tête d'énoncé dans un dialogue, la conjonction **parce que** n'exprime qu'un lien de causalité très atténué, dans la mesure où elle fait renvoi à un contenu exprimé par le locuteur avant intervention de l'interlocuteur ; elle peut même, hors de tout renvoi, servir à justifier un comportement qui demeure implicite. En l'absence de contexte défini, l'équivalent le plus simple est *pues, el caso es que* étant plus chargé d'implicite.

2. **si vous en doutiez le moins du monde** : l'expression est elliptique : [je vous le révèle pour dissiper le moindre doute]. Elle sert à retarder et à justifier la révélation du délateur.

3. **le regard qui accompagna ces paroles** : *la mirada que acompañó a estas palabras*; les verbes qui signifient une position relative dans une série, tels que *seguir, preceder* et *acompañar*, constrit-

¡Menuda obra maestra! ¡El pobrecito cree tener talento! ¡Y presume de moderno! ¡Qué error!
— Hay que cortar el mal de raíz , dijo el subdirector.
— Eso mismo creo yo. Y además que se ha dado parte al señor director.
— ¡Vaya!
— Es así. El cómo no lo sé... desde ayer ya estaba al tanto. Y me parece que tiene intención de reprender a ese joven... idealista, hoy mismo.
— Muy bien, dijo el subdirector, con tono glacial.
Estaba indignado. Así, actuaban sin él, le ocultaban cosas. Pero ¡Santo Dios! si querían que marchara aquella casa, al fin y al cabo era preciso que se decidieran a actuar de común acuerdo con él.
— Voy a ver a...
Se interrumpió en seco.
— ¿Qué es eso? susurró Nabucet, aguzando el oído.
Muy cerca, una clase entera se partía de risa.
— ¿Pero será posible? farfulló el subdirector, es un jaleo en regla.
— ¿Merlin no da clase esta mañana?
— Sí, pero más tarde.
Arreciaban las risas. Y dado que Merlin no daba clase en aquel momento, el jaleo sólo podían armarlo con el viejo profesor de inglés, el señor Philippon, o con el viejo profesor de cosmografía, el señor Laplanche.
— Será en la clase de Philippon, dijo Nabucet. ¡El infeliz! Ya no domina a sus alumnos.
— Voy a ver, dijo el subdirector.
La verdad: todo iba derecho a la anarquía.

36. COMMENTAIRES

sent leur objet avec la préposition A, quel que soit le statut, animé ou inanimé, de celui-ci. La préposition a ici pour fonction de lever toute ambiguïté sur le sens de la relation (ambiguïté qui peut surtout se produire lorsque sujet et objet sont tous deux singuliers ou tous deux pluriels : *en la oración española el verbo suele seguir al sustantivo, aunque a veces el sustantivo sigue al verbo*).

4. **le Censeur dressa l'oreille** : *hicieron que el subdirector aguzara el oído*. Jacques Drillon (*Traité de la ponctuation française*, Gallimard, 1991) note le « pouvoir logique très puissant » du deux-points : « La série de faits, d'arguments, peut être, grâce à lui, énoncée dans l'ordre : cause, deux-points, conséquence ; ou, dans l'ordre rétrograde : conséquence, deux-points, cause » (p. 394). C'est ici l'effet qui se situe

36. COMMENTAIRES

à droite du deux-points. On a explicité et traduit cette fonction logique de la ponctuation.

5. je ne crois pas devoir vous cacher plus longtemps : var.: *me veo obligado a revelarle sin tardar.* On remarquera combien la tournure est tortueuse, alambiquée, typique du discours du délateur. Le tour *creo deber mío*, quelque peu affecté et compassé, marque bien le décalage humoristique entre l'apparence d'honneur et le comportement vil du personnage.

6. vous plaisantez ? : var.: *¡Está usted hablando en broma!*

7. il savait bien parbleu que : var.: *ya sabía, eso sí, que...; pues claro que lo sabía que...*

8. mais de là à penser qu'il était défaitiste... : var.: *pero, que fuese derrotista, era para no creérselo; pero parecía mentira que fuese derrotista.*

9. mais le grave, c'est qu'il : voilà un cas, plutôt rare en français aujourd'hui, de substantivation de l'adjectif (= ce qui est grave, c'est que). Son équivalent est *lo* + adjectif.

10. vous dites ? : var.: *¡No me diga usted!*

11. le Censeur devint cramoisi : var.: *al subdirector se le subió el pavo; el subdirector se puso colorado, más colorado que un pavo, que un tomate,* etc.

12. tout allait mal, décidément : *¡pues anda si todo iba mal!;* var.: *de verdad, todo iba mal.*

13. l'humble vérité : var.: *la verdad al desnudo, la pura verdad.*

14. et je ne suis pas informé : var.: *¡Y cómo es que yo no esté enterado!*

15. je dirai presque : var.: *casi diría yo.*

16. M. le Censeur : *el señor subdirector,* on notera que le déterminant article est antéposé, et non pas inséré comme en français ; de même : **Monsieur votre père** : *su señor padre.* Pour l'usage ou l'absence de l'article, cf. 5/18.

17. Bien que ce poème semble à première vue se composer de vers libres, on peut néanmoins remarquer que les pentasyllabes dominent largement, accompagnés de quelques vers de 4, 6, 8 ou 10 syllabes. Certaines fins de vers semblent même avoir des rimes assonantes (**tire / ennemis, marche / esclave, rivé / arraché / brûlés, ouverte / frère / terre**). Ce rythme sous-jacent ainsi que le thème abordé, l'appel à la révolte, nous ont incité à faire de ce poème engagé et libertaire un romance, genre très utilisé pendant la Guerre civile. Gonzalo Santoja écrit à propos du *Romancero de la guerra civil* qu'il constitue «un magnífico exponente del género más popular de la literatura de agitación y propaganda, cualidades y limitaciones incluidas». La métrique (octosyllabes avec une même rime assonante sur les vers pairs, ici *á-o*) permet ainsi de souligner emphase et clichés humoristiques. Dans un cas, cependant, on perd du sens : « tes rognons brûlés ». Le français distingue en effet le rognon animal et le rein humain ; il y a donc du grotesque à parler de rognon à propos d'humains. Malheureusement, le castillan confond les deux réalités sous le même vocable : *riñón.*

18. les bras m'en tombent : var.: *se me vienen abajo los brazos, me quedo helado.* Cf. Beinhauer, *op. cit.*, p. 170, qui cite : «*me deja usted con las piernas colgando, me deja usted de una pieza, me deja usted patitieso, patidifuso, helado, frío, de nieve, me deja usted turulato*».

19. d'un avare raflant : var.: *de un avaro cuando echa el guante a.*

36. COMMENTAIRES

20. **et il a lu cela aux élèves ?** : la conjonction **et** participe ici de l'expression de la surprise, de la réticence à admettre la réalité du fait ; *conque* (= alors..., alors, comme ça..., ainsi donc...) a une valeur voisine.

21. **Quand ?... Où ?** : *¿Cuándo fue... Dónde fue?*; l'auxiliaire ne peut être ici que *ser*. Il ne sert pas en effet à situer un être particulier dans le temps ou l'espace, mais à déterminer quand et où s'est produit un événement : ce n'est pas l'événement que l'on situe, c'est un fragment de temps ou d'espace que l'on définit. Cf. 20/3.

22. **ce papier** : *el papel ese*; la postposition du démonstratif a toujours un effet péjoratif ou dépréciatif, qu'il s'agisse d'ailleurs de *este* ou de *ese*. *Ese* est cependant plus efficace dans cette structure, dans la mesure où il marque un éloignement par rapport au moi, dans la sphère du toi, une prise de distance qui participe à la dépréciation. Cf. 2/20.

23. **Chef-d'œuvre !** : var. : *¡Vaya obra maestra!*

24. **il donne dans le moderne** : var. : *se las echa de, se las da de moderno*; l'expression évoque l'idée de défaut, de travers, de manie. On aurait pu traduire : *se entrega a lo moderno, se entrega a la poesía moderna*, mais on n'y perçoit qu'à peine la désapprobation et le jugement implicite d'incapacité.

25. **il faut étouffer cela dans l'œuf** : var. : *hay que sofocar este brote*. *Brote*: «principio de una cosa que ha de desarrollarse más tarde: los primeros brotes de la revolución» (Moliner, *s.v.*).

26. **Monsieur le Proviseur est informé** : var. : *ya está enterado del asunto el señor director*. On a préféré la première solution qui met en œuvre le pronom impersonnel SE : on imagine que c'est Nabucet le délateur qui en a informé son supérieur. Le lâche effacement du moi, obtenu en français par l'effacement de l'agent dans la passive résultative, est obtenu en espagnol par l'usage de SE qui offre l'image la plus générale, la plus indéfinie que l'on puisse concevoir du support de l'opération.

27. **un immense éclat de rire secouait toute une classe** : une traduction littérale n'est guère possible ; il faudra en espagnol faire du patient le sujet grammatical et le support d'un verbe réfléchi. var. : *se desternillaba, se descoyuntaba de risa, reía a carcajadas*.

28. **un chahut en règle** : var. : *un abucheo con todas las de la ley*.

29. **ça doit être chez Philippon** : utilisation de l'auxiliaire, cf. *supra*, note 21.

30. **il ne tient plus sa classe** : var. : *ya no sujeta a sus alumos*.

31. **tout courait à l'anarchie** : var. *todo se precipitaba a la anarquía*.

37. Jeux interdits

Geneviève de Saint-Hubert possédait tous ces talents que l'on consent à apprendre [1] aux filles lorsqu'on les juge [2] à la fois inutiles et ornementaux. Elle jouait du clavecin, chantait, disait des vers. J'étais moins sensible à la musique des instruments qu'à celle des mots mais, debout à côté d'elle, j'aimais voir ses doigts légers courir [3] sur les touches, ainsi que le mouvement de ses beaux bras blancs. Elle jouait avec beaucoup de fougue et quand le morceau était fini [4], un peu de sueur perlait à son front et sa poitrine se soulevait de par l'agitation qu'elle s'était donnée. Elle restait alors un moment encore assise à son clavecin, la tête levée, l'œil rêveur [5], ses mains reposant, immobiles, sur le clavier et comme mon visage, vu la taille que j'avais alors, venait au niveau de son bras nu, j'osai un jour y poser les lèvres, tant je le trouvais beau et bien rondi [6]. À ma grande surprise [7], Mademoiselle de Saint-Hubert tressaillit violemment et rougit. Et ce n'est qu'au bout d'un instant que, me voyant tout confus, elle se prit à rire et, m'attirant à elle, m'embrassa.

Il y a chez les enfants plus de ruse qu'on ne croit [8]. Je me souviens fort bien que j'avais attendu que Frédérique ne fût plus dans la pièce pour hasarder ce baiser dont j'avais plus d'une fois rêvé [9]. Je me sentis, après coup, très audacieux de l'avoir tenté et fort content de l'effet qu'il avait produit. Peut-être m'imaginais-je jusque-là que les femmes étaient faites pour [10] recevoir les caresses et non pour en être troublées. J'entends, les femmes d'âge adulte. À mon sentiment, mes petits jeux nocturnes avec Frédérique n'avaient rien de commun avec ce qui venait de se passer.

Madame de Guise ne fut pas sans apprendre les pinçons de Frédérique et le baiser volé à Mademoiselle de Saint-Hubert et cela valut à mon père une dispute dont je me souviens encore comme d'hier.

Je jouais à terre avec une armée de soldats de plomb que sur la suggestion de Monsieur Martial, Monsieur de La Surie m'avait offerte. Et je dois à la vérité de dire que [11] Monsieur Martial jouait volontiers lui-même avec eux sous le prétexte de [12] m'apprendre l'art des fortifications.

37. Juegos prohibidos

Geneviève de Saint-Hubert poseía todos esos talentos que consentimos enseñar a las doncellas cuando los juzgamos a la vez inútiles y ornamentales. Tocaba el clavicordio, cantaba, recitaba versos. Yo era menos sensible a la música de los instrumentos que a la de las palabras, pero de pie a su lado, me gustaba ver sus ligeros dedos correr por las teclas así como el movimiento de sus hermosos brazos blancos. Tocaba con mucho ardor y cuando se acababa el fragmento, unas gotitas de sudor nacían en su frente y su pecho palpitaba por los esfuerzos que había hecho. Entonces permanecía por un momento sentada ante el clavicordio, con la cabeza levantada y la mirada pensativa, mientras sus manos descansaban inmóviles sobre el teclado, y como mi rostro, dada la estatura que tenía yo en aquel entonces, llegaba a la altura de su brazo desnudo, un día osé rozarlo con los labios por lo bello y torneado que me parecía. Me quedé totalmente atónito cuando la señorita de Saint-Hubert se estremeció violentamente y se ruborizó. Y sólo fue al cabo de un momento cuando, viéndome confuso del todo, se echó a reír y atrayéndome me dio un beso.

Hay en los niños más astucia de la que uno cree. Recuerdo muy bien que había esperado a que Frédérique dejara de estar en la habitación para atreverme a dar ese beso con el que había soñado yo miles de veces. Al pensarlo después me sentí muy audaz por haberlo intentado y muy contento del efecto que había producido. Quizá imaginara yo hasta entonces que las mujeres eran para recibir las caricias y no para sentirse turbadas por ellas. Me refiero a las mujeres de edad adulta. Según mi parecer, mis pequeños juegos nocturnos con Frédérique nada tenían en común con lo que acababa de suceder.

La señora de Guise no tardó en enterarse de los pellizcos de Frédérique y del beso furtivo dado a la señorita de Saint-Hubert, lo cual le valió a mi padre un altercado del que sigo acordándome como si fuera ayer.

Yo estaba jugando en el suelo con un ejército de soldados de plomo que me había regalado el señor de la Surie, según se lo había sugerido el señor Martial. Y si he de decir la verdad el propio señor Martial jugaba de buena gana con ellos con el pretexto de enseñarme el arte de las fortificaciones.

J'avais disposé mes troupes en dehors du passage des chambrières dans un petit cabinet attenant à la grand'salle [13] et divisé mes soldats [14] en deux camps opposés de nombre égal. L'un était commandé par moi et l'autre, par voie de conséquence, voué à la défaite [15]. Et j'en étais à me demander comment mon talent militaire, inspiré par l'expérience de Monsieur Martial, allait s'y prendre pour amener ma victoire, quand, par la porte entrebâillée, j'entendis Madame de Guise, dans la grand'salle, parler de moi et de Frédérique en termes véhéments. Je m'en trouvai fort inquiet [16] et je remis à plus tard l'assaut imminent de mes cavaliers.

— Monsieur, disait-elle, vous ne devriez pas plus longtemps laisser Frédérique dormir dans la chambre de Pierre.

— Qu'est cela ? dit mon père d'une voix mécontente. Quel mal y voyez-vous ?

— Mais voyons, elle le pince [17] !

— C'est qu'elle est jalouse. Et qui ne l'est ? J'ai moi-même connu une haute et puissante dame [18] qui, me croyant infidèle, me lança à la tête je ne sais combien de petits pots d'onguents et de crèmes que je parai de mon mieux avec une escabelle. Faut-il, ajouta-t-il en riant, que je vous en fasse ressouvenir ?

— Monsieur, je parle sérieusement.

— Et je vous réponds de même.

— Pourquoi votre fils doit-il tant pâtir du fait de cette sotte caillette [19] ?

— Il s'instruit à son contact.

— Belle instruction ! Elle le pince !

— Et il la bat ! Ainsi a-t-il compris, Madame, qu'on ne doit pas tout souffrir de votre aimable sexe. Et il se peut que cette connaissance, plus tard, lui évitera [20] de trop pâtir.

— Mais un garçon et une fille dans le même lit ! Voilà qui est bien honnête ! Fi donc [21] !

— Il n'est pas d'exemple qu'un garçon ait fait un enfant à six ans.

— Je ne vous parle pas d'enfant ! Mais de la simple honnêteté.

— Je ne vois pas qui la blesse [22]. J'ai eu moi-même à son âge une petite compagne de jeux [23]. Je l'aimais de grande amour [24]. À Dieu ne plaise que je prive Pierre de la sienne. Après tout, Frédérique est sa sœur de lait. Je me tiendrais pour très mal avisé, pour ne pas dire inhumain, Madame, si j'attentais de défaire un lien si fort.

— Allez, allez, Monsieur ! À le laisser commencer si jeune [25], vous ferez de votre fils un grand ribaud !

Yo había colocado mis tropas lejos del paso de las camareras en un pequeño gabinete contiguo al salón y había repartido a mis soldados en dos bandos opuestos de igual número. Uno era mandado por mí y el otro, como es natural, estaba condenado a la derrota. Y había llegado a preguntarme cómo mi talento militar, inspirado por la experiencia del señor Martial, se las arreglaría para conseguir mi victoria cuando, por la puerta entreabierta, oí en el salón a la señora de Guise que hablaba de mí y de Frédérique con palabras vehementes. Aquello me dejó harto inquieto y dejé para más tarde el inminente asalto de mis caballeros.

—Señor, decía ella, no deberíais dejar que Frédérique durmiera más tiempo en la alcoba de Pierre.

—¿Y eso? dijo mi padre con voz descontenta. ¿Qué mal veis en ello?

—¡Pero bueno! ¡Si ella le pellizca!

—Porque tiene celos. ¿Y quién no los va a tener? Yo mismo conocí a una poderosa dama de alta alcurnia que, por creerme infiel, me lanzó a la cabeza no sé cuántos botecitos de afeites y cremas que esquivé lo mejor que pude con un escabel. ¿Será menester, añadió riéndose, que os lo recuerde?

—Señor, yo hablo en serio.

—Y yo os contesto de la misma forma.

—¿Por qué ha de padecer tanto vuestro hijo por culpa de esa mema cotorra?

—Con su trato se instruye.

—¡Qué bonita esa instrucción! ¡Ella le pellizca!

—¡Y él la pega! Así ha entendido, señora, que uno no debe sufrirlo todo por parte de vuestro gentil sexo. Y puede que tal conocimiento le evite más tarde padecer demasiado.

—¡Pero un niño y una niña en la misma cama! ¡Eso sí que es muy honesto! ¡Anda ya!

—No existen casos de que un niño de seis años haya tenido algún hijo.

—¡Pero si yo no os estoy hablando de hijo! ¡sino sólo de honestidad!

—Y yo no veo quien la ofenda. Yo mismo tuve a su edad una pequeña compañera de juegos. Sentía gran amor por ella. No quiera Dios que yo le prive a Pierre de la suya. Después de todo Frédérique es su hermana de leche. Me consideraría como muy imprudente, por no decir falto de humanidad, señora, si intentara deshacer un vínculo tan fuerte.

—¡Vaya, vaya señor! al dejarle empezar tan joven, ¡vos haréis de vuestro hijo un gran calavera!

— Madame, dit mon père avec une colère contenue, ajoutez, de grâce : « comme son père », et vous aurez tout dit !

— Monsieur ! dit tout d'un coup Madame de Guise, avec une petite voix [26] pleine de larmes, ne me parlez pas avec les grosses dents ! Je ne saurais le supporter !

Après cela, il y eut un si long silence que, la curiosité me poussant, je rampai sur mes genoux jusqu'à la porte de la grand'salle et y jetai un œil [27]. Mon père qui me tournait le dos, serrait Madame de Guise dans ses bras. J'en augurai que Frédérique allait demeurer dans ma chambre, ce en quoi je voyais juste ; et aussi que la querelle était close, ce en quoi je me trompais, car je n'avais pas plutôt regagné à croupetons le champ de bataille, où mes chevaux piaffaient d'impatience d'en découdre, que les hostilités reprirent entre mon père et ma marraine.

Robert MERLE
La Volte des vertugadins
© Bernard de Fallois Éditeur, 1991

37. COMMENTAIRES

Remarque : *La Volte des vertugadins* est un roman historique contemporain dont l'action se déroule au début du XVIIe siècle.

1. l'on consent à apprendre : *consentimos enseñar*, l'espagnol *consentir* a une double construction : transitive : *aquí no consienten hablar* (ici on ne permet pas de parler, Moliner), ou intransitive avec EN, le plus souvent d'après Moliner dans des phrases négatives : *el profesor no consintió en que se divirtieran sus alumnos mientras no hubieran terminado de estudiar.*

2. on consent... on les juge : *consentimos/se consienten, juzgamos/se juzgan*; on peut hésiter sur la valeur de ce **on**, qui peut impliquer le **je** du narrateur qui appartient à la même catégorie sociale, ou viser une généralité où le moi est dilué.

3. j'aimais voir ses doigts légers courir : var.: *me gustaba ver cómo corrían sus ligeros dedos, ver sus ligeros dedos corriendo.*

4. quand le morceau était fini : var.: *después de acabada la parte.*

5. la tête levée, l'œil rêveur : var.: *levantada la cabeza y pensativa la mirada.*

6. tant je le trouvais beau et bien rondi : var.: *de (lo) bello y torneado que me parecía; de tan bello y torneado como*

—Señora, dijo mi padre conteniendo la ira, añadid por favor: «como su padre», y ¡ya lo habréis dicho todo!

—¡Señor! dijo de repente la señora de Guise con una vocecita llena de lágrimas, ¡No me habléis enseñando los colmillos! ¡No lo podría aguantar!

Después de eso, hubo un silencio tan largo que, impulsado por la curiosidad, me arrastré sobre las rodillas hasta la puerta del salón, y allí eché una mirada. Mi padre que me daba la espalda, abrazaba a la señora de Guise. Con lo cual presagié que Frédérique permanecería en mi habitación, y en eso había acertado; y que también la disputa había concluido, pero en eso andaba equivocado, pues apenas había vuelto yo en cuclillas al campo de batalla, donde mis caballos brincaban de impaciencia por luchar, cuando reanudaron las hostilidades entre mi padre y mi madrina.

37. COMMENTAIRES

(que) me parecía. Sur ce type de causale/consécutive, cf. 6/6.

7. à ma grande surprise : var.: *me quedé estupefacto, pasmado cuando*.

8. plus de ruse qu'on ne croit : *tienen más astucia de la que uno cree, son más astutos de lo que uno cree*; sur la comparative dont le second membre est une proposition et la forme que doit prendre le relatif, cf. 27/2.

9. je me souviens... que j'avais attendu que... pour hasarder... dont j'avais rêvé : prendre garde au régime prépositionnel des verbes espagnols : *recordar algo, acordarse de algo, esperar a (= attendre), atreverse a, soñar con*.

10. les femmes étaient faites pour : *las mujeres eran (estaban) para*: «digas lo que digas, los hijos son para cuidar de sus padres», «los hombres son para servir a la patria». Exemples tirés de Molina Redondo et Ortega Olivares (*Usos de ser y estar*), qui remarquent que *estar* peut alterner avec *ser* dans cette valeur, sans changement appréciable de signification : «los hombres están para servir a la patria».

11. je dois à la vérité de dire que : var.: *he de (debo) confesar (reconocer) para respetar la verdad, a decir (la) verdad, la verdad es que*.

12. sous le prétexte de : var.: *so pretexto de, pretextando*.

37. COMMENTAIRES

13. attenant à la grand'salle : var.: *lindante con el salón*.

14. et divisé mes soldats : *y había repartido a mis soldados*: on pourrait également omettre la préposition. En fait, tout dépend de la représentation que l'on se donne de ces soldats. Du point de vue de l'enfant, l'imaginaire du jeu a autant de réalité que la réalité elle-même ; il parlera alors comme le ferait un général de ses soldats, comme d'êtres réels, ce qui justifie l'emploi de la préposition. Si c'est au contraire le point de vue de l'adulte qui s'exprime, les soldats ne sont que des jouets, des objets inertes, et il faut alors omettre la préposition.

15. l'un était commandé par moi et l'autre... voué à la défaite : *uno era mandado por mí y el otro... estaba condenado a la derrota*. On prendra garde à ce type de structure où l'auxiliaire **être** est combiné à deux adjectifs ou participes passés qui en espagnol peuvent réclamer deux auxiliaires différents. *Era mandado* implique *ser* dans la mesure où l'on se trouve devant une passive opérative, réversible en active. *Estaba condenado* porte l'idée de résultat d'une opération rejetée dans l'antériorité ; on ne peut donc user que de *estar*: «*las generaciones venideras están condenadas a crear su propia guerra civil...*» (exemple cité par Freysselinard, *op. cit.*, p. 129).

16. je m'en trouvai fort inquiet : var.: *con lo cual estuve muy preocupado*.

17. mais voyons, elle le pince ! : var. : *¡Es que ella le pellizca!*.

18. une haute et puissante dame : var. : *poderosa dama de rancio abolengo*.

19. caillette : Littré : « personne qui a du babil et point de consistance ».

20. il se peut que cette connaissance... lui évitera : il y a un solécisme en français, sans doute provoqué par la rupture produite par **plus tard**. On n'a pas d'autre choix en espagnol que d'user du subjonctif que réclame la visée hypothétique.

21. Voilà qui est bien honnête ! Fi donc ! Var.: *¡Eso sí que es muy decente! ¡Fo! (¡Vaya!)*.

22. Je ne vois pas qui la blesse : *no veo quien la ofenda*: la négation de l'antécédent (**je ne vois pas qui** = il n'y a personne qui) entraîne l'irréalisation de l'événement se disant de lui et donc l'emploi du subjonctif.

23. J'ai eu... une petite compagne de jeux : *tuve (a) una pequeña compañera de juegos*; par son sémantisme propre, *tener* incite à concevoir le complément d'objet comme un objet inerte, un inanimé (objet de possession), cf. 3/6. On peut donc faire l'économie de la préposition. Ici, tout va dépendre en fait du degré d'« animation », de singularité que le locuteur concède à l'être dont il parle au moment où il parle : parle-t-il de lui abstraitement, « objectivement » ? Alors préposition zéro. Se représente-t-il un être à travers le prisme de l'affectivité, de la subjectivité ? Alors, préposition A.

24. Je l'aimais de grande amour : var.: *la quería con mucho cariño, le tenía mucho cariño*.

25. À le laisser commencer si jeune, vous ferez : la proposition infinitive peut

37. COMMENTAIRES

recevoir deux interprétations sensiblement différentes : en le laissant (idée de manière ou d'instrument) : *dejándole, al dejarle, con dejarle*; si vous le laissez (idée d'hypothèse potentielle) : *a dejarle, de dejarle*. On notera cependant que ces deux dernières tournures servent plus ordinairement à dire un irréel (conditionnel dans la principale).

26. avec une petite voix : *con una vocecita*: sur la morphologie du diminutif, cf. 35/4.

27. j'y jetai un œil : var.: *di un vistazo, eché una ojeada*.

38. La mort de l'homme

Et pourtant, l'impression d'achèvement et de fin [1], le sentiment sourd qui porte, anime notre pensée [2], l'endort peut-être ainsi de la facilité de ses promesses, et qui nous fait croire que quelque chose de nouveau est en train de commencer dont on ne soupçonne qu'un trait [3] léger de lumière au bas de l'horizon [4], — ce sentiment et cette impression ne sont peut-être pas mal fondés. On dira qu'ils existent, qu'ils n'ont cessé de se formuler toujours à nouveau depuis le début du [5] XIXe siècle ; on dira que Hölderlin, que Hegel, que Feuerbach et Marx avaient tous déjà cette certitude qu'en eux une pensée et peut-être une culture s'achevaient, et que du fond d'[6] une distance qui n'était peut-être [7] pas invincible, une autre [8] s'approchait [9] — dans la réserve de l'aube, dans l'éclat du midi, ou dans la dissension du jour qui s'achève [10]. Mais cette proche, cette périlleuse imminence dont nous redoutons aujourd'hui la promesse [11], dont nous accueillons le danger [12], n'est sans doute [13] pas de même ordre. Alors, ce que cette annonce enjoignait à la pensée, c'était d'établir [14] pour l'homme un stable séjour sur cette terre d'où les dieux s'étaient détournés ou effacés. De nos jours, et Nietzsche là encore indique de loin le point d'inflexion [15], ce n'est pas tellement l'absence ou la mort de Dieu qui est affirmée mais la fin de l'homme (ce mince, cet imperceptible décalage, ce recul dans la forme de l'identité qui font que la finitude de l'homme est devenue sa fin) ; il se découvre alors que la mort de Dieu et le dernier homme [16] ont partie liée [17] : n'est-ce pas le dernier homme qui [18] annonce qu'il a tué Dieu, plaçant ainsi son langage, sa pensée, son rire dans l'espace du Dieu déjà mort, mais se donnant aussi comme celui qui a tué Dieu [19] et dont l'existence enveloppe la liberté et la décision de ce meurtre [20] ? Ainsi, le dernier homme est à la fois plus vieux et plus jeune que la mort de Dieu ; puisqu'il a tué Dieu, c'est lui-même qui doit répondre de sa propre finitude ; mais puisque c'est dans la mort de Dieu qu'il parle, qu'il pense et existe, son meurtre lui-même est voué à mourir ; des dieux nouveaux, les mêmes, gonflent déjà l'Océan futur ; l'homme va disparaître [21]. Plus que la mort de Dieu — ou plutôt dans le sillage de cette

38. Postrimería del hombre

Y sin embargo, esa impresión de que algo se está rematando y acabando, esa sensación difusa que lleva, anima a nuestro pensamiento, y quizás lo adormezca así con la facilidad de sus promesas, haciéndonos creer que se está iniciando algo nuevo de que sólo columbramos un leve rayo de luz en lo bajo del horizonte, —esa sensación y esa impresión tal vez no carezcan de todo fundamento. Me dirán que éstas ya existen y nunca han dejado de formularse una y otra vez desde principios del siglo diecinueve; me dirán que Hölderlin, que Hegel, que Feuerbach y Marx, todos tenían ya la certidumbre de que con ellos estaba acabándose un pensamiento y quizás una cultura, y que desde el fondo de una distancia que tal vez no fuera imposible de vencer, venían acercándose otros —en la discreción del alba, en el resplandor del mediodía, o el desgarramiento del día que fenece. Pero esa cercana, esa peligrosa inminencia de la que hoy tememos la promesa y cuyo peligro acogemos, probablemente no pertenezca al mismo orden. En aquel entonces, lo que aquel presagio le prescribía al pensamiento, era que estableciera para el hombre una morada firme en esta tierra de la que se habían apartado o desvanecido los dioses. Hoy en día, y en esto es otra vez Nietzsche el que nos indica de lejos el punto de inflexión, no es realmente la ausencia o la muerte de Dios lo que se afirma, sino el fin del hombre (ese tenue e imperceptible desfase, ese retroceso en la forma de la identidad, que hacen que la finitud del hombre se ha convertido en su fin); entonces resulta obvio que la muerte de Dios y el postrer hombre tienen vínculos profundos: ¿no será acaso el postrer hombre quien anuncia que acaba de matar a Dios, situando así su lenguaje, su pensamiento, su risa, en el espacio del dios ya muerto, pero definiéndose también a sí mismo como aquél que mató a Dios y cuya existencia estriba en este asesinato libremente decidido? Así pues, el postrer hombre es a la vez más viejo y más joven que la muerte de Dios; ya que ha matado a Dios, es él mismo quien debe responder de su propia finitud; pero ya que es dentro de la muerte de Dios en donde habla, piensa y existe, su mismo asesinato está condenado a morir; unos dioses nuevos, los mismos, ya encrespan el Océano futuro; ha de desaparecer el hombre. Más que la muerte de Dios —o mejor dicho en la estela de esta muerte

mort et selon une corrélation profonde avec elle —, ce qu'annonce la pensée de Nietzsche, c'est la fin de son meurtrier ; c'est l'éclatement du visage de l'homme dans le rire, et le retour des masques ; c'est la dispersion de la profonde coulée du temps par laquelle il se sentait porté et dont il soupçonnait la pression dans l'être même des choses ; c'est l'identité du Retour du Même et de l'absolue dispersion de l'homme. Pendant tout le XIXᵉ siècle, la fin de la philosophie et la promesse d'une culture prochaine ne faisaient sans doute qu'une seule et même chose avec la pensée de la finitude et l'apparition de l'homme dans le savoir ; de nos jours, le fait que [22] la philosophie soit toujours et encore en train de finir et le fait qu'en elle peut-être, mais plus encore en dehors d'elle et contre elle, dans la littérature comme dans la réflexion formelle, la question du langage se pose, prouvent sans doute [23] que l'homme est en train de disparaître.

Michel FOUCAULT
Les Mots et les Choses
© Éditions Gallimard, 1966

38. COMMENTAIRES

1. d'achèvement et de fin : il semble que l'espagnol soit peu enclin à l'abstraction en discours ; on rendra donc les noms déverbaux de ce syntagme par des verbes, plus imagés, plus concrets.

2. le sentiment... qui... anime notre pensée : s'il faut l'animer, c'est donc, pensera-t-on, que la pensée est un inanimé. La grammaire normative y verrait un motif suffisant de ne pas employer la préposition. Mais, d'autre part, si on l'anime, c'est que la pensée est un « animable », et donc assimilable aux animés, et par conséquent susceptible d'être précédée de la préposition A lorsqu'elle est en position d'objet direct. En termes littéraires on pourrait y voir une allégorie, forme de personnification. *Animar*, c'est en fait conférer le caractère animé à un objet postulé inerte, mais qui, dès lors qu'il est pris dans le procès d'animation, ne peut être traité comme inanimé mais comme déjà animé. On débouche donc ici sur une aporie inextricable qui tient à l'interaction entre le sens du verbe et le statut sémantique du patient.
Il suffit en fait de se demander ce que l'on obtiendrait sans préposition : *la sensación que anima nuestro pensamiento*: qui anime quoi ? le sens de la relation n'est pas établi. Pour l'établir, deux voies s'offrent : *la sensación a la que anima nuestro pensamiento* (c'est alors le sentiment qui est patient de l'opération) ; *la sensación que anima a nuestro pensamiento* (c'est alors la pensée qui est patient de l'opération). On voit donc que, lorsque le sujet et l'objet renvoient à des êtres de même statut ontologique (ici deux êtres abstraits), l'usage de la préposition permet de rendre irréversible le sens de la transitivité et d'assigner clairement la fonction de patient à l'un des deux éléments nominaux distribués autour du verbe.
Exemple voisin : *el alma anima AL cuerpo, que no el cuerpo AL alma.*

3. dont on ne soupçonne qu'un trait :

y con profunda correlación con ella—, lo que anuncia el pensamiento de Nietzsche, es el fin del asesino; es el estallido del semblante humano en la risa y el regreso de las máscaras; es la dispersión de la profunda corriente del tiempo, por la cual el hombre se sentía llevado y cuya presión intuía en lo más íntimo de las cosas; es la identidad de la Vuelta de lo Mismo y de la absoluta dispersión del hombre. A lo largo del siglo diecinueve, el fin de la filosofía y la promesa de una cultura próxima sin duda no eran más que uno con el pensamiento de la finitud y la aparición del hombre en el saber; hoy en día, el hecho de que la filosofía esté y no deje de estar feneciendo, y el hecho de que, en ella quizás, pero más aún fuera de ella y en contra de ella, tanto en la literatura como en la reflexión formal, se plantee la cuestión del lenguaje, demuestran sin duda alguna que el hombre está desapareciendo.

38. COMMENTAIRES

le trait est un élément appartenant à ce « quelcue chose », il y a donc bien lien de « possession ». Mais il y a aussi restriction (ne... que), ce qui suffit à interdire l'usage de *cuyo*, auquel on substituera *del que*. Rappelons par ailleurs que la structure : Substantif 1 + *cuyo* + Substantif 2 est l'équivalent exact de **dont le ;** l'article **un,** qui emporte l'idée de numéral et donc aussi l'idée de partition, de restriction, interdit donc lui aussi que l'on ait recours à *cuyo*.

4. au bas de l'horizon : var.: *a ras del horizonte*.

5. le début de et les expressions voisines : **le milieu de, la fin de,** lorsqu'elles impliquent un repérage approximatif dans une période de temps (semaine, mois, année, siècle, etc.), se rendent par : *a principios de, a mediados de, a fines (finales) de: a principios de mes, a mediados del siglo XIX, a finales de octubre,* etc.

6. du fond de : la notion de provenance, de point ou de limite d'origine, dans l'espace ou dans le temps, est dite en espagnol par DESDE: *desde el fondo,* et *infra* dans le texte : *desde lejos.* DE ne peut remplacer DESDE que dans des locutions déterminées, telles que : *de la mañana a la noche, de sol a sol,* où il entre en corrélation avec A. DE possède d'ailleurs un éventail de valeurs très étendu qui peut le rendre ambigu dans certains contextes. On emploiera donc DESDE dans les cas où il risque d'y avoir ambiguïté.

7. n'était peut-être, l'endort peut-être (l. 2), **ne sont peut-être** (l. 5) : l'ordinaire après *quizás, tal vez, acaso* et autres modalités comparables exprimant le possible (*puede que, puede ser que,* etc.) est d'employer le subjonctif. L'indicatif n'est cependant pas exclu : il suffit que la modalité soit postposée au verbe pour que l'on ait affaire à une visée réalisante, dite par un indicatif et nuancée de doute

38. COMMENTAIRES

après coup : *quizás esté trabajando* mais : *está (estará) trabajando, quizás.* Cf. 20/6.

8. une autre : une **pensée** ou bien une **culture** ? On ne peut le deviner par le contexte. Traduire par *otro* renverrait à *pensamiento*, et par *otra* renverrait à *cultura*. Ne pouvant conserver la même ambiguïté générique en français, on a choisi un pluriel qui amalgame les deux notions dans un même renvoi : *venían acercándose otros*.

9. une autre s'approchait : *venir* + gérondif ; le sens ordinaire de cette périphrase est celui de répétition, généralement graduelle et cumulative d'un fait à partir d'un point d'origine dans le passé jusqu'au présent du locuteur ; la présence de *acercarse*, qui marque un trajet vers le moi du locuteur-observateur, impose elle aussi *venir*, également égocentripète (par opposition à *ir*, égocentrifuge). Cf. 3/14.

10. qui s'achève : à cet endroit du texte, c'est déjà la troisième occurrence de ce mot ; on est en droit de varier à condition de respecter, dans le choix du synonyme, la visée sémantique de la phrase ; *fenecer*, qui signifie à la fois **se terminer** et **mourir** convient particulièrement à ce contexte... quelque peu apocalyptique et morbide !

11. dont nous redoutons la promesse : cette relative est la transformée de : la promesse de l'imminence, la promesse dont le contenu est l'imminence, comme on dit : une promesse de bonheur ; il ne s'agit donc pas là d'un lien de possession entre les êtres auxquels renvoient les deux substantifs, ce qui exclut *cuyo*.

12. dont nous accueillons le danger : transformée de : le danger de l'imminence, le danger, l'aspect dangereux, étant une propriété de (appartenant à) l'imminence (l'imminence est dangereuse) ; *cuyo* est donc tout à fait licite ici.

13. sans doute : signifie ici une quantité minime mais non nulle de doute, et équivaut donc à *probablemente* ou *tal vez*, suivis d'un subjonctif.

14. c'était d'établir : on transposera le contenu de l'ordre dans une complétive au subjonctif, structure obligée lorsque le sujet du verbe principal diffère de celui de la subordonnée (ce qui est nécessairement le cas dans l'injonction).

15. point d'inflexion : expression technique de géométrie à conserver dans la traduction.

16. dernier homme : *postrero*, plus littéraire que *último*, s'apocope comme *primero* ou *tercero* lorsqu'il s'antépose au substantif.

17. ont partie liée : var.: *corren parejas; no se pueden concebir por separado; tienen mucho en común*.

18. n'est-ce pas... qui : l'interronégative est conjecturale, elle exprime la forte probabilité en prenant l'interlocuteur à témoin, on emploie donc un futur de conjecture ; **qui** : *quien* ou *el que* en relais d'une structure emphatique où l'on thématise l'antécédent : *es Juan el que / quien manda*.

19. comme celui qui a tué Dieu : *el que* pourrait convenir en position de sujet de la relative ; *aquél*, plus lourd, marque l'emphase, la distance, l'exception, l'admiration.

20. dont l'existence enveloppe la liberté et la décision de ce meurtre : la tournure est étrange et signifie de façon abstraite : **dont l'existence implique la libre décision de tuer** (Dieu). Il est préférable en espagnol, langue dont on a

38. COMMENTAIRES

signalé le peu de goût pour l'abstraction nominale, de transposer en réorganisant autour d'une forme verbale. Var.: *se funda en, supone, se define por, este asesinato libremente decidido; por la decisión libre de cometer este asesinato.*

21. l'homme va disparaître : ce futur immédiat a un aspect prédictif ; le futur périphrastique *haber de* convient à la déclaration de cette prédiction. Cf. 33/15.

22. le fait que : *el que/el hecho de que*: ces locutions, étrangement, impliquent l'emploi du subjonctif. Le fait qu'elles introduisent n'est pas pour autant irréalisé : ce qui est discuté, ce n'est pas la réalité du fait, mais la portée, l'étendue des conséquences, qui sont mises en débat critique.

23. prouvent sans doute : ici, **sans aucun doute** (on est en fin de démonstration). Donc : *sin ninguna duda, sin duda alguna.*

39. Les bonnes manières

Tout le monde était attablé lorsque Mânu entra dans la cuisine. La Méhoule, midi sonnant [1], n'avait pas voulu [2] qu'on jeunât davantage à attendre un vaurien [3] qui n'avait même pas eu la politesse de faire une apparition dans la matinée pour présenter ses compliments à Noa [4].

Depuis la porte, Mânu chercha sa place à la table [5] et vint s'asseoir sans dire un mot [6], affectant d'ignorer absolument la présence de Finocle et de sa fille. Déjà il se disposait à prendre de la soupe, mais la Méhoule lui ôta son assiette qu'elle glissa sous la sienne.

« Attends, dit-elle, je te vas montrer les façons bourgeoises [7]. Je prétends, moi, que tu dises bonjour [8] aux personnes, d'abord. Après tu pourras manger. »

Il allait répondre avec raideur, son regard rencontra celui de Noa. Le charme indécis de ces yeux bridés, d'une eau claire où passait le reflet d'une mélancolie enfantine, la grâce exotique de ce visage mat encadré par les noirs cheveux crépus, étonnèrent sa fureur [9]. D'une voix mal assurée, déférente, il demanda :

« Est-ce que vous voulez que je vous coupe du pain ?
— Je vous remercie, dit-elle en souriant, j'en ai encore. »

Honteux d'avoir capitulé [10], Mânu se servit de soupe. La Méhoule, amenée à conciliation [11], le regardait avec un air d'indulgence, tandis qu'elle expliquait à Noa :

« Ça n'est pas qu'il aurait une mauvaise nature, voyez-vous. Le fond n'est pas mauvais, mais ce qu'il a c'est l'orgueil du père [12]. Tenez, quand il était petit, il me faisait toutes mes commissions et je peux dire qu'il n'oubliait jamais rien, pour vous dire qu'il a tout de même un bon naturel, au lieu que le vieux, quoi, c'est l'homme qui n'a point de façons du tout... »

Comme si les propos de la Méhoule n'étaient point à son adresse [13], Noa baissait le nez sur son assiette et réprimait une envie de rire. Devinant son embarras, Finocle essaya une diversion, mais en vain ; la Méhoule abondait avec obstination. À la fin, son homme en eut assez. Il se leva de sa chaise, et, penché sur la table, jeta :

« Vas-tu fermer ta gueule, tout de même [14]. »

Ces paroles raisonnables arrêtèrent le flux de la Méhoule. Elle commenta simplement :

« Vous voyez cette manière qu'il a de me causer, si c'est délicat [15]. »

Cependant, Méhoul confiait à Finocle qu'il avait habitué sa femme [16] à plus de modestie ; il était fâché [17] qu'on pût le soupçonner d'être un mari pusillanime [18].

39. Los buenos modales

Estaban todos sentados a la mesa, cuando Mânu entró en la cocina. A las doce en punto, la Méhoule no quiso que siguieran ayunando más tiempo por esperar a un golfo que ni siquiera había tenido la cortesía de aparecer por la mañana para presentarle sus respetos a Noa.

Desde la puerta, Mânu buscó su sitio en la mesa y vino a sentarse sin decir ni pío, fingiendo ignorar del todo la presencia de Finocle y de su hija. Ya se disponía a tomar sopa cuando la Méhoule le quitó el plato y lo colocó debajo del suyo.

«Espérate, dijo ella, ya te enseñaré yo a ti los modales finos. Yo quiero que antes saludes a los que están. Luego podrás comer.»

Mânu iba a contestar con violencia cuando su mirada encontró la de Noa. El indeciso encanto de esos ojos rasgados, ojos de una agua clara en donde se reflejaba cierta melancolía infantil y la gracia exótica de aquella cara de tez morena, enmarcada por el pelo negro y crespo, quebrantaron su furor. Con una voz insegura y respetuosa preguntó:

«¿Quiere usted que le corte algo de pan?

— Muchas gracias, dijo ella con una sonrisa, todavía me queda.»

Avergonzado de haberse sometido, Mânu se sirvió sopa. La Méhoule, inclinada a la conciliación, le miraba con aire indulgente mientras le explicaba a Noa:

«No es que tenga el muchacho mala índole, ¿sabe usted? No es malo en el fondo pero es que tiene el orgullo del padre. Mire usted, de pequeño me hacía toda la compra y he de reconocer que nunca olvidaba nada, se lo digo para que vea usted que a pesar de todo es buen chico, en cambio el viejo ¡éste sí que es un mal educao!...»

Como si las frases de la Méhoule no se dirigieran a ella, Noa bajaba la mirada hacia el plato y contenía las ganas de reír. Adivinando su apuro, Finocle intentó cambiar de tema, pero sin lograrlo. La Méhoule seguía empeñada en sus peroratas. Al final, su marido se hartó, se levantó de la silla y agachado sobre la mesa, soltó:

«Pero vas a cerrar el pico de una puta vez, ¡ya está bien!, ¿no?»

Esas palabras razonables detuvieron la verborrea de la Méhoule. Se contentó con añadir:

«Ya ve usted de qué modo me está hablando. ¡Qué fino éste!»

Mientras tanto, Méhoul le confesaba a Finocle que él había acostumbrado a su mujer a ser más callada; estaba enfadado de que pudieran tomarle por un marido pusilánime.

« Je ne voudrais pas que tu croies que c'est tout le temps comme ça. Il s'en faut. Je t'assure que quand on est tout seuls, elle a bien moins de gueule [19]. Elle sait trop bien ce qui l'attend pour se risquer à raconter toutes ses imbécillités. Figure-toi qu'une fois, je l'avais si bien corrigée que je lui avais cassé la jambe d'un coup de trique... »

Méhoul réfléchit et, penché sur Finocle, confia :

« Dans le fond, je ne l'avais pas fait exprès. Bien entendu, je ne lui ai pas dit. Tiens, écoute-la encore qui recommence [20]. Elle profite de ce qu'il y a du monde [21] ; elle croit que c'est ça qui va me retenir, mais ce serait malheureux que je me gêne [22] devant toi, dis... »

Il avait prononcé assez haut ces dernières paroles pour que sa femme l'entendît.

Marcel AYMÉ
La Rue sans nom
© Éditions Gallimard, 1930

39. COMMENTAIRES

1. midi sonnant : var.: *cuando dieron las doce, cuando sonaron las doce, cuando el reloj tocó las doce, dadas las doce*. Dans les deux premières expressions c'est le substantif *hora*, implicite, qui est sujet du verbe, l'instrument donnant l'heure n'étant tenu que pour le lieu de l'événement (*daban las ocho en el reloj cuando...*). Par conséquent le verbe sera au singulier lorsqu'il s'agit d'une heure : *dio la una*.

2. la Méhoule n'avait pas voulu : *la Méhoule no quiso*; lorsque le contexte éclaire suffisamment la chronologie des événements, l'espagnol se contente fréquemment de marquer un événement passé, antérieur à un autre événement passé, par l'emploi d'un simple prétérit (cf. 2/3). Ainsi on comprend que la décision de s'attabler est nécessairement antérieure au moment où l'on est attablé. En revanche, on remarquera que le second plus-que-parfait : **qui n'avait même pas eu**, a été conservé dans la traduction. Au vrai le remplacement du plus-que-parfait par le prétérit n'est qu'une possibilité du système, et on aurait pu en user ici également. On notera cependant que la notion d'antériorité est doublement marquée à l'intérieur de cette phrase : par l'opposition **midi sonnant/dans la matinée** et par la chronologie notionnelle : effet (second) : décision de ne pas attendre / cause (première) : impolitesse du personnage. La relative marque donc dans la même phrase un double mouvement de recul en deçà d'un événement passé, d'où le mouvement naturel de retrait : prétérit (*quiso*) > plus-que-parfait (*no había tenido*).

3. à attendre un vaurien : la traduction littérale serait : *esperando a un golfo*, mais pour éviter le cumul des gérondifs, on a choisi de marquer la relation causale-finale implicite (affirmation implicite de l'insuffisance du motif du jeûne).

4. pour présenter ses compliments à Noa : *para saludar respetuosamente a Noa*.

«No vayas a creer que siempre es así. Ni mucho menos. Te aseguro que cuando estamos solos no tiene tanta jeta. Demasiado sabe lo que la espera para atreverse a contar todas esas bobadas. Figúrate que una vez le di tal paliza que le partí la pierna de un garrotazo...»

Méhoul reflexionó un rato e inclinándose hacia Finocle acabó por decir:

«La verdad es que no lo hice a posta. Pero claro no se lo dije. Mira, escúchala, ahí está soltando el rollo otra vez. Aprovecha que hay gente; cree que por eso voy a contenerme, pero sería una pena que no me atreviera delante de ti ¿verdad?»

Había pronunciado esas últimas palabras bastante alto para que las oyera su mujer.

39. COMMENTAIRES

5. **chercha sa place à la table** : var.: *buscó el sitio que le correspondía en la mesa.*

6. **sans dire un mot** : var.: *sin pronunciar palabra.*

7. **je vas te montrer les façons bourgeoises** : var.: *vas a ver cómo te enseñaré yo los buenos modales.* La structure *ya* + verbe au futur sert fréquemment à l'expression d'une menace ; *¡Ya te pesará!* (**tu vas le regretter**) ; *¡Ya te apañaré!*, *¡Ya te arreglaré!* (**je vais m'occuper de toi**); *¡Ya te dirán de misas!* (**tu ne l'emporteras pas au paradis**) ; *¡Ya me las pagarás todas juntas!* (**tu me le paieras**). Le futur proche *ir* + infinitif semble moins fréquent dans de telles constructions.

8. **que tu dises bonjour** : var.: *que des los buenos días.*

9. **étonnèrent sa fureur** : *quebrantaron su furor;* ce texte mêle divers registres, colloquial et littéraire, vulgaire et raffiné, et le verbe **étonner** a ici une acception désuète, non pas celle de surprendre, mais celle de : « causer un ébranlement moral [...]. Ma faiblesse n'a point étonné mon ambition. On le vit étonner de ses regards étincelants ceux qui échappaient à ses coups » (Littré, *s.v.*). **Étonner** signifie donc **ébranler, désarmer.**

10. **d'avoir capitulé** : var.: *por haber capitulado, por haberse rendido.*

11. **amenée à conciliation** : var.: *dispuesta a perdonar.*

12. **le fond n'est pas mauvais, mais ce qu'il a c'est l'orgueil du père** : var.: *no tiene mal fondo, lo que sí tiene es el orgullo del padre (pero ha salido tan orgulloso como el padre).*

13. **n'étaient point à son adresse** : var.: *no le estuvieran destinadas.*

14. **Vas-tu fermer ta gueule, tout de même** : *cerrar el pico (callar el pico, cerrar la boca)* est moins vulgaire que l'équivalent français ; il convient donc

249

39. COMMENTAIRES

d'insérer un trait de vulgarité dans le reste de l'énoncé, ce que l'on fait dans : *de una puta vez*. On aurait pu, également, introduire une interjection vulgaire (*¡joder!, ¡jolín!, ¡coño!*, etc.). Il existe une multitude de façons d'intimer à l'autre l'ordre de se taire, notamment des locutions toutes faites et rimées — donc humoristiques — qui ne conviendraient pas ici : *¡Corta Blas, que no me vas!, ¡Echa el cierre, Robespierre!*, relevant plus du registre argotique que familier.

15. si c'est délicat : var.: *qué delicadeza*.

16. il avait habitué sa femme : var.: *tenía acostumbrada a su mujer*. S'agissant de la distinction *haber* + p.p./ *tener* + p.p., outre les différences morphologiques (accord du participe avec *tener*, intercalations possibles entre *tener* et le participe), on peut dire grossièrement que l'opposition *haber/tener* est du même ordre que l'opposition *ser/estar*. Alors que *haber* + p.p. déclare une opération achevée au-delà du terme de laquelle se situe l'acteur de l'événement, *tener*, dans le cas d'un participe de verbe transitif, déclare la reconduction d'instant en instant de l'impact de l'opération dite par le participe sur le « complément », soit que celui-ci soit conçu maintenu dans un certain état par le sujet au-delà du terme de l'opération, soit qu'il soit conçu modifié par le sujet d'instant en instant pendant le déroulement même de l'opération. Il peut s'agir en somme, ou bien du maintien de l'effet sur l'objet d'une opération close, ou bien de la prolongation de l'opération s'accompagnant d'instant en instant d'effet sur l'objet. «Lo que sí aseguran es que ya tenía preparado un

39. COMMENTAIRES

buen hoyo en el sótano» (Max Aub). «Padre Ministro... ¿Me van a tener mucho tiempo encerrado?» (Pérez de Ayala). Exemples cités par Marie-France Delport, « *Tener +* participe passé en espagnol moderne », dans *Linguistique hispanique*, Presses Universitaires de Limoges, 1992. On trouvera dans cet article une analyse fine de l'opposition entre les deux tours auxiliés.

17. il était fâché : var.: *estaba cabreado* (= il était en rogne, niveau de langue familier).

18. un mari pusillanime : var. (niveau familier) : *un calzonazos, un bragazas.*

19. elle a bien moins de gueule : var. : *tiene menos cara, tiene menos caradura, no farolea tanto.*

20. tiens, écoute-la encore qui recommence : *ahí está soltando el rollo otra vez; rollo:* «conversación, charla o discurso que resulta molesto por su pesadez o monotonía [...]: les soltó un rollo interminable» (Martín, *s.v. rollo*). Var. : *¡ahí está otra vez duro y dale!; ¡Mira, óyela! ¡y dale que le das! (dale que dale, dale que te pega).* Cf. Beinhauer, *op. cit.* pp. 357/358.

21. elle profite de ce qu'il y a du monde : var.: *se aprovecha de que hay gente.*

22. ce serait malheureux que je me gêne : var.: *sería una pena que me molestara, me acobardara, me achantara* (= que je m'écrase), *que me anduviera con chiquitas* (= que je prenne des gants).

40. L'honneur et la réputation

Le Général, *l'arrête d'une voix tonnante* [1]. — Jeune homme ! Vous débutez [2] dans la vie. Je veux croire [3] que vous n'avez pas un mauvais fond, mais [4] vous me paraissez manquer totalement de principes. On vous a confié à moi [5] — je pourrais être votre père — il est de mon devoir de vous les inculquer. Taisez-vous ! Vous parlerez quand vous aurez la parole. D'abord, un premier point sur lequel il est interdit de plaisanter [6] : l'honneur. Vous savez ce que c'est que l'honneur ?
   Le Secrétaire. — Oui, mon général.
   Le Général. — Je veux le croire [7]. Quand on est bien né [8] — et malgré l'incertitude de vos origines, je persiste à penser que vous êtes bien né — on a son honneur tout petit [9]. Vous êtes nourri d'ouvrages classiques, me dites-vous ? Je n'ai donc pas à vous apprendre la fable de ce gamin spartiate qui, ayant dérobé un renard [10] et l'ayant caché sous sa tunique, préféra se laisser dévorer l'estomac plutôt que d'avouer son larcin ? Cette fable admirable comporte une leçon. Voulez-vous [11] me la dire, monsieur ?
   Le Secrétaire, *après un temps d'hésitation.* — Il ne faut jamais [12] avouer.
   Le Général. — Non, monsieur ! Mauvaise réponse.
   Le Secrétaire. — Il ne faut jamais voler de renard [13].
   Le Général. — Non plus, monsieur. Le vol était une première faute, je vous le concède. On ne doit pas voler, c'est contraire à l'honneur [14]. Mais c'était fait [15]. Que restait-il à faire à notre jeune Spartiate ?
   Le Secrétaire. — À rendre le renard et à subir sa punition.
   Le Général. — C'est déjà mieux [16]. L'obéissance aux lois, librement acceptée, la soumission à ses supérieurs hiérarchiques est à la base [17] de toute civilisation. En avouant et en restituant le fruit de son vol notre gamin faisait preuve, tout jeune qu'il était, de civisme. Mais en se laissant dévorer l'estomac sans une plainte, il faisait mieux, il montrait qu'il avait de l'honneur. Dégagez la leçon, maintenant que je vous ai mis sur la voie [18].
   Le Secrétaire. — Quand on a fait quelque chose de contraire à l'honneur, l'honneur c'est de ne jamais en convenir.
   Le Général. — Non, monsieur ! Cela c'est l'orgueil, qui est un défaut insupportable.
   Le Secrétaire. — Je donne ma langue [19], mon général.

40. El honor y la honra

EL GENERAL, *le corta con voz de trueno.* —¡Vamos, joven! Usted da sus primeros pinitos por la vida. Presumo que usted no tendrá mal fondo, el caso es que usted me parece carecer por completo de principios. Le han encomendado a mí —tengo edad para ser su padre— y es mi deber inculcárselos. ¡Cállese! Usted hablará cuando le toque hablar. Para empezar, un primer punto que está prohibido tomar a broma: el honor. ¿Sabe usted lo que es el honor?
EL SECRETARIO. —Sí, mi general.
EL GENERAL. —¡Así sea! Cuando uno es bien nacido —y pese a la incertidumbre de sus orígenes, sigo creyendo que usted es bien nacido— uno mama el honor en la leche. Usted se ha nutrido de obras clásicas, ¿verdad? Pues huelga enseñarle la fábula de aquel muchacho espartano que, habiendo robado una raposa y habiéndola escondido bajo su túnica, prefirió dejar que le devorase el estómago antes que confesar el hurto. Esta fábula admirable encierra una moraleja. ¿Me hace el favor de decírmela, señor?
EL SECRETARIO, *tras una breve vacilación.* —Nunca se debe confesar.
EL GENERAL. —¡No señor! Mala respuesta.
EL SECRETARIO. —Nunca se debe robar raposa.
EL GENERAL. —Tampoco, señor. El robo era una primera falta, se lo concedo. Robar no se debe, por perjudicar al honor. Pero a lo hecho, pecho. ¿Qué remedio le quedaba a nuestro joven espartano?
EL SECRETARIO. —Pues devolver la raposa y sufrir el castigo.
EL GENERAL. —¡Eso ya es mejor! El acatamiento de las leyes, libremente aceptado, la sumisión a los superiores jerárquicos constituye la base de toda civilización. Confesando y restituyendo el fruto de su robo, nuestro muchacho, por joven que fuese, daba muestras de civismo. Pero, dejándose devorar el estómago sin un quejido siquiera, hacía más, pues demostraba ser hombre de honor. Saque usted la lección, ahora que le he abierto el camino.
EL SECRETARIO. —Cuando uno ha hecho algo que perjudica al honor, consiste el honor en nunca reconocerlo.
EL GENERAL. —¡No señor! Eso es el orgullo, que es un defecto insoportable.
EL SECRETARIO. —Me rindo, mi general.

LE GÉNÉRAL. — Ah ! vous donnez votre langue ? Vraiment ? Je vois que le sens de l'honneur vous étouffe [20] ! Vous fais pas mon compliment [21]. Elle est propre [22] la jeune génération ! Si Monsieur Déroulède compte sur vous pour laver le drapeau ! Mais passons. Le sens de cette fable est bien simple, monsieur. L'honneur commande de ne pas voler. Bon. Je vole. (Quand on n'est pas un jean-foutre [23] on passe par-dessus les lois [24] de temps en temps.) Mais il est bien entendu, une fois pour toutes, que je ne suis pas capable de forfaire à l'honneur. C'est là qu'est le principe. Je suis pris. (Ça c'est l'accident. Il ne faut jamais se faire prendre.) Vais-je avouer [25], moi, jeune Spartiate, que j'ai manqué à l'honneur ? Non. Je ne peux pas manquer à l'honneur. Donc il n'y a pas de renard sous ma tunique. Vous saisissez [26] ?

LE SECRÉTAIRE. — Non, mon général.

LE GÉNÉRAL. — Passons. Vous comprendrez quand vous serez plus grand. Retenez seulement de tout ceci qu'il faut respecter les apparences [27]. Prenons un exemple plus familier. Vous couchez avec la bonne.

LE SECRÉTAIRE, *indigné*. — Oh mon général !

LE GÉNÉRAL. — Ne roulez pas des yeux blancs [28] : vous avez failli le faire [29], hypocrite ! Et si vous n'étiez pas un imbécile vous l'auriez fait. La chair est faible [30] si [31] l'honneur est fort. Vous avez le sang chaud, vous l'avez dans la peau [32] cette petite ; quand elle vous frôle au passage cela vous fait boum dans l'estomac. Allez-vous pourtant lui pincer les fesses à table en plein milieu du déjeuner ?

LE SECRÉTAIRE, *rougissant à cette hypothèse* [33]. — Oh non, mon général !

LE GÉNÉRAL. — Non. Vous lui dites : « Léontine, veuillez nous apporter du pain. » Et pourtant vous savez bien que ce n'est pas de la miche [34] que vous avez envie. Seulement, vous avez su maîtriser vos passions. Tout est là. Le déjeuner se déroule irréprochable, et le café pris, vous passez à l'office où vous pouvez faire tout ce que vous voulez [35].

LE SECRÉTAIRE. — Oui, mon général.

Jean ANOUILH
« La Valse des toréadors »
in *Pièces grinçantes*
© Éditions de La Table Ronde, 1956

40. COMMENTAIRES

1. **voix tonnante** : var.: *voz estruendosa, atronadora*.

2. **débuter** : *debutar* (gallicisme) est rare et semble réservé au domaine du spectacle du même que *debutante*. Var.: *usted da sus primeros pasos por la vida*.

3. **Je veux croire** : *i.e.* je veux bien croire, je veux bien admettre ; par cette formule le locuteur marque en fait une réticence à admettre la réalité d'un phénomène (cette réticence est développée dans la phrase par le **mais** adversatif). Ce

EL GENERAL. —¿Conque se rinde? ¿De verdad? Veo que usted peca de honrado. No le felicito. ¡Menuda es la joven generación! Si el señor Déroulède cuenta con ustedes para lavar el honor de la bandera... Pero dejemos eso. El sentido de esta fábula es muy sencillo, señor. El honor prohibe robar. Bien. Ahora robo yo. (Cuando no se es un calzonazos, de cuando en cuando se pasa por encima de las leyes.) Pero que quede bien claro, de una vez para siempre, que soy incapaz de faltar al honor. Ahí está el principio. Ahora, me cogen in fraganti. (Esto es el accidente. Nunca hay que dejarse coger.) ¿Iré a confesar, yo joven espartano, que he faltado al honor? Pues no. No puedo faltar al honor. Luego, no hay raposa bajo mi túnica. ¿Entiende usted?

EL SECRETARIO. —No, mi general.

EL GENERAL. —Dejémoslo. Usted comprenderá cuando sea mayor. De todo eso sólo recuerde que hay que guardar el decoro. Tomemos un ejemplo más familiar. Usted se acuesta con la criada.

EL SECRETARIO, *indignado*. —¡Por Dios, mi general!

EL GENERAL. —No se haga el inocente, que por poco lo hacía. ¡Hipócrita! Y si usted no fuera un imbécil, lo hubiera hecho. La carne es débil, si bien el honor es fuerte. Usted tiene la sangre caliente y se muere por los pedazos de esta chica. Cuando ella le roza al pasar, a usted le hace pum el estómago. Sin embargo, ¿irá usted a pellizcarle las nalgas en medio del almuerzo?

EL SECRETARIO, *ruborizándose por la hipótesis*. —¡Claro que no, mi general!

EL GENERAL. —Claro. Usted le dice: «Léontine, sírvase traernos pan.» Y eso que usted sabe muy bien que lo que le apetece no es la masa del pan. Sólo que usted supo dominar sus pasiones. Eso es todo. El almuerzo transcurre sin ningún tropiezo, y tomado el café, usted pasa al oficio donde puede hacer lo que le dé la gana.

EL SECRETARIO. —Sí, mi general.

40. COMMENTAIRES

scepticisme latent peut être rendu par plusieurs moyens :

— moyen lexical : *presumir, suponer*, combinés à un futur probabiliste : *supongo que Vd no tendrá mal fondo*;

— moyen modal (au sens du mode verbal) : *es probable que Vd no tenga mal fondo* (du point de vue sémantique, le probable est proche de la certitude mais contient une quantité non nulle — si petite qu'elle soit — de doute);

40. COMMENTAIRES

— moyen modal (au sens de la modalité) : la négation du doute ; *no dudo de que* n'aboutit pas nécessairement à une suppression totale du doute : c'est le choix du mode qui marquera si le locuteur est certain : *no dudo de que has trabajado*, ou s'il tend seulement vers la certitude, en maintenant dans l'implicite une certaine quantité de doute : *no dudo de que hayas trabajado*. Alors que l'indicatif marque une levée totale du doute, par l'emploi du subjonctif, le locuteur glisse de façon subtile, sous l'affirmation explicite de la certitude, une certaine dose implicite de scepticisme, qui prend souvent une coloration ironique.
Var.: *presumo que usted no será mala persona; Vd no tiene mal fondo, se lo concedo; no dudo de que usted tenga buen fondo.*

4. mais : ce **mais** est moins adversatif que restrictif : vous êtes bien né, **mais** singulièrement amoral ; la locution : *el caso es que*, porteuse d'une «contradicción u oposición íntima» (Mol.), convient donc ici.

5. on vous a confié à moi : confier *(encomendar)* est un verbe de type triactanciel, impliquant trois actants : quelqu'un (1) confie quelque chose ou quelqu'un (2) à quelqu'un (3). Les verbes triactanciels posent un problème d'ambiguïté syntaxique en espagnol ; ainsi : *me encomendaron al secretario* peut signifier : **on m'a confié au secrétaire** ou **on m'a confié le secrétaire**. De même : *os presento a mi madre* peut signifier **je vous présente ma mère**, ou bien **je vous présente à ma mère**. Cette ambiguïté tient à l'égalité de traitement imposée en espagnol à l'objet direct et à l'objet indirect lorsqu'ils renvoient tous deux à un être animé, tant sous la forme pronominale (*me*: objet direct ou indirect ; *os*: objet direct ou indirect), que sous la forme substantive (*al secretario*: le secrétaire/au secrétaire ; *a mi madre:* ma mère, à ma mère). Ce type d'ambiguïté ne peut être levé que par le contexte, sauf dans les cas où les deux objets animés sont substantifs : par convention l'objet direct se construit alors sans préposition : *presenté (encomendé) el secretario al general*. Dans le cas présent : **on vous a confié à moi**, la différence morphologique entre pronom clitique (forme atone et intégration immédiate au verbe) permet de résorber l'ambiguïté : *le encomendaron a mí/me encomendaron a Vd.* le clitique prend en charge la fonction objet direct, et le postprépositionnel la fonction objet indirect. Cf. 5/2.

6. sur lequel il est interdit de plaisanter : plaisanter **sur** (ou **avec**) peut avoir deux significations : 1) faire des plaisanteries, s'amuser de quelque chose en manière de divertissement : *bromear, gastar bromas;* 2) prendre à la légère, ne pas prendre au sérieux, tourner en dérision une chose grave : *tomar a broma.* C'est ici la seconde acception qui est la plus probable.

7. Je veux le croire : la concision de l'expression interdit ici les moyens proposés plus haut. On peut obtenir une expressivité équivalente par l'emploi d'interjections marquant diversement la résistance à admettre la réalité d'un fait : *¡Así sea, Dios lo quiera, Plegue a Dios!, Lo admito, se lo concedo, estoy dispuesto a creerlo*, exacts, sont aussi moins expressifs.

8. on est bien né : il s'agit ici de la généralisation d'un cas d'expérience singulier (le général parle de lui-même sous ce **on**) : donc *uno*. Être bien né peut signifier : 1) « avoir un bon naturel » ; 2) « être de noble extraction » (Robert). **Malgré l'incertitude de vos origines** impose bien sûr la seconde interpréta-

40. COMMENTAIRES

tion : *ser bien nacido, ser de ilustre cuna, de alta alcurnia, de rancio abolengo,* etc.

9. on a son honneur tout petit : *mamar algo con la leche:* sucer qque ch. avec le lait, en faire tout jeune l'expérience ; Mol: *mamar:* «adquirir alguien cierto hábito o cualidad por su nacimiento o el ambiente en que se ha criado: ha mamado el señorío». Cette traduction présente par ailleurs l'avantage de faire le lien avec la phrase suivante : **vous êtes nourri.**

10. renard : dans le folklore espagnol (contes et fables), le renard est de genre féminin : *zorra, vulpeja, raposa.*

11. voulez-vous : cette formule n'est pas simplement interrogative mais dotée d'une valeur perlocutoire (c'est un ordre déguisé sous des dehors de courtoisie). *Hacer el favor de* + inf., *dignarse* + inf., *servirse* + inf., sont porteurs d'une telle injonction courtoise (éventuellement teintée d'ironie).

12. il ne faut jamais : il s'agit d'un interdit moral : *hay que* à la forme négative ou mieux *no se debe.* On retiendra SE en se rappelant qu'il est apte à l'énonciation d'impératifs moraux ou d'habitudes admises : *aquí no se fuma:* ici on ne fume pas (on ne peut/doit pas fumer). Il est néanmoins possible de recourir à *uno,* si l'on estime nécessaire de marquer le trajet mental qui s'opère chez le secrétaire : il se projette dans ce cas de conscience, s'identifie au jeune spartiate et s'interroge sur son comportement en une telle situation, sans parvenir véritablement à formuler une loi de portée immédiatement générale. Cette adhésion au moi, ce trajet du moi à la généralité, si on en accepte l'hypothèse, sera rendu par *uno.*

13. de renard : rappelons qu'en français l'article *de* est la variante des articles : **un/du/des** dans une phrase négative : **je vois un renard/je ne vois pas de renard ; je vois des renards/je ne vois pas de renards ; je bois du vin/je ne bois pas de vin.** La distribution des articles espagnols est toute différente, puisqu'elle fait intervenir l'article zéro : *veo un zorro/no veo zorro; veo zorros/no veo zorros; bebo vino/no bebo vino.* Qu'il suffise de rappeler ici qu'en espagnol la saisie d'un substantif singulier au moyen de l'article zéro : *tengo coche, bebo vino, Paco es abogado,* permet de saisir directement la catégorie abstraite, sans faire référence à un être particulier. Cette saisie notionnelle est obligatoire lorsque l'on fait renvoi à un continu non dénombrable : *no hay que beber vino* et lorsque l'on vise une classe d'êtres : *no hay que robar zorra.* Le secrétaire, un peu niais, dans sa quête d'un principe moral, élève le renard au rang de catégorie abstraite et c'est ce que marque l'article zéro.

14. contraire à l'honneur : il s'agit ici de l'honneur comme morale intime de comportement : *honor,* même si dans tout le texte le général confond morale et réputation, *honor* et *horra.*

15. mais c'était fait = c'était trop tard, ce qui est fait est fait ; var.: *lo hecho, hecho; ya estaba hecho.*

16. C'est déjà mieux : var.: *¡Así es mejor!, ¡Mejor así!*

17. l'obéissance... la soumission... est la base : on notera le verbe en discordance numérique, discordance propre au style de la conversation et que l'on conservera avec moins de difficulté encore en espagnol qu'en français.

18. je vous ai mis sur la voie : var.: *le he encarrilado, encaminado.*

19. donner sa langue au chat : ne semble pas avoir d'équivalent imagé en espagnol ; *tirar la toalla:* jeter l'éponge (abandonner) est trop général (n'implique

40. COMMENTAIRES

pas l'idée d'énigme). Var.: *me doy por vencido.*

20. le sens de l'honneur vous étouffe : le formule est évidemment antiphrastique (sans antiphrase on dirait : ce n'est pas le sens de l'honneur qui vous étouffe). On conservera l'antiphrase en espagnol. L'espagnol dit sans antiphrase : *no peca de honrado* (vous ne péchez pas par excès d'honneur, vous n'avez pas beaucoup d'honneur) ; l'antiphrase suppose donc le retour à l'affirmative ironique : *Vd peca de honrado.* Var.: *le sobra el sentido del honor* (vous avez de l'honneur à revendre).

21. (je ne) vous fais pas mon compliment : l'ellipse, familière, est intraduisible à cause d'une double différence de structure entre les deux langues : la négation binaire en français (**ne/pas**) et unitaire en espagnol (*no*) ; le morphème sujet défléchi devant le verbe en français (**je**) est intégré à la morphologie verbale en espagnol (*felicit-O*).

22. elle est propre... : nouvelle antiphrase (elle est belle, elle est jolie). Var.: *¡Si está linda la joven generación!; ¡Buena está la joven generación!; ¡Vaya con la joven generación!*

23. jean-foutre : var.: *bragazas, mamarracho.*

24. on passe par-dessus les lois : var.: *se hace caso omiso de las leyes.*

25. Vais-je avouer : l'emploi du futur probabiliste en interrogative permet de présupposer une réponse négative. Var. : *¿Acaso voy a confesar?*

26. l'honneur commande... vous saisissez ? : il s'agit d'une démonstration en plusieurs étapes. Les phrases sont très brèves et il convient de les articuler par des chevilles ou des éléments logiques pour donner au discours une certaine fluidité : *bueno, ahora, pues, pues no,* et enfin *luego* (avec valeur logique de conclusion de syllogisme), permettent de structurer la démonstration.

27. respecter les apparences : var.: *guardar las apariencias.*

28. ne roulez pas des yeux blancs : n'écarquillez pas les yeux pour feindre la surprise et la candeur. Var.: *no se me venga con cuentos; es inútil alzar los ojos al cielo; es inútil hacer juegos de ojos.*

29. vous avez failli le faire : *por poco* + imparfait ou présent d'indicatif. Le prétérit, simple ou composé, est exclu, car il est porteur d'une image achevée de l'opération qui est totalement contraire à la notion de non-réalisation qu'implique **faillir**. Imparfait et présent, porteurs d'une image inachevée, imperfective de l'opération, conviennent parfaitement à l'expression d'une imminence non réalisée.

30. faible : au sens moral : *débil ou flaco:* «La mujer es flaca», prétendait Fray Luis de León.

31. si : il s'agit non pas d'une hypothèse mais d'une nuance adversative ou concessive : *si bien.*

32. avoir quelqu'un dans la peau : « aimer passionnément quelqu'un pour des raisons charnelles » (Robert). Var.: *y esta chica, usted la tiene en la masa de la sangre; se ha encaprichado, enquillotrado con esta chica.*

33. rougissant à cette hypothèse : *causándole rubor la hipótesis.*

34. la miche : on ne s'étendra pas sur les connotations sémantiques du terme. Utiliser *la masa del pan* permet d'évoquer

40. COMMENTAIRES

la rondeur de l'objet du désir. Var. : *sabe muy bien que no se muere por los pedazos de pan.*

35. tout ce que vous voulez : il est inexact de prétendre que les relatives au subjonctif correspondent nécessairement à des relatives au futur en français. Il ne s'agit pas d'un problème d'époque mais de la conception de l'antécédent support de la relative. Dès lors que cet antécédent se dessine comme un ensemble flou, non clos, dans le mental du locuteur, l'indétermination qui porte sur l'antécédent suffit à faire apparaître le subjonctif. **Tout**, s'il est porteur de la représentation d'une série *a priori* ouverte, est porteur de cette visée d'indétermination et entraîne donc l'apparition du subjonctif quelle que soit l'époque : *hacía todo lo que le daba/diera la gana; hace todo lo que le da/dé la gana.* Le subjonctif rend donc inutile la traduction de **tout** par *todo*.

41. Les conseils d'une mère maquerelle

Mon bien cher frère,

Notre vieux différend n'est pas si grave qu'il [1] m'interdise [2] de vous [3] donner des nouvelles récentes de Sophie, dès qu' [4] elles intéressent l'honneur [5] de la famille. Je suffisais [6] jusqu'alors à l'entacher.

Votre petite Sophie a accouché en mars dernier [7] d'un beau et robuste garçon [8] prénommé René, qui aura donc un an [9] au printemps prochain [10] si Dieu lui prête vie.

Le père serait, à ce que l'on raconte dans les tavernes ou dans les cuisines, un grand pendard [11] de Gascon, cadet de Condom et de ses soucis [12], fier comme Artaban et gueux comme rat d'église [13], menteur, hâbleur et querelleur, ne sachant ni A ni B mais claironnant haut dans son jargon, lubrique comme chat de gouttière mais vérolé jusqu'à la gueule [14], trousseur et détrousseur de filles [15], semant sa graine de potence [16] au hasard des chemins creux, qui a fini par concevoir, deux heures avant de se jeter sur une épée [17], l'avant-dernière imprudence d'une tête négligente, c'est-à-dire votre petit-fils de la main gauche [18].

Sophie, qui avait entretenu ce beau parti de ses deniers [19], comme elle eût bichonné [20] un produit de serre, a dépensé ses derniers sous pour le porter en terre, puis [21] elle est rentrée au domaine, où elle a commencé de vous rouler dans la farine [22] avec la connivence d'une mère qui avait plus de bonté que de jugement [23].

Forniquet [24] ayant dû la mettre à la porte, grosse de six mois [25], par suite de quelques agaceries déplacées [26] qu'elle lui avait faites, Sophie, encouragée sans doute par ma réputation, a couru chez moi pour y être délivrée bientôt [27]. Pouvais-je la laisser à la rue dans son état ?

Il a pourtant fallu que je me résolve [28] à la chasser moi-même à la fin juillet. Ayant pris la décision évaporée [29] de conserver son bâtard, malgré les conseils de toutes les personnes d'expérience [30], elle se refusait en effet aux travaux honnêtes [31] que je m'efforçais de lui procurer, et prétendait faire concurrence à mes filles [32] sous mon propre toit pour joindre l'utile à l'agréable. Je me flatte [33] d'avoir usé avec elle d'une dignité et d'une patience qu'elle ne méritait pas. Sophie a en elle — et je ne m'y connais que trop [34] — une dose de vice et d'hypocrisie qui m'effraient [35]. Ce n'est pas seulement l'appât du gain qui la pousse à la galanterie [36], mais aussi, chose heureusement assez rare et qui présage le pire, une sensibilité excessive et dévoyée [37]. Elle est en un mot d'une nature [38] à prendre de l'argent avec du plaisir [39]. [...]

41. Los consejos de una alcahueta

Muy querido hermano mío,

No es tan grave nuestra antigua desavenencia como para impedirme que os traiga nuevas recientes de Sophie, por poco que atañan a la honra de la familia. Bastaba yo hasta entonces para mancharla.

En el pasado mes de marzo vuestra pequeña Sophie ha dado a luz a un varón hermoso y robusto llamado René, el cual por lo tanto cumplirá un año a la primavera si Dios le da vida.

Sería el padre, según cuentan en las tabernas o en las cocinas, un gran bellaco de gascón, decadente cadete de Condom, más orgulloso que don Rodrigo en la horca, más mísero que un mísero, embustero, bachiller y pendenciero, quien, no sabiendo la cartilla, vocea alto y fuerte en su jerga; lúbrico cual gato callejero mas comido de bubas hasta el morro, burla y birla a las mozas y siembra su mala hierba por cualquier cañada; y acabó por concebir, dos horas antes de echarse sobre una espada, la penúltima imprudencia de una cabeza descuidada, a saber vuestro nieto habido en buena guerra.

Sophie, que había mantenido a costa suya a ese buen partido, igual que hubiese mimado a un producto de invernadero, gastó sus últimos cuartos en los funerales, y volvió luego a la hacienda, donde empezó a daros gato por liebre conchabándose con una madre más bondadosa que prudente.

Forniquete se vio obligado a echarla a la calle a los seis meses de embarazada, a consecuencia de algunas carantoñas indecorosas que ella le había dirigido; así fue como Sophie, animada sin duda por mi fama, acudió con presteza a mi casa donde parió al poco tiempo. ¿Podía yo abandonarla en la calle en tal estado?

Empero no tuve otro remedio que echarla de mi casa yo misma a finales de julio. En efecto, ella había tomado la decisión desatinada de conservar a su bastardo, pese a los consejos de todas las personas de experiencia, y se negaba a los trabajos honestos que yo me esforzaba por proporcionarle, pretendiendo competir con mis pupilas bajo mi propio techo para unir lo útil con lo agradable. Préciome de haber usado con ella de una dignidad y paciencia que no merecía. Sophie tiene en sí —y conozco harto bien el paño— una dosis de vicio e hipocresía que me tiene espantada. No es sólo la sed de riquezas lo que la inclina al galanteo, sino también, cosa afortunadamente bastante poco frecuente y que presagia las peores consecuencias, una sensibilidad desenfrenada y pervertida. En fin, la lleva su natural a sacar dinero con gusto. [...]

La frénésie qu'elle apporte au plus antique des métiers permet de distinguer là une véritable vocation. Ne se refusant à aucune complaisance, si dépravée fût-elle, elle a déjà accumulé près de dix mille livres, et aurait encore davantage si elle n'avait le front de vous consentir à regret quelque argent, comme preuve de son honnêteté, les dimanches où elle va à la messe [40] du Mesnil, se moquant de l'auteur de ses jours et de la religion par surcroît [41]. Elle n'aurait pas à se plaindre si, fort de votre droit, vous mettiez enfin la main [42] sur ce capital pour quelques œuvres pies [43] qui vous feraient belle réputation.

Oserais-je, mon cher frère, vous donner conseil après le triste échec de mes propres efforts ?

Hubert MONTEILHET
Sophie ou les Galanteries exemplaires
© by Éditions Denoël, 1976

41. COMMENTAIRES

Remarque : extrait d'un roman écrit en 1976 par H. Monteilhet, romancier, historien, essayiste, et dont l'action se situe au XVIIe siècle. La langue en partie classique, mais parfois mêlée d'anachronismes lorsque l'expressivité le requiert, incite à faire dans la traduction de l'imitation d'ancien. On notera en particulier que le style du texte l'apparente à la veine humoristique du roman picaresque (Quevedo, Alemán). L'auteur de la lettre est une maquerelle.

1. pas si grave qu'il m'interdise : *tan... como para;* Mol : *como para*: «expresa que la cosa o acción de que se ha hablado antes merece o justifica lo que se dice a continuación: ''fue una contestación como para mandarle a paseo''». L'idée dont *como para* est porteur est donc celle de raison suffisante, d'où les corrélations évaluatives : *bastante... como para, tan... como para. Como y* introduit une nuance d'évaluation subjective et l'expression déclare que telle cause est jugée suffisante à produire tel effet, ou que tel comportement justifie telle réaction.

2. interdire : ici empêcher matériellement et non pas prohiber catégoriquement : *impedir* et non *prohibir*.

3. vous : l'archaïsme du texte suppose le *vos* (traitement d'égal à égal au Siècle d'or et au XVIIIe siècle).

4. dès que : a ici un sens logique et exprime la notion de motif suffisant : *en cuanto atañen, por poco que atañan*.

5. l'honneur : comme le montre la suite du texte, il s'agit ici de l'honneur en tant que réputation (image extérieure de la valeur morale de l'individu) : donc *honra*, qui dénote l'honneur apparent, par opposition à *honor*, qui renvoie à la qualité morale intrinsèque, perceptible ou non, de l'individu.

6. je suffisais : var.: *yo bastaba y sobraba* (je suffisais largement).

7. en mars dernier : var. : *en marzo pasado*.

8. accoucher de : *dar a luz, parir*. La S.E.M. de Coste et Redondo (p. 321) remarque que l'objet direct de ces verbes peut être construit sans préposition : «como la tabernera tenía con el genio tan vivo, a los dos días de dar a luz el octavo hijo, se levantó de la cama» (P. Baroja). « Le complément doit être nettement individualisé pour que la préposition apparaisse ». C'est le cas ici où les multiples déterminants confèrent au nouveau-né le statut d'un être animé à part entière, doté d'un nom propre et de qualités propres.

El frenesí con el que se dedica al más antiguo de los oficios permite distinguir en ella una verdadera vocación. Como no se niega a ninguna complacencia, por depravada que sea, ya ha amontonado poco menos de diez mil libras, y tendría más aún si no tuviera el descaro de concederos a regañadientes algún dinero, como prueba de su honestidad, los domingos en que va a oír misa al Mesnil, sin la más mínima consideración por el autor de sus días ni por la religión encima. No tendría por qué quejarse si, valiéndoos de vuestro derecho, os apoderaseis de este caudal en beneficio de algunas obras pías, con las cuales adquiriríais buena fama.

¿Atreveréme, querido hermano mío, a aconsejaros tras el lamentable fracaso de mis propios esfuerzos?

41. COMMENTAIRES

9. **avoir X ans** : *cumplir tantos años*. Cf. *cumpleaños*: **anniversaire**. L'espagnol distingue donc entre *cumplir X años*, qui renvoie à l'anniversaire lui-même, et *tener X años* qui renvoie à l'âge résultatif intermédiaire entre deux dates anniversaires : *tiene tres años y cumplirá cuatro años en agosto*. Le français confond les deux opérations sous le même verbe **avoir** : **il a trois ans et il aura quatre ans en août**.

10. **au printemps prochain** : *la próxima primavera ou a la primavera*. A suppose la coïncidence temporelle de l'événement (l'anniversaire) et de l'avènement de la limite d'ouverture de la période considérée (ici le printemps).

11. **pendard** : Vx., « coquin, fripon, vaurien » (Robert). *Bellaco*: «Malo, pícaro, ruin» (Aut.). *Bergante*: «pícaro, sinvergüenza» (Aut.). La liste des synonymes en est longue: cf. Mol., *s.v. granuja*.

12. **cadet de Condom et de ses soucis** : *decadente cadete de Condom*; le jeu de mots repose sur le double sens de **cadet** (zeugma dilogique ou attelage, procédé typiquement conceptiste qui foisonne chez Quevedo par exemple : «*Besaba la tierra al entrar en la iglesia; lla-*mábase indigno, no levantaba los ojos a las mujeres pero los faldas sí», «dicen que era de muy buena cepa, y según él bebía es cosa para creer», La vida del Buscón). **Cadet** : « gentilhomme qui servait comme soldat, puis comme officier subalterne, pour apprendre le métier des armes » (Robert) ; et second enfant après l'aîné. Par extension, au sens figuré, ce terme signifie « mineur, sans importance » (1812), spéc. dans l'expression : **c'est le cadet de mes soucis**, c'est le moindre de mes soucis, donc, je m'en contrefiche. Ce cadet de Gascogne se contrefiche, mais de quoi ? Des effets désastreux d'une sexualité débordante (« semant sa graine de potence... »). On pourrait aussi songer à une paronomase **Condom**/*condón, cadete del condón* pouvant être interprété doublement : apprenti dans l'art d'utiliser le préservatif (dont l'invention remonte au XVIIIe siècle) ; comme allusion à la bâtardise du personnage, non dite par le texte français, mais cadrant parfaitement avec le personnage typiquement « picaresque ». *Condón* représente cependant un anachronisme (le mot est du XXe siècle). C'est pourquoi on a préféré *decadente cadete* qui souligne l'aspect dépravé du personnage. Autre var.: *candente cadete de Condom*.

41. COMMENTAIRES

13. gueux comme rat d'église : *más mísero que un misero;* var.: *más mísero que un sacristán; más chupón que un chupacirios*. **Rat d'église** : « se dit, par dénigrement, des dévots qui fréquentent les églises » ; « se dit aussi des employés laïques d'une paroisse : bedeau, suisse, chantre » (Littré). C'est le second sens qu'il faut retenir ici, lesdits employés étant proverbialement connus pour leur misère et leur ladrerie. Cette figure de pauvreté, c'est le *sacristán* qui l'assume dans l'ancien folklore espagnol : cf. la *Letrilla* de Góngora: «Los dineros del sacristán cantando se vienen y cantando se van» (1600) [**l'argent facilement gagné se dépense facilement**]. *Mísero*: «sacerdote que no tiene más estipendios que lo que cobra por las misas que celebra» (Mol.) permet la paronomase avec *mísero* (gueux, misérable). Sur *chupacirios* (**grenouille de bénitier**, donc sens 1 de « rat d'église »), *chupón* («se aplica a la persona que saca dinero a otros con engaños o vive parásitamente a costa de otro», Mol.) fait aussi paronymie, mais elle est moins efficace (le rapport bigot/pauvreté n'était pas codifié culturellement).

14. vérolé jusqu'à la gueule : *mas comido de bubas*; cf. dans Quevedo: *Historia de la vida del Buscón*, le célèbre portrait du licenciado Cabra: «la nariz, entre Roma y Francia, porque se le había comido de unas búas de resfriado, que aun no fueron de vicio, porque cuestan dinero». Var.: *picado de viruelas*.

15. trousseur et détrousseur de filles : il fallait, d'une façon ou d'une autre, rendre le jeu de mots dû à une paronomase par dérivation, inexistante en espagnol. Soit par un attelage : *pela la pava y la moza (pelar la pava*: **conter fleurette** ; *pelar*, dans l'argot des voleurs : **plumer**, détrousser). Soit par une paronomase décalée : *burlar* (abuser)/*birlar* (piquer, dérober, lexique de la *germanía*) ; plus moderne : *poseer* (posséder sexuellement)/*desposeer* (déposséder, dérober).

16. graine de potence : intraduisible littéralement, semble-t-il. Les locutions *carne de horca, carne de patíbulo* (gibier de potence), sont contextuellement incompatibles avec le verbe **semer**.

17. se jeter sur une épée : var.: *arrojarse sobre una espada, embestir (contra) una espada*. L'image du taureau se profile sous cette dernière formule et lui donne un soupçon de drôlerie.

18. de la main gauche : Littré *s.v.* **gauche** : « mariage de la main gauche : mariage dans lequel le marié, qui est noble et d'une condition supérieure à celle de la mariée, l'épouse en lui donnant la main gauche, et ne lui communique ni à elle ni aux enfants sa condition. » Ici, l'expression semble ne signifier que la bâtardise du petit-fils qui n'a pas été reconnu par son père mort avant sa naissance : *fornecino, espurio, habido en buena guerra* («el habido fuera del matrimonio», Casares, *s.v.* hijo).

19. de ses deniers : var.: *a expensas suyas, con su propio dinero*.

20. bichonner : « arranger avec soin et coquetterie » (Robert). Littré lui donne le même sens. Contextuellement, le verbe signifie ici « être aux petits soins », cajoler, gâter, ce que rend avec assez d'exactitude *mimar*. Le **bichon** est un petit chien d'appartement que les dames de haut rang prenaient plaisir à frisoter et à couvrir de rubans ridicules, mais aussi à câliner comme l'on dorlote un enfant.

21. puis : *luego*, faute de mieux, cet adverbe signifiant jusqu'au XVIIIe siècle : **immédiatement, sur-le-champ**, aussi bien qu'**après, ensuite**.

22. rouler dans la farine : expression datée de 1867 et donc anachronique ici, résultant du croisement de **rouler** (duper, tromper : 1808) et de divers emplois de **farine** (arguments trompeurs, déguisements fallacieux). Var.: *daros papilla*.

23. qui avait plus de bonté que de jugement : var.: *de mucha bondad y poco juico, de mucha bondad y pocas luces*.

41. COMMENTAIRES

24. Forniquet : comme on l'a dit, on a pris le parti de ne traduire les noms propres humains que lorsqu'ils sont évidemment motivés. C'est le cas ici : le lien avec **forniquer** est évident dans le contexte. Par chance, le diminutif -*ete* présente des connotations très voisines du -*et* français. Rien ne s'oppose donc à ce qu'on traduise : *Forniquete*.

25. grosse de six mois : var.: *preñada de seis meses*.

26. quelques agaceries déplacées : « mines, manières, paroles par lesquelles on cherche à attirer l'attention [...] provocation agréable et piquante se disant surtout des femmes (Littré, *s.v.*). *Arrumaco*: «demostración de cariño hecha con palabras o caricias, superficial o falsa»; *carantoña*: «demostración de cariño hecha a una persona con caricias o con palabras, particularmente cuando es interesada»; *mimo*: «palabra o caricia dicha o hecha con una expresión muy intencionadamente dulce y cariñosa»; *zalamería*: «caricia o halago hechos con mimo; particularmente si son empalagosos o afectados» (Moliner).

27. pour y être délivrée bientôt : cette proposition n'a pas une valeur finale, mais simplement temporelle = où elle fut bientôt délivrée, où elle ne tarda pas à accoucher. Var.: *dio a luz, alumbró*.

28. il a pourtant fallu que je me résolve : var.: *tuve que conformarme con, decidirme a*. **Moi-même** : *yo misma*. C'est une *alcahueta* qui parle.

29. évaporée = insensée, appliqué à une idée. Var.: *disparatada, descabellada, insensata*.

30. d'expérience : qui ont de l'expérience, et non pas qui ont fait la même expérience : *expertas* donc mais pas *escarmentadas* (échaudées). Var. : *peritas*.

31. travaux honnêtes : *honestos*, par allusion à la *deshonestidad* de la femme de mauvaise vie.

32. filles : terme technique de la prostitution. J.L. Alonso Hernandez (*El lenguaje de los maleantes españoles de los siglos XVI y XVII : la germanía*, p. 16 sq), cite différents termes qui impliquent un rapport de parenté entre la maquerelle (la « mère ») et ses « filles ». Var. : *sobrinas, parientas*.

33. je me flatte : *précíome*: après une pause, l'enclise du pronom aux formes conjuguées du verbe pronominal reste possible jusqu'au milieu du XIXᵉ siècle. Certains auteurs contemporains la pratiquent encore. C'est donc un bon connotateur d'archaïsme dans une traduction.

34. je ne m'y connais que trop : var.: *conozco sobrado bien el paño*.

35. m'effraient : *me tiene espantada*; le semi-auxiliaire *tener* est possible à chaque fois qu'est impliquée la représentation d'un état résultatif. *Tener* + p.p. s'inscrit donc dans l'au-delà mental de *haber* + p.p., de même que *estar* + p.p. s'inscrit dans l'au-delà de *ser* + p.p. Cf. 39/16.

36. galanterie : *galanteo* et non pas *galantería*, qui signifie l'élégance du comportement, généralement d'un homme envers une femme. *Galanteo* est en espagnol comme **galanterie** en français un euphémisme pour désigner les rapports sexuels.

37. dévoyée : var. : *corrompida, depravada*.

38. nature : *natural*: «manera de ser de una persona, desde el punto de vista de sus inclinaciones, estimables o censurables» (Mol.).

39. prendre de l'argent avec du plaisir : il faut un verbe qui accepte la syllepse de sens : *sacar dinero*: soutirer de l'argent, *sacar gusto*: retirer du plaisir.

40. elle va à la messe : *va a oír misa*. Sur l'article zéro, cf. 5/25.

41. par surcroît : var.: *por añadidura*.

42. si vous mettiez la main : var.: *si echaseis mano de, si metieseis mano a*.

43. pour quelques œuvres pies : var.: *en pro de algunas obras de caridad*.

42. Le Chevalier Danceny à Madame de Rosemonde

Madame,

Peut-être, trouverez-vous la démarche que je fais aujourd'hui [1] bien étrange ; mais, je vous en supplie, écoutez-moi [2] avant de me juger, et ne voyez ni audace ni témérité, où il n'y a que respect et confiance. Je ne me dissimule pas les torts que j'ai vis-à-vis de vous [3] ; et je ne me les pardonnerais de ma vie, si je pouvais penser un moment qu'il m'eût été possible d'éviter de les avoir. Soyez même bien persuadée [4], Madame, que pour me trouver exempt de reproches [5], je ne le suis pas de regrets ; et je peux ajouter encore avec sincérité, que ceux que je vous cause entrent pour beaucoup dans ceux que je ressens [6]. Pour croire à ces sentiments dont j'ose vous assurer [7], il doit vous suffire de vous rendre justice, et de savoir que, sans avoir l'honneur d'être connu de vous, j'ai pourtant celui de vous connaître.

Cependant, quand je gémis de la fatalité [8] qui a causé à la fois vos chagrins et mes malheurs, on veut me faire craindre que, tout entière à votre vengeance, vous ne cherchiez [9] les moyens de la satisfaire, jusque dans la sévérité des lois.

Permettez-moi d'abord de vous observer à ce sujet qu'ici votre douleur vous abuse, puisque mon intérêt sur ce point est essentiellement lié [10] à celui de M. de Valmont, et qu'il se trouverait enveloppé lui-même dans la condamnation que vous auriez provoquée contre moi. Je croirais donc [11], Madame, pouvoir au contraire compter plutôt de votre part sur des secours que sur des obstacles dans les soins [12] que je pourrais être obligé de prendre pour que ce malheureux événement restât enseveli dans le silence.

Mais cette ressource de complicité, qui convient également au coupable et à l'innocent [13], ne peut suffire à ma délicatesse : en désirant [14] de vous écarter comme partie, je vous réclame comme mon Juge. L'estime des personnes qu'on respecte [15] est trop précieuse, pour que [16] je me laisse ravir la vôtre sans la défendre, et je crois en avoir les moyens [17].

En effet, si vous convenez que la vengeance est permise [18], disons mieux, qu'on se la doit, quand on a été trahi [19] dans son amour, dans son amitié, et, surtout, dans sa confiance ; si vous en convenez, mes torts vont disparaître à vos yeux. N'en croyez pas mes discours [20] ; mais lisez, si vous en avez le courage, la correspondance que je dépose entre vos mains. La quantité de lettres qui s'y trouvent en original [21] paraît rendre authentiques celles dont il n'existe que des copies [22]. Au reste, j'ai reçu ces papiers, tels

42. El caballero Danceny
a la señora de Rosemonde

Señora,

Quizás os parezca harto extraño el paso que en este día doy; pero os lo suplico, escuchadme antes de juzgarme y no veáis ni osadía ni temeridad donde no hay sino respeto y confianza. No me disimulo las faltas que he cometido contra vos y en la vida me las perdonaría si pudiera pensar un solo momento que me hubiera sido posible evitarlas. Hacedme el favor de creer, incluso, señora, que no por hallarme libre de reproches lo estoy de pesares; y aún puedo añadir con sinceridad que aquellos que yo os causo tienen gran parte en los que yo siento. Para creer en estos sentimientos que me atrevo a expresaros, os basta con haceros justicia a vos misma y saber que, sin tener el honor de que vos me conozcáis, tengo no obstante el de conoceros.

Sin embargo, cuando lloro ante la fatalidad que ha causado a la vez vuestras penas y mis desgracias, los hay que quieren hacerme temer que, entregada por entero a vuestra venganza, algún día busquéis los medios para satisfacerla, hasta en la severidad de las leyes.

Permitidme primero haceros observar a este respecto que en esto os engaña el dolor, puesto que mi interés en el particular está estrechamente ligado al del señor de Valmont, y que él mismo se vería envuelto en la condena que hubieseis provocado contra mí. Me atrevo pues a creer, señora, que puedo al contrario contar antes con ayudas que con oposiciones de vuestra parte en las medidas que yo podría verme obligado a tomar para que ese desafortunado lance permaneciera sepultado en el silencio.

Mas este recurso de complicidad, que conviene por igual al culpable y al inocente, no puede bastar a mi delicadeza: al tiempo que deseo alejaros como parte, os reclamo como mi Juez. La estima de las personas a las que uno respeta es demasiado valiosa como para que yo me deje arrebatar la vuestra sin defenderla, y creo tener los medios para ello.

En efecto, si admitís que es lícita la venganza o por decirlo mejor que uno se la debe a sí mismo, cuando ha sido traicionado en su amor, en su amistad y sobre todo en su confianza; si vos lo admitís, mis culpas han de desvanecerse a vuestros ojos. No os fiéis de mis razones; pero leed, si tenéis el valor suficiente para ello, la correspondencia que pongo en vuestras manos. La proporción de cartas originales de las que consta permite considerar como auténticas aquellas de las que sólo existen copias.

que j'ai l'honneur de vous les adresser, de M. de Valmont lui-même. Je n'y ai rien ajouté, et je n'en ai distrait que deux lettres que je me suis permis de publier.

L'une était nécessaire à la vengeance commune de M. de Valmont et de moi, à laquelle nous avions droit tous deux, et dont il m'avait expressément chargé [23]. J'ai cru, de plus, que c'était rendre service à la société, que de démasquer [24] une femme aussi réellement dangereuse que l'est Mme de Merteuil, et qui, comme vous le pouvez voir, est la seule, la véritable cause de tout ce qui s'est passé entre M. de Valmont et moi.

Un sentiment de justice m'a porté aussi à publier la seconde pour la justification de M. de Prévan, que je connais à peine, mais qui n'avait aucunement mérité le traitement rigoureux qu'il vient d'éprouver, ni la sévérité des jugements du public, plus redoutable encore, et sous laquelle il gémit [25] depuis ce temps, sans avoir rien pour s'en défendre.

Vous ne trouverez donc que la copie de ces deux lettres, dont je me dois de garder les originaux [26]. Pour tout le reste, je ne crois pas pouvoir remettre en de plus sûres mains un dépôt qu'il m'importe peut-être qui ne soit pas détruit, mais dont je rougirais d'abuser [27]. Je crois, Madame, en vous confiant ces papiers, servir aussi bien les personnes qu'ils intéressent, qu'en les leur remettant [28] à elles-mêmes ; et je leur sauve l'embarras de [29] les recevoir de moi, et de me savoir instruit d'aventures que, sans doute, elles désirent que tout le monde ignore. [...]

Je suis avec respect, Madame [30], etc. [...]

Paris, ce 12 décembre 17*** [31].

Choderlos DE LACLOS
Les Liaisons dangereuses, 1782

42. COMMENTAIRES

1. la démarche que je fais aujourd'hui : var.: *la diligencia que hago hoy. Trámite*, par sa connotation administrative ou légale, ne convient pas pour faire renvoi à une démarche personnelle.

2. je vous en supplie, écoutez-moi : *os lo suplico; suplicar* comme *rogar* construit son objet 1 transitivement, sans préposition : *rogar/suplicar algo a alguien*. La construction est donc également transitive avec une complétive : var.: *os suplico que me escuchéis*.

3. je ne me dissimule pas les torts que j'ai vis-à-vis de vous : var.: *no se me ocultan las culpas que tengo con respecto a vos*.

4. soyez même bien persuadée : var.: *tened por cierto incluso*.

5. pour me trouver exempt de reproches... : cette proposition infinitive a une valeur concessive : bien que je me trouve exempt de reproches, je ne le suis pas de regrets. Var.: *por muy libre de*

Por lo demás, he recibido estos pliegos tal y como tengo el honor de mandároslos, del propio señor de Valmont. Nada les he añadido, sólo he sustraído dos cartas que me he tomado la libertad de publicar.

Una era necesaria para la común venganza del señor de Valmont y la mía, a la que ambos teníamos derecho y de la que él me había encargado expresamente. Me pareció, además, que era prestarle un gran servicio a la sociedad el desenmascarar a una mujer tan realmente peligrosa como lo es la señora de Merteuil, la cual, como podréis comprobarlo, es la única y verdadera causante de todo cuanto sucedió entre el señor de Valmont y yo.

Un sentimiento de justicia me ha llevado también a publicar la segunda en defensa del señor de Prévan, a quien apenas conozco, pero que no había merecido de ninguna manera el riguroso tratamiento que acaba de sufrir, ni la severidad de los juicios públicos, cosa más temible aún, y cuyo tormento padece desde entonces, sin tener nada para defenderse de ella.

Por lo tanto, sólo encontraréis la copia de estas dos cartas de las que he de conservar los originales. En cuanto a todo lo demás, no creo poder poner en manos más de fiar un depósito del que, por mucho que me importe su conservación, me avergonzaría abusar. Al confiaros estos papeles, señora, creo servir tan bien a las personas interesadas como si se los entregara a ellas mismas; y las saco del apuro de recibirlos de mí, y de saberme al tanto de unas aventuras que, sin duda, desean que todo el mundo ignore. [...]

Con todo respeto, señora, quedo vuestro, etc. [...]

En París, a doce de diciembre de 17**.

42. COMMENTAIRES

reproches que me halle, no lo estoy de pesares.

6. ceux que je vous cause.. ceux que je ressens : *aquellos que... los que*. Le pronom démonstratif *aquel* accepte de servir de support à une relative ; son utilisation est indispensable lorsque la relative est introduite par une préposition et que l'antécédent est animé (*aquellos de quienes te hablaba*). Ici, il constitue une simple variante stylistique de *los que* et permet d'opposer les deux supports de relative.

7. dont j'ose vous assurer : c'est-à-dire, dont j'ose vous faire part, que j'ose vous témoigner.

8. quand je gémis de la fatalité : « se plaindre sous un poids qui accable » (Littré, *s.v.*). *Gemir*, qui renvoie au gémissement physique, ne convient donc pas. *Lamentarse, quejarse*.

9. craindre que vous ne cherchiez : la particule *ne*, reste du système latin, n'a bien sûr aucune valeur négative, et ne peut être traduite dans la langue actuelle (cf. 11/21).

42. COMMENTAIRES

10. est essentiellement lié : c'est-à-dire, non pas lié pour l'essentiel, mais profondément, étroitement lié : *estrechamente ligado a, profundamente ligado con*.

11. je croirais donc : ce conditionnel surprend quelque peu ; il ne dépend pas d'une visée hypothétique franche, mais relève plutôt d'un mécanisme d'atténuation de l'affirmation : par courtoisie, par souci de ne pas imposer lourdement ce que l'on affirme, on feint de le virtualiser. Une telle atténuation est fréquente avec le verbe **vouloir**, ou le verbe **oser**, et a pour correspondant en espagnol, tantôt le conditionnel tantôt le subjonctif imparfait (*quiero > querría > quisiera*). On pourrait se contenter comme en français d'un conditionnel, cependant peu usité avec un verbe tel que *creer*. On a choisi d'expliciter l'atténuation : *sentiríame inclinado a creer, me atrevo (atreveré) a creer*. Var.: *Por lo tanto, sentiríame inclinado señora, por el contrario, a contar*.

12. prendre des soins : prendre des mesures, des précautions.

13. qui convient également au coupable et à l'innocent : var.: *que tanto le conviene al culpable como al inocente*.

14. en désirant : la valeur de ce gérondif est floue ; on peut y voir une simple coïncidence temporelle : *al desear apartaros, al tiempo que (a la vez que) deseo apartaros*, ou un rapport de concession : *si bien (aunque) deseo apartaros*.

15. des personnes qu'on respecte : *de las personas a las que uno respeta*; le relatif renvoyant à un animé, il doit être précédé de la préposition A ; *uno* traduit **on** lorsque celui-ci renvoie à une extrapolation du moi ou d'une expérience du moi.

16. trop précieuse pour que : *demasiado preciosa como para*. Cf. 41/1.

17. je crois en avoir les moyens : *creo tener los medios para ello*: on ne peut faire ici l'économie de la traduction du pronom **en**. Cf. 27/5.

18. que la vengeance est permise : var.: *que la venganza está permitida*; l'obligation où l'on se trouve d'utiliser *estar* peut s'expliquer de la façon suivante : on se donne la représentation de ce qui, en un certain état de choses, est permis ou interdit (état de choses résultant d'une décision antérieure). On remarquera d'autre part que ce type d'opération est de type imperfectif : on continue de permettre, ou d'interdire, au-delà de l'instant de l'autorisation ou de l'interdiction. Interdire de fumer, par exemple, c'est reconduire d'instant en instant cette interdiction ; dans : *la ley prohibe fumar aquí*, la loi pose et maintient l'interdit, est l'agent du maintien de l'interdiction. Il en résulte que ce type de verbe accepte de combiner une représentation de résultat avec la représentation de l'agent du maintien du résultat : *fumar aquí está prohibido por la ley*. Cf. 4/36.

19. on se la doit, quand on a été trahi : *uno se la debe a sí mismo cuando ha sido traicionado*. Le verbe pronominal et le renvoi virtuel au moi du locuteur imposent le choix de *uno*.

20. N'en croyez pas mes discours : *no os fiéis de mis razones; razones*: sens classique = propos, discours que l'on tient.

21. la quantité de lettres qui s'y trouvent en original = la quantité de lettres originales qui s'y trouvent, dont l'original s'y trouve : *el número (la proporción) de cartas originales de las que consta (que la componen); la cantidad de cartas cuyo original se halla en ella*.

22. dont il n'existe que des copies : *de las que sólo existen copias*; la relative est

42. COMMENTAIRES

la transformée de : il n'existe de celles-ci que des copies, structure où l'on voit que le **dont** résulte de la transformation de la préposition **de** dans le syntagme ; **une copie de**, syntagme d'où toute l'idée de « possession » est absente (la copie d'une lettre > *sa copie). De plus restriction, structure attributive, article indéfini : autant de facteurs interdisant *cuyo*.

23. dont il m'avait expressément chargé : *de la que él me había encargado expresamente*; la relative résulte de la transformation de : il m'avait expressément chargé de la vengeance. Nul lien de possession : *cuyo* est impossible. Noter par ailleurs le rejet de l'adverbe en dehors du verbe composé.

24. c'était rendre service... que de démasquer : *era prestarle un gran servicio el desenmascarar*: le second syntagme infinitif est en fait sujet de la structure attributive ; cette fonction implique sa substantivation qui s'opère au moyen de l'article *el*. Var.: *hacerle un gran favor*.

25. sous laquelle il gémit : cf. *supra*, note 8.

26. dont je me dois de garder les originaux : var.: *cuyos originales creo mi deber (deber mío) conservar*.

27. qu'il m'importe peut-être qui ne soit pas détruit, mais dont je rougirais d'abuser : var.: *que quizá me importe que no esté destruido pero del que...*

28. servir aussi bien... qu'en les leur remettant : il s'agit d'une structure comparative dont le second membre, porteur d'un gérondif, exprime un fait irréel : *tanto... como si* + subjonctif imparfait.

29. je leur sauve l'embarras de : = je leur épargne l'embarras : *les ahorro el apuro, las dispenso del apuro, les evito el apuro*.

30. je suis avec respect, Madame : *con todo respecto, señora, quedo vuestro... (atento, [atento seguro, humilde] servidor)*.

31. ce 12 décembre 17** : lorsque l'on veut dater un document, une lettre, l'ordinaire est de faire précéder le numéral de la préposition A : *París, a diez de marzo*. Il faut comprendre : *estoy en París, estamos a diez de marzo*. Le locuteur se repère lui-même dans le temps, d'où l'emploi de la préposition. On notera que la tendance actuelle est à l'économie de la préposition : *París, 10 de agosto de 1992*. La préposition DE, intercalée entre le quantième et le mois et entre le mois et l'année, est parfois omise également : *Madrid, 29 enero 1932*. La présence fréquente de tirets et de blancs : *2-julio-1920*, semble indiquer qu'il s'agit d'un raccourci graphique et que la norme est de conserver la préposition DE. Sur ces problèmes de datation et de repérage temporel, on consultera avec profit l'article «*tiempo*» du dictionnaire de Moliner.

43. À la recherche de Carmen

— Il faut donc que j'y aille ? dis-je à mon tour enchanté à la seule idée de revoir Carmen ; voyons, que faut-il faire ?
Les autres me dirent :
— Fais tant que de t'embarquer [1] ou de passer par Saint-Roc, comme tu aimeras le mieux [2], et, lorsque tu seras à Gibraltar, demande sur le port où demeure une marchande de chocolat qui s'appelle la Rollona ; quand tu l'auras trouvée [3], tu sauras d'elle ce qui [4] se passe là-bas.
Il fut convenu que nous partirions tous les trois pour la sierra de Gaucin, que j'y laisserais mes deux compagnons, et que je me rendrais à Gibraltar comme un marchand [5] de fruits. À Ronda, un homme qui était à nous [6] m'avait procuré un passeport [7] ; à Gaucin, on me donna un âne : je le chargeai d'oranges et de melons, et je me mis en route. Arrivé à Gibraltar, je trouvai qu'on y connaissait bien la Rollona, mais elle était morte [8] ou elle était allée à *finibus terrae* [9], et sa disparition expliquait, à mon avis, comment nous avions perdu notre moyen de correspondre avec Carmen. Je mis mon âne dans une écurie, et, prenant mes oranges, j'allais par la ville comme pour les vendre [10], mais en effet [11], pour voir si je ne rencontrerais pas quelque figure de connaissance. Il y a là force canaille de tous les pays du monde, et c'est la tour de Babel, car on ne saurait faire dix pas dans une rue sans entendre parler autant de langues [12]. Je voyais bien des gens d'Égypte, mais je n'osais guère m'y fier [13] ; je les tâtais, et ils me tâtaient. Nous devinions bien que nous étions des coquins, l'important était de savoir si nous étions de la même bande. Après deux jours passés en courses inutiles [14], je n'avais rien appris touchant la Rollona ni Carmen, et je pensais à retourner auprès de mes camarades après avoir fait quelques emplettes, lorsqu'en me promenant dans une rue, au coucher du soleil, j'entendis une voix de femme d'une fenêtre qui me dit : « Marchand d'oranges ! ... » Je lève la tête, et je vois à un balcon Carmen, accoudée avec un officier [15] en rouge, épaulettes d'or, cheveux frisés [16], tournure d'un gros mylord [17]. Pour elle, elle était habillée superbement : un châle sur les épaules, un peigne d'or, tout en soie ; et la bonne pièce [18], toujours la même ! riait à se tenir les côtés. L'Anglais, en baragouinant l'espagnol, me cria de monter, que madame voulait des oranges ; et Carmen me dit en basque :

43. Buscando a Carmen...

—Entonces ¿es que tengo que ir yo? dije a mi vez encantado con sólo pensar que volvería a reunirme con Carmen; bueno, a ver, ¿qué hay que hacer?
Los otros me dijeron:
—Procura embarcar o pasar por San Roque, como prefieras, y cuando estés en Gibraltar, pregunta en el puerto dónde vive una chocolatera que se llama la Rollona; cuando la hayas encontrado, ella te informará sobre lo que está pasando allí.
Convinimos en que saldríamos los tres para la sierra de Gaucín y en que allí me despediría de mis dos compañeros para ir a Gibraltar disfrazado de mercader de fruta. En Ronda, uno de los nuestros me había proporcionado un pasaporte; en Gaucín, me dieron un borrico: lo cargué con naranjas y melones y me puse en camino. Llegado a Gibraltar, me enteré de que en efecto a la Rollona la conocía todo el mundo, pero o había muerto o había llegado a *finibus terrae*, y su desaparición explicaba, según yo, cómo nos habíamos quedado sin ningún medio de entrar en contacto con Carmen. Dejé mi burro en una cuadra y, con las naranjas a cuestas, andaba por la ciudad haciendo como que las vendía, pero en realidad, era para ver si topaba o no con algún conocido. Allí hay mucha canalla de todos los países del mundo; es como la torre de Babel, porque con sólo dar unos cuantos pasos por la calle se oyen hablar otros tantos idiomas. Sí que veía a gentes de Egipto, pero no me atrevía a fiarme de ellas; las tanteaba y ellas me tanteaban. Bien adivinábamos que éramos bribones, pero lo importante era saber si formábamos parte de la misma banda. Después de dos días perdidos en vaivenes inútiles, no me había enterado de nada relacionado con la Rollona ni con Carmen, y ya estaba pensando volver junto a mis compañeros tras haber hecho unas cuantas compras cuando, al dar un paseo por la calle, a la puesta del sol, oí una voz de mujer que desde una ventana me gritó: «¡Naranjero!...» Levanto la cabeza y veo a Carmen, acodada en un balcón junto a un oficial de pelo rizado, vestido de uniforme rojo, con hombreras doradas, y que tenía toda la traza de un milord de muchas campanillas. En cuanto a ella, estaba vestida de maravilla: con un mantón en los hombros, con una peineta de oro, toda seda; y ¡la muy bribona!, siempre igual a sí misma se desternillaba de risa. Chapurreando en español, el inglés me gritó que subiera, que a la señora le apetecían unas naranjas; y Carmen me dijo en vascuence:

— Monte, et ne t'étonne de rien.

Rien, en effet, ne devait m'étonner de sa part. Je ne sais si j'eus plus de joie que de chagrin en la retrouvant. Il y avait à la porte un grand domestique anglais, poudré, qui me conduisit dans un salon magnifique. Carmen me dit aussitôt en basque :

— Tu ne sais pas un mot d'espagnol, tu ne me connais pas.

Puis, se tournant vers l'Anglais :

— Je vous le disais bien, je l'ai tout de suite reconnu pour un Basque ; vous allez entendre quelle drôle de langue [19]. Comme il a l'air bête, n'est-ce pas ? On dirait un chat surpris dans un garde-manger.

— Et toi, lui dis-je dans ma langue, tu as l'air d'une effrontée coquine, et j'ai bien envie de te balafrer [20] la figure devant ton galant.

Prosper MÉRIMÉE
Carmen, 1845

43. COMMENTAIRES

1. **Fais tant que de t'embarquer** : faire tant que de = « aller jusqu'à, se décider à » (Littré) ; donc ici : **tâche de, débrouille-toi pour** ; var.: *haz cuanto puedas para embarcarte; arreglátelas para embarcarte*.

2. **comme tu aimeras le mieux** : *como prefieras*; var.: *como más te guste*. L'indétermination portant sur le support de la subordonnée (le choix de la manière d'agir est projeté dans le futur et virtualisé) oblige à user du subjonctif présent.

3. **lorsque tu seras à Gibraltar… quand tu l'auras trouvée** : *cuando estés en Gibraltar… cuando la hayas encontrado*; sur le choix du mode, cf. 2/14.

4. **tu sauras d'elle ce qui** : var.: *te enterarás por ella de lo que…*

5. **comme un marchand** : var.: *haciéndome pasar por un mercader*.

6. **un homme qui était à nous** : var.: *un hombre que era de nuestro bando*.

7. **un passeport** : *un salvoconducto, un pasaporte*; Gibraltar appartenait à la Couronne anglaise depuis le traité d'Utrecht (1713).

8. **je trouvai qu'on y connaissait bien la Rollona, mais elle était morte** : l'interprétation de l'adverbe **bien** pose ici problème. Il peut signifier **en effet**, effectivement, **comme je m'y attendais** : on traduira alors : *me enteré de que allí en efecto conocían a la Rollona, pero*; **bien** peut aussi porter simplement sur le verbe **connaître**, et la phrase signifie alors : la Rollona était bien connue, fameuse ; on traduira alors : *me enteré de que allí conocían bien a la Rollona (de que allí era famosa la Rollona)*. Ne pouvant faire la part des deux valeurs, on a choisi de les traduire toutes les deux.

—Sube y no te extrañes de nada.
Tratándose de Carmen, en efecto, nada había de extrañarme. No sé si experimenté más alegría que pena cuando la volví a ver. La puerta la guardaba un criado inglés, alto y empolvado, que me llevó a un salón magnífico. Carmen, de pronto, me dijo en vascuence:
—No sabes una sola palabra de castellano y no me conoces.
Luego, volviéndose hacia el inglés:
—Ya se lo decía yo, en seguida me di cuenta de que era vasco; ya verá usted lo raro que es este idioma. ¿A que parece muy tonto? Pone cara de gato pillado en una alacena.
—Y tú, le dije en mi lengua, eres una bribona descarada, y muchas ganas tengo de chinarte delante de tu enamorado.

43. COMMENTAIRES

9. elle était allée à *finibus terrae*: une note de l'éditeur français donne à l'expression le sens d'aller « aux galères », ou bien « à tous les diables ». Or, José Luis Alonso Hernández, dans *El lenguaje de los maleantes españoles de los siglos XVI y XVII: la germanía*, note (pp. 200-201) que l'expression *finibusterrae, finibusterre,* ou *finibus terr(a)e*, désigne la horca, e **gibet** : «para el que es ahorcado, la horca es ''el final de su vida sobre la tierra''». *Llegar a finibusterrae*, c'est donc **finir sa vie sur le gibet** («Llegan a Finibusterre/y apeáreonle del quatro/contrito», fragment de romance de *germanía*). Nulle trace de galères par conséquent dans la signification espagnole du *latinajo*. De deux choses l'une, donc : ou bien Mérimée donne effectivement et par erreur à l'expression le sens d'aller au bout du monde ; on peut alors user de *irse a Peñas de Longares* (dérivé *germa-* *nesco* du lat. *longus*, signifiant «alejarse, ir muy lejos» [Alonso Hernández, *op. cit.*, p. 206]; l'équivalent actuel serait : *irse al quinto pino*; ou bien il oppose une mort naturelle et une mort sur le gibet, et on usera de l'expression *llegar a finibusterrae*.

10. comme pour les vendre : *haciendo como que las vendía; como que*: «(I) significa simulando o aparentando lo que se dice a continuación; equivale a ''como si'', pero se construye con indicativo. Actualmente sólo se usa detrás del verbo hacer: ''*Hace como que está enfadado (como si estuviese enfadado)*''. En escritos antiguos hay ejemplos de su uso con otros verbos: ''Tiene las flechas en la mano como que las quiere tirar.'' (II) En lenguaje coloquial, más bien popular, equivale a que o a como si: ''él firmó como que había recibido esa cantidad''»

275

43. COMMENTAIRES

(Moliner, s.v., *como*). On remarquera la rigueur de la mécanique par laquelle on passe de *como si* + subjonctif à *como que* + indicatif : on passe en effet d'une visée hypothétique à une visée thétique, et donc du subjonctif (hypothèse portée par *si*) à l'indicatif (thèse portée par *que*), mais aussi d'une subordonnée de type adverbial (avec *si*) à une subordonnée de type substantif (*que* + indicatif se comportant comme un substantif complexe). Il y a donc à la fois recul dans la genèse modale et recul dans l'ordre de la syntaxe.

11. mais en effet : a ici le sens de : **mais en fait, mais en réalité :** *pero de hecho, en realidad.*

12. on ne saurait faire dix pas dans une rue sans entendre parler autant de langues : une traduction littérale paraît peu naturelle : * *uno no puede dar diez pasos por una calle sin·oír hablar otros tantos idiomas.* On s'en est un peu écarté en usant de l'expression lexicalisée *a cada paso.* Var.: *basta con dar diez pasos por la calle para oír hablar otros tantos idiomas.*

13. je voyais bien des gens d'Égypte, mais je n'osais guère m'y fier : l'adverbe **bien** pourrait ici encore paraître ambigu ; on peut y entendre **bien des** comme **beaucoup**, et **bien** quantifie alors l'article ; cette interprétation est peu plausible, et plus probable est la corrélation adversative entre **bien** et **mais** : s'il est vrai que... pour autant. Qui sont ces **gens d'Égypte** ? L'expression renvoie à l'étymologie du mot **gitan** et à la croyance selon laquelle ceux-ci seraient venus d'Égypte, comme le signale le Diccionario de Autoridades: «gitano: cierta clase de gentes que, afectando ser de Egipto, en ninguna parte tienen domicilio y andan siempre vagueando». On trouve *egipciano* et même *egiptano* (Moliner) comme synonymes de *gitano*, de même qu'en français classique **égyptien** signifiait : bohémien, gitan.

43. COMMENTAIRES

14. en courses inutiles : var.: *en un vano ajetreo.*

15. je vois à un balcon Carmen, accoudée avec un officier : var.: *veo a Carmen de coaos en un balcón con un oficial.*

16. er rouge, épaulettes d'or, cheveux frisés : attention à l'usage des prépositions : *vestido de (uniforme) rojo*; *con hombreras doradas*; *de pelo rizado*. Le lien étroit établi par la préposition DE entre le support et l'élément rapporté (conçu comme définitoire de l'être, par opposition à CON, qui donne une vision d'accessoire), oblige à antéposer ce syntagme en le rapportant directement au substantif : *un oficial de pelo rizado.*

17. d'un gros mylord : var.: *de un gran milord.*

18. la bonne pièce : cette expression figurée et familière signifie : « personne rusée, malicieuse, à qui il ne faut pas se fier » (*Dictionnaire du français classique*, Larousse). « Voyez la bonne pièce avec ses révérences » (Corneille). « Taisez-vous, bonne pièce. Vous faites la sournoise, mais je vous connais il y a longtemps » (Molière). *Bribona, tunanta, pilla, guasona* conviennent donc.

19. quelle drôle de langue : il s'agit d'une exclamative en position de complétive dans une phrase complexe. L'exclamation porte sur l'adjectif, on recourt donc à la structure : *qué... más*, ou à *lo* + adjectif + *que* : *lo raro que es este idioma.*

20. j'ai bien envie de te balafrer : var.: *y de muy buena gana te signaría. Signar.* «cruzar o dar una cuchillada en la cara a uno» (Alonso Hernández, *op. cit.*, p. 146). Autre var.: *pintar un jabeque.*

277

44. Rêves de demi-mondaines

Pourtant, un petit blond, l'air maladif [1], répétait avec insistance :
« Voyons, Nana [2], l'autre soir, chez Peters, dans le grand salon rouge... Rappelez-vous donc [3] ! Vous nous avez invités. » [...]
    Alors, Nana se mit à rire. C'était possible, elle ne savait plus. Enfin, puisque ces messieurs étaient là [4], ils pouvaient entrer. Tout s'arrangea, plusieurs des nouveaux venus [5] retrouvaient des amis dans le salon, l'esclandre finissait par des poignées de main. Le petit blond à l'air maladif portait un des grands noms de France. D'ailleurs, ils annoncèrent que d'autres devaient les suivre ; et, en effet, à chaque instant la porte s'ouvrait, des hommes se présentaient, gantés de blanc, dans une tenue officielle [6]. C'était toujours la sortie du bal du ministère. Fauchery demanda en plaisantant si le ministre n'allait pas venir. Mais Nana, vexée, répondit que le ministre allait chez des gens qui ne la valaient certainement pas. Ce qu'elle ne disait point, c'était une espérance dont elle était prise [7] : celle de voir entrer le comte Muffat, parmi cette queue de monde. Il pouvait s'être ravisé. Tout en causant avec Rose [8], elle guettait la porte.
    Cinq heures sonnèrent. On ne dansait plus. Les joueurs seuls s'entêtaient. Labordette avait cédé sa place, les femmes étaient revenues dans le salon. Une somnolence de veille prolongée s'y alourdissait [9], sous la lumière trouble des lampes, dont les mèches [10] charbonnées rougissaient les globes. Ces dames en étaient à l'heure de mélancolie vague où elles éprouvaient le besoin de raconter leur histoire. Blanche de Sivry parlait de son grand-père, le général, tandis que Clarisse inventait un roman, un duc qui l'avait séduite chez son oncle, où il venait chasser le sanglier [11] ; et toutes deux, le dos tourné [12], haussaient les épaules en demandant s'il était Dieu possible de conter des blagues pareilles [13]. Quant à Lucy Stewart, elle avouait tranquillement son origine, elle parlait volontiers de sa jeunesse, lorsque son père, le graisseur du chemin de fer du Nord, la régalait le dimanche d'un chausson aux pommes.
    « Oh ! que je vous dise [14] ! cria brusquement la petite Maria Blond. Il y a, en face de chez moi, un monsieur, un Russe, enfin un homme [15] excessivement riche. Voilà qu'hier je reçois [16] un panier de fruits, mais un panier de fruits ! des pêches énormes, des raisins gros comme ça [17], enfin quelque chose d'extraordinaire dans cette saison [18]... Et au milieu six billets de mille... C'était le Russe... Naturellement, j'ai tout renvoyé. Mais ça m'a fait un peu mal au cœur, pour les fruits [19] ! »

44. Sueños de mujeres mundanas

Sin embargo, un jovencito rubio, de aspecto enfermizo, repetía con insistencia:
«¡Pero bueno Nana!, la otra noche, en casa de Peters, en el gran salón rojo... ¡Pero acuérdese! Usted nos invitó.» [...]
Entonces Nana se echó a reír. Podía ser, ya no sabía. En fin, ya que esos señores estaban, podían pasar. Todo se arregló, varios de los recién llegados encontraban a amigos suyos en el salón, el escándalo acababa en apretones de manos. El jovencito rubio de aspecto enfermizo llevaba uno de los más ilustres apellidos de Francia. Por lo demás anunciaron que les seguirían otros; y en efecto a cada momento se abría la puerta, y aparecían unos hombres con guantes blancos y traje de etiqueta. Seguían llegando los que salían del baile del ministerio. Fauchery preguntó bromeando si acaso vendría el ministro. Pero Nana, picada, contestó que el ministro iba a casa de gentes que seguramente valían menos que ella. Lo que callaba, era una esperanza que alimentaba: la de ver entrar al conde Muffat, en medio de toda esa cola de gente. Podía haber cambiado de opinión. Y mientras conversaba con Rose, no quitaba los ojos de la puerta.
Dieron las cinco. Ya no bailaba nadie, sólo seguían los jugadores. Labordette había dejado su sitio, las mujeres habían vuelto al salón. Allí reinaba, cada vez más pesada, una somnolencia de velada prolongada, bajo la turbia luz de los quinqués cuyas mechas carbonizadas enrojecían los globos. Para esas damas había llegado la hora de vaga melancolía en la que sentían la necesidad de contar su vida. Blanche de Sivry hablaba de su abuelo, el general, mientras Clarisse se inventaba una novela, un duque que la había seducido en casa de su tío adonde solía ir a cazar jabalíes; y ambas de espaldas, se encogían de hombros preguntando cómo era posible contar semejantes embustes. En cuanto a Lucy Stewart, confesaba tranquilamente su origen, hablaba fácilmente de su juventud cuando su padre, el engrasador de los ferrocarriles del Norte, la obsequiaba los domingos con un pastelillo de manzana.
«¡Huy! ¡Lo que tengo que contarles! gritó de repente la pequeña Maria Blond. Enfrente de mi casa vive un caballero, un ruso; bueno, un hombre excesivamente rico. Pues resulta que ayer recibo una cesta de frutas, ¡pero qué cesta de frutas! Unos melocotones enormes, unas uvas así de gordas, en fin, algo extraordinario para la época...Y en medio seis billetes de mil. Era el ruso...Por supuesto se lo he devuelto todo. Pero lo he sentido bastante, ¡por las frutas!»

Ces dames se regardèrent en pinçant les lèvres. À son âge, la petite Maria Blond avait un joli toupet [20]. Avec ça que [21] de pareilles histoires arrivaient à des traînées de son espèce ! C'étaient, entre elles, des mépris profonds [22]. Elles jalousaient surtout Lucy, furieuses de ses trois princes [23]. Depuis que Lucy, chaque matin, faisait à cheval une promenade au Bois, ce qui l'avait lancée, toutes montaient à cheval, une rage les tenait [24].

Émile ZOLA
Nana, 1880

44. COMMENTAIRES

1. l'air maladif : comme on l'a noté plusieurs fois, ce type de syntagme sans préposition peut porter une caractéristique contingente ou essentielle de l'être, ne pouvant se concevoir séparément de celui-ci. C'est ce second cas ici, et l'on use de la préposition DE : *de aspecto enfermizo*. CON marque une propriété rapportée, ajoutée à l'être dont on parle.

2. Voyons, Nana : l'interjection (impérative) est ici une manière de reproche et sert à rappeler l'autre à l'ordre, au bon sens, à la raison, au réel. *¡Anda!* (idée de protestation) ; *¡Vamos!* (incitation) ; *¡Vaya!* (plainte et protestation, désagrément) ; *¡Por favor!* (incitatif) peuvent tous convenir ici.

3. Rappelez-vous donc ! : le **donc** est emphatique, injonctif, incitatif. *Pero*, «partícula expletiva o enfática usadísima» (Moliner), convient ici.

4. Enfin, puisque ces messieurs étaient là : Enfin : idée de résignation, d'acceptation : *en fin, bueno*. **Étaient là :** *estaban*: le déictique (*allí*) est inutile, *estar* contenant la représentation d'un être logé dans un fragment de l'espace-temps.

5. nouveaux venus : *recién llegados*; rappelons que l'adjectif *reciente* ne s'apocope qu'en position d'adjectif (ou de participe passé adjectivé). Adjectif d'un nom : *reciente,* antéposé ou postposé. Adjectif d'un verbe : *recientemente.*

6. dans une tenue officielle : [*iban*] *vestidos de etiqueta; con traje de etiqueta*. Prép. CON, cf. *supra*, note 1.

7. une espérance dont elle était prise : il est difficile de conserver la littéralité de l'image : *de la que era presa, que se había apoderado de ella*. On use donc de tours plus ordinaires : *una esperanza que cobijaba, que alimentaba*.

8. tout en causant avec Rose : idée de simultanéité de deux procès : *sin dejar de charlar con Rose; mientras charlaba con Rose*.

9. une somnolence... s'y alourdissait : i.e. y devenait de plus en plus pesante. Aucun verbe ne pouvant, ici, traduire intégralement et acceptablement **s'alourdir**, on traduit séparément le progrès (idée de processus graduel) et la notion de poids.

10. lampes dont les mèches : *lámparas*, ou plus précisément : *quinqués*, *quinqué* désignant la lampe à pétrole, munie d'un globe (*globo*) ou d'un tube (*tubo*).

Esas damas se miraron mordiéndose los labios. ¡Para su edad sí que tenía cara la pequeña Maria Blond! ¡Anda! Como si semejantes historias les ocurrieran a unos pendones de su ralea. Entre ellas se manifestaban el más profundo desprecio. Envidiaban sobre todo a Lucy, de lo furiosas que estaban pensando en los tres príncipes de ella. Desde que cada mañana daba Lucy un paseo a caballo por el Bosque, lo cual la había lanzado, todas montaban a caballo, y eso las volvía locas.

44. COMMENTAIRES

11. chasser le sanglier : *cazar jabalíes*; alors que le français fait choix d'un singulier collectif, l'espagnol semble préférer ici le pluriel indéfini.

12. le dos tourné : *de espaldas, dando la espalda, vueltas de espaldas.*

13. conter des blagues pareilles : *soltar semejantes embustes.* **Blague** n'a évidemment pas le sens d'histoire drôle mais celui d'invention mensongère, de sornette. *Chiste, broma* sont donc exclus.

14. Oh ! que je vous dise ! var.: *¡Huy! Por cierto...*; le tour français s'emploie lorsque revient brutalement à la mémoire du locuteur un fait qu'il s'est promis de raconter et a oublié entre-temps. *Por cierto* = au fait, à propos.

15. enfin un homme : **enfin** = bref (on va à l'essentiel) : *bueno, en fin.*

16. Voilà qu'hier je reçois : la locution marque la surprise devant un événement imprévu : *resulta que* sert à prendre acte d'un événement passé imprévu. **Je reçois** : il faut conserver le présent, artifice rhétorique courant, servant à actualiser dans le récit un événement passé.

17. des raisins gros comme ça : var.: *unas uvas tamañas así* (le geste accompagne alors la parole). *Tamaño* est adjectif et doit donc s'accorder avec son support substantif.

18. dans cette saison : *para la época, para la temporada.* Fruits de saison : *fruta del tiempo.*

19. pour les fruits : causal : *por las frutas, por lo de la fruta.*

20. avait un joli toupet : var.: *menuda cara tenía la pequeña Maria Blond.*

21. avec ça que : expression ironique d'incrédulité.

22. C'étaient, entre elles, des mépris profonds = elles se vouaient un profond mépris : *se profesaban el más profundo desprecio.*

23. furieuses de ses trois princes : on n'a d'autre choix que de développer la causale implicite dans ce syntagme elliptique : *de tan furiosas como, de lo furiosas que,* etc. Sur la structure de la causale de type : **tant, tellement** + verbe, cf. 6/6.

24. une rage les tenait = elles montraient une vive passion pour les promenades à cheval.

45. Nourritures de l'écrivain

Combien il est difficile [1] — et combien il serait intéressant — quand on étudie un écrivain [2], de déceler [3] non pas les influences avouées, les *grands intercesseurs* dont il se réclame, ou qu'on réclamera plus tard pour lui [4], mais le tout-venant [5] habituel de ses lectures de jeunesse, le tuf [6] dont s'est nourrie au jour le jour, pêle-mêle [7] et au petit bonheur, une adolescence littéraire affamée [8] : premiers Paris des quotidiens [9], revues désuètes [10], auteurs ensevelis que faisait alors verdir un instant, comme une ondée, le goût-du-jour, pièces de boulevard [11], brûlots parisiens [12], livraisons [13] du *Magasin des familles*, pamphlets depuis longtemps montés en graine. Le seul écrivain du passé qui nous dise là-dessus par grande exception quelque chose, c'est Stendhal (surtout, il est vrai, pour ses nourritures musicales). La boulimie de lecture caractéristique de l'adolescent, ou de l'étudiant qui va écrire, pareille à celle du ver à soie avant la chrysalide, est telle que la quantité obligatoirement l'emporte sur la qualité : plus impérieux son appétit [14], plus faible l'écart, pour son goût, entre les nourritures vraiment choisies et celles qui bientôt seront dédaignées lucidement [15]. Qui est destiné à écrire, il y a un moment — moment décisif pour sa formation — où il lit tout [16], ou presque, et « tout » c'est d'abord ce qu'il a sous la main, ce dont « on parle », ce qui sent encore l'encre fraîche, qui lui fait le même effet qu'au guerrier la poudre.

L'œil vorace qui se colle à la page fraîchement imprimée [17] ne dégage nullement, à dix-huit ans, à vingt ans, un paysage littéraire perspectif avec ses premiers et seconds plans, et ses lointains fondus, mais un bariolage, un *aplat* [18] juxtaposé de couleurs heurtées et violentes, qui toutes accrochent une rétine encore toute neuve [19].

Ce tout-venant où il a barboté [20] s'évaporera-t-il pour l'écrivain sans laisser de traces ? Ce n'est pas sûr, car c'est à ce moment de la crue des eaux printanières, des eaux mêlées, qu'il a [21] aussi essayé, commencé peu ou prou d'écrire : les tics d'époque, dont il a subi la contagion [22] naïvement et sans défense, laisseront une marque sur sa manière d'écrire, remodelés toujours [23], souvent ennoblis, et parfois, s'il a du génie, sauvés : Proust, dont on soupçonne qu'entre tous les écrivains peut-être il a lu très jeune considérablement plus de médiocre que de bon, est plein de ces rédemptions-là.

45. El alimento del escritor

Cuán difícil resulta —y cuán interesante sería— cuando se estudia a un escritor, sacar a luz no las influencias reconocidas, los *grandes intercesores* a los que éste invoca o a los que invocarán más tarde por él, sino el batiburrillo ordinario de sus lecturas de juventud, el substrato con que se alimentó día a día, en desorden y a la buena de Dios, una adolescencia literaria ávida: artículos de fondo de los diarios de París, revistas anticuadas, autores sepultados a los que entonces reverdecía por un instante, como un aguacero, la última moda, vodeviles, folletos polémicos parisienses, entregas del *Magasin des familles*, panfletos espigados desde hacía tiempo. El único escritor del pasado que con gran salvedad nos hable un poco del tema, es Stendhal (aunque, a decir verdad, trata sobre todo de sus alimentos musicales). La bulimia de lectura propia del adolescente o del estudiante que va a escribir, comparable con la del gusano de seda antes de la crisálida, es tan fuerte que forzosamente la cantidad prevalece sobre la calidad: cuanto más imperioso es su apetito, más débil le parece la diferencia de sabor entre los alimentos verdaderamente escogidos y los que pronto desechará con lucidez. Quien está destinado a escribir, existe un momento —momento decisivo para su formación— en el que lo lee todo, o casi todo, y ese «todo» es primero lo que tiene a mano, lo que «comenta la gente», lo que todavía huele a tinta fresca y provoca en él el mismo efecto que en el guerrero la pólvora.

El ojo voraz que se pega a la página recién impresa no percibe en absoluto, a los dieciocho, a los veinte años, un paisaje literario en perspectiva con sus primeros y segundos términos, y sus lontananzas difuminadas, sino un abigarramiento, una yuxtaposición *lisa* de colores contrastados y chillones, cada uno de los cuales atrae a una retina aún del todo nueva.

Esa mescolanza en la que estuvo chapoteando el escritor, ¿se evaporará sin dejar huellas en él? Esto no es seguro, porque fue en aquel momento de la crecida de las aguas primaverales, de las aguas mezcladas, cuando también probó, empezó más o menos a escribir: las manías del tiempo, de las que se contagió, ingenuo e indefenso, dejarán una huella en su manera de escribir, y él siempre las labrará, a menudo las ennoblecerá y, a veces, si es un genio, las salvará: Proust, de quien se supone que, más que todos los demás escritores quizás, leyó muy joven mucho más lo mediocre que lo bueno, está lleno de tales redenciones.

De telles lectures, profondément incorporées dans les automatismes commençants de la plume, sont peut-être un peu pour la manière d'écrire ce que sont les impressions [24] d'enfance pour la couleur, pour l'orient de la sensibilité : non choisies, souvent banales, toujours reprises et magnifiées par la maîtrise acquise des ressources de la langue, comme les lointains incohérents de l'enfance par la chimie savante du souvenir. Et il y a une énigme de la continuité, du *fondu* [25] étrange de la littérature d'une période à l'autre par-delà toutes les révolutions et toutes les ruptures qui peut-être s'éclaire là partiellement : par le fait que l'écrivain en formation se nourrit toujours inséparablement, inextricablement [26], à la fois de la nouveauté pure, qui l'atteint par son extrême pointe, et de ce qui s'écrit et se publie autour de lui au goût du moment : c'est-à-dire de la continuité maintenue avec avant-hier.

Cette réflexion me vint, je me le rappelle, lorsque André Breton, dont on sait assez le peu de goût [27] qu'il avait en principe pour les romans, me prêta un jour en me les recommandant des romans de Jean Lombard, dont le nom m'était, je l'avoue, inconnu : sortes de *Quo vadis*, mais byzantins de goût comme d'époque, qui me firent tout à coup mesurer quelle place avait pu tenir [28] dans ses premières lectures toute une *queue* exsangue du symbolisme, dépassée par lui depuis longtemps, mais non tout à fait éliminée. Tout de même, ces romans, il les avait gardés.

Julien GRACQ
En lisant, en écrivant
© Librairie José Corti, 1981

45. COMMENTAIRES

1. combien il est difficile : *cuán difícil resulta;* à la différence du **combien** exclamatif français, *cuanto* porte directement sur l'adjectif qui le suit immédiatement. Il s'apocope donc au même titre que *tanto*, ou *mucho*. Cf. 12/1.

2. quand on étudie un écrivain : ne pas user de la préposition produirait une ambiguïté, voire un contresens : **cuando se estudia un escritor* serait analysable comme réfléchi (quand un écrivain s'étudie). C'est précisément le rôle de la préposition A que de signifier la fonction non-sujet du substantif qu'elle précède.

3. déceler : est à prendre au sens étymologique de mettre au jour, révéler (*sacar a luz, revelar, hacer patente*), comme le confirme ensuite la métaphore du tuf.

4. dont il se réclame... pour lui : var. : *de los que se vale o de los que se valdrán más tarde por él. Invocar* a été

Semejantes lecturas, profundamente incorporadas a los automatismos principiantes de la pluma, son tal vez un poco para la manera de escribir, lo que las impresiones de la niñez para el color, para el oriente de la sensibilidad: no han sido elegidas, son muchas veces triviales, y siempre las enmienda y mejora el dominio adquirido de los recursos del idioma, como sobre las lontananzas incoherentes de la niñez obra la sabia química del recuerdo. Y existe un enigma de la continuidad, del *fundido* extraño de la literatura de un período a otro, más allá de todas las revoluciones y todas las rupturas. Este enigma acaso quede en parte aclarado por el hecho de que el escritor en formación siempre se alimenta, inseparable e inextricablemente, a la vez con la novedad pura que le alcanza en su punta extrema, y con lo que se escribe y publica en torno suyo al estilo del momento: es decir con la continuidad mantenida con anteayer.

Se me ocurrió esta reflexión, ahora me acuerdo, cuando André Breton, que, como ya se sabe, tenía en principio poca afición a las novelas, me prestó un día, encareciéndomelas, algunas novelas de *Jean Lombard*, cuyo nombre, lo confieso, desconocía yo: eran unas a modo de *Quo vadis*, pero bizantinas tanto por el estilo como por la época, que de golpe me revelaron el papel que habría desempeñado en sus primeras lecturas toda una *retaguardia* exangüe del simbolismo, que él había superado hacía ya largo tiempo, aunque sin eliminarla del todo. Así y todo, esas novelas, seguía teniéndolas.

45. COMMENTAIRES

retenu parce qu'il appartient au même champ lexical que *intercesor*.

5. le tout-venant : « tout ce qui se présente, sans triage, sans classement préalable » (Robert). **Tout-venant** porte donc l'idée d'un ensemble hétéroclite d'objets d'inégale valeur. *Batiburrillo:* «mezcolanza o revoltijo: mezcla de cosas revueltas, sin orden y sin relación unas con otras». *Mezcolanza*: «reunión de ideas, nociones, etc., inconexas u opuestas». *Revoltijo*: «conjunto de muchas cosas revueltas» (Moliner).

6. le tuf : outre la couche située immédiatement sous le sol cultivable, le terme désigne : « fig. : l'élément original que l'on trouve en profondeur, comme le tuf sous le sol » (Robert). La métaphore équivalente n'existe pas, semble-t-il, en espagnol. *Substrato* dit bien la notion de couche nourricière sous-jacente. *Limo*, *légamo* signifient assez la notion de fertilité mais désignent des sols de surface.

45. COMMENTAIRES

7. pêle-mêle : est en position d'adverbe et ne peut donc être traduit par aucun des termes substantifs cités note 5.

8. affamée : *ávido* plutôt que *hambriento* qui ne fait pas image.

9. premiers Paris des quotidiens : Robert historique : **Premiers Paris** (1836) : « article de tête dans un grand journal parisien ». Littré : « Terme de journalisme : Premier-Paris, article qui, dans les journaux, est en tête des articles, et qui est d'ordinaire consacré à la politique. Un grand Premier-Paris contenant des réflexions sur la situation. Des premiers-Paris ». L'équivalent exact est donc : *editoriales de los diarios (de París)*.

10. désuètes : *anticuadas,* plutôt que *añejas* qui, semble-t-il, emporte l'idée d'une bonification par le temps (*vino añejo*).

11. pièces de boulevard : le genre est typiquement français, voire parisien. Aucun terme ne le traduit donc exactement. Pour conserver l'aspect « exotique », il est donc préférable d'employer le gallicisme *vodevil, vaudeville*, même s'il est inexact. Var. : *comedias ligeras*.

12. brûlots parisiens : *folletos polémicos parisienses*. Le terme désigne métaphoriquement les textes polémiques qu'aiment à échanger les chapelles et écoles politico-intellectuelles parisiennes.

13. livraisons : il s'agit ici de numéros d'une revue : *entregas*.

14. plus impérieux son appétit, plus faible l'écart : sur ce type de corrélation comparative, cf. 27/15.

15. qui bientôt seront dédaignées lucidement : var. : *los que no tardará en desechar*.

16. qui est destiné à écrire, il y a un moment... où il lit tout : cette phrase contient une anacoluthe, une rupture de construction ; l'auteur a extrait le thème de son énoncé (l'écrivain en herbe) pour le placer sur le devant de la phrase, poste où l'on s'attendrait à le voir fonctionner comme sujet de la phrase, cette fonction lui étant finalement refusée au profit de celle de sujet de la relative. La disjonction du thème et du support de la phrase entraîne une rupture syntaxique qui ne choque ni plus ni moins en espagnol qu'en français et qu'il convient de conserver, sans réécrire le texte.

17. fraîchement imprimée : *recién impresa*. Apocope de *reciente*, cf. 44/5. *Impreso,* participes irréguliers, cf. 17/8.

18. aplat : teinte plate appliquée de façon uniforme. Le terme désigne ici l'ensemble de la toile.

19. accrochent une rétine encore toute neuve : on dira de façon lexicalisée : *atraer la mirada, el ojo*. Mais ici, la particularisation et la synecdoque incitent à employer la préposition A.

20. barboté : il n'est guère d'autre choix que d'employer *chapotear*, **barboté** appartenant à une chaîne métaphorique des liquides : **s'évaporera ; crue des eaux printanières, eaux mêlées**.

21. c'est à ce moment... qu'il a : *fue en aquel momento... cuando*. Sur la corrélation, cf. 7/25.

22. dont il a subi la contagion : var. fam. : *que se le pegaron*.

23. remodelés toujours : var. : *siempre les dará otra forma*. On réintroduit ici des verbes conjugués dont l'absence choquerait en espagnol. Même procédé employé pour la traduction (*infra*) de : « non choisies, souvent banales... »

45. COMMENTAIRES

24. ce que sont les impressions... : *lo que las impresiones*: on songera à la possibilité de l'ellipse de *ser* dans une coordonnée ou une comparative.

25. fondu : terme de cinéma : *fundido*.

26. inséparablement, inextricablement : apocope de l'adverbe en *-mente*, cf. 11/3.

27. dont on sait assez le peu de goût... : var. : *cuya poca afición de principio a las novelas es consabida*.

28. quelle place avait pu tenir : *que papel habría desempeñado*: « conditionnel » de conjecture.

46. Où l'on fait voir le dessein de cette nouvelle logique

Ce soin et cette étude est d'autant plus nécessaire [1], qu'il est étrange combien c'est [2] une qualité rare que cette exactitude de jugement [3]. On ne rencontre partout que des esprits faux [4], qui n'ont presque aucun discernement de la vérité [5] ; qui prennent toutes choses d'un mauvais biais [6] ; qui se payent [7] des plus mauvaises raisons, et qui veulent en payer les autres ; qui se laissent emporter par les moindres apparences ; qui sont toujours dans l'excès et dans les extrémités ; qui n'ont point de serre pour se tenir fermes [8] dans les vérités qu'ils savent, parce que c'est plutôt le hasard qui les y attache qu'une solide lumière [9] ; ou qui s'arrêtent, au contraire, à leur sens [10] avec tant d'opiniâtreté [11], qu'ils n'écoutent rien de ce qui pourrait les détromper ; qui décident hardiment ce qu'ils ignorent, ce qu'ils n'entendent pas, et ce que personne n'a peut-être jamais entendu [12] ; qui ne font point de différence entre parler et parler, ou qui ne jugent de la vérité des choses que par le ton de la voix : celui qui parle facilement et gravement a raison ; celui qui [13] à quelque peine à s'expliquer, ou qui fait paraître quelque chaleur [14], a tort. Ils n'en savent pas davantage.

C'est pourquoi [15] il n'y a point d'absurdités si insupportables qui ne trouvent [16] des approbateurs. Quiconque a dessein de piper le monde [17], est assuré de trouver des personnes qui seront bien aises [18] d'être pipées ; et les plus ridicules sottises [19] rencontrent toujours des esprits auxquels elles sont proportionnées [20]. Après que l'on voit tant de gens infatués des folies de l'astrologie judiciaire [21], et que des personnes graves traitent cette matière sérieusement, on ne doit plus s'étonner de rien. Il y a une constellation dans le ciel qu'il a plu [22] à quelques personnes de nommer Balance [23], et qui ressemble à une balance comme à un moulin à vent : la balance est le symbole de la justice : donc ceux qui naîtront [24] sous cette constellation seront justes et équitables. Il y a trois autres signes dans le Zodiaque, qu'on nomme l'un Bélier, l'autre Taureau, l'autre Capricorne, et qu'on eût pu aussi bien [25] appeler Éléphant, Crocodile et Rhinocéros : le bélier, le taureau et le capricorne sont des animaux qui ruminent ; donc ceux qui prennent médecine lorsque la lune est sous ces constellations, sont en danger de la revomir [26]. Quelque extravagants [27] que soient ces raisonnements, il se trouve des personnes qui les débitent, et d'autres qui s'en laissent persuader.

Cette fausseté d'esprit n'est pas seulement cause des erreurs que l'on mêle dans les sciences, mais aussi de la plupart des fautes que l'on commet dans la vie civile, des querelles injustes [28], des procès mal fondés, des avis [29] téméraires, des entreprises mal concertées. Il y en a peu qui n'aient leur source [30] dans quelque erreur et dans quelque faute de jugement : de sorte qu'il n'y a point de défaut dont on ait plus d'intérêt de se corriger [31].

Antoine ARNAULD et Pierre NICOLE
La Logique ou l'Art de penser, 1662

46. Donde se indica el fin desta nueva lógica

Es tanto más inexcusable este cuidado y estudio, cuanto que extraña ver qué peregrina cualidad es esta rectitud del juicio. Por doquier no se encuentran sino entendimientos falsos, casi carentes de discernimiento; que aprehenden disparatadamente todas las cosas; que se pagan de las peores razones y quieren pagar a los otros con ellas; que se dejan llevar de las menores apariencias; que siempre forman juicios excesivos y extremos; que no tienen pulso para mantenerse constantes en las verdades que saben, porque antes los sujeta a ellas la casualidad que no una luz firme; o que por el contrario se mantienen sujetos a su propio dictamen con tanta porfía que no prestan oído a nada de lo que podría desengañarlos; que afirman osadamente lo que ignoran, lo que no entienden, y lo que quizás nadie nunca entendió; que no conciben diferencia entre hablar y hablar o que no juzgan la verdad de las cosas sino por el tono de voz: aquél que habla con soltura y gravedad, aquél tiene la razón; ése a quien le cuesta algún trabajo explicarse o que deja ver algún acaloramiento, ése no la tiene. Y no quieren saber más.

Por eso es por lo que no hay disparates tan insoportables que no encuentren aprobadores. Quienquiera que se proponga embaír a la gente, está seguro de hallar a personas a quienes harto agrade ser embaídas; y las más ridículas necedades siempre hallan en algunos entendimientos la horma de su zapato. Tras ver a tanta gente encapricharse con las locuras de la astrología judiciaria, y tras ver que algunas personas graves tratan esta materia con toda seriedad, uno ya no puede extrañarse de nada. En el cielo está una constelación que a algunos les plugo llamar Balanza, y que tanto se parece a una balanza como a un molino de viento; ahora bien, la balanza es el símbolo de la justicia; luego quienes nazcan bajo esta constelación serán justos y equitativos. Hay otros tres signos en el zodiaco, que se llaman: uno Aries, otro Tauro, y el otro Capricornio, y a los que con tanto acierto hubieran podido llamar Elefante, Cocodrilo y Rinoceronte: ahora bien, el carnero, el toro y la cabra son animales que rumian; pues los que toman una medicina cuando la luna está debajo de estas constelaciones corren peligro de vomitarla. Por muy estrafalarios que sean estos razonamientos, los hay que los sueltan, y otros hay que se dejan persuadir.

Esta falsedad del entendimiento no sólo provoca los errores que se introducen en las ciencias, sino también la mayoría de las faltas que se cometen en la vida civil, la mayor parte de las querellas injustas, de los pleitos mal fundados, de los arbitrios temerarios, de las empresas mal concertadas. Pocos hay que no procedan de algún error y de algún juicio falso; de modo que no hay defecto cuya enmienda sea de más interés.

46. COMMENTAIRES

1. nécessaire : *inexcusable*; clas. = *indispensable, imprescindible*.

2. d'autant plus nécessaire, qu'il est étrange combien c'est : voilà en vérité une structure bien alambiquée et bien étrange pour notre oreille moderne ; choque surtout l'ellipse : **il est étrange [de voir, de constater] combien.** On développe donc un peu. D'autre part, le recours obligatoire à la corrélation *tanto más... cuanto que,* interdit de traduire **combien** par *cuanto.* On emploie donc *qué* ou *lo* + adj. + *que.* Var. : *es admirable ver lo peregrina que es esta cualidad de rectitud del juicio.*

3. exactitude de jugement : *rectitud del juicio.* Il s'agit en effet de l'opinion droite dans la tradition néo-platonicienne, de l'aptitude à juger droitement des choses.

4. on ne rencontre partout que des esprits faux : *por doquier* est classique ; *no se encuentran sino entendimientos falsos*: **esprit** désigne ici la faculté intellective qui permet de distinguer le vrai du faux et de former des raisonnements. On peut soit omettre la préposition (les esprits étant alors conçus comme de purs objets que l'on recherche), soit utiliser la préposition A, en tenant compte de la synecdoque : *no se encuentra sino a entendimientos falsos.*

5. qui n'ont presque aucun discernement de la vérité : *casi carentes de discernimiento*; *faltos* pouvait convenir, mais a été écarté pour sa ressemblance avec *falsos. Carentes, carecientes*: clas., déjà tombé en désuétude au moment de la rédaction du *Diccionario de Autoridades*. **Discernement :** *discernimiento* est le terme exact : «juicio recto que se hace de las cosas, distinguiéndolas entre sí, y diferenciando unas de otras» (Autoridades, *s.v.*). Var. : *discreción*, écarté pour sa polysémie.

6. d'un mauvais biais : var. : *torcidamente.*

7. se payent : *se pagan;* var. : *se contentan.* **Se payer** et *pagarse* ont en langue classique exactement le même sens, celui de se satisfaire : «yo d'esso me pago» dit Martin Antolínez, compagnon du Cid (*Poema de Mio Cid,* v. 141).

8. qui n'ont point de serre pour se tenir fermes : *que no tienen pulso para mantenerse constantes.* **Serre :** « Populairement. Il a la serre bonne, se dit d'un homme qui a le poignet vigoureux » (Littré, *s.v.*). *Pulso*: «no frec. Fuerza en las muñecas» (Moliner, *s.v.*).

9. c'est plutôt le hasard... qu'une solide lumière : *antes... que no una luz firme.* Sur l'usage de ce *no* explétif dans les comparaisons, cf. 11/21.

10. qui s'arrêtent à leur sens : il s'agit bien du sens au singulier, ici avis, opinion : « Chacun selon son sens en croit diversement » (Rotrou cité par Littré, *s.v.* acception 15). *Dictamen*: «opinión, juicio particular, o sentir proprio de uno o muchos sobre alguna cosa» (Autoridades, *s.v.*).

11. avec tant d'opiniâtreté : var. : *tan porfiadamente, con tanto ahínco.*

12. ce que personne n'a peut-être jamais entendu : *lo que quizás nadie nunca entendió*; le choix de l'indicatif s'explique par les interpolations de *nadie* et *nunca* sur lesquels la modalité porte autant que sur le verbe lui-même. Cf. 20/6.

13. celui qui... celui qui : on a choisi de différencier les deux antécédents par l'opposition *aquel/este* et de rythmer l'opposition par une double reprise du support dans les principales.

14. fait paraître quelque chaleur : var. : *muestra algún ardor, no puede ocultar alguna pasión.*

15. c'est pourquoi : *por eso es por lo que*: la tournure est lourde ; on en use volontiers ici dans un discours de type démonstratif.

46. COMMENTAIRES

16. il n'y a... si insupportables... qui ne trouvent : la négation de l'antécédent (une restriction est posée pour être levée) entraîne l'usage, en espagnol comme en français, du mode subjonctif dans la relative consécutive. Sur ce type de structure, cf. 41/1.

17. quiconque a dessein de piper le monde : piper : tromper, séduire, enjôler : *embaír, embaucar*. Choix du mode : *quienquiera* implique une représentation floue, indéfinie, de l'antécédent. Cette indétermination impose le subjonctif dans la relative.

18. qui seront bien aises : *a quienes harto agrade*: l'indétermination du support de la relative et la projection dans le futur se combinent pour imposer le subjonctif. *Harto*, clas. pour *mucho*.

19. sottises : var. *boberías, estulticias* (clas. et rare).

20. esprits auxquels elles sont proportionnées : il est difficile de maintenir en espagnol le même niveau d'abstraction. *Hallar la horma de su zapato*: «phrase que dá a entender haber encontrado alguno con aquello que deseaba y es de su genio» (Autoridades, *s.v. horma*). Var. : *entendimientos del mismo jaez; entendimientos a los que sientan como anillo al dedo*.

21. infatués des folies de l'astrologie judiciaire : « infatuer : donner une prévention folle pour une personne ou pour une chose » (Littré, *s.v.*) : *encapricharse, entusiasmarse*. *Astrología judiciaria*: «*judiciario*: se aplica a los que exercitan el arte de adivinar por los Astros, de que se jactan vanamente los Astrólogos, que también se dice Astrología judiciaria». (Autoridades, *s.v.*). On l'opposait à l'astrologie naturelle, ou astronomie.

22. qu'il a plu : *les plugo*. Le verbe *placer* connaît un prétérit faible (*plació*), rarement usité (on préfère *gustar*), et un prétérit fort hérité du Moyen Âge : *plogo* (forme archaïque et étymologique), dont dérive *plugo* (refait analogiquement sur *puso, pudo*). Il est ici un bon connotateur d'archaïsme.

23. Balance : pour conserver le sens du passage, il faut écarter *Libra* au profit de *Balanza*.

24. donc ceux qui naîtront : *luego los que nazcan*. *Luego*, typique du syllogisme, convient ici. Subjonctif dans la relative, cf. 2/14.

25. aussi bien = avec autant d'à propos : *con tanto acierto, tan atinadamente*.

26. revomir : le préfixe surprend et est sans doute amené par l'image du ruminant qui rejette, remâche, et redigère à plusieurs reprises.

27. extravagants : var. : *disparatados*.

28. querelles injustes : étant donné le contexte (procès, avis), **querelle** a sans doute le sens judiciaire ancien de plainte, d'action en justice (cf. Littré, querelle, acception 3), qui est aussi celui de *querella*. S'il signifie **démêlé** : *riña, disputa*.

29. avis : *arbitrios* : «el medio que se propone extraordinario, y no regular para conseguir algún fin: como los medios que se discurren para socorrer las necessidades del Príncipe, por lo regular gravosos a los pueblos» (Autoridades, *s.v.*). Les donneurs d'avis, *arbitristas*, qui faisaient métier de proposer des réformes et de donner leur avis sur tout, étaient, au Siècle d'or, célèbres et souvent critiqués.

30. il y en a peu qui n'aient leur source : on pouvait ici admettre l'indicatif ou le subjonctif. Tout dépend en fait du degré de réalité que l'on voudra bien concéder à ce petit nombre. La restriction portant sur l'antécédent entraîne en général le choix du subjonctif. Cf. 27/29.

31. dont on ait plus intérêt à se corriger : var. : *del que tengamos más interés en corregirnos (enmendarnos)*.

47. Le temps du noviciat

Je ne vous ferai pas le détail de mon noviciat : si l'on observait toute son austérité, on n'y résisterait pas [1] : mais c'est le temps [2] le plus doux de la vie monastique. Une mère des novices est la sœur la plus indulgente qu'on a pu trouver [3]. Son étude est de vous dérober toutes les épines de l'état [4] ; c'est un cours [5] de séduction la plus subtile et la mieux apprêtée. C'est elle qui épaissit les ténèbres qui vous environnent [6], qui vous berce, qui vous endort, qui vous en impose, qui vous fascine ; la nôtre s'attacha à moi particulièrement [7]. Je ne pense pas qu'il y ait aucune âme, jeune et sans expérience, à l'épreuve de cet art funeste. Le monde a ses précipices ; mais je n'imagine pas qu'on y arrive par une pente aussi facile [8]. Si j'avais éternué deux fois de suite, j'étais dispensée [9] de l'office, du travail, de la prière ; je me couchais de meilleure heure, je me levais plus tard ; la règle cessait pour moi. Imaginez, monsieur, qu'il y avait des jours où je soupirais après [10] l'instant de me sacrifier. Il ne se passe pas une histoire fâcheuse dans le monde qu'on ne vous en parle ; on arrange les vraies, on en fait de fausses, et puis ce sont des louanges [11] sans fin et des actions de grâces à Dieu qui nous met [12] à couvert de ces humiliantes aventures [13]. Cependant il approchait ce temps que j'avais quelquefois hâté par mes désirs. Alors je devins rêveuse [14], je sentis mes répugnances se réveiller et s'accroître. Je les allais confier à la supérieure [15], ou à notre mère des novices. Ces femmes se vengent bien de l'ennui que vous leur portez [16] ; car il ne faut pas croire qu'elles s'amusent du rôle hypocrite qu'elles jouent, et des sottises qu'elles sont forcées [17] de vous répéter : cela devient à la fin [18] si usé et si maussade pour elles ! Mais elles s'y déterminent [19], et cela pour [20] un millier d'écus qu'il en revient à leur maison. Voilà l'objet important pour lequel elles mentent toute leur vie [21], et préparent à de jeunes innocentes un désespoir de quarante, de cinquante années, et peut-être un malheur éternel ; car il est sûr, monsieur, que, sur cent religieuses qui meurent avant cinquante ans, il y en a cent tout juste [22] de damnées, sans compter celles qui deviennent folles, stupides ou furieuses en attendant.

Il arriva un jour qu'il s'en échappa une de ces dernières de la cellule où on la tenait renfermée [23]. Je la vis. Voilà l'époque de mon bonheur ou de mon malheur, selon, monsieur, la manière dont vous en userez avec moi [24]. Je n'ai jamais rien vu de si hideux. Elle était échevelée et presque sans vêtement ; elle traînait des chaînes de fer ; ses yeux étaient égarés ; elle s'arrachait les cheveux ; elle se frappait la poitrine avec les poings, elle

47. La época del noviciado

No os contaré con todos los detalles mi noviciado: si una observara todo su rigor, no lo resistiría; es empero la época más agradable de la vida monástica. Una madre de novicias es la hermana más indulgente a quien una ha podido encontrar. Su labor consiste en ocultarle a una todas las espinas de su estado; es un curso de la más sutil y sofisticada seducción. Es ella quien oscurece las tinieblas que nos rodean y es también ella quien nos acuna, nos adormece, nos infunde respeto, nos fascina; la nuestra me tomó mucho cariño. No creo que exista ni un alma, joven e inexperta, que pueda resistir a ese funesto arte. El mundo tiene sus abismos; pero no creo que se pueda acceder a ellos por una pendiente tan fácil. Si yo había estornudado dos veces seguidas, se me dispensaba del oficio, del trabajo, de la oración; me acostaba más temprano, me levantaba más tarde; la regla dejaba de existir para mí. Imaginaos, señor, que había días en los que suspiraba por sacrificarme. No ocurre un lance desafortunado en el mundo sin que nos hablen de él, arreglando los verdaderos, fabricando unos falsos, y luego vienen interminables alabanzas y acciones de gracias a Dios que nos pone a salvo de tan humillantes aventuras. Mientras tanto, iba acercándose aquel plazo que a veces había anticipado con mis deseos. Entonces me volví pensativa, sentí que mis repugnancias se despertaban y se acrecentaban. Yo iba a confiárselas a la superiora, o a nuestra madre. Esas mujeres se vengan cruelmente del tormento que les causamos; pues no vayáis a suponer que les divierte ese papel de hipócritas que representan, ni las bobadas que se ven obligadas a repetirnos: ¡Eso llega a ser para ellas tan usado y tan abrumador con el tiempo! Pero se conforman con todo eso y meramente por un millar de escudos que ingresan en su casa. Ésta es la razón importante por la que se pasan toda la vida mintiendo y preparando a unas jóvenes inocentes una desesperación de cuarenta o cincuenta años, o incluso una desgracia eterna; pues queda claro, señor, que de cada cien religiosas que mueren antes de los cincuenta años, exactamente cien están condenadas, sin contar a las que mientras tanto se vuelven locas, estúpidas o furiosas.
　Ocurrió un día que una de éstas escapó de la celda donde la tenían encerrada. Yo la vi. Ha llegado la época de mi felicidad o de mi desgracia, según la manera con la que vos, señor, os comportéis conmigo. Jamás vi algo tan horroroso. Iba desmelenada y casi desnuda; arrastraba cadenas de hierro; tenía la mirada extraviada; se arrancaba el pelo; se

courait, elle hurlait ; elle se chargeait elle-même, et les autres, des plus terribles imprécations ; elle cherchait une fenêtre pour se précipiter. La frayeur me saisit, je tremblai de tous mes membres, je vis mon sort dans celui de cette infortunée, et sur-le-champ il fut décidé, dans mon cœur, que je mourrais mille fois plutôt que de m'y exposer. On pressentit l'effet que cet événement pourrait faire sur mon esprit ; on crut devoir le prévenir. On me dit de cette religieuse je ne sais combien de mensonges ridicules qui se contredisaient : qu'elle avait déjà l'esprit dérangé quand on l'avait reçue ; qu'elle avait eu un grand effroi dans un temps critique ; qu'elle était devenue sujette à des visions ; qu'elle se croyait en commerce avec les anges ; qu'elle avait fait des lectures pernicieuses qui lui avaient gâté l'esprit ; qu'elle avait entendu des novateurs d'une morale outrée [25], qui l'avaient [26] si fort épouvantée des jugements de Dieu, que sa tête ébranlée en avait été renversée [27] ; qu'elle ne voyait plus que des démons, l'enfer et des gouffres de feu ; qu'elles étaient bien malheureuses ; qu'il était inouï qu'il y eût jamais eu un pareil sujet dans la maison ; que sais-je quoi encore ? Cela ne prit point auprès de moi. À tout moment ma religieuse folle me revenait à l'esprit, et je me renouvelais le serment de ne faire aucun vœu.

Denis DIDEROT
La Religieuse, 1760

47. COMMENTAIRES

1. **si l'on observait... on n'y résisterait pas** : le pronom **on** apparaît ici en variante du **je** énoncé en début de texte (équivalent : *una*, puisqu'il s'agit d'une narratrice). C'est du moins l'interprétation la plus plausible (corroborée par la variante **vous** en position d'objet direct deux phrases plus loin). Cependant, il n'est pas exclu d'y voir une extrême généralité : quiconque l'observerait n'y résisterait pas. On peut donc proposer la variante : *quien observara todo su rigor no lo resistiría*.

2. **mais c'est le temps...** : la conjonction adversative **mais** unit deux idées totalement contradictoires : toute l'austérité insupportable du noviciat / le temps le plus doux de la vie monastique. Il y a donc paradoxe et levée du paradoxe, et le **mais** est donc porteur de concession : quoique ce soit une époque terriblement austère, c'est pourtant la plus douce. La traduction la plus exacte serait donc : *y sin embargo*, dont l'équivalent exact dans la langue classique est *empero*: «conjunción adversativa que regularmente minora u destruye lo que antes se ha dicho en la oración [...]. ''No negamos empero que haya sido una de las muchas Lenguas que en España se usaban'', Quevedo» (*Autoridades, s.v.*).

3. **une mère... la plus indulgente qu'on a pu trouver** : remarquons d'abord que cette phrase semble être porteuse d'une

golpeaba el pecho con los puños, corría, vociferaba; profería contra sí misma y contra las otras las más terribles imprecaciones; andaba buscando una ventana para arrojarse. Fui presa del pavor, temblaron todos mis miembros, vi mi destino en el de esa infeliz y en el acto decidí en mi interior que mil veces moriría antes que abandonarme a él. Intuyeron el efecto que semejante acontecimiento podría causar en mi espíritu; creyeron conveniente prevenirlo. Me dijeron sobre esta religiosa no sé cuántas mentiras ridículas y contradictorias: que ya tenía la mente trastornada cuando la habían acogido; que había sufrido un gran pavor en una edad crítica; que se había vuelto propensa a tener visiones; que creía tratar con los ángeles; que había tenido perniciosas lecturas que le habían dañado el espíritu; que había oído a unos innovadores que enseñaban una moral excesiva, los cuales tanto la habían atemorizado con los juicios divinos que su mente ya trastornada se había extraviado; que ya no veía sino demonios, el infierno y abismos de fuego; que ellas lo sentían mucho; que era inaudito que se produjera semejante caso en el convento y ¿qué sé yo cuántas cosas más? Todo aquello no me hizo la menor mella. Continuamente recordaba a mi religiosa demente, y me hacía de nuevo la promesa de no pronunciar voto alguno.

47. COMMENTAIRES

visée généralisante (une mère... est), ce qui interdit *a priori* d'interpréter **on** comme équivalent de **je**. Cependant, deux traits semblent contredire cette interprétation du **on** : le mode du verbe (indicatif là où l'on attendrait un subjonctif) ; l'aspect du verbe (composé là où l'on attendrait un aspect simple, le passé composé étant inapte à dire une vérité générale). Deux interprétations opposées sont donc plausibles : 1) **qui se puisse trouver** (où l'on tient pour nul l'aspect composé du verbe et où l'on interprète le **on** comme très général) : *a quien se puede encontrar*. 2) **que j'ai pu trouver** (où l'on interprète **on** comme un équivalent de **je**, la proposition faisant renvoi à l'expérience singulière passée de la narratrice) : *a quien una ha podido encontrar*.

4. **son étude est de vous dérober toutes les épines de l'état** : = son souci est de vous dissimuler tous les aspects désagréables de l'état de moniale. *Espina*: «pensamiento o idea que atormenta: tiene clavada esa espina en el corazón; desventaja, dificultad, inconveniente que se encuentra en alguna cosa; pl. abrojos, penalidades» (Moliner, *s.v.*). **Vous** = *una*, cf. *supra*, note 1.

5. **cours** = ensemble de cours, non pas *clase*, mais *curso*.

6. **qui vous environnent** : on pourrait conserver *una* au risque d'alourdir la

47. COMMENTAIRES

phrase. On peut aussi user de *nosotr(a)s*, qui inclut la narratrice dans la collectivité des novices.

7. s'attacha à moi particulièrement : var. : *se encariñó mucho conmigo.*

8. je n'imagine pas qu'on y arrive par une pente aussi facile = je ne crois pas qu'on puisse y parvenir plus aisément que par la pente du noviciat.

9. si j'avais éternué deux fois... j'étais dispensée : l'imparfait de l'indicatif dans les deux propositions montre assez qu'il s'agit d'une variante « occasionnelle » de la temporelle, où *si* est porteur d'une visée réalisante (= *cuando*). On peut aussi y voir une idée de cause suffisante : var. : *bastaba con que yo estornudase... para que se me dispensara.*

10. je soupirais après = désirer ardemment : *suspirar por*: «desear mucho cierta cosa: suspira por un abrigo de pieles» (Moliner, *s.v.*).

11. louanges : *i.e.* louanges adressées à Dieu : *alabanzas, loores* (clas., masc.).

12. qui nous met : le verbe est au singulier : l'antécédent du relatif est **Dieu**.

13. il ne se passe pas... humiliantes aventures : le changement de repère temporel (imparfait > présent) s'explique par la valeur généralisante des phrases au présent. Ce présent de généralisation doit être conservé dans la traduction, où il ne choquera pas plus qu'en français.

14. je devins rêveuse : *me volví pensativa*; cas d'emploi typique de *volverse*, où se marque un changement soudain et profond, parfois irréversible. Cf. 17/6.

15. je les allais confier à la supérieure : il s'agit bien d'un imparfait qui implique une vision imperfective et — ici — répétitive de l'opération : l'absence de limite de fin nettement dessinée permet, dans certains contextes, l'émergence de cette valeur d'« habitude ». La supérieure : *la superiora*, avec variation générique, alors que l'adjectif correspondant neutralise les deux genres : *el borde superior, la parte superior.*

16. de l'ennui que vous leur portez : ennui = souci, contrariété, forte contrariété : *cuidado, tormento.*

17. qu'elles sont forcées : *que se ven obligadas. Verse*, cf. 27/41.

18. cela devient à la fin... : comme le manifeste clairement l'adverbe, il s'agit d'une transformation progressive que peuvent rendre *llegar a ser* ou *hacerse*, cf. 17/6. *Eso llega a ser con el tiempo...* Var. : *¡Es que todo eso se les hace tan usado y tan abrumador con el tiempo!* (Cf. *se me hace largo el tiempo*: **le temps me paraît [de plus en plus] long.**)

19. elles s'y déterminent : clas. = elles s'y résolvent : *conformarse con*, plutôt que *decidirse a.*

20. et cela pour : *i.e.* [seulement] pour : *meramente*: «no otra cosa más que la que se dice a continuación... Me lo preguntó meramente por curiosidad» (Moliner, *s.v.*).

21. l'objet important pour lequel elles mentent toute leur vie : objet : « cause, sujet, motif d'un sentiment, d'une passion ; but, enfin, qu'on se propose » (Littré, *s.v.*). La narratrice expose le mobile du comportement des religieuses, l'appât du gain ; un mobile est une fin qu'on se propose et qui constitue la cause déclenchante d'un comportement. Il mêle donc cause et finalité : on peut donc traduire

47. COMMENTAIRES

objet par *causa, motivo*, ou par *fin, designio, blanco* etc.

22. sur cent religieuses… il y en a cent tout juste : la préposition **sur** sert ici à dire la proportion ou la fraction ; esp. : *de, de cada :* un sur deux : *uno de cada dos*. Rappelons que *ciento* s'apocope devant un substantif et lorsqu'il multiplie le numéral qui le suit : *cien casas, cien chicos, cien mil, cien millones*. Apocope aussi lorsque le substantif est sous-entendu : *un billete de cien,* ou lorsque l'on fait le décompte d'objets : *… noventa y ocho, noventa y nueve, cien* (le substantif de l'objet inventorié est mentalement implicite). Pourcentages : *cuatro por ciento*, mais *ciento por ciento* et *cien por cien* (plus familier). Cf. Seco, *s.v. ciento*.

23. où on la tenait enfermée : *donde la tenían encerrada*. Sur l'emploi de *tener* avec participe, cf. 39/16.

24. voilà l'époque… vous en userez avec moi : en user avec quelqu'un : agir, se comporter de telle ou telle façon avec quelqu'un. La narratrice semble prendre à témoin son interlocuteur : voilà, lui dit-elle, ce qu'il adviendra de moi si vous ne m'aidez point à sortir de mon état : je deviendrai une mystique hystérique comme celle dont je vous fais le portrait. **Voilà l'époque** doit donc être compris : voici arrivée l'époque [de mon bonheur ou de mon malheur, selon que vous m'aiderez ou ne m'aiderez pas].

25. des novateurs d'une morale outrée : l'article indéfini (**une**) incline à interpréter : novateurs tenants, défenseurs d'une morale outrée. Il faut alors traduire **morale** par *moral* (doctrine éthique) et non pas *moralidad* (morale individuelle).

26. morale outrée, qui l'avaient : la disjonction entre le relatif et l'antécédent oblige à user de *los cuales*, ou *quienes*, *que* ne pouvant renvoyer qu'au substantif situé à proximité.

27. tête ébranlée… renversée : il faut rendre la gradation sémant que de l'un à l'autre adjectif. On peut le faire par la différence de degré entre *trastornarse* et *extraviarse*, ou, en descendant d'un degré, entre : *impresionada* et *trastornada*.

48. Engagez-vous !

Chapin pensait : « Deux si belles bêtes [1] ! » La guerre, il s'en foutait [2] : il faudrait voir. Mais ces bêtes-là, il les soignait depuis cinq ans, il les avait châtrées lui-même, ça lui crevait le cœur [3]. Il donna un coup de fouet à son cheval et le fit obliquer vers la gauche ; sa carriole [4] passa lentement le long de la charrette à Simenon. « Qu'est-ce que tu fous [5] ? » dit Simenon. « J'en ai marre [6], dit Chapin, je voudrais être arrivé ! » « Tu vas fatiguer tes bêtes », dit Simenon. « Je m'en fous bien [7], à présent », dit Chapin. Il avait envie de les gratter tous ; il s'était mis debout, il faisait claquer sa langue et criait : « Hue ! Hue ! », il glissa le long de la charrette à Popaul [8], il glissa le long du char à Poulaille. « Tu fais la course ? » demanda Poulaille. Chapin ne répondit pas et Poulaille cria derrière lui : « Attention aux bêtes [9] ! Tu les esquintes [10] ! » et Chapin pensa : « Je voudrais qu'elles crèvent. » On frappait [11] ; Chapin était en tête à présent et les autres le suivaient et frappaient leurs chevaux, par émulation ; on frappait ; Mathieu s'était levé, il se frottait les yeux ; on frappait ; l'autocar fit une embardée pour éviter un Arabe à bicyclette qui portait une grosse musulmane voilée sur le cadre de son vélo ; ON FRAPPAIT et Chamberlain sursauta, il dit : « Holà [12] ! qu'est-ce que c'est ? Qui frappe ? » et une voix répondit : « Il est sept heures, Votre Excellence [13]. » À l'entrée de la caserne, il y avait une barrière de bois. Une sentinelle montait la garde [14] devant la barrière. Chapin tira sur les rênes et cria : « Ho ! Ho ! nom de Dieu [15] ! » « Ah ben [16] ! dit la sentinelle. Ah ben ! Et d'où c'est que vous venez, comme ça [17] ? » « Allez, lève ça », dit Chapin en montrant la barrière. « J'ai pas d'ordres, dit le soldat. D'où c'est que vous venez ? » « Je te dis de lever ça [18]. » Un adjudant sortit du poste de garde. Toutes les charrettes s'étaient arrêtées ; il les considéra un instant et puis il siffla : « Qu'est-ce que vous venez foutre [19] ici ? » demanda-t-il. « Eh ben [20] ! on est mobilisé, dit Chapin. C'est-il que vous ne voulez plus de nous, à cette heure ? » « T'as le fascicule ? » demanda l'adjudant. Chapin se mit à fouiller dans ses poches, l'adjudant regarda tous ces gars silencieux et sombres, immobiles sur leurs sièges, qui avaient l'air de présenter les armes, et il se sentit fier sans savoir pourquoi. Il avança d'un pas [21] et cria : « Et les autres ? Ils ont aussi le fascicule ? Sortez vos livrets [22]. » Chapin avait retrouvé son livret militaire. L'adjudant le prit et le feuilleta : « Eh bien ? dit-il, t'as le fascicule 3, couillon [23]. Tu t'es trop pressé, ça sera pour

48. ¡Alístense!

Chapin pensaba: «¡Dos bestias tan hermosas!» A él la guerra le importaba un pito: habría que ver. Pero aquellas bestias, llevaba cinco años cuidándolas, él mismo las había capado, y eso le partía el alma. Dio un latigazo al caballo y le mandó torcer hacia la izquierda; su carretón adelantó lentamente al carro del Simenon. «Pero ¿qué coños estás haciendo?» dijo Simenon. «Estoy hasta la coronilla, dijo Chapin, ya quisiera haber llegado» «Vas a cansar a los caballos», dijo Simenon. «Ahora sí que me trae sin cuidao», dijo Chapin. Le daban ganas de dejarles a todos atrás; se había puesto de pie, chasqueaba la lengua y gritaba: «¡Arre! ¡Arre!», se deslizó a lo largo del carro del Popaul, y después a lo largo de la carreta del Poulaille. «¿Nos estás echando una carrera?» preguntó Poulaille. Chapin no contestó y Poulaille gritó detrás de él: «¡Cuidao con las bestias! ¡que te las estás cargando!» y Chapin pensó: «¡Ojalá reventasen!» Daban golpes; ahora Chapin iba en cabeza, los demás le seguían y les daban a los caballos, por emulación; daban golpes; Mathieu se había puesto de pie, se frotaba los ojos; daban golpes; el autocar dio un bandazo para evitar a un moro montado en bicicleta que llevaba en el cuadro de la bici a una gorda musulmana embozada en un velo; DABAN GOLPES y Chamberlain se sobresaltó, dijo: «¡Pero bueno! ¿Qué es eso? ¿Quién está llamando?» y una voz contestó: «Son las siete, Excelencia.» A la entrada del cuartel, había una barrera de madera. Un centinela hacía guardia delante de la barrera. Chapin tiró de las riendas y gritó: «¡So! ¡So! ¡Hostias!» «¡Sopla! dijo el guardia, ¡sopla! ¿De dónde es que venís?» «¡Anda! ¡levántame eso!», dijo Chapin señalando la barrera. «Si yo no tengo órdenes, dijo el soldado. ¿Pero de dónde es que venís?» «¡Que me levantes eso he dicho!» Un sargento mayor salió del cuerpo de guardia. Se habían detenido todos los carros; los examinó un instante y luego silbó: «¿Pero qué leches estáis pintando aquí?» preguntó. «Pues claro, estamos movilizados, dijo Chapin. ¿Es que ya no nos necesitáis, a la hora de ahora?» «¿Llevas la hoja de movilización?» preguntó el sargento mayor. Chapin se puso a hurgar en sus bolsillos, el sargento mayor miró a todos aquellos mozos callados y sombríos, inmóviles en sus asientos, que parecían estar presentando armas, y sin saber por qué se sintió orgulloso. Dio un paso adelante y gritó: «¿Y los demás? ¿tienen la hoja de movilización? Sacar las cartillas». Por fin Chapin había dado con su cartilla militar. El sargento mayor la cogió y la hojeó: «Pues entonces... tienes la hoja número

la prochaine fois. » « Je vous dis que je suis mobilisé », dit Chapin. « Tu le sais peut-être mieux que moi ? » dit l'adjudant. « Oui, je le sais [24], dit Chapin en colère. Je l'ai lu sur l'affiche. » Derrière eux les gars s'impatientaient, Poulaille criait : « Alors ? c'est-il fini ? Est-ce qu'on entre ? » « Sur l'affiche ? dit l'adjudant. Tiens, la voilà, ton affiche. Tu n'as qu'à la regarder, si tu sais lire. » Chapin posa son fouet, sauta sur le sol et s'approcha du mur. Il y avait trois affiches. Deux en couleurs : « Engagez-vous, rengagez-vous [25] dans l'armée coloniale » et une troisième toute blanche : « Rappel immédiat de certaines catégories de réservistes [26]. » Il lut lentement, à mi-voix et dit en secouant la tête : « C'est pas celle-là qu'on a mise chez nous. » Maublanc, Poulaille, Fraigneau étaient descendus : « C'est pas la nôtre, d'affiche. » « D'où c'est que vous êtes ? » demanda l'adjudant. « De Crevilly », dit Poulaille. « Eh ben, je sais pas, dit l'adjudant, mais j'ai idée qu'il y a un fameux con [27], à la gendarmerie de Crevilly. Enfin ! donnez-moi vos livrets et suivez-moi chez le lieutenant [28]. »

Jean-Paul SARTRE
« Le Sursis »
in Les Chemins de la liberté, tome II,
© Éditions Gallimard, 1945

48. COMMENTAIRES

TITRE : s'engager dans l'armée : *alistarse, engancharse.*

1. bêtes : *animales, bestias* «especialmente caballería» (Moliner). À l'exclusion de *reses*, qui désigne le bétail.

2. il s'en foutait : var. fam. : *le importaba un pimiento, un bledo, un pepino, un rábano, un higo;* vulg.: *la guerra se la pasaba por el sobaco.*

3. ça lui crevait le cœur : var. : *se le arrancaban las entrañas.*

4. carriole, charrette, et plus loin **char :** il est clair que l'auteur emploie ces différents termes à des fins purement esthétiques, sans se donner une représentation nette des différences existant entre les divers types d'attelage (Sartre, dont la phobie pour la chlorophylle est bien connue, n'avait sans doute qu'une connaissance livresque et vague des référents auxquels font renvoi les différents termes). On veillera seulement à conserver une différence de signifiant, en piochant dans la liste des termes désignant des attelages à chevaux: *carreta, carro, carretón,* etc.

5. qu'est-ce que tu fous ? : var. : *¿qué carajos estás haciendo?;* Pero, ¡coño (joder, carajo)! ¿Qué estás haciendo?; ¿Qué haces, carajo?*

6. j'en ai marre : var. : *estoy hasta el cogote,* etc.

7. je m'en fous bien : *me importa tres pimientos:* le numéral renforce l'affirmation de l'indifférence.

8. la charrette à Popaul : *la carreta del Popaul.* Sur l'utilisation familière de l'article devant un nom propre, cf. 18/titre.

9. attention aux bêtes : var. : *¡ojo con los caballos!*

10. esquinter : *derrengar, reventar, cargarse: te las estás cargando.*

tres, so alcornoque. Te has dado demasiada prisa, te tocará la próxima vez». «Pero si le digo que estoy movilizado», dijo Chapin. «¿Y acaso lo sabes mejor que yo?» dijo el sargento mayor. «¡Cómo no voy a saberlo! dijo Chapin enfadado. Lo leí en el cartel.» Detrás de ellos, los muchachos se impacientaban, Poulaille gritaba: «Bueno ¿y qué? ¿Se acabó ya? ¿Entramos o no?» «¿En el cartel? dijo el sargento mayor. Mira ahí tienes tu cartel. Míralo tú mismo si es que sabes leer.» Chapin dejó el látigo, se apeó, y se acercó al muro. Había tres carteles. Dos en color: «¡Alístense! ¡Alístense de nuevo en el ejército colonial!» Y un tercero todo blanco: «Llamamiento inmediato a filas de ciertas quintas de reservistas». Leyó despacio a media voz y dijo cabeceando: «No es éste el que han puesto en nuestro pueblo». Maublanc, Poulaille, Fraigneau se habían apeado: «No es el nuestro el cartel ese» «¿De dónde sois?» preguntó el sargento mayor. «De Crevilly», dijo Poulaille. «Pues no sé, dijo el sargento mayor, pero me da al corazón que hay un cabrón de miedo... en la gendarmería de Crevilly. ¡En fin! darme las cartillas y seguirme adonde el teniente».

48. COMMENTAIRES

11. **on frappait** : la suite du texte montre que ce syntagme récurrent doit pouvoir faire renvoi à la fois aux coups donnés aux bêtes dans la scène de la course, et aux coups frappés à la porte de Chamberlain. Dans ce *patchwork*, ce syntagme, qui sert en somme de tremplin narratif d'une scène à l'autre, ne peut être traduit que de façon très vague : *daban golpes, golpeaban.*

12. **Holà** : exclamation de surprise et d'irritation : *¡Pero bueno! ¡Anda ya!*

13. **Votre Excellence** : *Excelencia*; ce titre, signale Moliner, peut servir à s'adresser à un ministre et peut être précédé des possesifs *su* et *vuestra*.

14. **montait la garde** : *hacía guardia, montaba la guardia.*

15. **Ho ! Ho ! nom de Dieu !** : interjection adressée aux chevaux pour leur commander de s'arrêter : *¡So, so!* ou *¡Jo, jo!*.

¡Hostias!, étant un blasphème, convient assez bien pour traduire **nom de Dieu !**

16. **Ah ben !** : interjection marquant la surprise : var. : *atiza, arrea, caray, leche, ostras, caramba, vaya, etc.*

17. **et d'où c'est que vous venez, comme ça ?** : Var. : *¿Y de dónde venís así? ¿De dónde demonios venís vosotros?*

18. Var. : *Que te digo que me levantes eso.*

19. Var. : *¿Qué carajos venís a hacer aquí?*

20. **Eh ben !** : exclamation d'évidence : *¡Pues claro!*

21. Var. : *adelantó un paso.*

22. **sortez vos livrets** : *sacar las cartillas*: l'infinitif, précédé ou non de A, a une valeur injonctive équivalente à celle de l'impératif de *vosotros*.

48. COMMENTAIRES

23. couillon : ¡So gilipollas, alcornoque, tonto, soplapollas, tontolculo!, etc. La particule (altération ancienne de señor) sert à renforcer une interjection, une insulte.

24. oui, je le sais : ¡Si lo sabré yo!

25. Var. : ¡Engánchense, reengánchense...!

26. catégories de réservistes : il s'agit vraisemblablement de classes d'âge (= quintas).

27. un fameux con : var. : un cabrón de primera, un gili de miedo, un gilipollas de mucho cuidao, de aquí te espero, de campeonato, de embute, de espanto (toutes ces locutions ne sont pas équivalentes, certaines sont plus argotiques ou vulgaires que d'autres).

28. chez le lieutenant : adonde el teniente. Sur ce type d'ellipse, cf. 22/13 et 22/29. «Inclusive una noche, me llegué donde don Prócoro a confesarme, ¿se da cuenta?» (Miguel Delibes, Las guerras de nuestros antepasados).

Index

Les *chiffres* renvoient aux *notes* ; chaque note est repérée en fonction du *numéro du texte* (premier chiffre) et de sa place dans le commentaire dudit texte (second chiffre) : exemple : **9/21 signifie : voir texte 9, note 21**. Pour faciliter la recherche, le numéro des textes est porté en haut de page dans tout l'ouvrage. Les notes commentant la traduction du **titre** n'ont pas été chiffrées (ex : **40/titre**) ; elles se trouvent en tête du groupe de notes indiqué, précédées de la mention **Titre**.

A (préposition — ou zéro devant complément d'objet direct) :
— 1/2 — 1/24 — 2/1 — 2/25 — 3/6 — 4/3 — 4/27 — 5/8 — 6/5 — 6/21 — 8/9 — 8/19 — 9/3 — 12/18 — 17/16 — 17/34 — 24/8 — 25/11 — 26/15 — 28/7 — 28/14 — 28/29 — 29/3 — 30/7 — 31/3 — 35/13 — 35/14 — 35/15 — 36/3 — 37/14 — 37/23 — 38/2 — 41/8 — 45/2 — 45/19.
— devant le second membre d'une comparaison : 6/7 — 29/3 — 30/11.
— omission devant l'objet direct d'un verbe triactanciel : 5/2 — 28/12 — 40/5.
A (préposition après verbe de mouvement) : 1/6 — 4/5 — 5/12 — 9/21 — 10/10 — 24/7 — 23/7 — 28/14 — 30/14.
A (préposition fonctions diverses) :
— + indication horaire : 16/7.
— + date : 20/1.
— + substantif (périodicité) : 5/3 — 21/9.
— + infinitif (subordonnée hypothétique) : 4/35 — 12/12.
à (préposition dans le syntagme infinitif complément d'adjectif : **facile, difficile, impossible à faire**) : 1/31 — 17/30 — 24/1 — 32/4 — 32/14.
à (valeurs diverses) : 1/28 — 5/3 — 16/7 — 25/5.
à la + adj. de nationalité ou nom propre (loc. adv. de manière) : 26/16 — 32/19.
à la plume, à la gouache : 5/24.
à peine... que : 1/26 — 21/21.
à table : 2/15.
abord (d') : 11/5.
aborder : 10/5.
abri (à l') : 16/21.
acabar de, por : 12/11.
acompañar (syntaxe) : 36/3.
accord : voir adjectif, *ad sensum, caro, cuyo,* emphatique, féminin, *mar,* masculin, masculine, participiale, SE, **sonner,** *superiora, tener* + participe passé, *todo.*

accourir : 22/2.
adjectif épithète :
— antéposition dans les syntagmes adverbiaux : 11/3 — 20/9.
— antéposition ou postposition : 5/6 — 6/16.
— accord : 9/25.
— de couleur (accord) : 9/4.
— attribut de l'objet direct (contraintes sémantiques) : 22/1 — 22/18.
adjective (proposition) : 4/2.
adonde + subst. (ellipse de l'auxiliaire) : 48/28.
adresse au lecteur : 25/2.
ad sensum (accord du verbe —) : 10/23 — 17/7.
adverbe (collocation de l') : 25/9 ; voir apocope.
agaceries : 41/26.
agent (complément d') : 4/1.
ahí (sémantique) : 32/11.
ahora bien, voir **or.**
ailleurs (d') : 14/7.
aise (en prendre à son) : 21/17.
al + infinitif : 31/23.
algo (adv.) : 34/6 — 34/12.
algo / algo de + adjectif : 1/22 — 18/13.
aller (se laisser — à) : 32/10.
ambos (opposition avec *entrambos*) : 22/22.
amuser : 2/4.
anacoluthe : 45/16.
animation des objets inertes : 5/13.
anomalie (dans la morphologie verbale) :
— numérique : 23/2 — 40/17.
— modale : 7/20 — 31/15 — 37/20.
— temporelle : 11/26.
ans (avoir x —) : 41/9.
antes que, antes de que : 9/20.
antiphrase : 40/20 — 40/22.
apenas... (cuando) : 1/26 — 28/3.
apercevoir : 6/3 — 31/3.

303

apocope :
- — de *uno* : 2/13.
- — de *primero/tercero/postrero* : 2/13 — 38/16.
- — de l'adverbe en -*mente* : 11/9 — 23/14 — 34/11 — 45/26.
- — de *cuanto/mucho/tanto* : 12/1 — 12/20 — 21/20 — 24/17 — 45/1.
- — de *cualquiera* : 5/33.
- — de *reciente* : 44/5 — 45/17.

apostropher : 11/8.
appeler : voir *llamar*.
apporter (sémantique) : voir *llevar*.
apprenti + subst. : 19/titre.
aquel : voir démonstratif.
ardiendo (fonction adjective) : 16/4.
arrimer : 16/18.
article :
- • zéro.
- — cas général : 40/13.
- — devant *señor* : 5/18.
- — devant indéfinis : 1/12 — 2/9 — 20/13.
- — dans les locutions adverbiales prépositionnées : 2/11 — 5/25 — 9/13 — 41/40.
- — devant noms propres géographiques : 3/18.
- — devant *medio* : 5/1.
- — devant subst. désignant une matière d'apprentissage : 22/16.
- — dans la phrase nominale : 3/18.
- • *el* (pseudo-masculin/hiatus) : 6/11.
- — défini (opposition sémantique avec l'indéfini) : 20/12.
- — défini (fam. ou pop. devant nom propre) : 18/titre — 48/8.
- — défini (restitué dans le relatif prépositionnel) : 11/14.
- — indéfini (valeur emphatique) : 7/12.
- — indéfini *unos* (approximation numérique) : 12/2.

asomarse : 6/2 — 35/11.
attelage (rhét. — ou zeugma dilogique) : 41/12.
attendant (en — de) (loc. adv.) : 20/20.
âtre (devant l') : 5/27.
aunque (mode) : 32/2 — 35/2.
auquel (relatif objet indirect) : 2/22.
aussi bien (adv. de phrase) : 13/5 — 13/12.
avance (d') : 11/7.
aventures (= liaison) : 13/4.
avoir (n' — qu'à) : 19/5.
avoir (y — de quoi) + inf. : 14/6 — 14/34.

bachiller : 25/18.
bajo (adj. et adv., choix de l'auxiliaire) : 5/17.
balafrer : 43/20.
ballets bleus (roses) : 3/23.
basta con que : 47/9.
bastante… como para, voir pondératives (cor-

rélations —).
beau (avoir —) : 30/25.
bel-esprit (clas.) : 11/18.
bien (gens de —) : 11/30.
bien (adv. fr.) : 6/23 — 7/3 — 8/12 — 8/16 — 10/4 — 36/7 — 43/8 — 43/13.
bien que (mode) : 32/2 — 35/2.
bon (c'est — pour) : 19/1.
boulevard (pièces de —) : 45/11.
boulot : 19/15.
bourse (délier les cordons de la —) : 8/12.
brûlot (fig.) : 45/12.
buscar (syntaxe) : 20/22.

caber : 14/39.
caro (adj./adv. accord) : 27/14.
cas (au — où) : voir *por si*.
caso (el — es que) : 36/1.
causale (sub. introduite par **tant/tellement**) : 6/6 — 37/6 — 44/23.
cependant : 6/19.
certain (un —) : 1/12.
c'est moi qui (c'est en 1964 que, ainsi que, là que…) : voir emphatique.
c'est que (justification) : 7/5.
changement de catégorie morphosyntaxique : 1/9 — 4/26.
chat (donner sa langue au —) : 40/19.
château : 6/10 — 30/3.
chauffé (être —) : 22/17.
chemin faisant : 8/1.
cher (mon —, — ami) : 11/1.
chez : 9/13 — 48/28.
chien (avoir un mal de —) : 8/21.
cierto (por) : 44/14.
cinq (en — sec) : 19/18.
circonstance (de —) : 21/4.
cœur (avoir à — de) : 20/16 ; **glacer jusqu'au —** : 30/5 ; **percer le —** : 28/2 ; **crever le —** : 48/3.
coin (au — du feu) : 5/27 ; **au — d'un bois** : 24/12.
colgando (fonction adjective) : 16/4.
combien (excl.) : 45/1 — 46/2.
comme (conj. de temps) : 14/23.
comment… (en tête de titre de chapitre) : 26/titre.
commerce (clas.) : 11/12.
como + subjonctif (cause suffisante maintenue en hypothèse) : voir subjonctif.
comparatif d'égalité : 2/6.
comparative (subordonnée — de supériorité ou d'infériorité) : 9/22 — 27/2 — 29/14 — 37/8.
complément d'agent : 4/1.
complément d'objet direct : voir A.
complétive (sub. — au subjonctif après verbe

de volonté, ordre, prière, etc.) : 1/20 — 2/26
— 12/19 — 14/36 — 17/19 — 20/11 — 28/6
— 33/14.
compliments : 21/5 — 39/4 — 40/21.
composés (temps) :
— syntaxe : 1/11 — 6/20 — 22/11 — 23/13
— 42/23.
— auxiliaire en esp. et en fr. : 27/19.
comprendre : 2/7.
compte (en avoir pour son —) : 10/14 ; **ne pas avoir son —** : 26/18.
CON :
— instrumental : 4/1 — 5/31.
— - substantif référant à un élément accessoire, rapporté ou contingent : 1/29 — 43/16.
— formant avec le groupe nominal un syntagme adverbial notant « l'attitude » : 5/28 — 11/3 — 14/19 — 20/9 — 24/23 — 28/11 — 35/22 — 37/5.
— - infinitif (concession) : 31/6.
con (subst. et adj.) : 48/27.
concession : voir *aunque*, **beau (avoir —), bien que, CON, mais, pour, si,** *si bien*.
concordance des temps : 2/14 — 5/38 — 16/20 — 27/22 — 28/13 — 34/17 — 35/20.
conditionnel de conjecture : 15/20 — 16/2 — 27/17 — 27/23 — 28/10 — 29/16 — 45/28.
conducto (por — de) : 4/19.
conjecture : voir conditionnel, futur, *deber de*.
connaître (clas.) : 29/21.
consentir (double construction) : 37/1.
consigo : 14/38.
contre (prép.) : 8/3.
côté (du — de) : 31/7.
couchette : 5/22.
couillon : 48/23.
couvert (à —) : 12/8.
craindre : 7/27 ; — **que ne** : 42/9.
croire (je veux — que) : 40/3.
cuando (valeur adversative) : 9/10 — 17/25.
cuando + subst. (ellipse de *ser*) : 22/13 — 22/29.
cuándo : voir interrogative indirecte.
cuistre (clas.) : 26/19.
culotté (fig.) : 14/25.
cuyo :
— syntaxe : 6/16.
— accord par proximité : 35/7.
— emploi après préposition : 35/18.
— voir **dont**.

dame ! (interj.) : 7/17.
dans (prép.) :
— traduite par DE/CON : 6/4.
— traduite par A : 20/11.
— traduite par A/EN : 30/14.

— traduite par POR : 31/11.
dar que + inf. : 14/26.
date (expression de la —) : 20/1 — 42/31.
datif d'intérêt : 30/8.
DE (prép.) :
— + substantif indiquant une fonction ou un procès dans lequel on est engagé : 14/18.
— + indication de temps : 3/1 — 7/18 — 12/7 — 24/14 — 34/18.
— + infinitif (sub. hypothétique) : 4/35.
— *de cómo* (tête de chapitre) : 26/titre.
— formant avec le groupe nominal l'expression d'une caractéristique essentielle, définitoire : 5/19 — 6/10 — 6/14 — 25/5 — 32/7 — 43/16 — 44/1.
de (prép. fr.) :
— traduite par zéro : 1/21 — 8/10 — 10/20.
— traduite par EN : 2/26.
— traduite par DE : 5/15.
— traduite par A/DE : 5/19.
de (article fr.) traduit par *unos* : 11/11 ; traduit par art. zéro : 40/13.
deber de + inf. : 10/8.
débuter : 40/2.
déictique : voir démonstratif.
dejar + adj. : 14/26.
demander : 1/20.
demasiado... como para : voir pondératives (corrélations).
démonstratif :
— *este* : 1/1 — 3/13 — 5/5.
— *ese* allusif : 7/8 — 9/23 — 10/5 — 33/1 — 33/16.
— *ese* dépréciatif : 2/20 — 2/24 — 14/13.
— *el... ese* : 36/22.
— *aquel* laudatif : 1/27 — 14/13.
— *aquel* anaphore à distance : 29/7.
— *aquel* support de relative : 17/28 — 23/12 — 31/10 — 38/19 — 42/6.
— opposition *este*/*aquel* : 12/3.
— opposition *ese*/*aquel* : 46/13.
— mécanisme de l'anaphore énonciative : 1/14.
depuis (+ indication de durée) : 7/10.
derrière (prép.) : 4/9.
desde : 7/10 — 38/6.
déshonneur : 11/3 (voir aussi **honneur**).
después de que : 11/2.
dès que (temporel) : 26/21 ; (logique) : 41/4.
dessus (au- — de) : 4/8 — 24/17.
deux-points (sémantique) : 36/4.
devant : 23/11.
devenir :
— les diverses traductions : 17/6.
— = *volverse* : 10/9 — 47/14.
— = *llegar a ser* : 17/6 — 17/11 — 47/18.
— = *convertirse en* : 17/12.
— = *ser de* : 26/10.

305

— = *hacerse* : 27/25 — 47/18.
devoir :
  — = *tener que* : 14/17.
  — = *deber* : 14/17 — 25/10 — 40/12.
  — voir *haber de*.
diminutifs :
  — substantifs *agudos* : 6/13 — 37/26.
  — bisyllabes à diphtongue : 35/4.
  — hypocoristique : 10/4 — 14/1.
dire (se —) (= se prétendre) : 1/13.
diseur de riens : 11/19.
distar (syntaxe) : 32/13.
donc (emphatique, injonctif) : 44/3.
don, doña : 5/18.
donner (un âge) : 5/35.
donner dans : 36/24.
donner sur : 4/7.
dont :
  — traduit par *cuyo* : 4/29 — 6/16 — 29/20 — 38/12.
  — traduit par *del que, de quien* : 2/4 — 11/24 — 22/26 — 33/18 — 38/3 — 38/11 — 42/23.
  — **dont chacun, chaque** : 2/12 — 28/1.
doué (être — pour) : 19/8.
doute (sans —) : 6/17 — 38/13 — 38/23.

échappé (être —) (clas.) : 27/19.
écouter la radio : 3/17.
effet (en —) : 2/5 ; **faire un drôle d'—** : 10/8.
Égypte (gens d') : 43/13.
el que (opérateur de substantivation) : voir subjonctif.
embozarse : 35/18.
empero : 47/2.
emphatique (structure —) : 7/26 — 9/17 — 16/1 — 22/27 — 32/16 — 32/20 — 38/18 — 45/21.
EN (préposition) :
  — + quantité dont on augmente ou diminue : 2/27 — 33/4.
  — + indication temporelle : 20/1.
en (prép. fr.) : 5/15 — 5/20 — 14/18.
en (pronom-adverbe fr.) : 5/9 — 17/23 — 27/5 — 27/21 — 27/28 — 27/30 — 32/11 — 34/16 — 42/17.
enclise stylistique : 25/1 — 27/18 — 41/33.
encore faut-il que : 32/9.
ennui : 23/15.
entender de : 2/7.
entrambos : 22/22.
escuchar : voir *oír*.
ese : voir démonstratif.
esperar (syntaxe) : 10/22 — 20/2 — 24/19.
esprit (bel —) : 11/18.
esquinter : 48/10.
estar :

— + participe passé, voir passive résultative.
  — restitution de — devant participe passé lors de la traduction : 5/11.
  — + adjectif : voir *ser* + adjectif.
  — localisation spatio-temporelle : 20/3.
  — *estar para* + inf. : 1/22 — 31/5.
este : voir démonstratif.
établir (clas.) : 27/3.
état (sans —) (clas.) : 11/11.
étonner (— la fureur) (désuet) : 39/9.
étouffe (ce n'est pas l'honneur qui vous —) : 40/20.
étranger : 6/7.
être + participe passé : voir passive.
événement : 18/17.
exclamative (syntaxe de la phrase —) : 20/24 — 22/14 — 24/15 — 29/16 — 29/17 — 30/10 — 34/5 — 43/19.

faillir + infinitif : 40/29.
faire + infinitif : 1/3 — 9/7 — 9/15 — 12/17 — 16/10 — 20/10 — 27/38 — 31/1.
faire entrer (= faire tenir) : 14/39.
faire faire : 1/3 — 1/8.
faire tomber : 1/3.
faire (se —) + infinitif : 1/19 — 2/21 — 19/7 — 19/12.
faire (ne — ni chaud ni froid) : 21/15.
fait (le — que) : 38/22.
fait (ce qui est —, est —) : 40/15.
falloir :
  — **il faut/il faut que** : 7/1 — 18/12 — 32/1.
  — **il faut vous dire** : 13/1.
farine (rouler dans la —) : 41/22.
féminin des adjectifs en -*ete/ote/ute* : 22/12 — 27/44.
fil (de — en aiguille) : 8/4.
film : 18/5.
flatter (des peines) : 28/19.
flic : 19/16.
fort (au — de) : 34/8.
fort (c'est son —) : 3/10.
foutre (s'en —) : 48/2 — 48/7 ; = **faire** : 48/5.
frais (rentrer dans ses —) : 1/17 ; **en être pour ses —** : 8/13.
frétiller : 10/2.
fugueur : 14/10.
futur antérieur conjectural : 28/10.
futur de l'indicatif :
  — dans la relative espagnole : 17/18.
  — dans l'interrogative indirecte : voir ce mot.
futur conjectural : 7/14 — 10/8 — 30/6 — 30/9 — 38/18 — 40/26.
futur analytique à valeur prédictive : voir *haber de*.

galanteries : 29/13 — 41/36.
galère : 8/6 — 23/8.
garantir (clas.) : 25/11.
garçon (beau —, joli —) : 5/6.
gêner (se) : 39/22.
génitif (objectif et subjectif) : 17/titre.
genre (ce n'est pas son —) : 14/3.
gérondif espagnol : 4/2 — 5/7 — 8/1 ; voir participe présent.
gérondif français (en + part. pr. ; sa valeur) : 9/1.
gérondive (périphrase — auxiliée) : 6/9 — 14/23 — 21/22 — 22/3 — 33/14 — 35/5 — 38/9.
gérondive (subordonnée) : 20/7 — 20/8.
grâce (faire — de) : 21/3.
grilles : 1/5.
gueule (fermer sa —) : 39/14 ; **avoir de la —** : 39/19.

haber (restitution devant participe passé lors de la traduction) : 5/7 — 15/20 — 26/2.
haber de + inf. : 7/1 — 17/18 — 21/14 — 33/15 — 38/21.
hacer como que/como si (mécanique modale) : 43/10.
hacer de + subst. : 14/30.
hasta : 21/16.
hay que (syntaxe) : 7/1.
he aquí, he ahí : 8/2.
hendiadyin : 28/18.
hiatus (résorbé) : 6/11 ; (non-résorbé) : 35/12.
hirviendo (fonction adjective) : 16/4.
histoire(s) = blague : 2/30 ; = aventure : 7/16 ; = problèmes : 14/35.
honnête (— homme) (clas.) : 11/23.
honneur : 40/titre — 41/5 ; **principes d'honneur** : 28/28.
honte (clas.) : 12/15.
hypothèse (degré d'—) : 20/6 — 28/13.

idée (avoir son —) : 10/19.
imminence non réalisée : 40/29.
imparfait :
— (à valeur d'irréel du passé) : 28/25.
— opposition stylistique avec le prétérit défini : 13/15.
impératif (des verbes pronominaux) :
— amuïssement du [d] : 25/17.
— assimilation du [s] : 26/8.
— traduit par l'infinitif : 48/22.
imperfectivité (et perfectivité de l'opération verbale) : 4/36.
indifférence (locutions exprimant l'—) : 22/25.
indiscrètement (clas.) : 11/10.
infatué (clas.) : 46/21.
infinitif substantivé : voir substantivation.
infinitif sujet d'une attributive (préposition zéro) : 24/1.
infinitives :
— périphrases — auxiliées : 6/12 — 8/5.
— proposition — sujet : 8/10.
— locution — remplacée par relative au subjonctif : 24/6.
instant (un —) (loc. adv.) : 6/1.
instrumental : voir CON.
interesarse (en, por, con) : 4/18.
interjection : voir les textes 7, 36, 37, 39, 40, 44, 48 *passim*.
interrogative indirecte introduite par *cuándo* : 2/14.
inquiéter : 17/33.
ir (opposition entre — et *venir*) : 3/14.
irréel (dans les protases) : 4/35 — 14/17 — 28/25.
ítem : 2/15.

joli (un — toupet) : 44/20.
là (sens logique) : 14/4.
lancé (être —) (fig.) : 22/20.
lancée (sur sa —) : 14/27.
lanterne : 4/10.
le (neutralisation de l'opposition *lo, la, le* derrière SE impersonnel) : 17/19.
lequel : 5/4 — 14/31.
lío : 13/4 — 14/35.
litote : 13/8.
llamar (syntaxe du double complément) : 2/1.
llevar (opposition avec *traer*) : 3/14 ; constructions : 22/3.
lo + adj. : voir substantivation.
lo de + subst. (tour allusif) : 7/13.
luego (clas.) : 12/9 — 41/21.

Madame, Monsieur : 5/18.
main (de la — gauche) (fig.) : 41/18.
mais (concessif) : 47/2 ; (restrictif) : 40/4 ; voir *no... pero, no... sino*.
maison (à la —) : 2/11.
majuscules : 1/35.
mamar algo en la leche : 40/9.
mandar + infinitif : voir **faire** + infinitif.
mander : 6/18.
manquer : 5/25.
mar (genre) : 35/12.
marre (en avoir —) : 48/6.
más [menos]... de lo que, del que : voir comparative (subordonnée —).
más bien : 14/11.
masculin (genre — en espagnol) : 3/5 — 15/1 — 20/5.
masculine (forme — analogique) : 2/31.
medias (a —) : 2/27.
medio + adj. : 2/27 — 5/1 — 17/1 ; *a medio* + inf. : 2/27.
médius : 2/19.

307

même (de — que..., de —) : 9/11.
menace (expression de la —) : 39/7.
mero : 31/14.
miche(s) : 40/34.
midi sonnant : 39/1.
mine (faire — de) (inchoatif) : 16/17.
mismo (syntaxe) : 8/9.
moitié (de —, à —) : 2/27.
monseigneur : 26/23.
Monsieur le Censeur, Monsieur votre père (place du déterminant) : 36/16.
montrer : 14/8.
morbo (fam.) : 3/titre.
motivation onomastique : 41/24.

nada, nada de + adj. : 1/22 — 18/16.
naturellement (clas.) : 28/34.
négation (emphatique dans une exclamative fr.) : 12/16.
nègre (travailler comme un —) : 8/21.
ne pas... que (= à peine... que) : 28/3.
ni (conj. esp. négative) : 2/17 — 25/13.
no (emploi de — explétif dans une subordonnée de type comparatif) : 11/21 — 46/9.
no... pero : 34/20.
no... sino : 22/28.

œuf (étouffer dans l'—) : 36/25.
oír (opposition avec *escuchar*) : 13/16 — 22/9.
ojalá : 22/4.
oler (syntaxe) : 4/12 — 5/16.
olor a, de : 35/19.
on :
— traduit par *tú* : 23/1.
— traduit par *nosotros* : 14/14.
— traduit par 3e personne du pluriel : 3/7 — 5/35 — 27/31 — 34/1.
— traduit par *quien* : 7/4 — 25/25 — 26/18 — 47/1.
— traduit par SE : 3/24 — 4/4 — 4/11 — 6/8 — 17/19 — 27/31.
— traduit par *uno* : 3/19 — 7/23 — 10/7 — 13/7 — 15/14 — 15/15 — 32/6 — 40/8 — 42/15 — 47/1.
— traduit par *uno* devant verbe pronominal : 8/14 — 18/2 — 42/19.
opérativité et résultativité : 5/7.
or (conj.) : 9/8.
ora... ora : 4/39.
oreilles (rebattre les —) : 20/30.
otro tanto : 35/10.
où : voir pronom.

pagarse (sens clas.) : 46/7.
par (prép. fr.) :
— traduite par DE/CON/POR : 4/1.
— traduite par *por conducto de* : 4/19.
— traduite par A : 5/3.

para con (opposition avec POR) : 28/24.
parce que (cheville) : 36/1.
parents : 24/2.
parler de tout et de rien : 8/4.
paronomase : 41/13.
participe passé :
— espagnol irrégulier (syntaxe) : 5/34 — 17/8 — 35/16.
— d'un verbe intransitif en position d'adjectif : 18/10 — 20/25 — 31/18.
participe présent :
— traduit par une relative : 4/2 — 5/10 — 14/9 — 17/21 — 24/12 — 31/8 — 34/14 — 35/21.
— traduit par un gérondif (après verbe de perception ou de représentation) : 14/20 — 21/11 — 35/14 — 37/3.
— négatif traduit par *sin* + infinitif : 15/4.
participiale (proposition : ordre, accord) : 5/26.
partie (avoir — liée) : 38/17.
pas (à grands —) : 24/22.
passé composé :
— narration au — : 16/3.
— opposition —/prétérit : 15/2 — 17/14 — 33/14.
passive :
— opérative ou résultative : 1/25 — 4/1 — 4/36 — 27/9 — 27/26 — 33/7 — 33/13 — 37/15.
— opérative transformée en active : 2/2 — 3/22 — 6/6 — 10/7 — 14/12 — 17/9 — 29/12 — 29/15 — 33/2 — 33/8.
— d'un verbe imperfectif : 4/36 — 39/2 — 42/18.
payer (se —) (clas.) : 46/7.
peau (avoir qq'un dans la —) : 40/32.
pêle-mêle (adv.) : 45/7.
pencher (se —) : 6/2.
pendard : 41/11.
pensar (syntaxe de l'objet) : 1/21 — 8/16 — 27/42.
périodicité : 5/3 — 21/9.
périphrase gérondive, infinitive : voir ces mots.
personne ne + verbe indicatif : 5/29.
peut-être : 20/6 — 38/7.
pharmacien : 1/6.
pièce (bonne —) (clas.) : 43/18.
pied (reprendre — sur terre) : 16/12.
pieds (être à cent — sous terre) : 11/35.
place (ne pas tenir en —) : 30/4.
placer (esp. conjugaison) : 46/2.
plasmar : 18/11.
plâtré (= fardé) : 4/33.
pléonasme : 25/4.
plus :
— **des plus** + adj. : 8/11.
— **plus... plus** : 27/15 — 45/14.

— d'autant plus que : 27/15 — 46/2.
— le plus : voir superlatif.
— tout au plus : 16/1.
plus-que-parfait (traduit par le prétérit) : 2/3 — 39/2.
plutôt que : 14/11.
poches (faire les —) : 14/2.
pondératives (corrélations) : 31/12 — 33/12 — 41/1 — 42/16.
POR :
• + substantif :
— opposition avec *para* : 22/5 — 22/6.
— localisation vague : 31/7.
— causal : 44/19.
— = en faveur de : 26/14 — 27/40.
— = en échange de : 2/9 — 5/3.
— = envers : 28/24 — 28/29.
— transit dans l'espace : 4/13 — 31/11.
— localisation dans une période de temps : 3/1.
• + infinitif (expression du mobile) : 9/5 — 13/11 — 22/5 — 28/22.
por doquier : 46/4.
por si (mode) : 36/2.
por si acaso (mode) : 14/28.
possessif (adj.) :
— traduit par pronom datif + article : 1/23 — 27/37.
— ellipse du — : 14/1.
— morphologie et position : 1/23 — 4/17.
potentiel (protases) : 4/35 — 14/17 ; — dans le passé : 28/16.
pour + infinitif :
— concessif : 42/5.
— traduit par *para que* + subj. : 1/4.
— successivité temporelle : 41/26.
— traduit par POR : 5/3.
pour... voilà (pondération, cause suffisante) : 7/9.
pourquoi (c'est —) : 46/15.
preguntar por : 9/12.
premier-Paris (subst.) : 45/9.
prénoms (leur traduction) : 9/titre.
préposition :
— voir à /A/CON/**dans**/de/DE/**en**/EN/**par**/PARA/POR/**pour**/SOBRE/**sur**, etc.
— omission dans les syntagmes circonstanciels de temps : 6/1.
présent de l'indicatif : — incident : 32/11 ; — de généralisation : 47/11.
prêter à : 18/7.
prix (au — de) : 17/31.
proclise du clitique devant auxiliaire : 32/9 ; — impossible : 34/19.
pronom :
— personnel sujet (traduction, omission) : 1/1.

— relatif où : 1/7 — 18/3.
— relatif sujet qui :
traduit par *que* : 1/21.
traduit par *quien* : 1/21 — 5/4 — 16/13 — 28/5 — 47/26.
— relatif objet direct antécédent animé (*al que, a quien*) : 1/2 — 7/25 — 10/21 — 17/19 — 17/28 — 24/11 — 29/3 — 29/6 — 29/7 — 31/10 — 42/15.
— ontique après *menos, excepto, salvo*, etc. : 21/16.
— réfléchi *sí* : 25/15 — 29/14.
pronom (postposition du — sujet français, à valeur concessive) : 31/15.
propre (elle est —!) [tour antiphrastique] : 40/22.
province (de —) : 27/43.
puisse... (optatif) : 22/4.

quasi nominal (mode —) : 4/2
que : voir pronom.
que (conj.), et que (en relais d'une conjonction parce que, bien que, quand) : 2/8.
quedar (restitution de l'aux. — lors de la traduction) : 31/10.
quelle idée ! : 30/10.
querelle : 11/6 ; (sens judiciaire) : 46/28.
qui, relatif sujet après pause : voir pronom.
quien : voir pronom ; *no hay quien* : 5/29.
quienquiera : 46/17.
quizás : voir peut-être, subjonctif ; + indicatif : 20/6 — 46/12.
quoi que : 20/18.
quoi qu'il en soit : 17/26.
quoique : 20/18.
quoi (il y a de —) : 14/6 — 14/34.

ra (forme en —) à valeur de plus-que-parfait : 2/3 — 31/16.
rafler (fam.) : 36/19.
ravigoter : 3/4.
razones (sens clas.) : 42/20.
réalisante (visée — et irréalisante) : 31/15.
recorder (clas.) : 33/17.
regarder (la télévision) : 3/17.
règle (en —) : 36/28.
relatif : voir pronom.
relative (subj.) : voir subjonctif.
rendre + adj. : 16/9 — 17/12 — 29/9.
repérer (se faire —) : 19/12.
rire de : 2/4.
rire aux larmes : 21/13 — 36/27.
rollo (soltar el —) : 39/20.
romance (genre poétique) : 36/17.
rougir : 36/11.
roulé-boulé (faire un —) : 19/19.
rouler (se faire —) : 1/19.
roulure : 4/32.

[s] paragogique des locutions adverbiales : 21/4 — 27/43.
saber (syntaxe) : 4/12.
sage (clas.) : 11/20.
sauf (— **moi, toi**) : 21/16.
savoir : 7/14 — 29/1.
SE impersonnel, accord du verbe : 7/11 — 17/19.
seguir con : 8/20.
sens (clas. = opinion, jugement) : 46/10.
sentir : voir *oler* ; sémantique : 20/19.
sentir (se —) (clas.) : 28/27.
ser :
— ellipse de — : 45/24.
— + participe passé : voir passive opérative.
— et *estar* devant adjectif : 4/24 — 13/13 — 17/13 — 27/20 — 31/4 — 33/3.
— + indication de lieu ou de temps : 20/1 — 20/3 — 36/21 — 36/29.
— *ser de* + infinitif : 18/4.
— *ser para* + infinitif : 37/10.
— *a no ser que* : 33/20.
serre (avoir de la —) (clas.) : 46/8.
servir (un mensonge) : 14/24.
seul (le — que, qui) (mode) : 2/30 — 27/29 — 30/22.
seulement (adversatif) : 9/22.
si (conj. thétique) :
— dans une relation causale (**si... c'est que/parce que**) : 15/18.
— équivalent de **quand** : 27/11 — 35/11 — 47/9.
si (conj. oppositive/concessive) : 40/31.
si bien (concessif) : 40/31.
si... que (concession) : 35/2.
si d'aventure : 14/28.
sobre : 4/8 — 24/17.
socque (opposé à **cothurne**) : 33/19.
soi-disant : 14/5.
soit que... soit que : 9/6 — 17/24.
sonner (les heures, accord) : 39/1.
sortable (clas.) : 11/29.
sou (sans le —) : 14/29.
sous (prép.) traduit par *tras, detrás de* : 34/4 ; par *con, so pretexto de* : 37/12.
subjonctif :
— voir aussi complétive.
— dans la subordonnée de manière au futur en fr. : 7/25 — 43/2.
— dans la temporelle au futur en fr. : 2/14 — 9/16 — 25/21 — 26/20 — 32/15 — 32/17 — 43/3.
— dans la temporelle à un temps non futur en fr. : 9/20 — 11/2.
— dans la relative au futur en fr. : 2/14 — 20/14 — 26/11 — 28/35 — 46/18 — 46/24.
— dans la relative à un temps non futur en fr. (indétermination, restriction, négation de l'antécédent) : 2/30 — 5/29 — 5/38 — 9/14 — 11/31 — 17/28 — 20/18 — 24/6 — 31/11 — 37/22 — 40/35 — 46/16 — 46/17 — 46/30 — 46/31.
— dans la complétive d'une phrase interrogative : 8/21.
— dans une proposition substantive sujet (*el que*) : 15/2 — 38/22.
— après *como* (cause suffisante maintenue en hypothèse) : 19/11 — 25/27 — 26/26.
— après modalité hypothétique (*quizás, acaso, tal vez...*) : 20/6 — 27/22 — 38/7.
— dans l'optatif : 22/4.
— après *aunque* : 35/2.
— après *porque* (mobile) : 22/6.
— après *no porque* (cause niée) : 32/18.
— après *hasta que* : 25/7 — 34/7.
— après *mientras* : 25/8.
— après *ocurre que* : 27/11 — 31/9.
— après *después de que* : 11/2.
subjonctif futur : 2/15 — 26/11.
substantivation
— de l'adjectif : 5/34 — 18/6 — 21/18 — 21/23 — 34/15 — 36/9.
— du participe passé : 5/34 — 11/17.
— de l'infinitif : 2/29 — 6/15 — 9/18 — 10/20 — 11/32 — 18/1 — 19/13 — 35/3 — 42/24.
superiora (subst.) : 47/15.
superlatif (syntaxe) : 9/24 — 17/20.
suplicar : 42/2.
sur (prép. fr.) :
— traduite par A : 4/7.
— traduite par *por encima de* : 6/2.
— traduite par CON : 7/4.
— traduite par EN : 17/3.
— traduite par DE, *de cada* : 47/22.
surnoms : 4/23.
suyo : 1/24 — 4/17.
sur (prép.) + numéral (proportion) : 47/22.
syllepse de sens : 28/18 — 41/38.

tache (faire —) : 4/37.
tal (indéfini clas.) : 11/34.
tamaño (adj.) : 44/17.
tant (conj. causale) : voir causale (subordonnée).
tanto :
— *tan [to]... como* : voir comparatif.
— *de tan [to] como* : conj. voir causale.
— *tan [to]... como para [que]* : voir pondérative (corrélation —).
tel ou tel : 31/19 — 34/13.
temporelle (subordonnée —) : voir subjonctif.
temps (avoir le — de) : 6/22 ; **il est — de** : 21/18.
tener + participe passé : 39/16 — 41/34 — 47/23.

tenez ! (interj.) : 8/7.
tenir (ne pas — en place) : 30/4 ; **s'en — là** : 32/12.
thématisation d'un élément du message : 7/15 — 32/9 — 45/16 ; voir aussi emphatique (structure).
todo : fonctions et accord : 4/38.
tombent (les bras m'en —) : 36/18.
toponymes : 9/titre.
tout (adj. d'adj.) : 8/8.
tout en + participe présent : 44/8.
tout en ventre : 4/38.
tout-venant : 45/5.
trait (avoir — à) : 13/9.
tranquille (laisser —) : 7/21.

venir (en — à) : 8/5.
verbe : accord, voir *ad sensum*.
verse semi-auxiliaire + participe passé : 1/25

— 27/41 — 47/17.
vida (en mi —) : 22/11.
voici + indication de durée : 22/3.
voilà : 6/17 — 7/9 — 8/2.
voilà que : 7/2 — 44/16.
volonté (verbe de —) : voir complétive.
vos :
— vouvoiement (de la langue classique) : 11/27 — 25/12 — 26/13 — 30/1 — 41/3.
— en s'adressant à Dieu : 12/21.
voulez-vous ? (formule injonctive) : 40/11.
vous (allomorphe de **on** en position d'objet) : 10/7 — 13/7.
voyons ! (interjection) : 44/2.
vuestra merced : 25/12 — 26/13.
vulgaire (clas.) : 25/2.

y (pronom-adverbe fr.) : 27/5 — 27/32 — 27/42 — 31/2.
yeux (rouler des — blancs) : 40/28.

311

Bibliographie commentée

Les ouvrages fondamentaux sont précédés d'un astérisque.

DICTIONNAIRES

Unilingues espagnols :

*1. MOLINER M., *Diccionario de uso del español*, Madrid, Gredos, 1966-1967, 2 vol. Ouvrage coûteux mais indispensable. Qualités : de nombreux énoncés illustrent les acceptions ; sous les termes-clés sont répertoriés les mots appartenant au même domaine sémantique (listes analogiques) ; de nombreuses indications de fréquence et de niveau de langue ; de nombreux articles grammaticaux (« verbo » p. ex.) et thématiques (« tiempo » sur l'expression du temps p. ex.). Défaut majeur : les entrées sont rangées selon un ordre mixte, tantôt par ordre alphabétique tantôt sous l'étymon dont elles dérivent. La recherche du mot en est souvent retardée.

*2. CASARES J., *Diccionario ideológico de la lengua española*, Barcelona, G. Gili, 1959. Beaucoup plus maniable (1 vol.). En deux parties : une partie analogique qui permet, à partir d'un mot-clé, d'explorer un champ lexico-sémantique et de choisir un thème parmi tous les quasi-synonymes ; une partie alphabétique très complète qui résume le dictionnaire de la Real Academia Española. Défaut : aucun énoncé n'illustre les acceptions.

3. REAL ACADEMIA ESPAÑOLA, *Diccionario de la lengua española*, 2 vol. Rééditions fréquentes. Embrasse le lexique depuis le Moyen Âge jusqu'à nos jours. Ouvrage académique de référence, à la fois sûr et conservateur ; défauts : les époques lexicales sont mêlées sans distinction ; beaucoup de termes désuets, de grosses lacunes sur la langue actuelle ; pas d'énoncés illustratifs.

*4. REAL ACADEMIA ESPAÑOLA, *Diccionario de la lengua castellana (Diccionario de Autoridades)*, Madrid, 1726-1739. Édité par Gredos, 1984, 3 vol. Indispensable pour la traduction des textes classiques (XVIe à début XVIIIe). Énoncés illustratifs tirés des auteurs. Sa consultation suppose franchie la double barrière de la graphie ancienne et surtout du lexique archaïque des définitions. Utilisable dès la licence.

5. ALONSO M., *Enciclopedia del idioma. Diccionario histórico y moderno de la lengua española (siglo XII al XX), etimológico, tecnológico, regional e hispanoamericano*, 3 vol., Madrid, 1958. Sorte de *cajón de sastre*, l'ouvrage, qui n'est pas un dictionnaire encyclopédique, reflète un projet de dictionnaire total. Sa plus grande qualité : de nombreuses citations d'auteurs.

6. Toro y Gisbert M. de et García-Pelayo R., *Pequeño Larousse ilustrado*, Paris, 1964.

Unilingues français :

∝*7. *Petit Robert, Dictionnaire de la langue française*, dir. A. Rey et J. Rey-Debove, 1 vol. Rééditions fréquentes. Le meilleur et le plus pratique des unilingues sur la langue contemporaine. Indispensable, et malheureusement sans équivalent dans la lexicographie espagnole.

8. Littré É., *Dictionnaire de la langue française*, Paris, 1866, rééd. 1974, 4 vol. Volumineux et cher, mais somme lexicographique sans équivalent. Indispensable pour la traduction des textes classiques. Nombreux énoncés illustratifs.

9. *Dictionnaire du français classique*, sous la direction de J. Dubois, Paris, Larousse, 1971.

10. *Dictionnaire historique de la langue française*, direction A. Rey, Paris, Dictionnaires Le Robert, 1992.

11. *Dictionnaire des expressions et locutions*, coll. « les usuels du Robert », A. Rey et S. Chantreau, Paris, Dictionnaires Le Robert.

Bilingues :

Il en existe de nombreux. À n'utiliser qu'en cas d'ignorance totale de l'équivalent espagnol. Leur utilisation doit être complétée par celle des unilingues espagnols pour vérification. Citons pour la langue moderne :

*12. García-Pelayo R. et Testas J., *Grand dictionnaire français-espagnol, espagnol-français*, Paris, Larousse, 1992.

Utile pour la langue classique :

13. Oudin C., *Trésor des deux langues françoise et espagnole*, Paris, 1675. Ouvrage d'un traducteur du XVIIᵉ, très utile en complément des nᵒˢ 4 et 8.

Lexiques spéciaux :

14. Belot J., *Lexique français-espagnol de la langue actuelle*, Toulouse, FIR, 1986. Très utile pour la traduction des textes récents.

15. Martín J., *Diccionario de expresiones malsonantes del español*, Madrid, Istmo, 1979. Langue familière, vulgaire, ou argotique contemporaine. Énoncés tirés de la parole vive.

16. Oliver J.M., *Diccionario de argot*, Madrid, Sena, 1987. Plus complet et plus récent que le précédent, mais sans énoncés.

Sur l'argot ancien :

17. BESSES L., *Diccionario de argot español*, Barcelona, Sucesores de Manuel Soler, 1905.

Sur l'argot classique (germanía) :

18. ALONSO HERNÁNDEZ J.L., *El lenguaje de los maleantes españoles de los siglos XVI y XVII : la Germanía*, Salamanca, Ed. Univ. Salamanca, 1979.

Rhétorique :

19. DUPRIEZ B., *Gradus, les procédés littéraires,* Paris, UGE 10/18, 1980. Traduire suppose que l'on sache repérer les figures fondamentales de style en français.

GRAMMAIRES

Nécessaires :

*20. GERBOIN P. et LEROY C., *Grammaire d'usage de l'espagnol contemporain*, Paris, Hachette, 1992. Très pratique. Très simple d'accès. Un index très fourni. Une structure en paragraphes très claire. Nombreux exemples tirés de la littérature récente. Défaut et qualité à la fois : l'espagnol est expliqué par rapport au français, ce qui souvent conduit à simplifier grossièrement ses mécanismes, mais est très utile en thème, lorsque l'on veut vérifier la grammaticalité d'une structure ou la correction d'une forme.

*21. BOUZET J., *Grammaire espagnole*, Paris, Belin, 1946. Désuète quant aux tournures et au lexique, elle demeure indispensable par sa qualité pédagogique et de fines intuitions. Normative et contrastive, elle est très utile en thème, malgré un index insuffisant.

*22. COSTE J. et REDONDO A., *Syntaxe de l'espagnol moderne*, Paris, SEDES, 1965. Très (trop) normative, son index est très insuffisant. Mais elle recueille un grand nombre d'énoncés littéraires modernes, détaille la morphologie suffixale, et donne une liste des constructions prépositionnelles des verbes (très utile). Tous les grands problèmes syntaxiques de l'espagnol y sont abordés en détail.

*23. GILI GAYA S., *Curso superior de sintaxis española,* Barcelona, SPES, 1964. Ouvrage essentiel. À confronter avec les précédents : écrit par un Espagnol pour des Espagnols, il n'est pas comme eux gallocentrique. Il n'en est pas moins normatif. L'évolution de la langue y tient une place importante. Son index est notionnel et suppose déjà connus les grands concepts grammaticaux espagnols traditionnels.

Utiles :

24. ALCINA J. et BLECUA J.M., *Gramática española*, Barcelona, Ariel, 1975. Somme grammaticale. Riche bibliographie. Intègre les apports de la linguistique. Hélas ! index notionnel abstrait.

*25. BELLO A. et CUERVO R.J., *Gramática de la lengua castellana*, Sopena, Buenos Aires, 1970. Sans doute la meilleure grammaire espagnole. Des explications très fines et fécondes sur les grands systèmes de la langue.

26. REAL ACADEMIA ESPAÑOLA, *Esbozo de una nueva gramática de la lengua española*. Espasa-Calpe, Madrid, 1979. Grammaire normative très complète. Malheureusement, l'index est très insuffisant, et beaucoup d'analyses mêlent l'ancienne conception normative-descriptive à une ébauche d'explication.

27. GRÉVISSE J., *Le Bon Usage*, Paris, Duculot, 1986.

TRAVAUX GRAMMATICAUX ET LINGUISTIQUES COMPLÉMENTAIRES

Monographies :

28. ALARCOS LLORACH E., *Estudios de gramática funcional del español*, Madrid, Gredos, 1970. Analyses très utiles et très claires sur la construction de la phrase simple, la voix, le tour pronominal, la syntaxe de l'infinitif, etc.

29. ALONSO A., *Estudios lingüísticos (temas españoles)*, Madrid, Gredos, 1982. En particulier pour le chapitre sur les diminutifs et celui sur l'article.

30. CANO AGUILAR R., *Estructuras sintácticas transitivas en el español actual*, Madrid, Gredos, 1981. Un index très pratique qui permet de vérifier les constructions des verbes à travers des exemples.

*31. GUILLAUME G., *Leçons de linguistique, 1943-44 A*, Lille, P.U.L. et Presses de l'Université Laval, 1990. Ouvrage essentiel pour la compréhension du mécanisme des temps de l'indicatif français (opposition prétérit/imparfait, passé composé, conditionnel, futur antérieur).

*32. MOLHO M., *Sistemática del verbo español*, Madrid, Gredos, 1975, 2 volumes. Application de la théorie guillaumienne aux structures espagnoles. Analyse très fine des valeurs des différents temps espagnols et de l'opposition modale indicatif/subjonctif en discours.

33. CHEVALIER J.C., *Verbe et phrase*, Paris, Éditions hispaniques, 1978. Théorie féconde et difficile, mais irremplaçable, du verbe et des mécanismes de la voix, de la transitivité, de l'intransitivité.

34. SCHMIDELY J., *La personne grammaticale et la langue espagnole*, Paris, Éditions hispaniques, 1983. Indispensable à la compréhension du système de la personne.

*35. BEINHAUER W., *El español coloquial*, Madrid, Gredos, 1978. Très utile pour la traduction de textes dialogués. Un index très détaillé des tournures idiomatiques familières contemporaines.

36. CARNICER R., *Tradición y evolución en el lenguaje actual*, Madrid, Editorial Prensa Española, 1977. Des remarques simples et drôles sur la langue contemporaine.

37. VIGARA TAUSTE A.M., *Morfosintaxis del español coloquial*, Madrid, Gredos, 1992. Très utile pour la traduction des passages en style dialogué.

*38. LAPESA R., *Historia de la lengua española*, Madrid, Gredos, 1980. Panorama complet de l'évolution de la langue espagnole, mise en parallèle avec celle de la littérature. Excellente introduction à la grammaire historique.

Manuels et fascicules :

*39. BENABEN M., *Manuel de linguistique espagnole,* Paris, Ophrys, 1993. Panorama des travaux récents en linguistique hispanique.

*40. CAMPRUBI M., *Études fonctionnelles de grammaire espagnole*, Toulouse, FIR, 1982. Analyse fonctionnelle des grands faits de syntaxe (construction du complément d'objet, *ser/estar*, traduction de *on*, prépositions, etc.). Très clair et très utile.

41. DARBORD B. et POTTIER B., *La langue espagnole*, Paris, Nathan, 1988. Une introduction à la grammaire historique.

42. FREYSSELINARD E., *Ser y estar*, Paris, Ophrys, 1990. Très utile pour vérifier le choix de l'auxiliaire.

43. MOLINA REDONDO J.A. DE, ORTEGA OLIVARES J., *Usos de ser y estar*, Madrid, collection PBE, SGEL, 1987.

Voir aussi tous les fascicules de la collection « Problemas básicos del español », éditée par SGEL.

44. FENTE R., FERNANDEZ J., FEIJOO L.G., *Perífrasis verbales*, Madrid, Edi-6, 1987.

45. AGENCIA EFE, *Manual de español urgente*, Madrid, Cátedra, 1991. Manuel de style normatif destiné aux journalistes espagnols. Les erreurs courantes (graphie, adaptation des emprunts étrangers) y sont recensées et corrigées sous forme de lexique.

46. SECO M., *Diccionario de dudas y dificultades del castellano*, Madrid, Aguilar, 1986. Répertoire alphabétique, mais anecdotique, des petites difficultés de l'espagnol.

47. CASADO M., *El castellano actual, usos y normas*, Pamplona, EUNSA, 1988. Censure et rectification des erreurs ordinairement commises par les locuteurs espagnols.

Articles et recueils d'articles universitaires :

48. CHEVALIER J.-C.
a) « But, cause et mobile. Le cas de l'espagnol classique », dans *Travaux de linguistique et de littérature*, Strasbourg, 1980, XVIII, 1, Klincksieck.
b) « Sur l'idée d'aller et de venir et sa traduction linguistique en espagnol et en français », *Bulletin Hispanique*, tome LXXVIII, n° 3-4, juillet-décembre 1976, Bordeaux, Éditions Bière.

49. DELPORT M.-F., « *Tener* + participe passé en espagnol moderne », dans *Linguistique hispanique* (actualités de la recherche), Presses Universitaires de Limoges, 1992.

50. MOLHO M., *Linguistiques et langage*, Bordeaux, Ducros, 1969. Voir en particulier l'article sur le système des démonstratifs en espagnol et en français.

51. *Hommage à Bernard Pottier* (collectif), Paris, Klincksieck, 1988, 2 vol.

52. *Mélanges offerts à Maurice Molho, Linguistique*, vol. 3, collectif, ENS Fontenay-Saint-Cloud, Les cahiers de Fontenay, 1987.

Citons enfin, en guise d'introduction à une réflexion sur l'acte de traduction :

*53. *La traduction. Actes du XXIIe congrès de la Société des Hispanistes français*, Caen, 13-15 mars 1987, Centre de publications de l'université de Caen, 1989.

Table des matières

Avant-propos 3
Conventions typographiques et abréviations 5

Première partie
DEUG et classes préparatoires

1. Les découvertes du bibliophile (Georges Perec) 8
2. Les joies du couple (Jean Giraudoux) 16
3. Une petite vieille morbide (Patrick Grainville) 24
4. Le salon de Jupiter (Guy de Maupassant) 30
5. Madame et sa servante (Gustave Flaubert) 38
6. La rencontre (Alain-Fournier) 46
7. Commérages (Julien Green) 52
8. Les temps sont durs (Théophile Gautier) 58
9. Léonie (Marcel Proust) 64
10. Le commerce américain (Louis-Ferdinand Céline) 68
11. De Julie à Claire (Jean-Jacques Rousseau) 74
12. Une amante incomparable (Abbé Prévost) 80
13. Un brave homme (Albert Camus) 84
14. L'embarquement pour Cythère (Jean Rouaud) 90
15. Une jeune fille désemparée (Henri Thomas) 96

Deuxième partie
Licence

16. L'énigme du miroir (Alain Robbe-Grillet) 102
17. Du respect des esclaves (Marguerite Yourcenar) 108
18. Le visage de Garbo (Roland Barthes) 116
19. L'apprenti voleur (J.-M.G. Le Clézio) 122
20. Un mercredi orageux (Raymond Radiguet) 126

21. Un écrivain en herbe (Jean-Paul Sartre)	132
22. Tel père, tel fils (André Gide)	138
23. Un miteux à New York (Louis-Ferdinand Céline)	144
24. Rêveries (Chateaubriand)	150
25. Plaidoyer pour une éducation négative (Jean-Jacques Rousseau)	154
26. Comment Candide et Cacambo furent reçus chez les jésuites du Paraguai (Voltaire)	160
27. La mal-aimée (Denis Diderot)	166
28. Les tourments de la jalousie (Abbé Prévost)	176
29. La lettre (Madame de Lafayette)	182
30. Un hôte importun (Julien Green)	186

Troisième partie
Concours

31. La petite brindille (Marcel Proust)	194
32. Un esthète mégalomane (Jean Giono)	200
33. Vérité de la fiction (Denis Diderot)	206
34. Divagations linguistiques (Claude Esteban)	212
35. Ville morte (Julien Gracq)	218
36. Un poète révolutionnaire (Louis Guilloux)	224
37. Jeux interdits (Robert Merle)	232
38. La mort de l'homme (Michel Foucault)	240
39. Les bonnes manières (Marcel Aymé)	246
40. L'honneur et la réputation (Jean Anouilh)	252
41. Les conseils d'une mère maquerelle (Hubert Monteilhet)	260
42. Le chevalier Danceny à Madame de Rosemonde (Choderlos de Laclos)	266
43. À la recherche de Carmen (Prosper Mérimée)	272
44. Rêves de demi-mondaines (Émile Zola)	278
45. Nourritures de l'écrivain (Julien Gracq)	282
46. Où l'on fait voir le dessein de cette nouvelle logique (Antoine Arnauld et Pierre Nicole)	288
47. Le temps du noviciat (Denis Diderot)	292
48. Engazez-vous ! (Jean-Paul Sartre)	298
Index	303
Bibliographie commentée	312